Berthold Wendt

**Luzifer, Kriminalist,
Zauberkünstler**
und andere geheimnisvolle Leute

Anthologie

Berthold Wendt

Luzifer, Kriminalist, Zauberkünstler

und andere geheimnisvolle Leute

Anthologie

Bibliografische Information der Deutschen Nationalbibliothek: Die Deutsche Nationalbibliothek verzeichnet diese Publikation in der Deutschen National-bibliografie; detaillierte bibliografische Daten sind im Internet über dnb.dnb.de abrufbar.

Impressum:

Layout und Satz mit Papyrus Autor von R.O.M. Logicware GmbH.
Verlag: BoD · Books on Demand GmbH, Überseering 33, 22297 Hamburg, bod@bod.de
Druck: Libri Plureos GmbH, Friedensallee 273, 22763 Hamburg

ISBN: 978-3-8192-6311-8 Preis: 15,80 €

Inhaltsverzeichnis

Ein Wort zuvor

Als ich im Sommer 2006 aufgrund eines Artikels der Ostsee-Zeitung den Weg in die Schreibwerkstatt der Volkshochschule fand, hatte ich eine kleine Science-Fiction-Geschichte in der Tasche, die ich einige Monate zuvor geschrieben hatte. Die Freude war groß, als ich den Anfang von »Ein unglaublicher Fund« (sie finden sie auch in dieser Anthologie) vorlesen durfte. Unglaublich Stolz war ich, dass sie sich – aus meiner Perspektive – nicht hinter den Geschichten der dienstälteren Mitglieder der Schreibwerkstatt verstecken musste. Zukünftig war also jeder zweite Dienstag um 19 Uhr im Ehm Welk-Haus ein fester Termin in meinem Kalender – viele Jahre lang.

Dass jeder, der in so einer Runde tätig ist, von den Erfolgen und Fehlern der anderen sowie durch die Kritik eben jener an den eigenen Texten lernt, braucht an dieser Stelle nicht erwähnt zu werden. (Diese Aussage ist schon beinahe hinterhältig, allein durch deren Existenz.) Dadurch wurde mein Ehrgeiz angestachelt und irgendwann hatte ich das Selbstvertrauen, auch die anderen Mitglieder zu bewerten. Schließlich musste ich die Kriterien für gute Texte erst erlernen – neben meinem eigenen Empfinden. Ich wuchs daran, ohne es wirklich zu bemerken. Als ich mir jedoch in der Vorbereitung für diese Anthologie die selbst geschriebenen Texte aus der Anfangs- und der Jetztzeit anschaute, war der Unterschied nicht zu leugnen. Auch Sie, liebe Leserin, lieber Leser, werden Unterschiede im Vergleich von meinen älteren und neueren Texten bemerken. Sie meinem heutigen Wissensstand anzugleichen, erschien mir in dieser Anthologie nicht gerecht, denn sie zeigt auch meine Entwicklung.

Jeder, der in einem Team oder Kollektiv arbeitet, wird schon festgestellt haben, dass das Zeigen von besondern Fähigkeiten unweigerlich dazu führt, dass man diese Tätigkeit immer wieder ausführen muss, wenn sie entsprechende Anerkennung erlangte. Das kenne ich als gelernter Maurer ebenso, wie in der Schreibwerkstatt. Irgendwann kam meine Affinität zu Computern in den Gesprächen zutage. Außerdem prahlte ich mit dem Vorhandensein entsprechender Software, um Druck-Dateien zu erstellen. Im Ergebnis dessen stellte ich die Texte für das geplante Büchlein »Johannas Vermächtnis und andere Geschichten« zusammen und brachte sie ins

Taschenbuchformat. Dazu hatte ich oft nur die Ausdrucke der Texte zur Verfügung, die ich erst mittels einer Texterkennung in die digitale Welt übersetzte. Es gab zwar noch einige kleinere Probleme mit der Digitaldruckerei in Bad Doberan, die aber schnell behoben werden konnten. Am Ende hielt jeder mindestens drei, von der VHS bezahlte Exemplare in der Hand. Was bei der nächsten Veröffentlichung der Schreibwerkstatt »Licht hinter dunklem Glas«, einem Gemeinschaftsroman von sieben Autoren, geschah, braucht nicht besonders erwähnt zu werden. Und dabei ist es dann auch geblieben, mit der Konsequenz, dass fast alle Mitglieder mindestens ein Buch mit eigenen Texten haben drucken lassen.

Für meinen eigenen Roman »Schmarotzer« habe ich also layoutmäßig ein wenig üben können. Hin und wieder helfe ich den ehemaligen Mitgliedern der Schreibwerkstatt immer noch, ihre Bücher auf den Markt zu bringen, obwohl es die Schreibwerkstatt der VHS leider nicht mehr gibt.

Es freut mich jedes Mal, wenn ich ein weiteres Beleg-Exemplar mit selbstentworfenem Layout in meinen Bücherschrank stellen kann.

Berthold Wendt
im März 2025

Diabolisches und Zauberei

September 2019

Königin der Nacht

Ich hatte in der Zeitung gelesen, dass die Königin der Nacht im Kakteenhaus des Botanischen Gartens in dieser Nacht ihre kolossale, angenehm duftende und farbenprächtige Blüte zeigen würde. Eine Menge interessierter Besucher hatten sich an jenem Abend eingefunden. Unter den Anwesenden war eine Magierin, die die Wartezeit zu dem abendlichen Ereignis auf ebenso zauberhafte Art und Weise verkürzen sollte. Für uns war das genau die richtige Mischung fantastischer Eindrücke. Während meine Frau der Magie der Blüte verfallen war, interessierte mich in erster Linie die Zauberei der jungen Magierin, die sich botanischerweise *Agavina* nannte.

Sie hatte sich einen Stand in Sichtweite des Kaktusgewächses mit einigen Requisiten eingerichtet. Spielkarten, Münzen und Seidentücher in den Farben der zu erwartenden Kaktusblüte. Wer Lust hatte, sich bis zum Eintreffen des Ereignisses ver- und bezaubern zu lassen, gesellte sich abseits der botanischen Fachgespräche zur Magierin, die zu jedem ihrer Kunststücke eine Geschichte zu erzählen wusste.

»Haben Sie zufällig eine Drei-Einhalb-Euro-Münze bei sich?«, fragte mich Agavina und wartete mein Kopfschütteln ab. »Nun, das ist auch höchst unwahrscheinlich! Dieser Wert wurde ausschließlich für mich geprägt, um sie hinter dem Ohr eines Zuschauers hervorzuzaubern.«

Sie tat genau das und gab mir die Münze in die Hand. »Die ist aus Gold«, behauptete sie.

Außer dass mir ein solch krummer Wert unbekannt war, konnte ich keine versteckte Mechanik oder Ähnliches daran feststellen, was mich auch gewundert hätte.

»Gold ist es jedenfalls nicht«, musste ich bemerken, »und eine Blüte obendrein, mit Drei-Einhalb-Euro!«

»Ich habe das Gold vernickeln lassen, damit es sich nicht abgreift!«, erklärte sie, lächelte und gönnte allen eine winzige Denkpause.

Ich sah nach links und rechts. Fast alle Zuschauer schmunzelten; einige etwas später.

Ich legte ihr die Münze in die Hand zurück. Wenn es nun doch Gold war? – Das verwarf ich jedoch sofort wieder.

Mit geschmeidigen Bewegungen manipulierte sie kunstvoll mit dem Geldstück. Ei! Mit welcher Geschwindigkeit und wie geschickt und sicher sie mit der Münze zwischen ihren Fingern kreisen, balancieren und rollen lassen konnte! »Meine rechte Hand ist wie Ihre Hausbank«, erklärte sie. »Sie macht aus dem eingezahlten Geld das Doppelte, manchmal sogar das Dreifache!«

War es eben gerade noch eine einzelne Münze, hatte sie plötzlich zwei und dann drei zwischen den Fingern ihrer rechten Hand. Sie materialisierten sich buchstäblich innerhalb einer Bewegung vor meinen Augen, ohne dass ich sagen könnte, woher sie gekommen waren. »Möchten Sie jedoch einen Kredit, nimmt die Bank für die Auszahlung einen nicht bescheidenen Betrag für sich, und für Sie ist das Geld, durch die zu zahlenden Zinsen, nur einen Bruchteil wert.«

Agavina nahm mit ihrer freien Hand eine der Münzen, zerrieb sie scheinbar mit den Fingern und pustete den Rest in die Luft. Es blieb nichts übrig. Sie war spurlos verschwunden.

»Aber das ist für Banken kein Problem! Sie greifen dann im Geheimen in die Zukunft.«

Sie bedeckte die münzhaltende Hand mit einem kleinen Tuch, nutzte es wie einen sich öffnenden Vorhang, indem sie es langsam wegzog. Zwischen allen Fingern hielt sie nun eine Münze.

»Ja, das kann eine Bank, ganz im Gegensatz zu allen anderen Sterblichen. Sie nennt es Geldschöpfung! Dort holt sie sich jenes Kapital, welches Sie persönlich erst noch erarbeiten müssen, und geben es denen, die ohnehin ein gut gefülltes Konto haben, damit sie nochmehr Schotter machen können. Damit ist allerdings die Kohle für Sie nicht mehr erreichbar.«

Mit den Fingern zerrieb sie wie vorhin jede einzelne Münze, bis auf die, die sie zwischen Daumen und Zeigefinger hielt.

»Und wenn Sie wollen, bekommen Sie den Betrag wieder zurück.«

Sie legte mir die letzte Münze zur Prüfung wieder in die Hand. Es schien die von vorhin zu sein. Oder doch nicht? Sie war am Rand wie von Mäusen angeknabbert – und da, da war tatsächlich der Goldkern zu sehen!

»Nun, Sie meinen, keinen Verlust erlitten haben? Weit gefehlt! Denn bedenken Sie: Die Bank holte sich das Kapital aus der Zukunft. Das funktioniert nicht ungestraft – für Sie. Am Ende erhalten Sie weniger an Wert, als Sie der Bank zur Aufbewahrung übergeben hatten.« – »Doch manchmal ist all ihr Geld weg«, ergänzte sie, »beispielsweise dann, wenn sie oder die Bank es riskant angelegt hatten!« Sie holte Schwung, zählte und warf die Münze bei »Drei« senkrecht in die Luft. In diesem Moment war ein bewunderndes »Ah« zu hören – aber nicht von den nach oben blickenden Zuschauern der schönen Magierin, sondern einige Meter weiter von den Bewunderern des Kakteengewächses. Die bezaubernde Magierin unterbrach ihren Auftritt für die bezaubernde Königin der Nacht, als sie anfing, ihre Blüte zu öffnen. Bereits zum Morgengrauen hin würde sie anfangen zu welken. In einem Jahr aber bestand die Gewissheit, dass sie erneut ihre Blüte zeigen würde. Noch schöner, größer und vollkommener. Schließlich nahm sie ihren Wert und ihre Schönheit nicht aus der Zukunft, sondern aus realen Molekülen und Kräften. Die Drei-Einhalb-Euro-Münze jedoch hat niemand mehr gesehen.

***

September 2019

Die Luzifer-App

Nach den Ereignissen der vergangenen Wochen musste ich mal etwas anderes sehen, als die unverständlichen Briefe von Rechtsanwälten, die mein Bestes ohne Skrupel für sich vereinnahmten. So bin ich am Morgen mit unseren letzten 55 Euro in den Einkaufspark gefahren. Wie wir die kommenden Wochen überstehen sollten, wusste ich nicht. – Ich war einer der Ersten hier. Gerade hatte ich gedacht, dass mich nur noch ein Wunder aus der finanziellen Notlage befreien könnte, als eine Männerstimme links neben mir sagte: »Geh da vorn rechts in den Presseshop!«

Ich schaute mich um. War ich gemeint? Niemand in meiner Nähe. Ich ging weiter.

Gerade war ich drei Schritte am Presseshop vorbei.

Wieder befahl mir jemand. »Los! Geh rein!«

Dachte ich beim ersten Mal noch, dass ich einer Verwechselung aufgesessen war, hörte ich es jetzt ganz dicht neben mir.

»Na, geh schon!«, tönte es aus meiner Brusttasche. Dort steckte mein Smartphone.

Wieso spricht mein Handy mit mir, dachte ich noch, als ein »Wirds bald? Geh doch nicht an Deinem Glück vorbei, Micha!«, zu hören war. Eine ältere Frau sah mich irritiert an. Hatte ich so ein verdattertes Gesicht gemacht?

Mit der rechten Hand griff ich in mein Jackett und blieb stehen. Ich starrte aufs Display. Ein ausnehmend gut aussehender Mann mittleren Alters schaute aus dem Bildschirm heraus. Nein, nicht wie ein Bild, sondern so, als ob ich ihn anfassen könnte. Mir lief ein kalter Schauer über den Rücken. Vorsichtig versuchte ich, ihn zu berühren. Er war nicht zu fassen.

»Na endlich, Michael! Mich kannst du nicht greifen. Gestatte, dass ich mich vorstelle: Ich bin Luzifer.«

Konnte das stimmen? Er hatte gar keine Hörner … Wie vermochte er mich zu sehen, ohne Telefonverbindung? Ich deckte versuchsweise mit einem Finger die Kamera ab.

»Das ist sinnlos, Micha. Ich sehe Dich trotzdem. Wie sonst hätte ich gewusst, dass Du gerade vor dem Presseshop stehst? Und eh! Die Hörner sind eine Erfindung der Menschen und auch das Fegefeuer. Angst macht euch Menschen gefügig, dabei kommt man mit Belohnungen viel weiter.«

Ich sah mich um. Niemand in der Nähe, der meine Manipulation gesehen haben könnte, auch keine Überwachungskamera. Angstschweiß. War ich noch bei allen Sinnen?

»Wisch Dir die Stirn und beruhige Dich, Micha. Angst brauchst Du nicht zu haben. Ich weiß, dass Du finanzielle Probleme hast. Ich will Dir helfen, Dich wieder zu sanieren. Glaube mir also.«

Er lächelte gewinnend und ich hatte plötzlich das Gefühl, dass ich ihm wirklich trauen konnte.

»So ist es gut. Du wirst es nicht bereuen. Teste mich ruhig und beseitige Deine Zweifel, die noch irgendwo in Deinem Gehirn versteckt sind. Wie wäre es mit Lotto? Geh doch die paar Schritte zurück in den Presseshop und spiele zwei 8-er-Tipps *6-aus-49*. Die 56 Euro dafür hast Du noch in der Brieftasche.«

»Hab ich nicht! Ich muss fürs Wochenende einzukaufen. Selbst dafür reicht das Geld kaum. Da kann ich nichts fürs Lottospielen abzweigen. Nicht einmal für ein paar Blumen.«

»Lüg mich nicht an. Ich bin der Erzengel Luzifer! Doch, Du hast die 56 Euro bei Dir! Zu Deinen Visitenkarten hast Du vor einer Woche gegen Abend ein Eurostück gesteckt. Weißt Du noch?«

Ja, es stimmte! Nun fiel es mir wieder ein.

»Na, siehst Du! Kannst Du mir nun vertrauen, oder nicht?«, fragte er mit offenem, ehrlichen Gesicht und lächelte. »Es ist wichtig, dass Du *jetzt* spielst! Mach Dir keine Sorgen! Die sind unbegründet.«

»Wirklich?«

»Ja doch! Beeile Dich, Micha. Die Frau, die von links kommt, will auch ihr Glück im Lotto versuchen. Du musst unbedingt vor ihr am Lottoschalter sein, das ist ganz wichtig!«

Ich weiß nicht, was mich antrieb. Ich drängelte mich gerade noch vor der genannten Frau in den Shop und erntete ein »Unverschämt« dafür. Mein gesamtes Bargeld setzte ich ein und wurde – belohnt. Als erster Kunde am Schalter erhielt ich ein Rubbellos gratis. Eilig rubbelte ich es mit dem Daumennagel frei, ein Geldstück hatte ich ja nicht mehr. Buchstaben kamen zum Vorschein, es war ein O. Ein zweites und ein drittes O wurden sichtbar. Das konnten keine O-s sein! Das waren Nullen! Ich kratzte sie richtig sauber. Ein Komma war nicht zu entdecken. Ein Euro-Zeichen erschien! Am liebsten hätte ich gejubelt. Schließlich rubbelte ich als letzte Ziffer noch eine Drei frei! Dreitausend Euro Gewinn. Gut, dass ich auf Luzifer gehört hatte.

Den Gewinn musste ich mir an einem Bankautomaten auszahlen lassen. Die Karte, die ich im Presseshop dafür erhalten hatte, schluckte der Geldautomat gleich um die Ecke. Sollte er! Ich hatte dreitausend Euronen, von der meine Frau nichts wusste. Bei einem Kännchen Kaffee und einem Stück Marzipantorte suchte ich mir eine ruhige Ecke in dem Café gegenüber und überlegte, was ich mit diesem unerwarteten Gewinn anstellen sollte. Kaum saß ich, klingelte mein Handy.

Ich nahm das Gespräch an.

»Hallo Michael, hier ist Dein persönlicher Schutzengel. Bitte lege nicht auf! Ich weiß, dass Dir Luzifer soeben einen Geldgewinn zugespielt hat, und auch der Systemschein mit den beiden Tipps wird Dir nochmals einen hohen Gewinn bringen.«

Ich wollte etwas sagen.

»Bitte unterbrich mich nicht. Die Wahrheit und das Rechte, haben es oft schwer, sich durchzusetzen. Ich gönne Dir den Gewinn. Verwende ihn aber klug und sei ehrlich zu Deiner Frau. Du wirst …«

Die Verbindung unterbrach. Luzifer nahm wieder den gesamten Bildschirm ein. Als App hatte er sich inzwischen auch ungefragt installiert. Der Schlawiner, der!

»Versucht dieser ständige Miesmacher von sogenanntem Schutzengel, Dich zu beeinflussen? – Seit wann macht es denn Spaß, immerfort an die Vernunft, die Zukunft und andere Leute zu denken? Das Leben spielt jetzt in dieser Stunde, Junge! Überlege mal, welche Wünsche Du Dir erfüllen könntest, wenn Du Deiner Frau das gerade gewonnene Geld verschweigst? Verschweigen ist ja nicht lügen. Den ausgeplauderten Lottogewinn bekommt sie doch unweigerlich mit. Glaube mir, mehr wird es sie auch nicht freuen, wenn sie von dem Rubbellos erfährt. Wichtig ist doch, dass Du von Deinen Schulden herunterkommst, oder was!«

Wünsche hatte ich in der Tat viele. Viele, deren Erfüllung sie nicht einmal auf den ersten Blick mitbekommen würde, auch einen, auf den sie immer so allergisch reagierte, nämlich einmal mit einem Geländewagen durch Schlamm und Wildnis zu rasen und durch die Luft zu fliegen.

»Das wäre doch schon mal etwas! Es muss ja nicht heute sein, aber behalte das mal im Auge. So was gibt Dir Deine innere Zufriedenheit und Dein gelittenes Selbstwertgefühl schnell wieder zurück.«

Das Handy klingelte abermals. Wieder der Schutzengel. Was hatte er jetzt zu meckern.

»Michael, das solltest Du nicht tun. Denke an Deine Frau. Sie hat mit recht Angst um Dich. Soll Dein Sohn denn ohne Vater aufwachsen? Bedenke …«

16

Wieder funkte Luzifer dazwischen.

»Will Dich die alte Spaßbremse schon wieder bekehren? Das ist schon was, mit zweihundert PS an die Grenzen zu gehen! Du bist ein Mann und Männer brauchen diesen Adrenalin-Kick! Dann weißt Du genau, dass Du lebst! «

Jetzt musste ich erst einmal ungestört Torte und Kaffee genießen. Von irgendwoher hörte ich Musik.

Das Handy. Nein, nicht schon wieder der Schutzengel mit seinen supervernünftigen Sprüchen!

Es war meine Frau.

»Sag mal, wo bleibst Du denn? Hast Du schon eingekauft? Wo bist Du jetzt überhaupt? Hast Du das Sonderangebot gesehen? Ist das was für uns? Kannst Du mal bei der Frauenklinik vorbeifahren und Schwangerschafts-Befund abholen? Die wissen Bescheid, dass Du kommst. «

Hatte ich richtig gehört? Möglicherweise reichte es ja auch, mal einen Tag mit ihr bei schönem Wetter mit einem kultigen Trike einen Ausflug zu machen.

»Hallo, Du Schöne. Atme tief durch und sei ganz entspannt. Stell Dir vor, ich habe mit einem Rubbellos dreitausend Euro gewonnen! Ich musste darüber eine Weile in einem Café nachdenken. Alles Andere wird im Anschluss erledigt! Wenns gut geht, bin ich in einer dreiviertel Stunde zuhause. Ich habe Dir ja so viel zu erzählen, von einer wahrhaft diabolischen Begegnung! Also bis nachher. Ich liebe Dich!«

Ich genoss den letzten Bissen und den letzten Schluck und war überaus zufrieden mit mir.

Von dem großen Lottogewinn ist noch einiges übrig geblieben und zu dritt sind wir jetzt auch. Meine Schulden und die penetranten Anwälte bin ich Gott sei Dank los. Luzifer ist allem Anschein nach eingeschnappt. Er hat sich nicht wieder gemeldet, aber ich hege den Verdacht, dass er uns ab und an Steine in den Weg legt und mit vorgeblich sachlicher, aber aggressiver Werbung doch noch ködern will.

***

Das mentale Experiment

Die vierte Wand

Hallo, ich bin es! Wünschst Du Dir auch manchmal, Du könntest sehen, was Dein Gesprächspartner wirklich denkt? Als Erzähler, also als so eine Art Gott in der Welt der Geschichten, kann ich zwar in den Kopf eines jeden meiner Akteure hineinsehen, aber nichts verändern! Nein, ich kann nicht einmal das Opfer warnen, wenn der Bösewicht im Hinterhalt lauert, oder dem unentschlossenen Verliebten einen sanften Schubs in die Arme seiner Herzensdame geben. Der Einzige, dem ich etwas mitteilen kann, bist Du, mein Leser. In der Regel habe ich in einer Geschichte keine eigene Rolle, in der ich Dich direkt anspreche, wie ein Schauspieler an der Bühnenrampe zum Publikum. Machen wir diesmal eine Ausnahme, die Ausnahme der vierten Wand.

Genug der Vorrede! Alles fing damit an, dass Silvana Ullrich, 46 Jahre, blond, wohlgeformte frauliche Rundungen, mit ihrem Ehemann Gernot anlässlich ihres Kennenlerntages einen Abend mit dem Mentalmagier Berto Bertolini im Stadttheater besucht.

Wagen wir ein Experiment, in dem ich Dir Einblick in das Denken von drei Akteuren gewähre und ich Dir nebenbei, es lässt sich nicht vermeiden, sogar noch einen Zaubertrick verrate – abgemacht?

So! Und jetzt sei bitte leise! Wir versetzen uns in die Zaubershow zurück! Der Geruch von sengend heißen Scheinwerfern, altem Polster und den vielfältigen Duftwässerchen der Besucher empfängt uns im Theatersaal. Bertolini ist mit einem kleinen leuchtend-roten Seidentuch von der Bühne in den Zuschauerraum gegangen und kommt auf uns zu. Aus der Nähe haucht ein leichter Duft von Chanel No.5. Es war das Eau de Parfum von ...

Silvana Ullrich

Scheu oder Hoffnung. Die Scheu siegte und ich sah weg, weg von dem mehr als gut aussehenden, schlanken Mittvierziger mit den angegrauten Schläfen, der mir auf irgendeine Weise bekannt vorkam. Zumindest versuchte ich das Wegsehen. Etwas Geheimnisvolles, Diabolisches und dennoch Vertrautes lag in seinen Augen. Wie viel Souveränität er ausstrahlte! Viel mehr, als mein Gernot.

Er kam mit seinem Tuch immer näher. Sein Smoking und sein schmaler, gerader Schnauzer standen ihm ausgezeichnet. Nein, ich durfte ihn nicht anstarren! Andererseits musste ich herausfinden, an wen er mich erinnerte. Das ging kaum ohne Hinsehen.

Und dann geschah es: Das unerhofft Erhoffte! Er hielt neben mir und bat mich, aufzustehen. Aus unmittelbarer Nähe sah er mit seinen hellbraunen Augen noch besser aus als auf der großen Videowand! Sein herbwürziges Tabac-Parfum umschmeichelte mich.

Gernots feuchte Hand berührte meine. Ich entzog sie ihm. Etwas Kosmetik, würde ... Nun gut.

Wenig später band er sein Seidentuch um meinen Zeigefinger. Daran zog er mich sanft auf die Bühne und erbat einen Applaus.

Es war mir peinlich, mit welch einer Wucht mich der Beifall von den gut siebenhundert Zuschauern erreichte. Allein für meine Anwesenheit!

Sicher waren alle anderen erleichtert, davongekommen zu sein. Dieser Gedanke kam mir zugegeben erst nach der Show des mit viel Brimborium angekündigten Mentalmagiers Berto Bertolini. Als ich meinen Namen sagen wollte, war mein Hals wie zugeschnürt. Die Zunge klebte förmlich am Gaumen. Ich bildete mir ein, dass es jeder hören konnte. Wie peinlich!

Niemand wusste, was er plante. Mein Äußeres kam mir in den Sinn. Saßen die Strümpfe faltenfrei? Passten die Pumps wirklich zum Kleid? War die Wimperntusche verschmiert? Den Kontrollimpuls unterdrückte ich. Ich spürte meinen Mittelfinger dennoch ein wenig zucken.

»Die Wimpern sind in Ordnung«, raunte er mir nach einem prüfenden Blick zu.

Woher wusste er, was ich dachte? Verlegen lächelte ich. Überhaupt empfand ich all meine Gesten als völlig deplatziert. Wie verhielt ich mich jetzt angemessen?

Während dieser Gedanken erläuterte Bertolini sein nächstes Experiment. Er würde eine Stecknadel wiederfinden, behauptete er, die ich in seiner Abwesenheit verstecken sollte. Konnte so ein Vorhaben erfolgreich sein? Eine so kleine Stecknadel in einem so großen Saal?

Der Mentalist gab mir die Nadel und verließ unter der Bewachung von zwei Zuschauern den Saal.

Mir schlug das Herz bis zum Hals. Besonnen bleiben, ermahnte ich mich! Es war sicher das Beste, mich selbstbewusst zu geben, und beschloss, die Nadel in einer der Grünpflanzen zu verstecken. Natürlich wussten es einige im Saal besser, vermutlich Studenten der psychologischen Fakultät. Ob sie ihn testen wollten? Doch was hätte das für die meisten Zuschauer und vor allem für mich gebracht? Außerdem war das eine Art Mobbing. Darauf stand ich noch nie und entschied mich, fair zu bleiben.

Wenn ich daran zurückdenke, wie es weiterging, als er den Saal wieder betreten hatte, weiß ich immer noch nicht, was ich fühlen soll. In dem Moment, als er mich mit seinen sanften, gepflegten Fingerspitzen am Handgelenk ergriff, wurde mir klar, dass er altersmäßig zu mir passte. Ein Gefühl der Geborgenheit durchströmte mich.

Die Besucher waren aufs Äußerste gespannt, hielten fast den Atem an, als er mich führte.

Ja, führte! Er machte sich auf den Weg, bevor ich überhaupt den stummen Befehl rein gedanklich formulieren konnte, so wie er es von mir erbeten hatte: Gehe geradeaus, stop, drehe nach links.

Spotlicht und Kamera verfolgten unseren Weg.

Und dann passierte es: Mit einem Mal wusste ich nicht mehr, ob es die dritte oder vierte Grünpflanze war. Musste ich fünf Stuhlreihen nach vorn, oder jetzt gleich nach rechts? In diesem Moment glaubte ich, vor Scham in den Erdboden versinken zu müssen. Bertolini sah mich an. Da war etwas in seinem Blick, das ich nicht deuten konnte. Wie feinfühlig er sein musste! Ach Gernot ...

Bertolini erinnerte die Gäste, dass dies ein Experiment wäre und es möglich sei, dass es fehlschlug. Experimente könne man wiederholen, begründete er mit einem alles gewinnenden Lächeln.

Im Saal wurde es unruhig. Hatte mich Bertolinis Persönlichkeit zu sehr gefangen genommen? ... mich im wahrsten Sinne des Wortes mental verzaubert? Wie konnte ich nur ... Ich konnte nicht anders!

Vier Reihen weiter fiel ein Gehstock in den Gang. Danke – jetzt wusste ich es wieder!

20

Das Gemurmel verstummte. Das Spotlicht folgte Bertolini, der mich zu der Pflanze mit der Nadel brachte. Er machte es auffallend spannend. Dann hob Berto Bertolini die Nadel in die Höhe. Die Kamera übertrug sie in Großaufnahme. Kurze Zeit später brach rasender Applaus los, er begleitete mich zu Gernot und ließ mich bei ihm zurück. Ganz im Vertrauen! Dir kann ich es ja sagen, dass sie sich schon einmal begegneten. Aber ich will Dir nicht die Spannung nehmen. Noch soll das Wie und Wann für Dich wie im Nebel verborgen bleiben.

Eine Frage steht jedoch im Raum: Womit beschäftigten sich im Foyer die beiden Bewacher und ...

Berto Bertolini

Die kleine Pause, die ich nun hatte, war gerade lang genug, um meinen beiden Bewachern ein kleines Bier zu spendieren und etwas zu plaudern. Da wo es möglich war, hatte ich es mir angewöhnt, männliche Begleiter zu wählen. Es fiel mir leichter, mit Herren unverbindlich zu plaudern, als mit Damen. So konnte ich gewissermaßen einen Moment privat sein, meine Anspannung abbauen, das eigene Ich spüren. Doch hatte ich die Rechnung ohne einen meiner Bewacher gemacht. Der stellte sich als Konrad Holbert vor, Reporter irgendeiner regionalen Zeitung und redete unaufhörlich auf mich ein.

Donnerwetter! Ich hätte ihm ansehen müssen, was er im Schilde führte! Aber ich nutzte die Gelegenheit: Kostenlose Presse konnte ich immer gebrauchen und verabredete mich mit ihm im Theatercafé.

Warum war mir ausgerechnet Frau Ullrich aufgefallen, als ich vor Beginn durch den Vorhang schaute? Es hatte immer seinen Grund, das wusste ich aus meinen Psychobüchern. Das Gehirn erledigt hin und wieder Dinge, die sich dem Bewusstsein entziehen. Damit ich mich erinnern konnte, musste ich aufhören, vordergründig darüber nachzudenken, zu blockieren. Ich hatte mich selbst studiert.

Ich wurde hereingerufen. Jetzt aber! Bevor ich den Saal betrat, musste ich mich wieder in Bertolini zurückverwandeln. Diesmal blieb ein wenig meines wirklichen Ichs zurück.

So hundertprozentig konnte ich mich nicht konzentrieren. Meine Routine half mir. Frau Ullrich, mein Medium, gab eindeutige Kommandos. Zum Glück! Ihre exakten Anweisungen machten vieles wieder wett und sie zu einem ausgezeichneten Medium auch für angehende Mentalisten. Ich habe da eine begabte junge Frau vor Augen, meinen Zauberlehrling, meine Tochter.

Unerwartet in diese Erinnerungen widersprachen sich die Kommandos. Ich sah sie an, und erkannte Ratlosigkeit und etwas, das nichts mit meinem hiesigen Engagement zu tun hatte.

Bald tausend Mal hatte ich die Nummer mit dem Muskellesen aufgeführt. Viele Male musste ich erneut erklären, dass dies ein Experiment sei. Einige Male hatte ich sogar das Medium wechseln müssen, sei es, weil die Signale nicht zu erkennen waren, sei es, weil jemand versuchte, mich hereinzulegen. Das konnte ich inzwischen ganz gut unterscheiden. Ohnehin war eine gute Menschenkenntnis als Mentalist und Magier eine unverzichtbare Tugend. Und dann fiel dieser Gehstock in den Gang.

Wie es dann weiterging, weißt Du ja schon. Inzwischen wirst Du Deine Vorstellung von der Umgebung haben. Deine Fantasie wird Dir je nach Temperament Details liefern, die ich Dir verschwiegen habe, beispielsweise die Farbe des Bühnenvorhangs und Silvanas Outfit oder die sich von Geisterhand wie ein Ballett bewegte Scheinwerferzeile und natürlich die Kameras für die Videowand oder auch, dass ausgerechnet Du einen Platz hinter diesem ausgewachsenen Riesen erwischt hast.

Da das hier nicht für den Fortgang der Handlung wichtig ist, überlasse ich das Deiner Fantasie. Eine Tatsache muss ich aber noch beichten: Den fallenden Gehstock habe ich dazuerfunden.

Sicher wird Dich die Frage bewegen, wo und wann sich denn nun Silvana und Bertolini schon einmal begegnet sind und vielleicht auch, warum sich der Mentalist Bertolini nennt. Nun, »Bert« steckt auch in seinem zivilen Vornamen, es musste sich weit gereist anhören und das endende »-ini« weist sehr oft auf Zauberkünstler und Mentalisten hin. Beispielsweise auf den berühmten ungarisch-amerikanischen Harry Houdini in den 20er- und 30er-Jahren.

Das fand auch der Reporter der regionalen Zeitung heraus, der sich als Bewacher eingeschlichen und schon manche Ungereimtheit der Politik in dem Blatt an die Öffentlichkeit gebracht hatte. Die Leser der Zeitung achteten ihn als unbestechlich. Er unterschreibt seine Artikel und Kolumnen immer mit ...

Konrad Holbert

Inzwischen war die Zaubershow beendet. Sein Herausgeber und Chef-redakteur hatte es ihm ans Herz gelegt, sein Bestes zu geben, denn er sträubte sich momentan mit allen Mitteln gegen eine feindliche Über-nahme seiner Zeitung. Die Schlagzeile musste am nächsten Tag die größt-mögliche Aufmerksamkeit erreichen. Diese Aufmerksamkeit erhoffte sich Holbert auch beim Chef zur Sicherung seiner eigenen Brötchen durch eine besondere Akribie zu erhaschen.

Holbert hatte das Ehepaar Ullrich zu einem Interview bewegen können und einige Fotos gemacht. So hatte er erfahren, wo und wann Silvana zur Schule gegangen war, sie ihren Mann kennenlernte und auch, dass ihr Bertolini irgendwie bekannt vorkam. Ja, sie war so euphorisch, dass sie sich mit Holbert von Gernot fotografieren ließ und es brühwarm ihren Facebook-Freunden mitteilen musste.

Noch ahnte Holbert nicht, dass gerade dieser Umstand den bereits vor-bereiteten Artikel zunichtemachte. Seit er wusste, dass Bertolini, der im wahren Leben Robert Lehmann hieß, hier in die Kreisstadt kommen würde, hatte er Material gesammelt.

In Holbert meldete sich der Boulevard-Journalist: Bertolinis Nadel. War es Betrug? Wenn er Hinweise entdecken würde, dass beide sich kannten, konnte er den Lesern glauben machen, dass es illegale Absprachen gegeben habe.

So ein Journalismus war ihm wirklich zu armselig. Außerdem glaubte er nicht daran. Reißerischen Schlagzeilen würden nur vorübergehend die Auflage steigern können.

Holbert konnte Bertolinis Lebenslauf bezüglich der Schulzeit etwas vervollständigen, aber nichts Brisantes erfahren. Als er Bertolini jedoch erzählte, dass Silvana annahm, ihn zu kennen, zog der Mentalist ähnlich wie Mr. Spock vom Raumschiff Enterprise seine linke Augenbraue hoch. Er verriet Holbert nichts über den Grund, bat ihn danach aber eindring-lich, seriös zu bleiben. Holbert war sich sicher, dass er ähnliche Ver-mutungen anstellte, wie Silvana. Eine neue Schlagzeile fing an, sich vor seinem geistigen Auge zu formen. Er verstand Bertolini, aber er verstand auch die Notlage seines Herausgebers.

Holbert stürzte sich in die Arbeit. Bei Facebook brauchte er nicht lange zu suchen, um Silvana zu finden – und das Foto, das ihr Mann von beiden schoss. Er fuhr sich mit den Fingern durch die Haare. Ihr Nutzerkonto war ziemlich umfangreich. Wenn er gewollt hätte, hätte er daraus ohne viel Mühe ein Profil zusammenbasteln können, dass sie erpressbar gemacht hätte – doch er suchte nach Hinweisen, wo und wann Silvana Ullrich und Robert Lehmann, alias Bertolini, aufeinandergetroffen waren.

Erst als er der Spur einer der Facebook-Freunde von Silvana folgte, entdeckte er es: Sie waren bis zur 9. Klasse Schulkameraden gewesen. Dort in der Klasse gab es einen Robert Lehmann!

Als er dann Fotos von ihm sah, konnte er sich nicht vorstellen, dass dieser Abseitsstehende der spätere Bertolini sein konnte: So elegant, charmant und selbstbestimmt, wie er auftrat. Wie es aussah, wurde Robert damals gewiss ungern in eine Fußballmannschaft gewählt und blieb auf der Disco bei Damenwahl unbeachtet. Immer stand und stellte er sich abseits. Sollte das wirklich eines Tages der smarte Mentalmagier Berto Bertolini werden? Der weite Augenabstand in beiden Gesichtern sagte ihm, dass er richtig lag. Zu 99 Prozent.

Ein nervöser Klick mit der Computermaus offenbarte aber auch Folgendes: Robert war vier Jahre nacheinander Sieger der Mathe-Olympiade gewesen. Mit diesem Wissen wunderte ihn nicht mehr, dass er den Wochentag zu jedem Datum wusste; jedenfalls hinterließ er diesen Eindruck bei dem Interview. Dieser Fakt sprach für seine Theorie. Ein mögliches Komplott zwischen beiden konnte er darin aber nicht sehen. Für nähere Recherchen hatte er keine Zeit mehr. Er musste seinen Bericht in die Tastatur seines Computers klopfen. Die Schlagzeile lautete: »Mögen sie sich noch?«, und dann kleiner: »Bertolini trifft in Show seine Jugendliebe«. Dazu erfand er ein Treffen beider nach der Veranstaltung. Der Vorwurf eines abgekarteten Spiels war vom Tisch. Bei der großen Anzahl von Bertolinis Auftritten hätte sicher jemand gepetzt. Die meisten der Leser hätten diese freche Behauptung trotzdem ungeprüft geschluckt.

So, lieber Leser: Jetzt kennst Du *fast* die gesamte Geschichte. Doch eine Überraschung gibt es noch. Silvanas Gehirn arbeitete auf Hochtouren. Warum zog es sie so unwiderstehlich zu Bertolini? Warum kam er ihr so bekannt vor? Sie musste es herausfinden.

»Ich will zum Bühneneingang, um Bertolini um ein Autogramm zu bitten«, belog sie ihren Mann über den wahren Grund.

Gernot rollte mit den Augen und trottete hinterher.

Er wurde ihr lästig. Er war so eigenartig. Ahnte er etwas?

Da war noch etwas mit Bertolinis Augen. Das hatte sie im Gefühl. Sie konnte es nicht benennen und Gernot gegenüber durfte sie es keinesfalls erwähnen.

Dank Holberts Bemerkung über Silvana hatte Bertolinis Langzeitgedächtnis etwas in den Tiefen seiner Erinnerungen ausgegraben. Er sah sie vor sich, – wie vor gut 30 Jahren in dem kurzen roten Kleid auf dem Klassenfest. Sie hatte ihm zugeblinzelt. Er wollte sie zum Tanz auffordern. Er hatte sich wieder einmal nicht getraut ... Diesmal wollte er es besser machen. Ob Holbert die Kontaktdaten hatte? Er sprang auf und stürmte durch die Tür.

Wow! Damit hatte er nicht gerechnet. Alarm! Da stand sie! Wie aus einem inneren Zwang heraus schlüpfte er in die Rolle ›Bertolini‹, so, wie es in seinen Psychobüchern stand. Er hatte sich selber beobachtet. Er konnte sich nicht dagegen wehren.

»Ich wusste, dass Sie kommen werden, Frau Ullrich«, begann er dämonisch mit halb geschlossenen Augen. »Ich sehe sechs Buchstaben. Es formt sich ein Begriff daraus: Freund! Nein, ich irre mich. Ein E verformt sich zu zwei Punkten und wandert über das U! Ein T gesellt sich ans Ende. Es ist ein Name. Fründt. Es ist ihr Name! Ihr Name war Silvana Fründt, nicht wahr?«

Silvanas Pupillen weiteten sich. Sie nickte.

»Robert?«, rief sie und sah ihn irritiert an, »Robert Lehmann? Die Intelligenzbestie?«

Jetzt sah sie es. Der weite Augenabstand zerstreute ihre letzten Zweifel. Warum hatte sie es nicht früher bemerkt? Wie dumm stand das Genie damals da, als sie ihm immer wieder zublinzelte. Das rote Kleid hatte sie schließlich nur seinetwegen angezogen. Nichts! Keine Reaktion!

Er spielte auch jetzt nur eine Rolle. Warum hatte sie die Fassung wegen einer so trüben Tasse verloren und Gernot belogen?

Ach, mein lieber Gernot!

***

Satans Spiegel

»Komm doch zurück, Amalie«, rief sie hinter mir her. »Bitte entschuldige …«

Die Autotür klappte zu und schnitt die leeren Rechtfertigungen meiner Mutter ab. Mit ein wenig Glück würde ich auf dem Hauptbahnhof noch den Nachtzug erreichen können. Ich war wütend! Nein, wütend war geschmeichelt! Was bildete Mutter sich nur ein, mich nach Köln zu einer zweifelhaften Talkrunde zu locken, während meine Zwillingsschwester Amara in Rostock verzweifelt um ihr Leben kämpfte. Es musste etwas anderes sein, als Empathie, das Mutter und Amara miteinander verband.

Das Taxi fuhr an. Weg, nur weg von diesem schmierigen Fernsehstudio! Mutter hätte es dabei belassen sollen, den Kontakt mit mir auf ein Minimum zu beschränken. Selbst die Fernsehleute schienen besser über Amara informiert zu sein. Es war mir peinlich, wie der Regisseur sich meiner Mutter näherte, die beinahe nuttig in Minirock und halb offener Bluse eintraf. Auch mich versuchte er zu umarmen. Weggestoßen hatte ich ihn, den geilen Bock. Viel hätte nicht gefehlt, und er hätte sich eine Ohrfeige eingefangen. Darüber konnten auch seine Schmeicheleien über mein Aussehen nicht hinweghelfen – auch kein Angebot zu einer Fernseh-Talk-Runde für »gleichermaßen klugen wie schönen Frauen«, wie er sich ausdrückte. Unwillkürlich rollte ich mit den Augen.

Allmählich beruhigte ich mich durch das sanfte Schaukeln des Taxis im abendlichen Verkehr und ich begann nüchterner zu denken, so, wie es sich für eine promovierte Psychologin gehörte. Warum hatte ich nichts von Amaras Zustand gespürt, so, wie immer, seit ich denken konnte. Jeden ihrer körperlichen Schmerzen spürte ich bisher, obwohl ich oft nichts davon wissen konnte. Die Entfernung spielte dabei keine Rolle. Ja, sogar ihre Symptome wie Schwellungen und Wundsein übertrugen sich auf unerklärliche Art und Weise auf mich, wie in einem Spiegel. Ein Spiegel, so wie sie Rechtshänder war und ich die linke Hand benutzte, wenn es genau werden sollte … Vorübergehend hatte ich bei mir schon an eine Form des Couvades-Syndroms gedacht, bei dem Männer beispielsweise mit Übelkeit und Gewichtszunahme auf eine Schwangerschaft ihrer Partnerin reagierten. Übergroßes Mitgefühl konnte ich mit Sicherheit ausschließen und wissenschaftlich zu erklären war es erst recht nicht. Trotzdem würde mir der direkte Draht zu ihr fehlen, was zumindest psychologisch zu erklären war.

Der Dom kam in Sicht. In wenigen Augenblicken musste ich aussteigen. Den Preis am Taxameter rundete ich großzügig auf und entnahm meinem Portemonnaie einen Schein für den Chauffeur. Noch ehe ich abgeschnallt war, öffnete er meine Tür, drückte mir den Rollkoffer in die Hand und wünschte mir eine gute Weiterfahrt. Er lächelte mich an und hob zum Gruß zwei Finger an die Schirmmütze.

Für den Nachtzug erhielt ich sogar noch eine Platzkarte. Dass das nicht nötig gewesen wäre, stellte ich später fest, aber so wusste ich wenigstens, in welchen Waggon ich einsteigen konnte. Es war außerdem die Sicherheit, nicht von meinem auserkorenen Platz vertrieben werden zu können. Dann entpuppte sich der Zweite-Klasse-Waggon als einer der Ersten Klasse, der mehr Platz für die Beine und zum Nebenmann bot. Meinen Platz fand ich deshalb nicht und nahm mir einen Platz in der Einzelsitzreihe. Meinen Koffer wuchtete ich vorerst nicht ins Gepäcknetz. Er fühlte sich auf dem Platz mir gegenüber ganz wohl.

Die eine Sache war, dass Mutter und ich enorme Meinungsverschiedenheiten hatten, die andere, dass meine Zwillingsschwester sterbenskrank war. Das berührte mich außerordentlich. Beinahe tat es mir leid, dass ich mich mit Amara so heftig in der Schönheitsklinik gestritten hatte. Ich konnte es einfach nicht mehr mit ansehen, wie sie für die angeblichen Schönheitsmakel ihre Gesundheit unnötigerweise aufs Spiel setzte und noch dazu so viel Geld dafür ausgab. Die jüngste Entwicklung gab mir recht. Wozu musste sich eine dreiunddreißigjährige Frau die Gesichtshaut straffen lassen? Ich konnte es nicht begreifen, auch nicht, wenn ich in den Spiegel sah. Ich selbst war froh, noch jung und trotzdem etwas reifer auszusehen. Welcher Patient würde mich ernstnehmen, wenn ich wie Zwanzig wirkte? Sie sollten mir schon zutrauen, dass ich ihnen helfen konnte. Das war in der Psychologie der halbe Weg zum Erfolg.

Fast unmerklich setzte sich der Zug in Bewegung. Morgen früh würde ich mich in Rostock gleich zu Amara in die Südstadtklinik aufmachen und erst danach in meine Wohnung fahren. Hoffentlich würde ich nicht für immer zu spät kommen. Der Zug hatte Fahrt aufgenommen. Jetzt hatte ich einige Stunden Zeit, über die erneute Begegnung mit meiner Zwillingsschwester und unser Leben nachzudenken.

Ein Ereignis, an das ich mich selbst kaum erinnern kann, aber das mir von Mutter immer wieder vorgehalten wurde, muss sich den Schilderungen nach zugetragen haben, als Amara und ich drei oder vier Jahre alt waren. Wenn man den alten selbstgeschossenen Fotos trauen darf, mussten wir ein überaus niedliches Zwillingspärchen mit einer jugendlich wirkenden Mutter gewesen sein. Um dem Ganzen die Krönung aufzusetzen, hatte sie uns zu einem Fotoshooting angemeldet, was damals wohl bei mancherlei Gelegenheiten angesagt war. So etwas gab es bisher bei uns nicht. Zu der Zeit glaubte man hierzulande noch, dass jedes neu ins Land gekommene Unternehmen es genau so ehrlich mit uns meinte, wie wir Einheimischen. Den Erzählungen nach hatte Mutter für diesen Termin damals vorab eine dreistellige Summe in der für uns neuen D-Mark auf den Tisch legen müssen. Der Betrag würde sich innerhalb kurzer Zeit amortisieren, versprach die Werbung des Fotografen. Wir glaubten es. Während es Amara und unsere Mutter offenbar genossen, vom Künstler in Position gebracht zu werden, interessierten mich in erster Linie die Scheinwerfer, die Kamera auf dem Stativ und die einfachen Kisten mit den bedruckten farbenfrohen Überwürfen, auf denen wir platziert werden sollten. Mit Süßigkeiten versuchte mich Mutter, zum Stillsitzen zu überreden. Das klappte nicht so wie vorgesehen.

Als mich Mutter dann zum Stillsitzen zwang, entlud sich mein Mageninhalt über die ganze Szenerie. Ihre süßen Bestechungsversuche hatten sich gerächt. Damit waren auch alle weiteren geplanten Shootings mit anderen Kindern geplatzt. Der Fotograf verlangte von Mutter eine Entschädigung für die ruinierten Requisiten und es gab keine Fotos und erst recht keinen Werbevertrag, den er uns versprochen hatte. Darüber hinaus bin ich bei meinen Erkundungen an irgendetwas Färbendes geraten. Mutter hat das Kleid nie wieder sauber bekommen. Vielleicht hat sie das auch nur erzählt, um mich zu demoralisieren. Das Einzige, was ich von diesem Tage wirklich in Erinnerung behalten hatte, war ein verschleierter Spiegel, in den ich hineinblickte und meine Schwester heraus. Das faszinierte mich. Ich sah sogar hinter den Spiegel.

Irgendwann ist es Mutter dann doch noch gelungen, ein paar professionelle Fotos von Amara und sich zu bekommen – bei einem Fotografen, der seit vielen Jahren in der Stadt arbeitete. Mitgenommen hatten sie mich zum Glück zu diesem Fototermin nicht. So wurde es erzählt. Unendlich langes Stillsitzen und in schwingenden Kleidern und Röcken einfach nur Schönsein, das mochte ich noch nie.

Der Intercity rollte über das Gleisbett. De-dumm, de-dumm de-dumm.

Ganz gut erinnern kann ich mich an den Tag unserer Einschulung. Im Gegensatz zu Amara, die sich fortwährend vor dem Spiegel drehte, und dabei den Schwung ihres neuen Kleides bewunderte, war es mir sehr zuwider, mich an diesem Tage feinzumachen und dauernd an mir herumfummeln zu lassen. Anfassen durfte ich auch nichts. Während die Gedanken schon bei den neuen Schulbüchern in meinem Schulranzen waren, wurde ich dauernd aufgefordert, nun endlich still zu stehen. Die Haare ziepten beim Kämmen und der Ranzen klemmte das Kleid ein. Ich musste erst noch lernen, gewisse unausweichliche Dinge über mich ergehen zu lassen, um möglichst bald das tun zu können, wonach mir der Sinn stand. Unausweichlich war auch der Gang zum Fotografen. Natürlich wurde ich schon Wochen vor der Einschulung an mein Missgeschick auf das missglückte Fotoshooting hingewiesen und dass ich mit einer Strafe rechnen müsse, es auch diesmal zu verderben. Also bekam ich vor dem Fototermin keine Süßigkeiten zugesteckt – jedoch meine Schwester! Das war höchst ungerecht. Überhaupt hatte ich den Eindruck, dass mir Mutter das mit dem Fotoshooting vor Jahren immer noch ziemlich nachtrug.

An diesem Tag geschah etwas, was ich erst später deuten konnte. Amara fiel bei dem Drehen vor dem Spiegel hin und zog sich ein Hämatom unter ihrem rechten Auge zu. Sofort lief ich zu ihr, um sie zu trösten. Allein durchs Zusehen entwickelte sich unter meinem linken Auge ebenfalls ein blauer Bluterguss, der immer mehr anschwoll, während der meiner Schwester bis zum Fototermin kaum noch zu erkennen war. Mutter schminkte ihn mir schnell weg. Was war das nur für ein ekliges Zeug, dass Mutter mir da ins Gesicht geschmiert hatte, und lange dauerte es auch. Auf dem gemeinsamen Bild mit Amara ist er dennoch deutlich zu sehen, weil ich kurz vor dem Auslösen genau an dieser Stelle ein unangenehmes Kitzeln verspürte und vorsichtig mit der Hand darüberstrich. Dass ich das Veilchen wirklich ohne mein Zutun bekommen hatte, glaubte mir niemand.

Ich wusste zwar, dass Mutter nicht aus dem Haus ging, ohne sich dieses Zeug ins Gesicht zu schmieren, was meistens ganz schön lange dauerte, vor allem dann, wenn ich darauf wartete, dass sie mir ein neues Buch kaufen sollte. Amara dagegen wusste bereits vor dem Beginn der Schulzeit, dass das Make-up heißt und dass es viele verschiedene Farben und Arten gibt, angefangen vom Lippenstift bis hin zu Puder und Wimperntusche. Gebannt und fasziniert sah sie meist zu, wenn sich Mutter für die Stadt fertigmachte. Und dann passierte es, als Mutter irgendwann einmal Außerhaus war, zog Amara alle Register des Schminkens. Darauf hoffend, dass Amara von Mutter einmal richtig ausgeschimpft würde, feuerte ich sie noch dazu an. Ich fragte sie nur, wie sich das Zeug auf der Haut anfühle. Sie meinte, dass es zuerst kühl wäre, aber ich musste an das Einschulungsfoto denken und mich angeekelt schütteln. Letzten Endes wurde Amara dafür ins Gewissen geredet, aber die dicken Augen von ihrem Weinen bekam ungerechterweise ich.

Der Zug wurde langsamer und ich war gespannt, welchen Bahnhof wir passieren würden. Erste Lichter waren auszumachen. Das Rattern an den Gleisstößen wurde langsamer und hatten jetzt die Frequenz eines schlagenden Herzens. De-dumm, de-dumm. Es war fast Mitternacht. Schlug auch Amaras Herz noch de-dumm, de-dumm? Was hatte sich Mutter nur dabei gedacht?

»Essen Hbf« stand an einem wohl inzwischen ausrangierten Stellwerk, das durch eine Bahngeländelampe angestrahlt wurde. Der Zug hielt. Nur eine Handvoll Leute stiegen aus und ein. Wenig später kündigte das Pfeifen des Schaffners das Weiterfahren an. Bald hörte ich wieder de-dumm, de-dumm und ich gab mich abermals meinen Gedanken hin.

Bis sich in der 5. Klasse vieles für Amara und mich änderte, hatten wir schon einiges angestellt, um die Lehrer zu hintergehen und uns so bessere Noten zu verschaffen, wie es nur eineiigen Zwillingen möglich ist. Wir hatten nämlich bemerkt, dass Amara besser singen und zeichnen konnte, ich dagegen war besser in Mathematik und Sachunterricht. Unser für die anderen identisches Aussehen bescherte mir Einsen und Zweien beim Gedichteaufsagen und Amara bei sachbezogenen Vorträgen. Aber wirk-

30

lich zu steuern war dieser Austausch leider nicht. So kam es, weil sich Amaras Interessen auf die schönen Dinge beschränkte, dass ich ihr von den Lehrern als Vorbild hingestellt wurde. Endlich wurde ich einmal gelobt! Amara beschwerte sich deswegen öfter bei Mutter. Ab der Fünften Klasse wurde ich in der Parallelklasse unterrichtet, was auch seinen Vorteil hatte, denn nicht alles, was ich anstellte, landete auch bei Mutter. Allerdings hatten wir weiter den Sportunterricht gemeinsam, genauso wie die Jungen der beiden Klassen. Amara liebte die Gymnastik. Sie war eine der Besten unter uns, während ich eher Ballspiele mochte. Schlimm wurde es nur einmal, weil sich Amara bei der rhythmischen Sportgymnastik den linken Fuß umknickte und ich, ein paar Meter weiter, währenddessen der Mannschaft zum Sieg verhelfen wollte. So geschah es. Amara passierte das Unglück und ich war gerade beim Volleyball am Absprung um den Ball zurück übers Netz zu schlagen. In diesem Moment in der Luft durchfuhr mich Amaras Schmerz, aber nicht in dem Fuß, mit dem ich abgesprungen und aufgekommen war. Mit diesem Schmerz konnte ich nicht weiterspielen. Dass ich danach mit dem unbelasteten rechten Fuß humpeln musste, verwirrte meine Spielkameraden und warfen mir Absicht und Hinterlist vor. Amara indes führte ihre Übung nach kurzer Pause weiter durch. Alle an der Gymnastikmatte hatten ihr Umknicken gesehen, und mitfühlend die Augen zugekniffen, wurde unter den Schülern erzählt. Ich solle mir ein Beispiel an meiner Schwester nehmen, wurde mir vorgeworfen und nicht so wehleidig sein. Das saß! Konnte ich den anderen von unserer besonderen Verbundenheit erzählen? Sie hätten mir ohnehin nicht geglaubt und ich hätte mir damit nur selber geschadet, wenn ich für die Schulkameraden solch ein blödes Zeug erzählte.

Die Sportlehrerin und Mutter, kannten sich schon seit ihrer Schulzeit und sie erzählte Mutter den Vorfall brühwarm. Mutter war unangenehm berührt von diesem Zwischenfall und forderte mich auf, nicht so zimperlich zu sein. Ich verdrehte genervt die Augen. Zum ersten Mal fiel das Wort Hypochonder. Ich mochte nichts dazu sagen. Vielmehr beschäftigte mich ihr verändertes Aussehen im Gesicht. Ich konnte kaum noch ihre Laune ablesen, seitdem sie die kleinen liebenswerten Fältchen nicht mehr hatte. Viel später erfuhr ich, dass sie sich regelmäßig Botox spritzen ließ. Das wusste selbst Amara damals noch nicht.

Bis Dortmund war ich schon gekommen. Hier hatte ich auf jeden Fall Zugang zum Mobilfunknetz. Ob es auf freier Strecke ebenso war, wusste ich nicht und ich wollte es jetzt auch nicht ausprobieren. Nur ganz selten fuhr ich solch weite Strecken und schon gar nicht mit der Bahn. Ich hatte trotz unserer angestauten Differenzen Mutter auf Kurzwahl und wählte sie an. Was hatte sich Mutter nur gedacht, mir Amaras Gesundheitsproblemen zu verschweigen. Trotzdem hätte ich ihr zuhören sollen, bevor ich ins Taxi gestiegen bin, warf ich mir vor. »Der gewünschte Teilnehmer telefoniert derzeit. Wollen Sie ihr eine …«, war die Ansage im Telefon. Ich brach ab. Auch wusste ich nicht so recht, was ich ihr in die Box sprechen sollte. ›Entschuldige‹ oder ›Was hast Du Dir nur dabei gedacht‹, schien mir nicht passend zu sein. Ich nahm mir vor, es beim nächsten Halt noch mal zu versuchen. Mit diesem Gedanken setzte sich der Zug wieder in Bewegung und das De-dumm-de-dumm war wieder zu hören.

Mit dem Eintritt in die Pubertät spalteten sich unsere Interessen immer mehr. Wenn ich mit den Hausaufgaben beschäftigt war, fiel es Amara immer öfter ein, laut Musik zu hören und danach zu tanzen. Wenn sie auch gut im Rhythmus war, verlangte es von mir Rache. Da ich wusste, wie gern sie sich im Bad aufhielt, um das eine oder andere für ihr Aussehen auszuprobieren, blockierte ich es viel öfter und viel länger, als es notwendig gewesen wäre oder gab vor, noch einmal schnell zu müssen, und dehnte dann die Zeit ins Unermessliche aus. Wenn sie dann richtig aufgebracht war und an der Tür bullerte, kam ich mit unschuldiger Miene heraus. Dann schaltete sie noch einen Gang höher. Ich hatte erreicht, was ich erreichen wollte.

Eines kam Tages ein Brief, der Amara einlud, an einer Beauty-Session teilzunehmen. Sicher hatte Mutter daran gedreht. Sie tat zwar überrascht, aber ich glaubte ihr nicht, was auch an dem Botulinumtoxin gelegen haben könnte, dass sie sich jetzt immer öfter spritzen ließ. Mich interessierte so etwas eigentlich nicht, aber dank Amara wurde ich über derlei Dinge jederzeit detailgenau aufgeklärt.

Die gesamten Herbstferien war ich auf mich allein gestellt. Wenn ich auch die täglichen Arbeiten gern immer wieder auf den nächsten Tag verschob, war es doch eine herrliche Zeit, in der ich mir die Stunden einteilte, so wie mir es passte. Am Tag vor ihrer Rückkehr hatte ich allerdings voll damit zu tun, meine liegengelassene Kleidung einzusammeln und die eingetrockneten Krusten des benutzten Geschirrs im Geschirrspüler zu entfernen. Das gelang natürlich nicht, im Gegenteil: Die hartgewordenen Essensreste wurden dort hart wie Stein. Also doch heißes Wasser ins Spülbecken lassen und das Geschirr mit der Hand und dem Schrubberschwamm bearbeiten. Dabei musste auch mancher Goldrand dran glauben. Viel zu spät bemerkte ich, dass Einweichen mir die Arbeit enorm erleichtert hätte. Ich wollte doch die bessere Tochter sein und dafür gab ich alles, damit es Mutter auch bemerkte. Insgesamt hatte ich aber den Eindruck, dass sie Amara bevorzugte und ich nur ins Spiel kam, wenn es irgendetwas zu erledigen gab. Das traf auch für die Schule zu.

Mutter merkte den sauberen Haushalt nur kurz an und wechselte dann das Thema, nämlich die Beauty-Session, bei der Amara als einer der Besten die anwesenden Model-Agenturen stark beeindruckte. So kam sie mit einem Einjahresvertrag nach Hause, der ihr ganzes bisheriges Leben auf den Kopf stellte. Sie würde die Schule zum Schuljahresende nach der 9. Klasse für ein Jahr unterbrechen, meinte Mutter. Ich nahm es erst einmal so hin, wie es gesagt wurde. Was das bedeutete, wurde mir erst mit der Zeit klar. Auch ahnte ich zu diesem Zeitpunkt noch nicht, dass sie nie wieder die Schulbank im herkömmlichen Sinne drücken würde. Fortan brauchte Amara noch länger für Hautpflege und Make-up als bisher. Fertig gestylt hielten sie die meisten für zwei Jahre älter als mich. Einmal wurde ich gefragt, ob meine große Schwester schon einen Freund hätte. Einige Male musste ich mich sogar zwischen Morgendusche und Unterricht entscheiden. Besonders an Tagen, an denen wir zu unterschiedlichen Zeiten zur Schule mussten, war es besonders kritisch, sodass ich mich entschloss, zwanzig Minuten früher, vor Mutter und Amara, als erste aufzustehen. Amaras Angewohnheit, bis zum letzten Moment liegen zu bleiben, und dann eine kleine Ewigkeit im Bad zu brauchen, kam mir dabei zur Hilfe. Ich schlafe zwar auch gern, aber ich machte die Erfahrung, dass die gewonnene Zeit mich cooler und ausgeglichener machte. Da ich in dieser Zeit das Frühstück vorbereitete, drückte ich mich mit Erfolg und dem Segen von Mutter um das gehasste Abräumen und Abwaschen. Dafür lag sie mir mit den dauernden Ermahnungen in den Ohren, mir ein Beispiel an Amara zu nehmen, und mehr für mein Aussehen zu tun. Mit meinem Aussehen war ich hingegen sehr zufrieden, sauber zu sein ist mir bis heute das Wichtigste geblieben, nicht der Lidstrich.

Irgendwann einmal bekam ich dann mit, dass sie das nur ihren eigenen Träumen zuliebe tat, denn sie peilte ein Fotoshooting mit ihren Zwillingen an, so als ob gerade das immer reibungslos geglückt wäre. Weil ich auf derlei nun überhaupt keine Lust hatte, schob ich immer wieder dringende Sachen mit der Schule wie Vokabeln lernen, einen Wettbewerb im Volleyball oder einen Vortrag, den ich beinahe vergessen hätte, vor. Ich gewann.

Inzwischen hatte ich Mutter wie auch Amara, was ihre Schönheit betraf, einigermaßen durchschaut. Wollten sie die Zustimmung für etwas Bestimmtes, fingen sie schon Wochen vorher an, über einen neuen sogenannten Makel beiläufig zu reden, und steigerten sich dann hinein. Das betraf dieses Mal die Fettansammlungen an den Oberschenkeln und der Hüfte von Mutter und Amara wollte unbedingt ein sündhaft teures Make-up ausprobieren. All das bekam ich mit, während ich vor meinen Büchern saß und scheinbar unaufmerksam gegenüber ihren Gesprächen war. Ich hatte mir einen Spiegel so hingestellt, dass ich die beiden sehen konnte, wenn sie hinter mir tuschelten. Es wäre für die Schule, log ich. ›Für die Schule‹ war ein totales ›Totschlagargument‹ gegenüber Mutter. Hörte sie es, bekam ich alles genehmigt – fast alles.

Wenn Mutter und Amara sich dann gegenseitig ihre Wünsche mehrmals bestätigt hatten, dann wurden sie heimlich umgesetzt. Sie glaubten, mir etwas vormachen zu können. Ein paar Erkenntnisse dazu hatte ich auch aus Büchern, die sich allgemein verständlich mit der Psychologie befassten. Wenn so eine Vorhersage wieder einmal klappte, war ich stolz auf mich, wie der erste Bezwinger des Nordpols. Dann tat ich vor mir selbst gelehrt und verwendete medizinische Begriffe, die ich kaum verstand.

Nach diesem Symptom (da haben wir eins) gab Mutter vor, etwas mit der Model-Agentur persönlich klären zu wollen, und kam drei Tage später am Bauch sichtlich dünner zurück. Im Gepäck hatte sie ein Set des gewünschten Make-ups für meine Zwillingsschwester. Auch mir bot sie an, es doch auch einmal damit zu versuchen.

Nicht der wütende Blick meiner Schwester, die glaubte etwas abgeben zu müssen, hielt mich davon zurück, sondern weil ich bis heute das klebrige oder staubige Zeug wie eine unbequeme Maske empfinde, die mich in jeder Hinsicht einengt.

Doch dieses neue Zeug hatte etwas in sich, das Amaras Gesichtshaut nicht vertrug, sodass sie innerhalb weniger Minuten krebsrot aussah. Als Amara es im Spiegel bemerkte und hysterisch aufschrie, waren wir zum ersten Mal alle drei bei der Übertragung der Anzeichen beisammen. Nachdem ich die Auswirkungen des neuen Make-ups bei Amara sah, erwarte ich die gleichen allergischen Symptome. Sie kamen. Da warfen sie mir vor, doch heimlich etwas von dem Zeug genommen zu haben, um den Verdacht zu beweisen. Nichts dergleichen tat ich. Zwei Wochen hatte ich mit den roten brennenden Hautstellen zu kämpfen, während Amaras schon am Abend kaum noch auszumachen waren. Mutters Haut zeigte keine allergische Reaktion. Prompt wurde ich von beiden ungerechterweise als Hypochonder bezeichnet. Wer den Schaden hat, braucht für den Spott nicht zu sorgen. Ich solle mir ein Beispiel an Amara nehmen, war Mutters Kommentar. Wieder einmal. Das war so gemein! Ich lief in mein Zimmer und wollte keinen von beiden an diesem Abend mehr sehen. Meine Tränen rollten ungehemmt ins Kopfkissen. So hatte ich mir das nicht vorgestellt. Sollte ich für alle Zeiten all die Leiden von Amara durchleben müssen?

Der Intercity jagte durch die Nacht in Richtung Norden. De-dumm, de-dumm, de-dumm. Schienenstöße und Herzschlag, Amaras Herzschlag.

Als wir 19 Jahre alt waren, konnte meine Schwester den Titel einer Weinkönigin im Saarland feiern und ich mein Abitur, an das sich direkt mein Psychologiestudium anschloss.

So unterschiedlich unsere persönlichen Erfolge waren, so unterschiedlich waren auch unsere Interessen geworden. Ungeschminkt sahen wir uns noch zum Verwechseln ähnlich. Das sollte sich bald ändern. Bedingt durch das Studium zog ich mich immer mehr auf mein Zimmer zurück, während Mutter und Amara viel unterwegs waren und in Hotels übernachten mussten. Wir sahen uns immer seltener. Anfangs hatte ich die Hoffnung, dass diese räumliche Distanz unsere besondere Verbindung schwächer werden lassen würde und ich ihr so auf die Schliche kommen könne. Eines Tages, ich hatte die beiden schon seit Wochen nur über Skype gesehen, schwoll meine Nase unvermittelt extrem an. Mein erster

Gedanke war die allergische Reaktion auf einen Insektenstich, den ich tatsächlich hatte. Obwohl ich inzwischen die Zeichen kannte, wenn Mutter oder Amara irgendetwas planten, war in dieser Richtung aus unseren Gesprächen am Telefon oder auch über Skype nichts herauszulesen. Eine Woche lang die Nase kühlen half, sodass ich darauf verzichtete, einen Arzt aufzusuchen.

Mit einer verpflasterten Nase lief Amara einmal im Hintergrund an der Laptop-Kamera vorbei, als ich mit Mutter gerade chattete. Sie waren offenbar leichtsinnig geworden. Mutter hatte es, wie es schien, überhaupt nicht bemerkt. Vorerst hielt ich mein Wissen vor den beiden zurück. Es hätte doch nur gegenseitige Vorwürfe gegeben, denn sie wussten, wie ich zu Schönheitsoperationen und Ähnlichem stand. Dass ich unter solchen Eingriffen bei Amara ebenfalls zu leiden hatte, ging ihnen nicht ein. Auf Spott und gute Ratschläge konnte ich gut und gern verzichten.

Einige Zeit später stellte ich fest, dass auch Mutter sich unters Messer gelegt hatte und war sauer. Richtig sauer. Konnte ich sie noch Mutter nennen, wenn ihre Augenlider so glatt waren, wie die von Amara? Müsste sie nicht die Klügere von beiden sein?

Bis zu einem gewissen Grade konnte ich inzwischen aufgrund meines Studiums die Einstellung nachvollziehen, als Managerin von Amara nicht allzu alt auszusehen. Aber es sah eher so aus, als wenn Mutter ihrer eigenen Tochter Konkurrenz machen wollte. Reichten all die Puder, Cremes und Stifte nicht aus, um schön genug zu sein? Sollte Mutter nicht danach trachten, kompetent und reif auszusehen, um Amara die bestmögliche Hilfe zu sein und um nicht übers Ohr gehauen zu werden?

Die Antwort auf meine Fragen erhielt ich ein Vierteljahr später. Voller Stolz berichtete sie eines Tages, dass sie als die schönste Model-Managerin Deutschlands gekürt wurde und dass sie sich auf dem richtigen Wege sei. Wer hatte ihr derartig stereotype Argumente und Bewertungen eingeredet? Konnte sie nicht mehr selbst denken? Waren das die Argumente, mit denen sie auch Amara beeinflusste?

De-dumm, de-dumm – de-dumm. Das Pochen der Schienenstöße unter den Rädern wurde langsamer. Immer öfter wurde dieser Rhythmus durch Weichen ratternd gestört. Hoffentlich nicht bei Amara. Bremen war nicht mehr fern. Ich war auf dem Weg zu meiner Schwester. Mehr als die Hälfte des Weges hatte ich bereits zurückgelegt. De-dumm, de-dumm, de-dumm. Beeile Dich, Intercity! Ich brauche meine Schwester. Es tut mir leid, liebe Amara. Am ganz frühen Morgen brauchte ich Mutter nicht anrufen. Sie würde auch ihren Schlaf nötig haben. De-dumm, de-dumm. Amara, ich komme. Warte auf mich.

Die Bachelor-Thesis in Psychologie hatte ich gerade erfolgreich verteidigt, als Mutter immer öfter ihre Haut an der Wange zwischen Daumen und Zeigefinger nahm, etwas herauszog, sie dann losließ und das Zurückspringen der Gesichtshaut vor dem Spiegel genauestens beobachtete. Links, rechts und dann wieder links. Nur um festzustellen, was sie da tat, probierte ich es auch bei mir. Anders als bei Mutter bekam ich die Haut nur mit viel Mühe und entsprechender Kraft überhaupt zwischen die Finger und dann rutschte sie mir schnell von selbst heraus. Rote Wangen waren das Ergebnis bei mir, aber ich glaubte kaum, dass Mutter rote Wangen haben wollte.

Immer edlere Cremes und Tiegel standen in der Beauty-Bar, einem flachen Regal im Bad. Anbringen durfte ich es. Handwerklich etwas bewandert war nur ich. Die anderen beiden waren da, um schön auszusehen. Ich weiß, das ist sehr sarkastisch, aber mit Recht!

Mein Zeug – eine wasserhaltige Gesichtscreme, etwas gutes Parfüm, meine Lieblingssorte Haarwäsche und Duschbad – hatte ich in mein Zimmer genommen, nachdem Amara im Bad aufgeräumt hatte und ich meine Utensilien nicht wiederfinden konnte. Die Seife auf dem Waschbecken und das Zahnputzzeug durften dort stehen bleiben. Gnädigerweise.

Etwas schien Amara durch den Kopf zu gehen, als sie von einer ihrer Sessions heimkam. Bei allen Gelegenheiten hob sie ihren Busen vor dem Spiegel an und betrachtete ihn dabei von allen Seiten. Um Dirndl konnte es nicht gehen, die hatte sie in großer Auswahl in einem ihrer Kleiderschränke hängen. Ich ahnte, dass ich wieder leiden musste. Aber war so eine Operation wirklich notwendig? Wir waren in dieser Hinsicht nicht schlecht ausgestattet, immerhin so, dass ein Dauerlauf ohne Sport-BH für mich undenkbar war. Zum Studentenfasching hatte ich mir einmal so ein Dirndl von Amara ausgeliehen. Ich war überrascht, wie gut mir so ein Kleidungsstück stand, fühlte mich aber trotz der Kette im Dekolleté etwas zu offen. Auch hatte sie mich zu diesem Anlass geschminkt. Das konnte sie wirklich großartig. Dann stellte ich mich vor ihren großen Spiegel und erblickte scheinbar Amara als Spiegelbild. Für immer und dauernd war so ein Kleid und Schminke aber nichts für mich. Die Schleife auf der richtigen Seite, konnte ich mich der Verehrer kaum erwehren – oder war der Studentenfasching daran schuld?

Die Brustvergrößerung meiner Schwester traf mich während einer Zwischenprüfung im Masterstudium. Ohnehin war ich durch die Grippe, die mich eines Tages von jetzt auf gleich ans Bett fesselte, zeitmäßig etwas ins Hintertreffen geraten. Und weil ein Unglück selten allein kommt, war auch das Thema, dessen Los ich gezogen hatte, gelinde gesagt, nicht gerade das, worin ich mich besonders auskannte. Glücklicherweise bekam ich die Gelegenheit, es ein zweites Mal zu versuchen.

Amara hatte wahrlich Glück, ihre Operation in München gemacht zu haben. Als sie wieder hier war, waren die Wunden verheilt und mein Zorn darüber im Großen und Ganzen verraucht. Ein paar Vorwürfe zu dem unnötigen Risiko, dass sie mit jeder Operation einging, musste sie sich trotzdem gefallen lassen. Auch Mutter bekam ihr Fett ab. Sie musste Amara schon zugeredet haben, dass sie für ihre Karriere als Model die Silikonimplantate unbedingt benötigte. Eigentlich sollte es die Mutter sein, die die Gefahren ihren Mädchen verdeutlichte.

Ich weiß nicht, ob ich den beiden danken sollte, oder ihnen ins Gewissen reden. Mutter zog noch einmal an einem Morgen kurz vor Weihnachten an ihrer Wangenhaut. Am Abend verlief diese Prozedur ähnlich wie bei mir ab. Wie konnte das sein? Hatte sie einen Jungbrunnen gefunden? Mutter klärte mich auf. Das Zauberwort hieß thermisches Facelifting und sollte ein Vierteljahr anhalten. Es hatte irgendetwas mit Kollagen zu tun, das in den tieferen Hautschichten deponiert war. Mutter mochte nicht älter werden, kam mir die Erkenntnis. Von nun an notierte ich alle Vorfälle dieser Art, auch die der Vergangenheit, so gut sie mir noch einfielen, und beschrieb die Reaktion der anderen dazu, auch meine eigenen. Es sollte das Thema der Masterarbeit werden.

De-dumm, de-dumm. Ich war wieder in meiner Heimat. Von Schwerin bis Rostock war es, relativ gesehen, nur ein Katzensprung. Nur noch zwei Zwischenstopps. Wenn es eine böse Überraschung gab, rückte sie unaufhaltsam näher. Auf böse Überraschungen war ich heute nicht eingestellt. Es durfte sie einfach nicht geben. De-dumm, de-dumm.

Die Masterarbeit, die Masterthesis, rückte allmählich in mein Bewusstsein und forderte meine ganze Kraft für ein ordentliches Ergebnis. Allerdings hatte ich nicht mit den *Flausen* von Amara und Mutter gerechnet. Ich hätte schlauer sein müssen. Mutter entdeckte eines Morgens im Spiegel zwischen ihren blonden ein graues Haar. Sie war so entsetzt darüber, wie ich einst beim Verhauen meiner Zwischenprüfung. Sie hatte nichts Besseres zu tun, als diesen Übeltäter mit Stumpf und Stiel auszurotten. Der Blick in den Spiegel und ihre biologische Uhr machten ihr zu schaffen. Um so genauer betrachtete sie ihre Haut und war nicht gewillt, sich ihrer körperlichen Entwicklung tatenlos hinzugeben. Das bekam ich mit, als sie sich über dieses Thema mit Amara austauschte. Ein dunkler Schleier legte sich durch Mutters Botschaft über Amaras Gesicht. Alt werden, das war gewiss nichts für die beiden.

Nicht, dass ich mit dem Studium der Literatur ins Hintertreffen geraten war, dennoch brauchte ich für den Abschluss Sitzfleisch. Das hat mir Amara jedoch, ich kann es bis heute nicht beweisen, schwer gemacht, indem sie glaubte, unbedingt eine Aufpolsterung ihres Hinterteils mit Eigenfett während dieser Zeit machen lassen zu müssen. Ich wusste nicht, woher sie es bei ihr nehmen wollten. Sie hatte doch eine Traumfigur. Sie überstand solche Eingriffe immer ohne größere Probleme. Wie sollte sich auch da etwas mehr Empathie mir gegenüber entwickelt haben. Der kleine Eiterherd, der infolge dieses Verfahrens als Fistel bei Amara entstand, war schnell trockengelegt und hinterließ bei ihr keine weiteren Spuren. Da ich nach wie vor davon überzeugt bin, dass sich meine Gesäßhaut nicht vom übermäßigen Sitzen entzündet hatte, konnte ich diese Qual zeitlich gesehen nur mit Amaras Klinikaufenthalt in Verbindung bringen. Wenn ich auch noch für Mutters Schönheit hätte leiden müssen, hätte ich den Master vermutlich um ein Jahr verschieben müssen. Sie hatte sich nämlich zuerst einer Halsmuskelstraffung unterzogen und einige Monate später den Po und den Busen operieren lassen, damit sie praller wirkten. So etwas geht nur, wenn man an einer unauffälligen Stelle etwas Haut mit dem Skalpell herausschneidet und die Wunde mit der noch vorhandenen Haut, die in einem bestimmten Bereich vom Untergrund abgelöst wird, überdeckte. Allein die Vorstellung, diese Prozedur freiwillig über mich ergehen zu lassen, bereitete mir schlaflose Nächte und Albträume.

Die nun immer öfter vorkommenden grauen Haare machten Mutter psychisch mehr zu schaffen, als ich zunächst vermutet hatte, wobei ein graues Haar unter vielen blonden nicht besonders auffällig war, dachte ich. Sie versuchte, aus der Not eine Tugend zu machen. Kastanienrot war der Trend des Jahres, dem Mutter zugleich mit Amara von nun an folgte. Zumindest tat das nicht weh und ich durfte später als Master of Sciense eine eigene Praxis führen und das erste Mal in meinem Leben eigenes Geld verdienen.

Langsam, viel zu langsam für mein Empfinden rollte der Nachtzug in den Rostocker Hauptbahnhof ein. De-dumm, ratter, ratter, de-dumm. Würde Amara es schaffen? Würde ich sie doch wenigstens noch einmal umarmen können oder war ich … Ich mochte diese Möglichkeit noch nicht einmal denken. Warum konnte ich ihre Lebensweise nicht akzeptieren? Wir waren – dieses Wort »waren« erschreckte mich – wir sind doch eineiige Spiegelzwillinge! Wir spiegeln uns und wir ergänzen uns. War dies nicht schon ein Wunder unseres Lebens?

Rostock kam in Sicht. Es war Morgen geworden. Meine Gelenke waren nach mehr als sechs Stunden Sitzen etwas steif geworden. Ich nahm meinen Rollkoffer und ging schon zur Waggontür. Die Bremsen quietschten. Ein kleiner Ruck, der das Körpergewicht ein winziges Stückchen in die bisherige Richtung schob, und dann etwas zurückschleuderte. Und dann stand der Zug. Der Bahnhofssprecher informierte die Reisenden hallig über die quäkigen Lautsprecher auf dem Bahnsteig. Ich beeilte mich. Ich brauchte Amara.

Jetzt nur nicht die falsche Treppe zu den Straßenbahnen auf dem zweiten Untergeschoss erwischen! »Richtung Südstadt« las ich. Hier war ich richtig.

Glücklicherweise fuhr schon die nächste Tram in Richtung Mensa. Die hielt auch am Südstadtklinikum. Hierher hatten sie Amara nach ihrer Infektion gebracht. Leider musste ich das vom *Regisseur* und nicht von meiner Mutter erfahren. Wie es Amara wohl ging? Ich musste sie unbedingt um Entschuldigung bitten, denn zuletzt hatten wir uns gezofft. So wie noch niemals zuvor. In der Schönheitsklinik.

Unverantwortlich mit ihrem Leben umzugehen, hatte ich ihr dort laut vorgeworfen und wild gestikuliert. Dass auch ich unter jeder ihrer wahnsinnigen Operationen zu leiden hatte, wie auch diesmal, habe sie wohl nicht bedacht. Jetzt aber war sie mit der Straffung der Gesichtshaut zu weit gegangen. Mit dreiunddreißig! Ihr Gesicht war verbunden gewesen und ließ nur den kleinen Bereich um Augen, Nase und Mund offen. Ein Bild des Jammerns.

Sich immer in ihre Entscheidungen einzumischen, warf sie mir vor. Ich war an jenem unglückseligen Tag im Sonnenschein gekommen. Dann verfinsterten sich nicht nur unsere Gedanken, sondern auch der Himmel. Auf der Straße sprangen die Straßenlampen an. Längst hatte Amara die Beleuchtung am Bett eingeschaltet. Wenig später schrien wir uns an und Blitze warfen unheimliche Schatten in die Landschaft und ins Zimmer. Wir beide als Schreckgestalten an den Zimmerwänden. Dann geschah etwas Unerwartetes: Für einen winzigen Augenblick sah ich vom Fenstertüll verschleiert, wie in einem Spiegel mich im Bett liegend und Amara an meiner Stelle vor Zorn die Arme hebend. Im selben Moment blitzte und krachte es vor dem Fenster zur selben Zeit. Das Licht ging aus. Ratzekahl. Alarmlämpchen fingen an, hektisch zu blinken begleitet von nervösem Gepiepse. Meine Wangen fingen noch stärker an zu schmerzen. Dabei sollten es Amaras sein. Ungerechte Welt. Ohne ein weiteres Wort verließ ich das Krankenzimmer.

Da hatte ich zuletzt mit meiner Zwillingsschwester gesprochen.

Dass ich am nächsten Tag keine Beschwerden von Amaras Operation mehr hatte, fiel mir erst am übernächsten Tag auf und war fast traurig darüber. War unsere besondere Verbindung durch den Zoff nun zerrissen worden? Aber vielleicht ging es Amara ja schon viel besser, versucht ich diesen Effekt zu erklären, brauchte keine Schmerztablette nehmen und widmete mich den Aufgaben des Tages und meinen Patienten.

Amara war, nachdem sie sich in der Schönheitsklinik einen Krankenhauskeim eingefangen hatte, auf die Intensivstation des Südstadtklinikums gebracht worden. In dem großen Haus dauerte es eine Weile, bis ich die gesuchte Station gefunden hatte. Dabei wäre ich beinahe in den falschen Fahrstuhl gestiegen. Ich müsse mich in der Station ausweisen, hatte mir der Pförtner gesagt. Aber das war nicht alles. In einer Umkleide sollte ich mich bis auf die Unterwäsche ausziehen und in einen sterilen Overall steigen, einschließlich Haube, Mundschutz und Handschuhe. Das verhieß nichts Gutes. Stand es um Amara so schlecht? Mein Herz pochte vor Aufregung und Angst. Von einer Schwester wurde ich zu Amaras Bett gebracht. Ihr Gesicht war nicht mehr verbunden. Sie sah traurig und geschafft aus. An der Kaumuskulatur und den Ohren sah sie aus, als ob sie verprügelt geworden war. Grün und gelb, also am Abheilen der Unterblutung. Einen großen Unterschied konnte ich nicht feststellen. Allerdings hatte ich sie in den letzten Jahren fast nur geschminkt gesehen. Tränen rollten bei ihr und auch ich konnte sie nicht unterdrücken. Körperlichen Kontakt hatte man uns verboten und wir hielten uns daran, auch wenn es schwerfiel. Ich stammelte eine Bitte um Entschuldigung für die lächerlichen Vorwürfe, die ich ihr beim letzten Mal machte. Bäche von Tränen brachen aus meinen Augen hervor. Amara schüttelte leicht den Kopf und meinte, dass ich so recht gehabt hätte.

»Seit Mitternacht geht es mir wieder besser. Hätte das Medikament, das extra aus den USA eingeflogen wurde, nicht gewirkt, hätten wir jetzt hier nicht reden können, Amalie.« Sie schluchzte. »Du weißt gar nicht, wie dumm ich war. Wir haben ganz gut verdient, Mutter und ich. Vielleicht hat Mutter geglaubt, dass sie sich mir anpassen musste. Du weißt, bezüglich Klamotten und Figur konnten wir wirklich miteinander konkurrieren, ja manchmal ist sie bei Trends noch offener gewesen, als ich es bin. Das trifft nicht für die Fotos der Agenturen zu. Da musst Du anziehen, was die einem geben. Aber wir haben die Möglichkeit gehabt, das eine oder andere Stück für einen Bruchteil des Preises zu kaufen.« Sie zeigte auf ihren Hals. »Ist alles entzündet. Von innen. Aber ich merke seit ein paar Stunden, dass es besser wird.«

Erst jetzt bemerkte ich, dass Amara das Sprechen schwerfiel. Ich wollte sie nicht unnötig belasten, ich musste meine Zwillingsschwester nur sehen und erleben. Ich erzählte ihr ausführlich von Köln, dem eiligen Abreisen und meinen Gedanken während der Bahnfahrt. Ein Blick zur Uhr verriet mir, dass ich schon fast zwei Stunden bei ihr war. Nach der Beruhigung, dass sie auf dem Wege der Besserung war, hatte ich nur noch das Bedürfnis zu schlafen. Gerade als ich mich von ihr verabschiedet hatte, brachte die Krankenschwester einen weiteren Besucher an Amaras Bett. Die Verkleidung mit hellblauem Schutzoverall, Mundschutz und Kopfhaube verhinderte, dass ich Mutter erkannte.

»Offenbar hatte ich in Satans Spiegel gesehen, als ich dachte, ich könnte vor dem Altern fliehen«, brachte sie hervor.

Unvermittelt sahen Amara und ich uns gleichzeitig an. Da wussten wir es und wir wussten, was es bedeutete, wenn Mutter anfing, in Bildern zu reden.

***

November 2013

Mitteilung aus dem Jenseits

Martinas Sicht

Die Scheibenwischer schafften kaum den Regen, der an die Frontscheibe prasselte. Fast 180 Kilometer war Martina schon gefahren. Noch immer ging ihr die merkwürdige Anzeige in ihrer Tageszeitung durch den Kopf, aufgrund dessen sie jetzt auf dem Weg nach Süden zu der Wahrsagerin war, die sich *Elsbetta* nannte.

Wäre sie nicht von ihren Freundinnen daraufhin angesprochen worden, es doch mal bei Elsbetta zu versuchen, hätte sie sich womöglich nicht dafür entschieden. Ihr schienen die geforderten 188,88 Euro Bargeld, bei dem kein Schein und keine Münze doppelt vorkommen durften, für ein Treffen mit Elsbetta im ersten Moment doch sehr überzogen und vor allem absonderlich. Die Freundinnen hatten schon 88,88 Euro zusammengelegt. Ihr blieb also nichts weiter übrig, wollte sie ihre Freundinnen nicht enttäuschen, noch einen Schein dazuzulegen. Für den Fall einer direkten Verbindung zu ihrem Mann war noch einmal der gleiche Betrag in der gleichen auffälligen Stückelung fällig. Auch die hatte sie sich in einem gesonderten Briefumschlag bereitgelegt.

Die Landschaft änderte sich abrupt. Von einem auf den anderen Moment wähnte sie sich plötzlich im schottischen Hochland. Die karge, mit unzähligen größeren und kleineren Steinen übersäte Umgebung, brachte nur wenig Grün hervor und wenn, dann stachen besonders die silberfarbenen Disteln mit ihren weithin leuchtenden violetten Blüten hervor. Heidekraut war die vorherrschende Pflanzenart, die gerade begann, ihre lilafarbenen Blütenstände aus den Knospen zu schieben.

Die schmale Asphaltstraße, der sie folgen musste, säumten beiderseits zu einer Mauer aufgeschichtete Wälle aus weißgrauem Stein. Einige Flächen waren von den Brocken befreit worden. Dort erkannte Martina eine kleine Herde weidender Schafe. Martinas Hände schwitzten. Sie umklammerte das Lenkrad fester.

Konnte die Wahrsagerin wirklich den Verbleib ihres Mannes herausfinden? Je näher sie an das Haus auf der Anhöhe kam, desto mehr hoffte sie es. Trotzdem befielen sie leichte Zweifel. Hatte sie sich auch alles richtig überlegt und das nicht geringe Honorar gut angelegt? Sie schob den Gedanken beiseite. Schließlich hatten die meisten ihrer Freundinnen ihr dazu geraten und auf die Meinung ihre Freundinnen hatte sie sich bisher eigentlich immer verlassen können. Was sollte schon passieren.

Es hörte auf zu regnen. Wie ein Wunder schaffte es ein Sonnenstrahl durch ein Loch in den dicken Wolken genau bis auf Martinas Skoda Oktavia. Es war im wahrsten Sinne des Wortes ein himmlisches Zeichen. Martina nahm es auch als ein Solches.

Der Straßenbelag änderte sich in einen gepflegten, festgefahrenen Kiesweg und die Umgebung in einen kurz geschnittenen Rasen, der den sanften Erhebungen der näheren Umgebung folgte. Das Grün des typisch Englischen Gartens war nach dem Regen frisch und kräftig. Sonnenstrahlen spiegelten sich in den noch nassen Halmen und Blättern. Vor Martina erhob sich ein aus grauem Sandstein erbautes Haus. Das musste Elsbettas sein. Es erinnerte mehr an ein zu klein geratenes Schloss als an ein Wohnhaus. Ein Schild am Fahrweg wies sie an, im Uhrzeigersinn in das Rondell vor dem Eingang zu fahren, was ihr, an Rechtsverkehr gewohnt, äußerst befremdlich vorkam.

Martinas Hände zitterten leicht, als sie den Klingelknopf mit der Aufschrift Elsbetta unter der Videotürsprechanlage an dem teilweise mit Efeu bewachsenen Haus unsicher drückte. Im selben Moment erklang das bekannte Big-Bang-Glockenspiel in donnernder Lautstärke über ihr, sodass sie im ersten Moment annahm, unmittelbar unter den Glocken zu stehen. Reflexartig zog sie ihren Kopf zwischen die Schultern und legte die Arme schützend über das Haupt. Ihr Brustkorb vibrierte unangenehm in der Tonlage der tiefsten Töne. Das Herz raste. Damit hatte sie nicht im Geringsten gerechnet. Es dauerte eine ganze Weile, bis sie begriff, dass das Glockenspiel aus der hinter dem Efeu versteckten Lautsprecherbox kam und ihr keine erkennbare Gefahr drohte. Sie wartete. Stille. Oder war sie nur durch die enorme Lautstärke taub geworden? Es schien eine kleine Ewigkeit zu vergehen. Sollte sie den ganzen Weg umsonst gefahren sein?

Elsbetta war ihre letzte Hoffnung. Wer, wenn nicht sie, konnte ihr sonst noch helfen? Immerhin sollte sie die Beste sein, sagten die Leute und auch die Freundinnen. Alles Nachforschen der Polizei und die Vermisstenanzeigen in der Presse hatten keine Ergebnisse gebracht.

Im Haus blieb es still. Martina trat einige Schritte zurück und hoffte in den Fenstern Hinweise für die Anwesenheit von Elsbetta zu finden. Nichts. Es schien ihr bei diesem Big Bang unwahrscheinlich, dass Elsbetta ihre Ankunft nicht bemerkt hatte. War sie möglicherweise gar nicht anwesend? In Erwartung der Glocken betätigte sie mit hochgezogenen Schultern ein weiteres Mal den Taster an der Wand. Doch der Big Bang blieb aus. Stattdessen ertönte mit Taterataa-taraa eine Fanfare, die sich anhörte, als ob der König des Nachbarreiches zu Besuch käme, so wie sie es in einem der alten DEFA-Märchenfilme gesehen hatte.

Kurze Zeit später öffnete ein korrekt gekleideter Butler im schwarzen Frack und weißen Handschuhen die Tür, dessen Alter sie auf um die Vierzig schätzte, obwohl ihr das in diesem Aufzug ziemlich schwerfiel.

»Guten Tag, Lady Martina, kommen Sie herein. Misses Elsbetta erwartet sie bereits im Salon«, begrüßte er sie vornehm mit unverkennbar englischem Akzent. Irgendeine Gemütsregung konnte sie in seinem Gesicht nicht erkennen.

»Wenn Sie mir bitte folgen wollen, Mylady.«

Würdevoll schritt er voran.

Martina konnte sich eines unheimlichen Eindrucks nicht erwehren. Eigentlich eine Unmöglichkeit des gesunden Menschenverstandes: Das Gebäude schien innen größer zu sein als außen. Ein Schauer huschte ihr bei diesem Gedanken über den Rücken.

Während sie dem Butler wortlos folgte, wurde ihr bewusst, dass er sie mit ihrem Namen angesprochen hatte. Dabei war sie doch vollkommen unangemeldet hier angekommen. Vielleicht war das aber nur ein technischer Trick.

Der Butler öffnete die Tür zum Salon. »Mylady, Lady Martina bittet, empfangen zu werden«, bemerkte er mit seinem englischen Akzent, den Martina so sehr faszinierte, in den Raum. Mit seinem linken Arm wies er Martina den Weg zu Elsbetta. Martina blickte in einen nur von Kerzenlicht beleuchteten Raum.

»Bitte Sie hereinkommen, Martina«, unterbrach eine tiefe Frauenstimme mit russischem Tonfall ihre Gedanken. »Danke, James. Schließen Tür«, wandte sich Elsbetta an den Butler. »Wie Mylady wünschen.«

Der Butler verbeugte sich und schloss die Tür von außen fast geräuschlos.

In dem abgedunkelten Raum, den Martina betreten hatte, saß Elsbetta hinter einem ovalen, mit einem schweren, tiefroten Seidentuch bedeckten Tisch, welches bis zum Boden reichte. Es roch leicht nach Weihrauch. Links und rechts auf dem Tisch erkannte sie zwei flache, verzierte und auf Hochglanz polierte Messingkerzenleuchter, indem sich vielfach die Flammen der Kerzen spiegelten. Während auf der linken Seite darin kurze schwarze Kerzen brannten, waren es auf der rechten weiße.

Es dauerte eine gewisse Zeit, bis sich Martinas Augen an die spärliche Beleuchtung gewöhnt hatten und sie weitere Einzelheiten wahrnehmen konnten. Nahe der schwarzen Kerzen stand auf einem reichlich verzierten Ständer, vermutlich aus Elfenbein, eine Kristallkugel. Zumindest nahm Martina das an, denn die Kugel war mit einem roten, mit Goldfäden bestickten kleinen Tuch abgedeckt. Auf der anderen Seite konnte sie Karten und eine Baumscheibe mit eingebrannten Buchstaben erkennen, daneben eine, einem Auge nicht unähnliche kleinere mit einem Koch statt Pupille. Martinas Augen hatten sich vollends an die Lichtverhältnisse gewöhnt.

Elsbettas rundes, osteuropäisches Gesicht mit den hervorstehenden Wangenknochen wurde durch die tief stehenden Kerzen mystisch von unten angeleuchtet. Ihr Haar hatte sie unter einem Tuch aus Brokat verborgen. Das weite Kleid aus dem gleichen Stoff umhüllte den vollschlanken Körper von Elsbetta. Über Martinas Rücken huschte ein geheimnisvolles Kribbeln. Sie versuchte, das Kribbeln abzuschütteln, das eine eigenartige Mischung aus Un- und Wohlbehagen verkörperte, das sie so noch nie erlebt hatte.

Elsbetta atmete hörbar ein. »Ich gewusst haben, dass du wirst kommen heute, Martina«, begann Elsbetta mit ihrer ungewöhnlich tiefen Stimme. »Du dich setzen auf Stuhl.«

Martina gehorchte.

»Gut so, gut. Du seinen unbesorgt, alles werden gut.«

Diese Worte stimmten sie positiv.

Elsbetta hielt Martina ihre Hände entgegen. »Du mir geben, erst linke, dann rechte Hand, Martina.«

Martina legte ihre in Elsbettas. Ihre Hände waren samtweich und angenehm warm. Ein Hauch Mandelölgeruch kam Martina entgegen und Martina sah sie erwartungsvoll an.

»Ich dir jetzt sagen, wer bist du. Ist Phase eins von Séance.«

Elsbetta betrachtete Martinas Hände ausgiebig von beiden Seiten und zeichnete mit ihrem Finger die Handlinien nach, während sich ihre Lippen dabei lautlos bewegten. Dann nahm sie beide Hände und hielt sie fest.

Sie begann mit sanfter Stimme: »Du wjunschen dir, dass dich mögen und bewundern die Leute, und trotzdem, du auch selbstkritisch. Auch wenn du haben persönliche Schwächen, so haben gelernt, Schwächen aus-zugleichen. Du haben Potenzial, viel ungenutztes, das noch wartet auf Einsatz. Auch wenn du bist nach außen gefasst und diszipliniert, du fühlen dich manchmal unsicher und du seien besorgt.«

Martina lief ein Schauer über den Rücken. »Roland«, formten ihre Lippen ohne einen Ton. Woher wusste Elsbetta, dass sie sich Sorgen um ihren Mann machte. Sie überlegte schnell und war sich sicher, dass sie Roland bisher noch nicht erwähnt hatte.

»Es geben Zeiten, zu denen du dich fragen, ob du getan hast das Rich-tige und getroffen hast, richtige Entscheidung. Du magst Veränderung in deine Leben, wenn nicht sind zu viele. Du seien unzufrieden, wenn du wirst eingeengt und behindert.«

Martina wurde unheimlich bei dem Gedanken daran, frühzeitig die Polizei statt Elsbetta bei der Suche nach Roland, um Hilfe gebeten zu haben, wie es ihre Freundinnen empfohlen hatten. Lange, vielleicht viel zulange, hatte es gedauert, bis sie sich entschlossen hatte, nun doch Elsbetta um Rat zu fragen. Sie hoffte inständig, dass es noch nicht zu spät war.

»Du stolz auf deine Art zu denken frei, und du hinterfragen Behauptungen von andere Leute. Allerdings du gelernt haben, dass es unklug, andere Leute gegenüber offen zu sein, zu sehr. Wenn seien Bedingungen gut, dann du können auf andere Mensch zugehen, wenn Bedingungen nicht gut, du zurückgezogen und gekehrt in dich.«

Martina dachte an die durchwachten Nächte, wie sie vor nicht allzu langer Zeit auf Roland wartete und ihren Kummer in sich hineinfraß.

»Wjunsche und Sehnsjuchte, einige von dir, werden es bleiben, aber du das weißt. Trotzdem, du geben Hoffnung nicht auf, solange gibt, kleine Möglichkeit.«

Elsbetta ließ Martinas Hände los.

Elsbetta hatte die letzten kleinen Zweifel, die sich bei Martina gegenüber Wahrsagern noch eingenistet hatten, ausgeräumt. Sie fand es auf einmal töricht von ihr selber, nicht schon viel früher auf ihre Freundinnen gehört zu haben.

»Dass du mich so gut kennst, hätte ich nicht gedacht, Elsbetta. Alles was du gesagt hast, stimmt. Dabei hatte ich dir noch gar nicht gesagt, dass ich nicht weiß, wo mein Mann ist. Nichts hat bisher geholfen, nicht …«

Elsbetta unterbrach Martina: »Ich wissen, Martina. Elsbetta immer wissen, wo Problem. Roland, deine Mann, Polizei hat nicht gefunden und auch nicht genützt Vermisstenanzeige in Zeitung. Ich wissen aus deine Hände. Aber du von Elsbetta können noch mehr erfahren. Gewesen, lesen aus Hand erste Phase. Nun beginnen Phase dwa, entschuldigen, Phase zwei. Elsbetta nun aufnehmen deine Aura. Jede Mensch und jede Tier haben Aura. Gehirnströme messen in Krankenhaus, Teil von Aura, ganz kleine Teil. Dort nennen EEG. Du jetzt dich konzentrieren auf deine Körper, Martina. Machen du nicht, können sein, Aura nicht vollständig, dann auch Elsbetta lesen Information falsch oder gar nicht. Du jetzt ganz ruhig werden, legen Hände in Schoß, entspannen dich und konzentrieren auf deine Körper. Gucken auf Tisch. Merken, dass Körper wird warm, angenehm warm. Wenn du merken kribbeln, dann alles gut. Kann kommen von Lesen Aura.«

Elsbetta fing an, leise zu summen. Langsam hob sie ihre Hände in die Ebene zwischen Martina und ihrem Gesicht. Jeder ihrer ausgestreckten Finger wirkte wie eine Antenne. So als ob sie Martina abtastete, bewegte Elsbetta ihre Hände leicht nach links und rechts und oben und unten. Ihr Blick ging mit den Händen. Ihr Summen wurde dabei höher und tiefer und leiser und lauter. Ein leichtes, angenehmes Kribbeln verspürte sie in den Teilen ihres Körpers, die Elsbetta gerade abtastete. Schließlich blickte sie mit leicht gehobenem Kopf Martina lange in die Augen. Im Gesicht verspürte sei ein eigenartiges elektrisches Kribbeln. Martina schaute gebannt zurück und wagte es kaum zu blinzeln. Sie fühlte, wie sich jedes einzelne Haar ihres Kopfes gesondert aufrichtete.

Plötzlich riss Elsbetta ihre Augen weit auf und schrie mit einer so hohen Stimme laut auf, die ihr Martina überhaupt nicht zugetraut hatte. Vor Schreck legte sich Martina die rechte Hand unterhalb des Halses auf den Brustkorb und atmete schnell und flach.

»Du mussen nicht fjurchten dich. Alles gut. Elsbetta nun wissen, was Elsbetta wissen muss. Willst hören du?«

Martina nickte nur.

Elsbetta schloss ihre Augen wieder halb über die Pupillen. »Sehe Grün, zartes junges Grün, weiße Blüte, nein, Elsbetta sehen deutlicher, zartrosa Blüte. Biene fliegen zu Blüte, viele Blüten, Baum voller Blüten, Apfelbaum.«

Elsbetta schwieg einen Moment. »Sehe Zimmer. Zimmer weiß gestrichen. Zwei Betten. Betten auf Rädern. Ist Krankenhaus. Hier niemand krank. Gljuckliches Zimmer. Ein Bett leer. Baby weint auf Flur. Über Frau in Bett lächeln huscht. Andere Frau wird gebracht in Zimmer. Frau erschöpft. Baby gebracht wird. Baby ist Junge. Frau lächeln. Strecken Hände Baby entgegen. Frau gljucklich. Du diese Frau. Dein Sohn geboren in Frühjahr, heißen Sebastian.«

Martina lächelte und nickte zur Bestätigung. Wieder huschte ein Schauer über ihnen Rücken.

»Halt! Elsbetta wissen genauer. Sebastian geboren 23. Mai, jetzt 14 Monate.«

Martina strahlte voller Passion.

»Trotzdem du seien traurig. Vermissen Roland, deine Mann. Elsbetta deine letzte Hoffnung.«

Martina erlebte ein Wechselbad der Gefühle: Eben noch glücklich, jetzt besorgt. Sie wischte sich die Träne aus dem Gesicht. »Ja«, bestätigte sie mit trockener Stimme. »Woher wissen Sie …«

»Njet, immer sagen Du, Martina. Wort *Sie* wie Mauer. Mauer großes Hindernis, können nicht fließen Pathos, Gefjule.« Elsbetta lächelte weise.

»Gut, ich habe verstanden, Elsbetta. Woher weißt du also das alles?« Martina war sprachlos.

»Oh, du nicht fragen, woher ich wissen! Ich wissen, weil ich bin, Elsbetta. Du gefahren 180 Kilometer zu Elsbetta!«

Das sah Martina ein. Warum sollte Elsbetta eigentlich nicht wissen, warum sie gekommen war. Schließlich traute sie derselber Elsbetta zu, zu wissen, wo Roland war und ob er noch lebte. Dabei hatte sie Roland noch nicht einmal auf einem Bild gesehen.

»Bevor ich kann sagen dir«, fuhr Elsbetta fort, »mussen wir wissen, ob noch lebt deine Mann. Elsbetta brauchen deine Ehering.«

Einen Moment sah Martina Elsbetta mit großen erstaunten Augen an. Wortlos und noch immer unfassbar zog sie ihren Ring vom Finger und gab ihn Elsbetta.

Während Elsbetta den Ring mit geschickten Fingern an einer feinen goldenen Kette befestigte, erklärte sie: »Muss gemeinsames Stjuck sein, am besten Ehering. Klappt aber nur, wenn du genug lieben deine Mann.«

Sie gab Martina das Pendel mit ihrem Ring in die Hand und Martina nickte. »Absetzen, Ellenbogen auf Tisch. Du halten Pendel so in Hand, dass Pendel kann Schweingen. Wenn Pendel schwingt zu dir, deine Mann lebt. Wenn Mann nicht lebt, Pendel schwingt links-rechts. Und nun Hand halten still!«

Elsbetta lies Martinas Hand los, die sie inzwischen in die richtige Stellung brachte.

Zunächst kaum merklich fing das Pendel im Kreis an zu schwingen.

Elsbetta lächelte Martina zu. »Du gedacht an Ring oder Mann in Zwischenwelt, Martina. Du mussen konzentrieren dich und denken an deine Mann, nicht an andere.«

Martina nickte.

Doch das Pendel bewegte sich immer wieder im Kreis. Martina ließ das Pendel auf den Tisch fallen und hielt sich die Hand, die eben noch das Pendel hielt, vor den Mund.

»Bitte entschuldige.«

Tränen liefen Martina über die Wange.

Elsbetta legte beruhigend ihre Hand auf Martinas andere.

»Tut mir leid, Martina. Elsbetta kann verstehen Schmerz. Aber nur deine Mann kann sagen, warum in Zwischenwelt. Muss dafür aufnehmen Verbindung mit Jenseits. Das nur möglich in Trance. Das seinen schwer und nicht ungefährlich. Nicht erschrecken. Elsbetta haben Übung. Ist gegangen bisher immer gut. Kosten aber 188,88 Euro, weil Pendel nicht wissen, ob gestorben oder nicht. Möglich, dass deine Mann noch ist in Zwischenwelt.«

Martina nickte. »Ja, ich habe damit gerechnet.« Sie wischte sich die Augen mit einem Taschentuch trocken und legte das verlangte Geld wie gefordert in der Reihenfolge vom größten zum kleinsten Schein und von der größten zur kleinsten Münze auf den Tisch. »Bitte, Elsbetta, tue dein Möglichstes.«

Elsbetta wischte sich die Stirn, schloss für einen Augenblick die Augen, wiegte ihren Kopf hin und her und schüttelte ihn ganz leicht.

»Ist dir nicht gut, Elsbetta?«

»Geht schon wieder. Weg zur Transzendenz wie schlechte Straße mit viele Hindernis. Trance immer sehr anstrengend«, erklärte sie und lächelte.

Elsbetta nahm das Geld. »Martina, du wollen wirklich wissen, wie gestorben deine Mann?« Elsbetta nickte fast unmerklich.

»Oh ja, bitte, Elsbetta!«, flehte sie. Sie legte einen weiteren 100-Euro-Schein auf die rote Tischdecke.

»Nein, gehen nicht. Dürfen nur sein, eine Schein von jede Wert sonst gestört, Harmonie«, belehrte sie Martina und steckte die 188,88 € in ihr weites Kleid. Sie stellte die zugedeckte Glaskugel vor sich auf.

»Aber merken: Elsbetta nur Medium zwischen Diesseits und Jenseits. Nicht verantwortlich, was wird geschehen. Wenn ich bin in Trance, dann deine Mann machen Astralreise in meine Körper. Er sich dann melden und du kannst fragen ihn. Aber merken: In Jenseits andere Dinge wichtig, wie in Diesseits. Ich nicht wissen, wie lange dauert. Wenn vorbei, ich komme zurück. Du alles verstanden, Martina?«

»Ja«, sagte Martina. Ihre Gedanken drehten sich jetzt darum, was sie Roland alles fragen wollte. Sie war aufgeregt.

Elsbetta schloss die Augen und summte leise. Ihre Hände umkreisten die Kristallkugel in immer dichteren Bahnen.

»Ich rufe dich, Roland. Ich rufe dich, ob du nun bist im Diesseits, im Jenseits oder in der Zwischenwelt. Komm, Roland, übernehme meinen Körper und sprich mit deiner Frau, die hier auf dich wartet.«

Farbige Blitze zuckten aus der Glaskugel durch das rote Deckchen zu Elsbettas Händen, die jetzt in den Farben der Blitze aufleuchteten. Plötzlich begleitet von einem fremdartigen Schrei, riss Elsbetta das bestickte Deckchen von der Glaskugel. Ein greller Blitz traf Martina, sodass sie reflexartig mit ihrer Hand ihre Augen schützte.

Als Marina wieder sehen konnte, sah sie, dass Elsbetta keine Pupillen mehr hatte. Nur noch das Weiße war zu sehen. Außer dem Wimpernschlag bewegte sich nichts mehr an Elsbetta. Dann öffnete sich langsam ihr Mund. Mit einem Ton, der bei Martina ein Schaudern hervorrief, sagte eine Stimme, die nicht Elsbettas war: »Es war schwer, dich zu finden, Tine.« Ja, so nannte sie Roland immer.

»Bist du Roland?«

»Ja, warum rufst du mich, Tine?«

»Wie bist du gestorben?«

»Ich bin nicht im Diesseits und bin nicht im Jenseits. Ich muss noch einige Dinge regeln, bis ich mich entscheiden muss. Dabei helfen mir Wesen, die die Lebenden Engel nennen. Ich kann dir aber sagen, dass Engel keine Flügel haben. Sie sind nur schwer von anderen zu unterscheiden, lässt man ihre Weisheit einmal außer Acht. Falls ich in das Diesseits zurückkehre, ist es mir verboten, über die Zwischenwelt zu berichten. Allzu neugierige Menschen würden sie durch ihren Müll und durch ihre Gier unbewohnbar machen.«

»Geht es dir gut?«

»Sei unbesorgt, mir fehlt es hier an Nichts. Immer wenn du an mich denkst, bin ich bei dir und Sebastian. Im Übrigen kann ich gleichzeitig bei dir und bei Sebastian in der Kita Sonnenblume sein. Ich habe große

Sorgen, dass ich dir nicht behilflich sein kann. Die Vermisstenanzeige bei der Polizei und in der Zeitung hättest du dir wirklich sparen können. Du hättest viel früher zu Elsbetta gehen sollen, so wie Ina es dir empfohlen hatte.«

»Du meinst Sabrina?«

»Ja, Entschuldigung, Sabrina. Hier in der Zwischenwelt heißt sie nämlich Ina. Dann hättest du früher Gewissheit gehabt, wo ich bin. Ach, was ich noch sagen wollte: Als Sebastian dir auf den Rücksitz gespuckt hatte, hatte er Bauchweh.«

»Woher weißt du davon, Roland?«

»Wie ich schon vorhin sagte, begleiten wir euch im Diesseits.«

Martinas Stimme wurde unsicher.

»Soll ich deinem Chef noch etwas von dir ausrichten?«

»Nein, sage nicht, dass du mit mir gesprochen hast. Er würde dir eh nicht glauben. Am Ende würdest du dir selbst schaden. Viele, zu viele Leute glauben nicht an Gespräche mit Toten und Leuten in der Zwischenwelt. Erzähle aber deinen Freundinnen in allen Einzelheiten von deinem Besuch bei Elsbetta. Sie werden dir gute Zuhörer sein. Ein Engelwesen gibt mir gerade ein Zeichen, dass wir weitermüssen. Sei gewiss, dass wir uns in jedem Falle wiedersehen werden. Mach es gut, ich liebe dich bis in alle Ewigkeit.«

Elsbetta röchelte. Die farbigen Blitze aus der Kugel wurden schwächer und schwächer, bis sie schließlich ganz aufhörten. Sie war blass geworden. Erschöpft hielt sie sich beide Hände vor das Gesicht. Langsam hob sie den Kopf. Dunkle Augenringe kamen zum Vorschein. Sie öffnete die Augen. Ihre Augen waren wieder normal.

»Zwischenwelt besonders schwer. Du gesprochen hast, mit deine Mann?«

Martina nickte.

»Jetzt ich sehen, du seien etwas erleichtert. Nicht schlimm, wird kommen, wenn du dich getröstet bei nahestehender Person.«

Martina fing plötzlich an zu schwitzen.

»Sehe nahestehende Person in deine Alter.«

Martina wurde noch wärmer und schob sich hektisch die Ärmel hoch.

»Person eine Frau, nein, Elsbetta noch erschöpft, nicht genau gesehen. Nahestehende Person eine Mann.«

Martina blickte nach unten und nickte. »Warum hat Roland nichts gesagt? Er sagte, er sei immer bei mir.«

»Er nichts gesagt, weil nicht wichtig in Zwischenwelt. Ich doch gesagt, dort andere Sachen wichtig.«

»Auch wenn es der Mann meiner Freundin ist?«

»Ihr geschlafen habt zusammen?«

»Wir wollten es beide nicht, doch es ist einfach so passiert. Ich bereue es ja so!«

Martina wischte sich die Augen trocken.

»Das gut, Reue immer gut. Gut auch immer schweigen, wenn war Unfall, du wissen, was Elsbetta meinen. Du merken wirst, wenn du musst erzählen. Sonst Ehe kaput und Freundschaft kaput.«

»Vielen Dank, Elsbetta. Ich bin ja so froh, dass du mir helfen konntest.«

Die Tür zum Salon wurde durch den Butler geöffnet. Das einfallende Licht aus der Diele blendete Martina.

»Bitte kommen Sie Mylady. Misses Elsbetta ist ermattet und muss jetzt Kraft schöpfen. Ich bin angehalten, Ihnen noch einen Tee anzubieten, während wir das Finanzielle regeln. Bitte kommen Sie.« James führte Martina in einen kleinen Raum, den man als Büro bezeichnen konnte. Gekonnt führte James den Stuhl, während Martina an einem kleinen Tisch Platz nahm. Martina bewunderte das mit rötlichem Dekor versehene Service. Der Tee dampfte aus der Kanne, während der Butler einschenkte.

»Milch, Zucker, Zitrone. Bitte bedienen Sie sich«, bemerkte James und zeigte auf die entsprechenden Behältnisse. »Mylady sind zufrieden?«

»Ja. Misses Elsbetta ist eine unglaubliche Frau.«

»Dann bekomme ich den angekündigten Betrag.«

James nahm die 188,88 Euro in die Hand, setzte sich an den Schreibtisch und schloss es in eine Geldkassette. »Wenn ich so frei sein darf, Mylady, auch ich glaube, dass Mis Elsbetta eine unglaubliche Frau ist.« Dann hielt James Martina ihren Autoschlüssel entgegen. »Ihr Autoschlüssel. Ich war so frei, ihn vorübergehend an mich zu nehmen. Er steckte noch im Zündschloss.«

Elsbettas Sicht

Der durchdringende, unmusikalische Ton eines elektrischen Alarmhorns schallte bis in den letzten Winkel des Gebäudes, in dem Elisabeth und James Steinschneider lebten und vor allen Dingen ihrer ausgefallen Beschäftigung zum Gelderwerb nachgingen, so wie auch schon ihr Zweig der Familie, zu der ein gewisser Erik Jan Hanussen gehörte. Wegen des äußerst zweifelhaften Ruhms dieses Mentalisten, der den Reichstagsbrand vorausgesagt hatte, hatte Elisabeth es vermieden, offiziell mit dem Namen Hanussen in Verbindung gebracht zu werden. Nur wirklich Eingeweihte wussten, dass dieser berühmt-berüchtigte Angehörige der Familie mit bürgerlichem Namen eigentlich Steinschneider hieß und seine dänische Abstammung, die er immer wieder betonte, erstunken und erlogen war. Der Name Steinschneider hingegen war hinlänglich unverfänglich, aber für Insider genug aussagekräftig. *Elisabeth*, die sich für Ihre Kundschaft Elsbetta nannte, hatte aber die Gabe geerbt, Menschen ganz genau zu beobachten, ihre Reaktionen meist richtig zu interpretieren und das Talent, den Leuten genau das zu erzählen, was sie hören wollten. Sicher lag es in der Familie, sich selber zu mystifizieren. Eine andere Erklärung hatte sie nicht. Das osteuropäische Elsbetta passte hervorragend zu ihrer Erscheinung und verhalf ihr zu mehr geheimnisumwitterter Glaubwürdigkeit. Zweifel von Kunden daran wären die wahren Jobkiller in ihrem Beruf, soweit man bei Wahrsagern und Séance-Medien überhaupt von Berufen sprechen konnte, zumindest nicht offiziell. Sie selber fand sich aber zu dieser Art des Geldverdienens berufen. Der Markt war da, also nutze sie ihn auch.

Manchmal jedoch ließ sie sich gegenüber Kunden zu Behauptungen hinreißen, die fast immer genau in Schwarze trafen und die sie im Grunde gar nicht wissen konnte. Woher diese kamen, wusste sie oft selbst nicht so genau, was sie als äußerst beunruhigend empfand, wenn es vermutlich ihren guten Ruf begründete.

Der Skoda-Oktavia, der beim Befahren des Grundstücks den Alarm ausgelöst hatte, war vorgefahren. Eine Frau, die Ende zwanzig sein mochte, stieg aus. Die allermeisten Besucher übersehen die Kamera, die keineswegs versteckt war, wenn sie aus dem schmalen Waldstreifen herauskommen und die völlig veränderte Landschaft, die dem schottischen Hochland nachempfunden ist, zu Gesicht bekommen. Überhaupt hatte Elsbetta einen Hang zum schottischen Hochland und zu der typischen alten Architektur der Herrenhäuser. In so einem Schloss hatte sie James kennengelernt. Begleitet von dem fröstelnden Gefühl, wenn um Mitternacht hin und wieder ein leiser Luftzug durch das Schloss zog und sich die zahlreichen Holzbauteile durch die nächtliche Kühle in den Fugen knarrend bewegten, hatte sie ihm aus der Hand gelesen. Dass dabei einer von beiden an Geister dachte, hatte keiner bisher zugegeben. Bis auf die Tatsache, dass er nicht unsterblich war, war James wirklich ein echter Highlander, wie sich bald herausstellte. Erst viel später, als er ihr der Liebe wegen nach Deutschland gefolgt war, gestand er ihr, dass er einigermaßen vermögend war. Das war die Grundlage für ihr gemeinsames Anwesen und das Minischloss, dass sich Elsbetta so gewünscht hatte und James ein kleines Stück Heimat verschaffte.

Elsbetta lächelte. Auch jetzt noch empfand sie, dass diese Entscheidung richtig war. Das Schloss war ein Geheimtipp für Gaffer und das richtige Aushängeschild für ihre mystische Berufung.

Der Big Bang, ausgelöst von dem Klingelknopf an der Haustür und geschwächt durch Mauern, Fenster und Türen, drang in das Gebäude. Kundschaft für Elsbetta.

Elsbetta sah auf die Uhr. Kunden mussten immer ein klein wenig warten. Das hob die Bereitschaft bei Ihnen, sich führen zu lassen. Sie kannte die Anzeichen dafür, wann die Bereitschaft, sich führen zu lassen, in Ärger umschlug. Diesen Zustand durften ihre Kunden auf keinen Fall erreichen. Darüber hinaus musste unbedingt der Eindruck entstehen, dass Elsbetta beschäftigt war und nicht etwa auf Kunden wartete. Sie zog das weite Brokatkleid über ihre zivile Bekleidung, schaute in den Spiegel, korrigierte einige kleine Details an ihrem Kleid und dem Kopfschmuck und war zufrieden. »Sehen gut aus, Elsbetta. Kann kommen Kunde«, probierte sie noch kurz vor dem Spiegel ihr Radebrechen. Innerhalb weniger Minuten wurde so aus Elisabeth Steinschneider Elsbetta, die osteuropäische Wahrsagerin.

In dem als Salon bezeichneten Raum zündete Elsbetta die weißen und schwarzen Kerzen an, die für Leben und Tod stehen sollen. Einige Fussel hatten sich auf der roten Seidentischdecke abgesetzt, die sie mit einem batteriebetriebenen Staubsauger entfernte. Dann zog sie die Decke glatt. Zur Kontrolle schaltete sie kurz den in den Tisch eingelassenen Blitzgeber ein und schob die Glaskugel darüber. Alles funktionierte einwandfrei und sie schob ihn wieder zurück.

James und Elisabeth, alias Elsbetta, hatten sich gut miteinander einge-spielt. Während Sie über die Video-Türsprechanlage ihre Kundin beobachtete, stand James in der Tür zum Salon, indem Elsbetta schon Platz genommen hatte, und übte seinen emotionslosen Gesichtsausdruck.

Elsbetta nickte und schaltete den Bildschirm ab. James schloss die Tür und ging vornehmen Schrittes zur Eingangstür, während Elsbetta wie im Lampenfieber die Eröffnung der Séance leise vor sich hinmurmelte. Als James die Türklinke niederdrückte, war Elsbetta voll konzentriert und hörte durch die geschlossene Tür in die Diele. Alles lief exakt so ab, wie sie es mit ihrem Mann schon oft praktiziert hatte.

Als James mit »Guten Tag Lady Martina, Misses Elsbetta erwartet sie bereits im Salon«, die Kundin begrüßte, hatte das oft geprobte Spiel begonnen. Kurze Zeit später öffnete James die Tür und kündigte Martina an.

»Bitte Sie hereinkommen. – Danke, James. Schließen Tür«, begann sie, während in ihr das grässliche Lampenfieber allmählich wich. Elsbet-tas Augen hatten sich schon lange an die Lichtverhältnisse gewöhnt. So konnte sie ohne Scheu Martina mustern, ohne dass Martina sich ange-starrt fühlte.

Zuerst einmal war es wichtig, das Vertrauen von Martina zu gewinnen. Wie konnte eine Wahrsagerin wie Elsbetta das besser, als sie aufgrund der Handlinien zu charakterisieren. Elsbetta tat konzentriert und weise. Der Text, den sie dabei gegenüber ihrer Kundin äußerte, war im Großen und Ganzen immer der gleiche und variierte nur bezüglich des Geschlechts und bezog eindeutige körperliche Merkmale mit ein. Er beruhte darauf, eine Eigenschaft zu nennen, um sie anschließend sofort zu relativieren. Nur Elsbettas Kunde macht dies immer wieder selbst zum Wunder.

Das Alles hatte sich Elsbetta nicht selbst ausgedacht, sondern nur zusammengetragen und ihrem Tun angeglichen. Fast immer erfuhr Els-betta dabei weitere Einzelheiten aus dem Leben ihres Kunden und nutzte diese Erkenntnis für sich aus. Niemand kommt ohne Probleme zum Wahrsager, war ihr Credo. Von Martina erfuhr sie, während sie sie charakterisierte, dass sie ihren Mann vermisste und dass alle ihre bisherigen Bemühungen, diesen Zustand zu ändern, bisher erfolglos waren. Das kam zu der Erkenntnis hinzu, dass sie offenbar ein mittleres Einkommen hatte und ein Kleinkind hatte, dass sie jeden Tag in eine Kindereinrichtung fuhr. Elsbetta war darin geübt, aus kleinen Anzeichen wichtige Schlüsse zu ziehen. Mentalmagier führen solche Experimente, wie sie sie nennen, auf der Bühne vor. Sie müssen also sehr sicher sein. Aber für Elsbetta wäre das Herumreisen und das dauernde Schlafen in fremden Betten nichts.

Sehr eindrucksvoll für Elsbettas Kunden war immer die Trance. Natürlich konnte es sich Elsbetta nicht leisten, selbst wirklich in eine hypnotische Trance zu fallen. Sie musste es nur gut spielen. Dank ihrer Gene war ihr das wohl angeboren. Hier in der Trance erfuhr sie weitere Einzelheiten aus dem Leben ihrer Kunden. Nicht alles war sofort zu verwerten. Und es blieb so: Aus den alles und nichts sagenden Worten von Elsbetta, die angeblich vom Verstorbenen stammten, machten die Kunden durch ihre Wertung ihr eigenes, persönliches Wunder. Oh ja, die Menschen, die kannte Elsbetta, sonst hätte sie nicht so erfolgreich sein können.

James' Sicht

Just in dem Moment, als der Skoda Oktavia auf das Grundstück von Elisabeth und James Steinschneider fuhr, erfasste eine automatische Kamera das Kennzeichen und löste Alarm aus. James hätte diesen Alarm nicht gebraucht, denn er saß in seinem Büro im Dachgeschoss ohnehin am Computer und bereitete die Daten des letzten Kunden für Elisabeth auf. Im Falle, dass dieser Kunde ein zweites Mal kommen würde, mussten alle Daten schnell und übersichtlich zur Verfügung stehen.

James tippte die angezeigte Autonummer, die die automatische Kamera gemacht hatte, in ein selbst geschriebenes Spezialprogramm ein, das sich automatisch nur für die wirklich notwendige Zeit mit der Zulassungsstelle verband. Spätestens in den nächsten drei Minuten erwartete er den Namen und Foto des Besitzers des Oktavia. Dass diese Datenerfassung nicht legal war, war dem studierten Informatiker durchaus bewusst. Er beruhigte sich aber damit, dass das Wissen aus diesem Grunde in seinem kleinen Kämmerchen blieb. Elisabeth interessierte der ganze Computerkram ohnehin nicht.

Sie war nur darauf bedacht, möglichst viele Informationen über ihre Kunden zu bekommen und James konnte sie ihr liefern. Trotzdem war und blieb sie für James ein Wunder, ein wunder Punkt in seinem Leben.

James konnte sich noch an jede Einzelheit erinnern, wie er Elisabeth auf dem Landsitz kennengelernt hatte. Es war eigenartig: Jedes Mal, wenn er auf die Daten wartete, musste er an das heimliche Treffen mit ihr tief in der Nacht denken und jedes Mal lief ihm wieder ein kalter Schauer über den Rücken, wenn er daran dachte, wie ihm Elisabeth aus der Hand las und ihm Dinge aus seinem Leben sagte, die nur er selbst wissen konnte. Die unheimlichen Geräusche des alten Hauses zusammen mit Elisabeths hellseherischen Äußerungen machten das Treffen für ihn unvergesslich. Er, der schottische Student James McGiver, der in den Semesterferien zahlende Touristen durch den Landsitz seines Onkels führte, fürchtete sich plötzlich vor Geistern. Was für eine Schande; bei den Touristen hätte er sich nicht gewundert! Welch tiefen Eindruck Elisabeth, dass sie damals für ihn so ungewohnt aussprach, bei ihm hinterlassen hatte, konnte er damals nur erahnen.

Als der Big Bang ertönte, stand es fest: Der Oktavia war auf eine Martina Lorenz zugelassen. Er verglich das Foto der überspielten Daten mit den Videobildern vor der Haustür. Zweifellos, das war Martina. Im Internet, vornehmlich bei Facebook und Co., konnte James weitere Informationen finden. Er startete die Suche. In der Zwischenzeit zog er die von Hosenträgern gehaltene Frackhose mit den seidenen Galons an den äußeren Hosennähten und das kragenlose Frackhemd an. Hier korrekt gekleidet zu sein, erforderte viel Sorgfalt und war überaus aufwendig, denn der Vatermörderkragen, das Chemisett, ein Brustteil aus geprägtem Karton, und die Pappmanschetten mussten extra an das Frackhemd angeknöpft werden. Einmal angezogen konnten diese Teile aber im Fall der Fälle schnell ausgewechselt werden, ohne dass sich der Träger komplett umziehen musste. Es war besonders für Butler, dem Aushängeschild jedes vornehmen Hauses, wichtig, immer sauber und korrekt gekleidet zu sein. Sicher, das mit dem Frack war vielleicht etwas übertrieben, aber er verfehlte nicht seine Wirkung.

James hatte Glück. Facebook verriet ihm, dass Martina einen jetzt 14 Monate alten Jungen, Namens Sebastian, zur Welt gebracht hatte. James notierte sich die Daten und vor allem die Einzelheiten zum Aussehen des Jungen. Wenn er es richtig einschätzte, war das Foto des Jungen nicht älter als zwei Monate. Ebenfalls auf Facebook war zu erfahren, dass ihr Ehemann Roland hieß, und seit zwei Monaten nach einem Auslandseinsatz vermisst wurde. Vielleicht war im Web noch mehr über Roland Lorenz zu erfahren? Google und auch Facebook präsentierten James gleich mehre Personen dieses Namens.

James sah auf seine Uhr. Jetzt war es Zeit, seine Kleidung als Butler zu vervollständigen. Er zog die weiße Frackweste an, band sich seine schwarze Fliege um, die ihn als Diener auswies – im Gegensatz zu den weißen Fliegen der Herrschaften – und zog den schwarzen Frack über. Das war zwar nicht ganz korrekt, aber wer wusste schon, dass ein Frack erst nach 18:00 Uhr getragen wurde. Hier in diesem Hause war es anders. In dem großen Spiegel an der Wand kontrollierte er sein Aussehen und korrigierte den Sitz seiner Fliege. James ging zu Elsbetta und gab ihr erste Informationen über den Besuch und zog dann seine weißen Handschuhe über. Martina läutete zum zweiten Mal und James machte sich auf den Weg, um Martina zu Elsbetta zu führen.

Das magische Spiel hatte begonnen.

Nachdem James die Tür zum Salon wieder geschlossen hatte, ging er zum Oktavia. Dass Martina ihren Autoschlüssel stecken gelassen hatte, war ihm schon am Bildschirm der Außenkamera aufgefallen. Diese Gelegenheit nahm er wahr, das Innere des Wagens kurz zu inspizieren. Auf der Rückbank nahm er einen weißlichen Fleck wahr, der nur flüchtig weggewischt worden war und das Resultat eines Missgeschicks eines Kleinkindes sein konnte und dem ersten Anschein nach nur wenige Stunden alt war. Dass er im Handschuhfach einen Schnuller und andere Baby-Utensilien fand, unterstützte seine Beobachtung. James schloss das Fahrzeug ab, ging eilig zurück ins Büro und zog den Frack der Bequemlichkeit wegen wieder aus. Über eine versteckte Videokamera konnte er das Geschehen im Salon verfolgen. Elsbetta hatte gerade erst begonnen, Martina aus der Hand zu lesen. Durch einen Ohrhörer, den Elsbetta zusammen mit einem kleinen Funkempfänger trug, konnte James seiner Frau während der Séance weitere Informationen zukommen lassen. Meist kam sie aber weitgehend ohne diese Möglich-

60

keit aus. Inzwischen hatte James es gelernt, in sehr bescheidenem Maße in Gesichtern zu lesen, und erkannte damit weit früher, wie in den vergangenen Jahren, welche Informationen Elsbetta gerade brauchte. Das nahm seiner Arbeit etwas die Hektik.

Im Internet fand James einen Suchaufruf in der Presse und eine Vermisstenmeldung der Polizei. Einer Meldung vom Morgen nach stand es inzwischen fest, dass Roland zumindest in Deutschland eingereist war. Das könnte Elsbetta interessieren. Martina berichtete von dem Verschwinden ihres Ehemanns. In diesem Moment gab James die gesammelten Informationen weiter. James war ständig bereit, Elsbetta per Funk zu unterstützen und ihr die Stichworte zu geben.

Bei alledem, was James allein mit legalen Mitteln via Internet über Martina herausbekommen hatte, konnte er es nicht fassen, wie sorglos Martina und viele jüngere Leute mit ihren persönlichen Daten umgingen. Nicht alle nutzten die dadurch erworbenen Kenntnisse nur zu dem Zweck, die Kunden zu verblüffen. Oftmals sind sich, wie eine Studie ergab, die Internetnutzer gar nicht bewusst, welche Informationen sie im Laufe der Zeit überhaupt von sich preisgegeben haben und wie man sie kombinieren könnte. Immer wenn er diese Gedanken bei verschiedenen Gelegenheiten von sich gab, sei es beim Bier oder anderswo, erntete er oft Augenrollen oder andere Missbilligungen. Doch James war es damit ernst. Schließlich wusste er, wovon er sprach. Selbst das Bezahlen mit Kreditkarte zog eine Spur. Andererseits ärgerte fast jeden der persönlich zugestellte Werbemüll und schimpften dann bestenfalls noch über Versandhäuser. Das eigene Verhalten kommt dagegen in kaum einer Kritik vor.

Mit einem Mal stockte ihm der Atem. Wieder einmal hatte Elsbetta eine durch nichts begründete Aussage gemacht. Jedenfalls konnte er sich nicht daran erinnern, dass er ihr die Information über die Freundin von Martina gegeben hatte. Er sah, dass Elsbetta wieder einmal ins Schwarze getroffen hatte und sie diese Information gnadenlos für ihren Ruf ausnutzte.

Während dieser Gedanken neigte sich die Séance dem Ende entgegen. James schlüpfte wieder in seinen Frack und stellte sich am Salon bereit, die Tür zu öffnen.

Es war so weit. James öffnete die Tür und bat Martina aus dem Salon in das Büro, wo er ihr auch den vergessenen Autoschlüssel gab.

»Vielen Dank für den Tee. Sie sind ja so umsichtig. Vielleicht sehen wir uns ja irgendwann einmal wieder«, bemerkte sie an der Haustür.

»Wie Sie meinen, Mylady«, bemerkte James steif. Als Martina den Motor startete und anfuhr, ging James ins Haus und schloss die Tür hinter sich. Vielleicht war seine Frau ja doch mit einem magischen Sinn ausgestattet.

***

Baldurs Mythos

Einst zittert' am Herdubreid die Erde,
Odins Streitespiel in Idafeld begann,
im Oval, da rannten die Pferde,
Weit voraus, Odins vielbeiniges Ross!
Ihm nach Baldur, Gott der Sonnen,
und Loki, so heißt es im Mythos.

Jeder, der beiden wollt'der Beste sein,
Strebten Odin, bestens zu beraten.
Alles andere wäre eine Pein,
Für Baldur und Loki, dem Feuergott,
jeder wollt' Glänzen mit ruhmreichen Taten,
und sei's, durch ein arges Komplott.

Nur als Dritter erreichte Loki das Ziel,
nach Baldur, dem listreichen Zweiten,
von einer Mistel nahm Loki den Stiel,
Stieß ihn von hinten in die Brust,
Um zu sitzen, an Odins Seiten,
Klug debattieren, das war seine Lust.

Baldur, der stürzte hernieder,
war nicht gefallen im Streit,
wie Odins Raben rafften das Gefieder,
da tat sich auf, in der Erde, ein Spalt.
Ins feurige Totenreich und ohne Geleit
musste Baldur drum, durch Odins Gewalt.

Noch heute, da zittert am Herdubreid die Erde,
Baldur agiert an dem ruchlosen Ort,
schickt zuweilen Lava zu dem Feuerberge,
als Angedenken für den Meuchelmord.

Kriminalistisches

September 2013

Der fast vergessene Fall

Zuweilen bearbeitet mein Freund Sherlock mehrere Fälle gleichzeitig. Der folgende nimmt in meinen Notizen nur ein Blatt ein und wäre daher beinahe untergegangen, da er sich in eine andere Rubrik verirrte, und ist einer der wenigen, die Sherlock anfangs mit Enthusiasmus verfolgte. Der Zufall spielte uns aber dermaßen in die Hände, dass es am Ende nur eines genialen Anstoßes benötigte.

Ich war dabei, einen Artikel für die Times aufzusetzen. Sherlock legte frustriert seinen Stapel Morgenzeitungen beiseite. »Lestrade steckt im Fall des halbtot aufgefundenen Geldboten fest. Er wird noch heute kommen, Watson«, orakelte er, griff seine Violine und fing an, abscheulich darauf zu kratzen.

Die Worte wollten nicht mehr fließen.

»Woher wollen Sie das wissen, Holms?«, fragte ich ob der Störung ärgerlich und legte die Feder nieder.

»Watson, räumen Sie ihre Aufzeichnungen beiseite, da ist er schon.«

Ich seufzte auf. Schritte kamen die Treppe herauf; Schritte, die ich inzwischen ganz gut von anderen unterscheiden konnte. Die Türglocke war nicht zu hören gewesen. Sicher war Mrs. Hudson beflissentlich zur Tür geeilt. Noch während ich dem Eindruck des Stufensteigens nachhing, klopfte es.

»Nur herein, Inspektor!«

Lestrade stand in der Tür.

»Sie haben noch keine Spur des Täters!?«

»Woher wissen Sie …?«, fragte unser Gast und setzte sich auf Bitten Holms dabei pustend in den Korbsessel. Auch ich war gespannt, aus welchen Zeichen Sherlock dieses Wissen schöpfte.

»Deduktion, Lestrade, Deduktion! Als Sie eilig mit Ihrer Droschke vor dem Haus hielten, zogen Sie derart heftig an der Bremse, dass sie trotz des bedeckten Himmels in der Art von trockenem Wetter erbärmlich quietschte, was auf Ihre innere Anspannung zurückzuführen ist. Zudem war dem heutigen *Daily Telegraph* zu entnehmen, dass die Polizei kurz davor stände, den Täter zu verhaften: Eine Floskel, die nichts anderes bedeutet, als dass Sie bei Ihren Ermittlungen auf Schwierigkeiten gestoßen sind. – Nun Inspektor, da sind Sie!«

Er nickte: »Sie haben völlig Recht, Holms. Der Geldbote ist im Hospital verstorben, ohne dass wir ihn befragen konnten. Das Geld ist unauffindbar. Nirgends tauchen die neu geprägten Münzen auf. Nicht als Konvolut und nicht einzeln. Wir haben den Verdacht, dass sich der Raubmörder absetzen konnte. Einzig und allein Mrs. Riverstone hat den Täter in der Dämmerung mit dem Geldkoffer flüchten sehen. Eine mittlere Größe, gepflegte Kleidung und einen Schmiss an der linken Wange war das Einzige, woran Mrs. Riverstone sich erinnern konnte. Ich habe deshalb vor ihrem Haus eine Wache postiert.«

»Für jeden auf der Straße sichtbar?«, fragte Holms vorwurfsvoll. Lestrade nickte bestätigend. »So ist es; entsprechend den Vorschriften!«

»Zum Teufel damit! So weiß der Raubmörder, wo er die Zeugin findet. Er ist noch hier, Lestrade! Wenn meine Vermutungen zutreffen, und ich bin mir da gänzlich sicher, wird er, da er bisher eine gewisse Intelligenz an den Tag legte, die Umgebung beobachten. Anderenfalls hätten wir schon von seiner Flucht gehört. Er wird einen Weg finden, die Zeugin zum Schweigen zu bringen.«

»Gütiger Gott!«, warf ich ein.

Mein Freund schloss halb die Augen, legte die Fingerspitzen aneinander, senkte den Kopf und berührte dann mit seinen Zeigefingern die Lippen. So verweilte er einige Sekunden, bevor sich seine Gesichtszüge wieder aufhellten. »Der Posten steht nun mal vor dem Haus und wir müssen sehen, wie wir das zu unserem Vorteil nutzen können. Ziel muss es sein, den Raubmörder und seine Beute in einem Streich zu haschen«, erklärte Holms. »Inspektor, Sie sollten die Wache vor ihrem Haus baldmöglichst gegen eine neu instruierte austauschen. Natürlich ohne großes Aufsehen. Ach, und wundern Sie sich nicht, wenn dort eine ältere Dame aufkreuzt«.

Holms kritzelte etwas auf einen Zeitungsrand, riss es ab und gab ihn Lestrade.

Der Inspektor dankte und verabschiedete sich eilig. Holms ging ins Schlafzimmer und ich musste an den Seemann denken, der in dem Fall des Zeichens der Vier vor einigen Jahren in unsere Wohnung stapfte. Nicht einmal ich als sein bester Freund hatte Holms damals in der Verkleidung erkannt. Zur vereinbarten Zeit spazierte ich die kurze Strecke bis zur Great-PortlandStreet und mischte mich unter die Leute. Mir fiel die Aufgabe zu, mich mit meinem Revolver in der Manteltasche unauffällig in der Nähe von Mrs. Riverstones Wohnung aufzuhalten. Lestrade sollte die andere Richtung der Straße überwachen. Ich beobachtete, dass ein Polizist auf den Posten zukam und ins Haus gelassen wurde. Bald verließ er es wieder. Ich warf einen Blick zu Lestrade. Aus Richtung des Flusses bog ein Konstabler in die Straße ein und blickte in ein Schaufenster. Er gelangte in Mrs. Riverstones Haus. Lestrade gab mir ein Zeichen. Während direkt vor dem Posten eine Droschke über das Pflaster rollte, trug mir der Wind den Knall einer im Haus abgeschossenen Kugel herüber.

»Gütiger Gott«, entwich es mir. Der Konstabler kam wieder heraus, blickte sich um und schlenderte dann in meine Richtung. Ich konnte den Schmiss gut erkennen, der kaum älter als ein Vierteljahr sein mochte.

Auf der anderen Straßenseite kam Lestrade näher. In gebührendem Abstand folgten wir dem falschen Polizisten. Er bog in die Nebenstraße ein. Als ich sie erreichte, war von ihm weit und breit nichts zu sehen. Passanten gab es hier kaum. Ich zog meinen Revolver. Wo war unser Täter nur hin? Immer darauf achtend, ob irgendwo der Lauf einer Feuerwaffe aus einer Tür geschoben wurde, arbeiteten wir uns Eingang für Eingang vor. Nichts! Wir waren schon beinahe am Ende der Straße angekommen, als ich einen ohrenbetäubenden Knall vernahm. Die Richtung war wegen der vielfachen Echos an den Fassaden nicht auszumachen. Sofort nahm ich in der nächsten Nische Deckung.

Nach kurzer Zeit rief jemand »Watson! – Watson!«

Ich blickte mich um, konnte aber den Rufer nicht entdecken.

»Hierher Watson!«, rief es noch einmal. Endlich sah ich ihn! In einem Kellereingang, in den parallel zur Straße beidseitig Stufen herunter führten, winkte Holms. Ein Stein fiel mir vom Herzen!

»Holms, mein lieber Holms! Sind Sie gesund?«, rief ich.

Den Revolver noch immer im Anschlag, trafen Lestrade und ich bei ihm ein.

»Meine Herren, Sie können ihre Waffen wegstecken. Unser Täter ist seiner eigenen Schläue zum Opfer gefallen.«

»Ist er verletzt?«, fragte ich Holms besorgt.

»Kommen Sie, meine Herren, überzeugen Sie sich.«

Im Keller roch es nach Pulverdämpfen. Der falsche Konstabler lag bäuchlings in einer offenen Tür. Blut sickerte unter ihm hervor und hatte schon eine Pfütze gebildet. Ich untersuchte ihn und fand den Schmiss an der linken Wange. – Dem falschen Konstabler konnte ich nicht mehr helfen. Ich sah meinen Freund an. »Gütiger Gott! Ich verstehe nicht, Holms, haben Sie …«, brachte ich stockend hervor. Ich musste wohl ein ziemlich irritiertes Gesicht gemacht haben.

»Lassen Sie uns das in einer halben Stunde in der Baker Street erörtern.« Holms wandte sich an den Inspektor. »Ich bin mir sicher, Lestrade, dass Sie das auch interessieren wird. Ich nehme an, Sie müssen zunächst Ihre Anordnungen treffen. Würden Sie auch Mrs. Riverstone zu unserem Termin bitten?«

Mit einem »Selbstverständlich« entfernte er sich.

Holms hatte grade Portwein in eine Karaffe dekantiert und Gläser bereitgestellt, als der Inspektor mit Mrs. Riverstone eintraf. Mrs. Hudson kam die Treppe hoch und schaute neugierig herein. Beide Damen kannten sich offensichtlich. Holms lud sie als weiblichen Beistand ein.

Alle hatten einen Platz gefunden. Sherlock setzte sich als letzter und suchte im Lehnsessel umständlich seine Lieblingsstellung.

»Spannen Sie uns doch nicht so auf die Folter, Sherlock!«, bemerkte ich.

»Nun gut. Die Posten vor Mrs. Riverstones Haus zwangen mich zu einer besonderen List«, begann Holms und blickte zur Zeugin. »Statt zu verhindern, dass der Täter in Ihre Wohnung eindringt, war es notwendig, ihm zu zeigen, auf welche Weise er hineingelangen konnte. Diesen Zweck hatte die Demonstration mit den Beamten, die Sie jetzt hoffentlich verstehen, Inspektor. Das Schauspielhaus in der Nähe, hat zur Zeit ein Kriminalstück auf dem Spielplan. Wir mussten also nur noch darauf warten, dass sich ein Polizist mit einem Schmiss, das einzig erkennbare Indiz des Täters, für das Haus interessierte. Deshalb bat ich Sie, Lestrade, dass nur narbenlose Beamte in die Great Portland Street kommen sollten.

Ich selbst bemühte mich kurz nach unserem morgendlichen Treffen zu Mrs. Riverstone, gab mich zu erkennen und erklärte ihr die Situation. Entsprechend meinen Anweisungen formte sie aus Kissen, meiner Maskerade und einer Schlafdecke eine Attrappe ihrer selbst auf einer Chaiselongue und entsperrte die Wohnungstür. Wir versteckten uns – denn selbstverständlich konnte ich Mrs. Riverstone in dieser Situation nicht ohne Schutz lassen.«

Sie nickte und wurde mitfühlend von Mrs. Hudson am Arm berührt.

»Wie Sie sich erinnern, war der Raubmörder vor einigen Tagen sehr schnell mit seiner Beute von der Straße verschwunden gewesen. Da so ein Geldkoffer recht unhandlich und schwer ist, er wog an die 41 Pfund, musste sein Unterschlupf ganz in der Nähe sein. Außerdem bestand die Gefahr, dass er von Passanten erkannt werden könnte, was zu demselben Schluss führt. Von der Zeugin erfuhr ich weitere wichtige Einzelheiten. Im Morning Star war mir eine Anzeige zur Vermietung eines Kellerraums aufgefallen, die am Tag des Überfalls widerrufen wurde. Auf meinem Weg zu Mrs. Riverstone nahm ich einen kleinen Umweg hierhin in Kauf. Die Umgebung hier ist mir bestens bekannt. Er erwies sich durch den offenen Kellereingang mit den beidseitigen, gut erreichbaren Treppen für ein schnelles Versteck als vorzüglich geeignet.

Nach dem Schuss des Täters in die Attrappe bin ich über die Höfe zum besagten Keller geeilt. Grade noch konnte ich einen Schritt hinter eine Ecke tun und die Waffe ziehen, als der falsche Konstabler eilig den Kellerflur betrat. Nervös blickte er hinter sich. Als er die Tür öffnete, fiel ein Schuss. Er traf ihn in die Brust. – War das ein Komplize?, fragte ich mich.«

Die Spannung knisterte. Ich blockierte die Bemerkung, die mich bewegte.

Holms genehmigte sich einen Schluck Portwein. Gebannt starrte ich Holms an und gewahrte bald erleichtert, dass es den anderen ebenso erging. »Durch das Zusammenbrechen des Täters sprang die Tür vollends auf. Im Raum war niemand. Augenblicklich wurde mir klar, dass der Schuss mechanisch ausgelöst wurde, und fand die Vorrichtung. Der Täter hatte offensichtlich in aller Eile nicht mehr an die eigene Falle gedacht und sich selbst gerichtet.

Der Geldkoffer stand hinter der Tür auf einer Truhe von drei Fuß Größe. Diese, ein schäbiges Kanapee und ein Kleiderständer mit einem daran befestigten Revolver waren das einzige Mobiliar im Raum. – Die Uniform des Täters war tatsächlich ein Theaterkostüm. Den Rest kennen Sie«, schloss Holms.

»Wie hoch war denn seine Beute genau, Inspektor?«, fragte ich nach.

»1214 Sovereigns, 251 Shillings und 68 Pence, also gut 1.226 Pound Sterling.«

»Ein hübsches Sümmchen«, überschlug Mrs. Riverstone und seufzte. »Mit ein wenig Sparsamkeit würde mir das bis zum Lebensende reichen.«

***

Oktober 2020

Verwirrungen

Sherlock Holms zeigt, wie auch viele andere geniale Denker, oft nicht das rechte Gespür für das Befinden seiner normal begabten Bekannten. Das macht Beziehungen mit ihnen so schwierig. Anfangs unserer Freundschaft war ich ob seiner Ausdrucksweise mir gegenüber als seinem Freund deshalb zeitweise recht pikiert. Ich kann mich noch an die Umstände bei der Aufklärung des Eisbahn-Falls in einem kleinen Dorf südwestlich von London ausgangs des Winters 1893 erinnern, bei dem der Butler James den Tod durch einen Schädelbasisbruch fand. War er dort niedergegangen, wo er gefunden wurde? Unsere Meinungsverschiedenheiten entzündeten sich an dem gefundenen schnöden Salz dermaßen, dass Sherlock mich einen *dummen Esel* schimpfte.

Den dummen Esel konnte ich mir nicht gefallen lassen und erinnerte ihn daran, dass auch ein Genie sich irren könne, zumal nicht die erwartete Menge Blut gefunden wurde. Ich nannte ihn selbstherrlich, woraufhin er mir jedes deduktive Verständnis absprach. Ein Wort ergab das andere. Sherlock hatte kein Einsehen. An diesem Abend gingen wir im Streit auseinander, indem ich ohne ihn den Heimweg antrat.

Stundenlang wälzte ich mich in meinem Bett. Kein Schlaftrunk half und auch nicht meine Frau Mary. Eigentlich war mir jeder Streit zuwider, wenn er nicht einer wissenschaftlichen Sache diente. Immer und immer wieder quälten mich die Fragen: War ich an diesem Streit schuld? Hätte ich mich mehr zurückhalten sollen? Allmählich gewann ich die Einsicht, dass ich Sherlock durch meine starre Haltung provoziert hatte. Auch der Vorwurf, dass er auf seinen Verstand pochte, ohne das Gegenargument noch einmal zu durchdenken, hat sicher zur Starrheit auf seiner Seite geführt. Traf das nicht auch auf mich zu? Als Arzt war ich es gewohnt, mich in meinen Patienten hineinzufühlen. Ich glaubte mich offen für wirkliche Argumente. Wieder und wieder hallten diese Fragen und Gedanken in meinem Kopfe, bis ich schließlich irgendwann doch noch eingeschlafen bin.

Am Morgen wachte ich mit dem Gedanken an Professor Newton auf, der einst bei meiner Ausbildung zum Militärarzt eine Vorlesung zur Psychologie hielt: ›Meine Damen und Herren, was glauben Sie wohl‹, dozierte er, ›was Ihre wohlbegründeten Argumente in einem erbitterten Meinungsstreit bei Ihrem Gegner für eine Wirkung haben? – Ich werde es Ihnen sagen: – gar keine! – Sie und auch Ihr Streitgegner sind in diesem Moment dagegen verschlossen! Warten Sie, bis Ihr Blut nicht mehr kocht, Sie sich emotional abgekühlt haben, dann werden Ihre Argumente auch auf fruchtbaren Boden fallen.‹ Dies Zitat hatte mich damals sehr beeindruckt und auch in Afghanistan geholfen, meine Patienten in ihren Verdrießlichkeiten besser zu verstehen.

Zum Frühstück habe ich dann reumütig die Baker Street aufgesucht. Zu meiner Überraschung trat mir Sherlock entgegen und entschuldigte sich für seine abendliche Sturheit. ›Wissen Sie was, mein lieber Watson‹, empfing er mich und zog an seiner Pfeife. ›Wir haben beide Recht. Wenn man das hygroskopische Salz auf festgetretenen tauenden Schnee streut, bindet grobes Salz zunächst das Wasser zwischen den Eiskristallen und der noch gefrorene Schnee wird eine gewisse Zeit hart wie Stein sein. Später sieht es schon anders aus: Gleichzeitig senkt die sich bildende Salzlösung den Gefrierpunkt des Wassers auf unter 32°, was den Schnee schmelzen lässt. Damit wird er wieder weicher. Als mir das klar wurde, hatte ich den Beweis, um welche Zeit der Butler ermordet wurde und dass der Fundort der Tatort war. Lestrade von Scotland Yard kann also den Täter dingfest machen.‹

Ein wenig pikiert war ich dennoch. Holms hatte es trotz seiner Entschuldigung geschafft, dass ich am Ende doch noch als der Unterlegene dastand. Das Einzige, was mir blieb, war, dass ich als Mittler zwischen seiner unbestrittenen Genialität und dem Unterhaltungsbedürfnis des gemeinen Mannes fungieren konnte. Ich hielt mich also in Zukunft zurück für den Lohn, mit einem außergewöhnlichen Menschen zusammenarbeiten zu dürfen und seine Einzigartigkeit dem Volke nahezubringen.

***

September 2020

Eingesperrt im Irgendwo

Wie nach einer Narkose komme ich zu mir und höre angestrengt in die stockdunkle Stille. Mein Kopf dröhnt. Warum kann ich nichts sehen? Ich liege auf hartem Boden. Beton? Nein! Mit der Hand fühle ich regelmäßige feuchte Fugen. Ziegelpflaster? Ich gebe mir Mühe, vollständig zu mir kommen. Die Klamotten vom Abi-Ball habe ich noch an. Mein Handy ist weg, also bin ich nicht zu orten und habe auch kein Licht. Was kann ich tun? Ich wollte aufs Klo, fällt mir ein. Zwischen den Beinen fühlt es sich feucht an. Ich hab mir doch nicht etwa … Wie peinlich! Meine Lage wird mir mehr und mehr bewusst. Musik ist auch nicht zu hören. Wo bin ich? Durch irgendwelche Ritzen weht Wind. Mehrstimmig dissonant. Das Gefühl von Einsamkeit macht sich breit.

Bei dem Versuch aufzustehen, stößt mein Kopf unerwartet mit Wucht an die Decke. „Au!", schreie ich. Fein rieselt es in meinen Nacken. Ich fühle. An der Stelle entwickelt sich eine Beule. Feucht fühlt es sich nicht an, also auch kein Blut, schließe ich daraus. Spinnenfäden kleben überall. Ich wische mir die Augen frei. Dann die Lippen und das Übrige.

Nicht einmal ganz dicht vor mir kann ich die Hand erkennen. Leise atmend konzentriere ich mich auf die Geräusche. Gruselig huscht es über den Rücken und lässt mich fröstelnd zurück. Hatte da eben jemand im Windheulen meinen Namen geflüstert?

»Es gibt keine Geister«, sage ich laut, so, als ob ich mich selbst davon überzeugen muss. Ist da ein Rest von Unsicherheit? Stille. Sie ist unerträglich. Dann höre ich wieder meinen Namen flüstern. Obwohl es nicht kalt ist, überkommt mich ein Frösteln. Es knackt leise. Bin ich nicht allein?

Wie bin ich hier her gekommen? Immer wieder disharmonisches, sirenenhaftes Heulen. Die Sinne sind aufs Äußerste gespannt. Als ob jemand an mir vorübergeht, streicht ein leichter, feuchter Luftzug über mein Gesicht. Wie flüsternd rufe höre ich den Namen meiner Mutter. Wie konnte das sein? Wieder berührt mich ein Hauch. Ganz nah huscht dabei etwas undeutliches Weißes an mir vorbei. Geister gibt es doch nicht …

»Wenn nun doch …?«, wispert es so leise, dass ich es nicht orten kann.

Stopp! Ich bin ein aufgeklärter Mensch. Warum sehe und höre ich so etwas trotzdem? Jedes einzelne Körperhaar richtet sich schmerzhaft kitzelnd auf. Mir wird kühl und ich schüttle mich erneut. Wie bei einem vorbeifahrenden Schiff streichen mir stärker werdende frostige Wellen von den Zehen bis hinauf zu den Haaren. Ich überkreuze die Arme und stecke die Hände unter die Achseln. Es hilft nur wenig.

Mein Kopf wird klarer. Egal, warum ich hier bin: Ich muss hier heraus. Ich war auf dem Abi-Ball und auf dem Weg zum Klo … Und dann? … Dann fand ich mich hier wieder. Ein Dazwischen gibt es für mich nicht.

»Hallo!«, rufe ich ängstlich und noch einmal lauter: »Hallo!« Ein Kloß steckt in meiner Kehle.

Keine Antwort. Bin ich nicht laut genug? Ich befühle meinen Schädel – die Beule ist nicht besorgniserregend. Der Raum kann kaum anderthalb Meter hoch sein und ist voller Spinnweben. – Aber es hallt nicht! Er kann also nicht groß sein. Auf allen vieren erkunde ich ihn. Es stinkt nach alten Kartoffeln. Der Staub auf dem Boden wird unter dem Druck meiner Hände schmierig.

Etwas, was sich anfangs wie Gewebe anfühlt, zerbröselt in meiner Hand. Gleich darauf stoße ich kurz über dem Boden mit dem Handrücken an eine Kante. Eine Kante? Klappernd fällt etwas nieder. Ich taste. Da ist es wieder. Ein Stab! Er ist gut daumendick und so lang wie ein Lineal. Die Enden sind dicker. Eins ist abgewinkelt und hat eine Kugel. Ich taste weiter nach rechts. Wieder etwas Hartes, aber es ist platt und bogenförmig geformt. Meine Hand stößt gegen eine Mauer. Deutlich kann ich die sandigen Fugen fühlen. Währen ich mich dort abstütze, krabbelt etwas über meine Hand. Entsetzt ziehe ich sie zurück. Weitere Stäbe fallen. Das offenbar kunstvoll Aufgeschichtete fällt polternd in sich zusammen. Ein vermutlich rundes Ding trifft meinen Ellenbogen und trudelt aus. Eine Kugel? Ich ziehe mich zurück und berühre es dabei. Was ist das? Die eine Seite rund, die andere bizarr geformt mit Kanten. Mir kommt ein fürchterlicher Verdacht auf, der allmählich zur Gewissheit wird: ein Schädel, ein menschliches Skelett! Ich schreie auf und wische mir die Hand vor Ekel an den Oberschenkeln ab. In den Schläfen pocht meinen Puls wie eine Dampframme. Ich will raus hier, so schnell wie möglich raus.

»Hilfe!«, brülle ich laut und horche. Nichts! – Oder doch? – Lange, lange Zeit pfeift nur Wind durch Fugen und heult. Wie viel Zeit ist inzwischen vergangen? Fünf Minuten? Fünf Stunden?

Ich lehne mich sitzend gegen die Wand und versuche, nicht an das Gerippe zu denken.

»Licht, Licht!«, brabbele ich vor mich hin. »Ich brauche Licht!« »Meine Armbanduhr!«, jubele ich auf! Sie gibt zwar nur wenig ab, aber vielleicht würde es ausreichen, mir zu zeigen, welche Chancen ich überhaupt habe. Vor allem aber muss ich wissen, wie spät es ist. Ich drücke auf den Knopf. Das Licht blendet. 2:17 Uhr kann ich mit zusammengekniffenen Augen erkennen. Mitten in der Nacht! »Kein Wunder, dass es so dunkel ist«. Für einen zweiten Blick reicht die Zeit nicht. Ob mich jetzt jemand sucht? Ein Stein fällt mir vom Herzen. Ich bin nicht blind.

Erneut betätige ich den Taster an der Uhr. Viel zu wenig Zeit für viel zu wenig Licht und dann drücke ich noch einmal und noch einmal. Nur wenig sehe ich: Rechts von mir die bleichen Knochen des zusammengefallenen menschlichen Skeletts. Ob ich hier auch so enden würde? Wieder bediene ich die Beleuchtung meiner Digitaluhr. Es blitzt nur kurz auf und kein Trick der Welt bringt sie dazu, noch einmal eine Winzigkeit Licht abzugeben.

Nun bin ich allein auf meine Ohren angewiesen. Vernünftig wäre es jetzt, ein wenig zu schlafen. Aber neben dem Skelett? Unvorstellbar!

»Ich werde Dich retten!«, säuselt es fast unhörbar von der Seite des zusammengefallenen Skeletts. Bilde ich mir das ein? Es hört sich so real an!

Ich weiß, dass das die überreizten Nerven veranstalten. Je länger ich hier in der Dunkelheit dicht bei den Knochen sitze, desto mehr würde ich

Stimmen hören und Schritte und Lachen und Weinen und jedes Mal würde ich Hoffnung schöpfen. Eine trügerische Hoffnung! Ich würde erst verrückt werden und dann aus Wasser- und Nahrungsmangel langsam sterben. Mein Gehirn würde mir Geister präsentieren, die ich trotz absoluter Dunkelheit würde sehen können.

Es piepst. Kleine kalte Füße, die über meine Hand laufen. Kurzhaariges Fell streift mein Handgelenk. Ich schrecke hoch und drücke auf den Lichtknopf der Armbanduhr. Für einen winzigen Moment zeigt sie mir 9:49 Uhr an. Zappenduster ist es trotzdem. In der Ferne schreit ein Kuckuck. Sind das Fahrzeuge auf Feldwegen? Mir ist bewusst, dass mein Gehirn mir Derartiges vorgaukeln könnte. Sicher gehören dieser Vogel und das Motorgeräusch auch dazu. Dann Schritte. Schritte eines Wolfs vermutlich, der mich gewittert hatte. Man hört in letzter Zeit so viel davon.

Dann bellt es. Es kommt mir sehr bekannt vor. Bestimmt wieder so eine widerliche Halluzination. Menschliche Schritte mit schweren Schuhen über mir. Ich halte mir die Ohren zu, obwohl ich weiß, dass es sinnlos ist. Dass es so schnell mit dem Verrücktwerden geht, hätte ich nicht gedacht. Dann höre ich wieder meinen Namen. Deutlicher denn je! Ich schreie auf, um diese Illusion zu vertreiben. Es funktioniert nicht. Schurren und Knarren. Grelles Licht blendet mich. Ist es das Licht in den Geschichten vom Nahtod? Schützend senke das Kinn auf die Brust und hebe ich die Arme über den Kopf. Ich will noch nicht sterben!

»Ein Glück, da bist Du ja! Wir hatten schon die schlimmsten Befürchtungen«, ruft mein Vater …

Oder war es mein Gehirn? Darf ich all dem trauen?

»Deine Mutter hatte einen Traum, einen eigenartigen Traum. Ihr erschien ein Geist, das ihr diese Forsthausruine nannte. – Wie geht es Dir?«

Allmählich begreife ich, dass ich nicht verrückt bin, dass das, was ich höre, die Realität ist. Erleichtert senke ich die Arme und hebe den Kopf. Eine wohlige Wärme der Entspannung breitet sich im Brustkorb, an den Armen und zwischen meinen kalten Oberschenkeln aus. Mutter hat bisher schon zweimal in die Zukunft geträumt, weiß ich – und immer recht behalten. Im Freien werden meine Beine wieder kalt. Sie sind nass. Ich folge Vater breitbeinig zum Geländewagen. Erst jetzt sehe ich, dass er seine Flinte wie zur Jagd trägt. Schussbreit. Dass Töten nichts für mich ist, versteht er nicht.

»Ich habe ihn gefunden!«, spricht er knapp in sein I-Phone, dann steckt er es weg. Missbilligende Blicke in meinen Schritt. Er sagt es nicht, doch in seinem Gesicht sehe ich das Wort Memme! Ich lege mir eine vergessene Plastik-Einkaufstüte auf das Autopolster. Als er den Geländewagen startet, schaltet sich das Radio ein und ich höre: »... ist es zu einem Entführungsfall während einer Abiturfeier gekommen. Der Mutter zufolge wird ein sechsstelliger Betrag als Lösegeld verlangt. Die Polizei bittet die Bevölkerung um sachdienliche Hinweise. ...«

Bis nach Hause wird es fast eine Stunde dauern, stelle ich bei einem Wegweiser fest.

»Er hat Wort gehalten«, sage ich und lächle.

Vater fährt an und fragt nach einer Weile: »Wer ...?« Ich habe keine Lust, mich mit ihm zu unterhalten. Er würde es nicht verstehen.

***

August 2019

Strafsache Erika Eisbach

An diesem Spätsommertag schien endlich wieder die Sonne. Manfred Müller war sich nicht mehr sicher, als er den Gerichtssaal betrat, denn im Grunde war sein Groll gegen Frau Eisbach verflogen. Das hieß nicht, dass er seiner Nachbarin verziehen hatte, es tat nur nicht mehr so ungeheuer weh. Damals, vor gut zwei Jahren war er drauf und dran, sein Haus zu verkaufen, und weit weg in einer anderen Stadt neu anzufangen. Dort, wo ihn niemand kannte. Wenn er es im Nachhinein betrachtete, begann das ganze Drama mit Erika Eisbach schon lange vor deren Scheidung und kurz vor dem tödlichen Autounfall seiner geliebten Angelika. Das war fast vier Jahre her.

Manfred Müllers Anwalt, Ludwig Lixdorff, den er sich aufgrund der Empfehlung des Ermittlungsbeamten nahm, dirigierte ihn – vorbei an den teils schon besetzten Zuhörerplätzen – an den Tisch rechts vor dem Richterpult. Hier würde später auch der Staatsanwalt platznehmen, erklärte er ihm. Ihm stiegen Gerüche nach altem Holz und durch die Strahlen der

Sonne verbranntem Staub in die Nase, kurz auch nach Schweiß, Bier und penetrantem Knoblauch. Ein Glück, dass sich die Nase schnell an so was gewöhnte.

Müllers Herz pochte immer mehr vor Aufregung. Seine Hände zitterten, obwohl er sie vor sich auf den Tisch gelegt hatte. Schweißperlen zeigten sich. Sicher war er hochrot im Gesicht. Er kannte sich schließlich schon seit 56 Jahren.

Der Anwalt legte ihm die Hand auf die Schulter und brummte ihm mit seiner tiefen Bassstimme ein »das wird schon« zu, bevor er einen bodenlangen schwarzen Kittel mit weiten Ärmeln – einen Talar, das Zeichen für einen studierten Juristen – aus seiner Tasche holte und anzog.

Sich zu beruhigen, half die Bemerkung nicht. Auch sein Blick zur Armbanduhr tat es nicht, denn sechs Minuten vor dem angesetzten Verhandlungsbeginn war die Gegenpartei, Frau Eisbach, noch nicht anwesend. Ihre Anwältin am gegenüberstehenden Tisch sah immer öfter auf die große Uhr mit den blind gewordenen goldfarbenen Zeigern und ebensolchen römischen Ziffern, die an der braunen, holzvertäfelten Rückwand des Saales eingefügt war. Er sah sich um. Sicherlich strahlte dieser Raum einmal so etwas wie Seriosität und Würde aus. Der erste Eindruck war aber eher der, dass er dringend renoviert werden müsste …

Normalerweise halfen ihm solche Überlegungen, die Aufregung in den Griff zu bekommen. Dass dieser Trick heute nicht funktionierte, machte ihn zusätzlich nervös. Verdammt! Er kannte seine Schwächen genau, zu genau. Würde er sich korrekt an die damaligen Ereignisse erinnern können, ohne unsicher zu werden, und würde er das Richtige dann auch exakt herüberbringen, sagen können? Manche Begriffe waren hin und wieder in seinem Kopf unauffindbar, sodass er beim Redefluss immer wieder ins Stocken geriet. Peinlich! Vieles hatte er versucht, diesen Makel abzulegen. Erfolglos. Auch die Mitgliedschaft in einem Amateurtheater brachte weniger, als er erhofft hatte. So hatte er sich zunehmend mit seiner Schwäche arrangiert und sich mit seinen Äußerungen, so weit es ging, zurückgehalten.

Das Geraune im Saal lebte auf. Frau Eisbach betrat den Verhandlungsraum bieder in Hose, Bluse und offenem Mantel. Sie begrüßte einige der Zuhörer mit übertrieben wirkendem Winken und Grinsen. Anderen gab sie die Hand und tauschte scheinbar irgendwelche Belanglosigkeiten aus. Viele Gesichter der Zuhörer erkannte er als Mitglieder der Bürgerinitiative des Wohngebiets. Der rückwärtige Nachbar, der korpulente Jürgen Jahnke war gerade hereingekommen. Warum er sich trotz seiner offenen Beine die Mühe gemacht hatte, war ihm nicht klar. Vermutlich war es Neugier? Frau Eisbach hatte immer noch zu schwatzen. Hatte die aber Nerven! Seine dagegen flatterten noch immer. Die Verteidigerin ihm gegenüber erblickte Frau Eisbach und sah sogleich entspannter aus. Ihr Blick ging schräg hoch zur Wanduhr, die mit einem leisen Tick in diesem Moment eine Minute weiterzählte. Nur noch zwei Minuten bis zum angesetzten Verhandlungsbeginn. Trotzdem dauerte es noch geraume Zeit, bis Frau Eisbach ihrer Anwältin ein flüchtiges Küsschen auf die Wange gab. Sie hob die Schultern und senkte die Mundwinkel, um sich schließlich den Sommermantel auszuziehen und sorgfältig gefaltet über die Stuhllehne zu legen. In einem fort zu ihrer Anwältin flüsternd setzte sie sich, kramte in ihrer Handtasche, holte verstohlen einen buntbedruckten Briefumschlag heraus und übergab ihn ihr. Die hob die obere Lasche kurz an, zog das Papier ein Stück heraus und nickte zustimmend.

Im Talar und einem beträchtlichen Schmerbauch betrat der Staatsanwalt den Verhandlungssaal. Er legte seine Tasche und zwei Schokoriegel auf seinen Platz. Nachdem er ein paar Mal tief durchgeatmet hatte, setzte er mit fetter Stimme an: »Bitte erheben Sie sich für die Richter von Ihren Plätzen.«

Die Gespräche verstummten. Stühle schurrten und die uralten Klappsitze der Zuhörer schlugen in verschiedener Schnelligkeit, Tonhöhe und mit unterschiedlichen Nebengeräuschen gegen die Lehnen. Manfred Müllers Hände beruhigten sich und das nasse Gefühl ebbte allmählich ab. Endlich!

»Verhandelt wird heute die Strafsache gegen Frau Erika Eisbach, Aktenzeichen 34-Strich-null-acht-Strich-2017-Strich-139«, begann der Richter hinter dem Richterpult laut und stellte bei dieser Gelegenheit seine beiden Beisitzer, die Protokollantin, den Staatsanwalt und schließlich sich selbst vor. Mit »Bitte nehmen Sie platz!«, schloss er mit seiner warmen Stimme. Er war etwa in seinem Alter. Das beruhigte.

Wieder eine Weile Rummeln, Rumpeln und Schurren. »Herr Staatsanwalt Doktor Kröplin, verlesen Sie bitte die Anklage!«

Während des Aufstehens zog der sich mit geübtem Griff den matt glänzenden Stoff des Talars über seinen Bauch, sodass die Knopfleiste nicht mehr aufsperrte.

»Hohes Gericht, geehrte Anwesende. Frau Erika Eisbach wird vorgeworfen, am Donnerstag, dem 10. August 2017 um 19:41 Uhr eine Rundschreibe-E-Mail an die Mitglieder der BVB, der Bürgerinitiative gegen die Verdichtung der Bebauung, versendet zu haben, die Herrn Manfred Müller nachfolgend genannter Handlungen bezichtigte. Namentlich warf sie dem anwesenden Nebenkläger vor, Mitgliedsbeiträge veruntreut, an verschiedenen einzeln aufgeführten Daten Minderjährige sexuell belästigt und Videokameras zur Überwachung ihres Grundstückes installiert zu haben. Außerdem soll Herr Müller ehrverletzende Äußerungen über Frau Karin Kindl gemacht haben, mit dem Ziel, die Rückübertragung als Kassenwart an sie zu verhindern, die die Aufgabe wegen einer Schwangerschaft und der Geburt ihres Kindes vorübergehend an ihn abgegeben hatte. Aus Sorge um ihre eingezahlten Mitgliedsbeiträge forderte sie überdies ebendiese für den Zeitraum von Herrn Müllers Kassenwartzeit zurück.

Herrn Manfred Müller trafen die erhobenen Vorwürfe unvermittelt hart, vor allem aber verständnislos, weil sie nach seiner Aussage völlig aus der Luft gegriffen seien. Am Samstag, dem 12. August, um 21:11 Uhr antwortete Herr Müller auf die E-Mail von Frau Eisbach über dieselben Kanäle. Er bestritt den Wahrheitsgehalt von Frau Eisbachs E-Mail dezidiert ...«

Dezidiert – mussten die immer so hochtrabend reden? Ja, er hatte ihre Anschuldigungen Punkt für Punkt bestritten. So kompakt vorgetragen hatte es Müller fast wieder so heftig getroffen, als er die Vorwürfe an jenem Donnerstagabend das erste Mal lesen musste, ja sogar der Groll gegen Frau Eisbach kam wieder auf. Vieles veränderte sich nach diesen Vorwürfen für ihn. Bisher dachte er, dass ihn irgendwelche Äußerungen von andern Leuten nichts anhaben könnten. Die Ablehnung seiner Person war er seit seiner Schulzeit gewohnt, in der er beispielsweise immer als der Letzte in eine Sportmannschaft gewählt wurde. – Er hatte sich gründlich geirrt! Die gemachten Vorwürfe waren nahezu immer gegenwärtig und kreisten um sich selbst. Er konnte kaum noch schlafen. Ihm unterliefen unverzeihliche Fehler im Job. Daraufhin fing er an, sich selbst bei allen Dingen zu misstrauen. Bald bekam sein Chef die Veränderung seines

Verhaltens mit und riet ihm, den Psychologen aufzusuchen, dessen Visitenkarte er ihm in die Hand gab. »Gehen Sie zu ihm, Herr Müller, er versteht sein Fach. Ich brauche gesunde, leistungsfähige Mitarbeiter. Ihr Job ist ihnen sicher; werden Sie wieder gesund! Ich war einmal in ähnlicher Lage. Mit Burn-out ist nicht zu spaßen«, riet er.

Burn-out? War das wirklich ein Burn-out?, dachte er damals. Die Situation mit dem Chef war ihm plötzlich wieder gegenwärtig. – Wie recht der Chef damals hatte …

Inzwischen hatte der Staatsanwalt geendet. Der Richter hatte Frau Eisbach an den kleinen Tisch in der Mitte zwischen Anklage und Verteidigung beordert und die Personalien von ihr abgefragt, um sie mit den vorliegenden Angaben zu vergleichen.

»Haben Sie verstanden, was Ihnen vorgeworfen wird, Frau Eisbach?«, begann der Richter mit der Befragung.

»Ja.« Ihre Kehle schien wie zugeschnürt. Zusätzlich nickte sie. Da war nichts mehr übrig geblieben, von der Leichtigkeit, mit der sie den Verhandlungssaal betreten hatte. »Ich verstehe das nicht, Frau Eisbach«, begann der Richter in die Tiefe zu forschen, »Was hat Sie denn bewogen, diese öffentliche E-Mail an Herrn Müller zu schreiben? Bei fast 100 Adressen kann man nun wirklich nicht mehr von privat sprechen. Das ist schon öffentlich!«, unterstrich er.

»Es hat mir einfach gereicht, Herr Richter«, begann Frau Eisbach, und war unvermittelt wieder die, die er kannte, »Man unterhält sich doch mit Bekannten darüber, was so in der Gegend passiert. Ich habe erfahren und gesehen, was bei ihm hinter den Fenstervorhängen vor sich geht. Man kann ihn als Schatten recht gut erkennen. Stellen Sie sich vor, er hat einen Knüppel auf das arme junge Mädchen niedersausen lassen. Schreie und Gebrüll hörte man dabei, wie es auch eine Freundin nicht nur einmal beobachtet hat. Ich selber habe dann das völlig verängstigte junge Mädchen gesehen, wie es ihn mit Widerwillen an der Haustür geknutscht hat. Natürlich hat er sie gezwungen. So'n alter Kerl und so ein junges Mädchen! Und das passierte nicht nur einmal, sondern fast regelmäßig und nicht nur bei ihr, sondern bei allen sechs oder sieben Mädels! Das ist doch abartig!«

»Ich sehe, dass Sie eine toughe Frau sind, die den Mund auf dem rechten Fleck hat, Frau Eisbach.«

Über Erika Eisbachs Gesicht huschte ein Lächeln.

»Warum haben Sie Herrn Müller nicht einfach über den Gartenzaun daraufhin angesprochen? Schließlich wohnen Sie doch Grundstück an Grundstück.«

»Der lässt sich ja nicht mehr sehen und erst recht nicht mit sich reden! Er ist ein richtiger Eigenbrötler, schlimmer noch, als seine Frau noch lebte! Und dann hat er die Überwachungskameras installiert, an der Seite zu meinem Grundstück, natürlich, um mich zu beobachten. Wer weiß, was er oben in seinem Zimmer so macht … Stattdessen igelt er sich immer mehr ein oder verführt Minderjährige, die bald auftauchten, oder Schlimmeres. Ungefähr zur gleichen Zeit wurde er Kassenwart! Na, ich war ja von Anfang an dagegen! Und dann kaufte er sich plötzlich ein neues Auto. Von welchem Geld denn, Herr Richter? So ein Haus kostet doch auch! Das passt doch alles zusammen. Dort er hat sich bedient! ›Nicht mit mir‹, hab' ich zu mir gesagt, und meinen Beitrag zurückgefordert.«

»Frau Eisbach, das sind doch alles nur Vermutungen. Ist Ihnen das nicht irgendwann klar geworden?«

»Vermutungen? Was ich gesehen habe, das habe ich gesehen! Alle meine Bekannten sind auch dieser Meinung.« Sie wurde laut und ungehalten. »Was soll denn da falsch dran sein? Und dann schleicht der Müller nachts in der Straße umher und fummelt da mit einem Nachtsichtgerät an den Häusern herum. Wenn der man nicht friedliche Leute heimlich belauert hat. Ich bitte Sie, das macht doch niemand mit reinem Gewissen!«

»Ich möchte mich für meine Mandantin entschuldigen«, platzte die Anwältin Gesine Gärtner dazwischen. »Ich habe ihr ausdrücklich geraten, dieses Thema nicht anzusprechen.« Und zu ihrer Mandantin: »Warum halten Sie sich nicht an unsere Absprachen? Ich habe Ihnen erklärt, warum!«

»Weil es einfach wahr ist!«, zickte sie zurück.

»Gut«, übernahm der Richter wieder die Führung des Gesprächs. »Das war es erst einmal. Bitte setzen Sie sich wieder zu Ihrer Anwältin, Frau Eisbach.«

Müller schüttelte währenddessen mehrfach verständnislos den Kopf. Er sah sie vor seinem geistigen Auge allen ihre Version der Dinge zu erzählen, ob sie es wissen wollten, oder nicht. Irgendwo hatte er gelesen, dass Erinnerungen beim Erzählen oft verfälscht werden … Bei der letzten Bemerkung von Frau Eisbach wurde ihm jedoch etwas mulmig zumute. Fast hatte er diese Sache mit dem Laser-Entfernungsmesser, was sie offenbar für ein Nachtsichtgerät hielt, schon vergessen. Ihm wurde bewusst, dass er dabei ziemlich eigenmächtig gehandelt hatte. Na, immerhin hatte er mit den gewonnenen Daten und anderen Angaben erreicht, dass ihre Bürgerinitiative damit als gemeinnütziger Verein anerkannt wurde und er ihm so Steuern erspart hat.

Auch Ludwig Lixdorff wurde bei dem Wort ›Nachtsichtgerät‹ hellhörig. »Muss ich dazu etwas wissen?«, brummte er Müller ins Ohr und hob dabei seine rechte Augenbraue.

Wenn er sich schon einen Anwalt genommen hatte, musste er ihn einweihen, auch wenn es unangenehm für ihn war. Er nickte.

Sein Anwalt nickte zurück und beließ es erst einmal dabei, denn der Richter hatte über die Rufanlage vom Flur die alte und neue Kassenwartin, Frau Karin Kindl in den Zeugenstand rufen lassen.

Wie zu erwarten konnte sie Frau Eisbachs Vorwürfe nicht bestätigen. Die Kasse sei nach ihrem Babyjahr und der Elternzeit ohne Beanstandungen wieder übergeben worden. Sie bestätigte dann auf Nachfrage, dass die beiden E-Mails an alle Mitglieder der Bürgerinitiative geleitet wurden. Das wüsste sie deshalb so genau, weil Frau Eisbach sonst nur den nächsten Bekanntenkreis, zu dem auch sie gehörte, anschrieb. Müller indes empfand Hochachtung für Frau Kindl. Sie war die Einzige, die nicht an die erhobenen Vorwürfe glaubte. Das war anlässlich der Übergabe der Kasse. Sie meinte, er solle sich das nicht so zu Herzen nehmen. Aber Gefühlen kann man halt nicht befehlen …

Der Richter entließ die Zeugin und belehrte sie, dass sie weiterhin unter im Saal bleiben müsse.

»Kommen wir zu einem Punkt, an dem es in den Ermittlungsakten die meisten widersprüchlichen Aussagen gibt. Den Videokameras, die Herr Müller installieren lassen hat. Welche Beweggründe hatten Sie, Herr Müller?«

»Mein Mandant, Herr Manfred Müller hat mich gebeten, auf diese Frage zu antworten.«

Müller nickte und war froh, es nicht selbst tun zu müssen. Längere Darlegungen und Gespräche waren schon immer sein Handicap gewesen. So hatte er es für sich seit vielen Jahren akzeptiert.

Der Anwalt nahm seine Notizen zur Hand. »Zum Verständnis: Die Haustür meines Mandanten befindet sich auf der Seite zu Frau Eisbachs Garten. Schon vor dem Unfalltod seiner Gattin ärgerte sich mein Mandant, dass Frau Eisbach sich oft unvermittelt mit exhibitionistischen Handlungen zeigte und verächtlich lachte, wenn er sich wegdrehte. Verständlicherweise war ihm das nicht nur in Gegenwart seiner Frau unangenehm, sodass er einen höheren, blickdichten Zaun an der Grundstücksgrenze aufstellte. Mit dem Verweis auf Grenzbebauung erwirkte Frau Eisbach den Rückbau. Mein Mandant willigte im Interesse einer guten Nachbarschaft ein, an die sich jedoch Frau Eisbach im Grunde nicht hielt, obwohl mein Mandant auf eine Anzeige wegen Exhibitionismus verzichtete. Allerdings hatte er nach dem Tod seiner Gattin für diesen Vorwurf keinen Zeugen mehr. Um etwaigen Besuch dennoch zuvorkommend empfangen zu können, erteilte er einer Firma den Auftrag, eine Videoanlage zu installieren und hoffte auf deren abschreckende Wirkung. Bis auf einen Zipfel am Ende erfassen die beiden Kameras nur das Grundstück meines Mandanten, wovon ich mich überzeugen konnte.«

Frau Eisbach sah ihm ungerührt in die Augen, als sein Blick sie erfasste.

Die Anwältin von Frau Eisbach bat ums Wort.

»Mit genau gewählten Worten hat mein Kollege Doktor Lixdorff die Tatsachen so dargestellt, dass sein Mandant in bestem Licht dasteht und doch die Unwahrheit gesagt. Wir können nachweisen, dass erstens meine Mandantin sich, nicht wie behauptet, entblößt gezeigt hat und zweitens die Kameras zumindest zeitweise nicht nur sein Grundstück abbildete. Außerdem verweisen wir darauf, dass Herr Müller die vorgeschriebenen Hinweisschilder wegen der Video-Überwachung nicht angebracht hat.«

Manfred Müller und sein Anwalt Lixdorff verständigten sich.

»Sie haben recht«, begann Müller. »Momentan fehlt das vorgeschriebene Schild. Aber erstens sind die beiden Kameras gut vom Gartentor aus als Solche zu erkennen und zweitens habe ich die Aufkleber bisher zweimal erneuert. Das erste Mal waren sie in der Woche nach der bewussten E-Mail von Frau Eisbach vom Briefkasten am Bürgersteig entfernt worden und die folgenden Male hielten sie keine drei Tage. Leider erfassen die Kameras aus rechtlichen Gründen den Briefkasten am Bürgersteig nur bis Kniehöhe. Danach habe ich das Ersetzen aufgegeben. Andere, wichtigere Dinge waren es, die zuerst erledigt werden mussten.«

»Was waren das für Dinge, Herr Müller?«, fragte der Richter nach.

»Muss ich das hier sagen?«

»Ja, es wäre schon besser, damit wir uns ein Bild machen können.«

»Eigentlich ist mir diese Aussage etwas peinlich. Meine Gesundheit, mit der es damals steil bergab ging – nach der E-Mail.«

»Ja, ich sehe gerade, im Protokoll der Vernehmungsbehörde steht ein Vermerk, dass der Nebenkläger Herr Müller zum Aussagezeitpunkt gesundheitlich beeinträchtigt war und sich in psychologischer Behandlung befand«, ergänzte der Richter.

Er wandte sich an die Verteidigung. »Gibt es irgendwelche Beweise für ihre Behauptung, dass die Kameras zeitweise verstellt wurden?«

»Die gibt es!«, begann die Anwältin triumphierend. »Vorhin übergab mir meine Mandantin, Frau Eisbach ein Foto, das sie bis dahin gesucht hatte. Immerhin ist es schon über zwei Jahre seit der Aufnahme her. Sie musste es neu ausdrucken lassen.« Die Anwältin holte das Foto aus dem Briefumschlag eines Drogeriemarktes. »Auf diesem Foto ist eindeutig zu erkennen, dass eine Kamera unweigerlich große Teile des Gartens meiner Mandantin abbildete. Rechts unten sind in roter Schrift die Aufnahmedaten eingeblendet, wie Sie sich gern überzeugen können.«

Die Anwältin erhob sich und brachte das Foto zum Richtertisch.

Klappern und Schurren bei den Zuhörern. Müller drehte sich zu seinem Anwalt.

»Das kann nicht echt sein, Herr Doktor. Nie wurde die Richtung der Kamera verändert. Bestenfalls kann sie während meines, meines …«

Da war er wieder, der gefürchtete Aussetzer! »Verdammt! … Na, wo ich vom Psychologen in den Urlaub geschickt wurde oder ein falsches Datum in der Fotokamera eingestellt worden sein«, spekulierte er. »Es musste doch eine Möglichkeit geben, ihr das zu beweisen. Sie versucht mit allen Mitteln, das Blatt zu ihren Gunsten zu wenden«. Ihm kam eine Idee. »Ich müsste das Foto einmal sehen …«

Der Anwalt meldete beim Richter den Bedarf der Inaugenscheinnahme des Fotos an. Auf der Anklagebank war keine besondere Reaktion zu sehen. Beide schienen sich sicher zu sein. Das Foto erreichte über den Staatsanwalt, der auch einen Blick darauf tat, Lixdorff und Müller.

Das Wort hatte wieder die Verteidigerin, die den Vorwurf der exhibitionistischen Entblößung von Frau Eisbach zurückwies.

»Wir haben vorhin vom Richtertisch gehört, dass Herr Müller in psychiatrischer Behandlung war. Ist es da nicht möglich, dass das alles allein seinen Vorstellungen entsprungen ist! Ich meine, in der Psychiatrie soll es sogar Leute geben, die sich für Napoleon halten … Wie weit können wir einer Aussage glauben, die im Zuge eines geistigen Zusammenbruchs abgegeben wurde?«

In Müller kochte es. Nun hatte er nicht nur Groll auf Frau Eisbach. Warum durfte ein Anwalt ungestraft solche sinnverdrehenden Aussagen machen? Außerdem war er beim *Psychologen*, nicht beim *Psychiater*, was einen erheblichen Unterschied darstellte!

Von den Zuhörern bekam er bisher nur gelegentlich das Klappern und Quietschen der alten Bestuhlung mit. Nun wurde es unruhig. Nachbar Jahnke meldete sich. Als Freund wollte Müller ihn nicht betrachten, aber man wünschte sich ›Guten Tag‹ und ›Guten Weg‹. Am meisten regte Müller an ihm das Berlinern auf und dass er immer alles ›wusste‹, auch wenn er keine Ahnung hatte. Viel Wind um nichts, war sein Eindruck.

»Wat hier jesacht wurde, is nich richtig. Und icke hab den Beweis dabei!«, rief er in den Saal.

»Ihnen ist bewusst, dass das hier eine Gerichtsverhandlung ist?«, sprach ihn der Richter an. »Normalerweise werden Störungen mit Bußgeldern geahndet. Können Sie Klarheit in die Sachlage bringen?«

»Ja, ick hab den Beweis eener falschen Darstellung«, drückte er sich vage aus.

»Wollen Sie als Zeuge auftreten?«

»Wenn et denn sein muss?!«

Jahnke humpelte mit seiner großen Fototasche an den Richtertisch.

Der Richter fragte nach dem Namen, ließ sich den Personalausweis zeigen und vereidigte ihn.

»Was haben Sie uns denn zu sagen, Herr Jahnke?«

»Wir feiern jern im Jarten, wa. Dabei fotografiere ick jern ma, nich mit'm Smartphone, sondern mit eener richtchen Profikamera, mit jroßem Sensor und fuffzich Megapixeln. Da kann ick ohne Tele in zehn Meter Entfernung noch eenzelne Jrashalme erkennen, wa. Neulich beim Durchsehen meener Aufnahmen is et mir denn aufjefallen. Bewusst fotografiert hab icke dette nich, det schwör ick!«

»Und was haben Sie entdeckt?«

»Na, Frau Eisbach, wie se sich nackichmacht, jenauso, wie et der Herr Müller jesacht hat! Ick hab nüscht jejen nackiche Damen, mach se eenfach in jedem Alter jern. Kommt imma uff de Perspektive an un de Brennweite un nich zuletzt uff de Einstellung dazu. Jedet Alter hat seene Erotik, also Schönheit, wa. Hab selba viele Akte fotojrafiert, keene dreckjen Pornos, nee! Damit hab icke nischt am Hut.« Er drehte das relativ große Display seiner Kamera eine Weile zum Richter. »Ick schenk Ihnen de SD-Karte, ick hab allet aufm PC. Weiter is aba nischt druff! Is eh ne klene alte, aba allet mit EXIF, logo, wa! – Kann ick mia wieda setzen – meene Beene! – Ach, eens noch: Ick kann och nich so richtich mit dem Müller, is irjendwie vaschlossen oder so. Aba Wahrheit muss Wahrheit bleeben, Herr Richter, wa!«

Der Richter stimmte zu. Jahnke holte die SD-Karte aus der Fotokamera, gab sie dem Richter in die Hand und ging mit schweren Schritten zu seinem Platz. Der Richter schob die SD-Karte in den vorgesehenen Schlitz seines Notebooks. Stille. Für einen Moment schien jeder im Saal den Atem anzuhalten. Dann erschien Jahnkes Foto auf dem großen Bildschirm.

»Danke, Herr Janke. Das wäre dann Beweisstück – moment mal – Beweisstück 65. Es zeigt im Hintergrund Frau Eisbach und Herrn Müller, der sich gerade abwendet.« Der Richter kreiste den Bereich ein. Zu erkennen war kaum etwas.

Plötzlich hatte fast jeder irgendetwas zu flüstern, selbst die alte Bestuhlung wurde unruhig.

Gesine Gärtner, Frau Eisbachs Anwältin, blickte ihre Mandantin vorwurfsvoll an. Sie schien sie gedanklich zu fragen, ob nicht wenigstens sie als ihre Anwältin die ganze Wahrheit hätte wissen müssen. Frau Eisbach schaute eiskalt und bockig zurück. Staatsanwalt und Nebenkläger konnten sich das Schmunzeln nicht verkneifen. Dann schaltete der Richter den großen Bildschirm ab, um sich dem nächsten Puzzleteilchen zu widmen.

»Beschäftigen wir uns noch einmal mit den Videokameras. Möchte die Anklage oder die Verteidigung den gemachten Aussagen etwas hinzufügen?« In dem entstehenden kleinen ruhigen Moment beobachtete der Richter die beiden Seiten. Nur auf der Anklagebank gab es Diskussionen. »Keine Zusätze«, hieß es dann trotzdem von der Verteidigung.

Der Staatsanwalt hob die Hand und bekam das Wort.

»Herr Richter Doktor Werth« Er schnaufte beim Aufstehen. Sein Gesicht zeigte Entschlossenheit. »Die Staatsanwaltschaft hat die Untersuchung der Video-Überwachungsanlage vom Nebenkläger Herrn Manfred Müller durch die KTU, die kriminaltechnische Untersuchung, veranlasst. Da ich von derlei Dingen keine ausreichenden Fachkenntnisse besitze, bitte ich, den PC-Forensiker, Herrn Paul Pahl, in den Zeugenstand zu rufen.«

Selbst Manfred Müller kannte das Ergebnis der Untersuchung noch nicht. Sein Herz pochte wieder schneller. Aber eine Sache gab es da noch, die unweigerlich auf den Bildern der Überwachungskamera zu sehen sein würde – und das war ihm peinlich.

»Herr Pahl, was haben Sie bei der Untersuchung feststellen können?«, setzte der Richter die Verhandlung fort. »Bitte versuchen Sie, bei der Erklärung allgemeinverständlich zu bleiben und nur unbedingt notwendige Fachbegriffe zu verwenden.«

»Natürlich! Zunächst habe ich alle beteiligten Komponenten in Augenschein genommen und mechanisch untersucht. Dabei wurden keine Auffälligkeiten gefunden. Die Kameras erfassen den Bereich seiner Einfahrt bis zur Garage. Die Haustür wird von beiden Kameras erfasst. Die fachgerecht installierte Anlage ist eine sogenannte Mehrkanalanlage mit eingebauter Speicherung auf Mini-SD. Jede Kamera besitzt einen Bewegungssensor. Normalerweise wird ein Bild je Sekunde an die Zentraleinheit, die auch den Monitor und die Speicherung enthält, per Funk übertragen. Der Aufzeichnungskanal reduziert die einmal in der Sekunde gelieferten Bilder der Kamera auf einmal in der Minute, wobei eine zweite aufwendigere Auswertung erfolgt. Diese Technik ermöglicht eine Rekonstruktion der Ereignisse bis zu einer Spanne von einem Jahr bei vier Kameras, bei zwei Kameras, wie hier, demnach bis zu zwei Jahren. Da die Anlage aber erst seit etwa 14 Monaten vor der Untersuchung durch die KTU in Betrieb war, war eine vollständige Rekonstruktion der Aufnahmen seit Bestehen möglich. Die das Gericht interessierenden Bilder sind in den Beweisstücken 21 bis 64 zu sehen.«

»Wie sicher sind Ihre Angaben, Herr Pahl?«, fragte der Richter nach.

»Ausgehend von der Anordnung der Dateien auf den Speicherchips, verglichen mit den Wetterdaten und so weiter zu 99,99 Prozent. Es gibt keine Hinweise darauf, dass die Daten manipuliert wurden.«

»Bitte setzen Sie sich nach hinten. Ich benötige Ihre Hilfe eventuell noch einmal.«

Paul Pahl nickte und verlies den Zeugenstand.

»Kommen wir zu der Aufnahme, in der die eine Kamera nach Aussage der Verteidigung innerhalb des soeben betrachteten Zeitraums von Frau Eisbach verstellt fotografiert wurde, die normalerweise von der KTU hätte entdeckt werden müssen. In meinen Unterlagen gibt es jedoch keine entsprechenden Bilder. Deshalb noch einmal die Frage an Herrn Pahl: Wurden die Kameras während des fraglichen Zeitraums bewegt?«

»Ganz eindeutig Nein!«

»Also kann hier etwas nicht stimmen!«

Der Anwalt von Müller bat ums Wort.

»Wir haben uns das von der Verteidigung vorgelegte Fotodokument eingehend betrachtet, und sind zu dem Schluss gekommen, dass das Foto von Frau Eisbach ausgangs des Sommers bei weitaus niedrigerem Sonnenstand aufgenommen wurde, und nicht eingangs des Sommers, wie das Datum und die Uhrzeit des Fotos es uns weismachen wollen. Vielleicht kann ja der Kollege von der KTU es noch einmal begutachten.«

Der musste nur einen kurzen Blick darauf werfen, um seine Aussage zu machen. »Anhand der Vegetation, zu sehen an den ins Bild ragenden Zweigen einer Linde, wurde das Foto eindeutig etwa Ende August aufgenommen, keinesfalls am 2. Juli, wie das einkopierte Datum es zeigt. Das Datum der Aufnahme ist aller Wahrscheinlichkeit nach falsch und die Aufnahme erfolgte nach der kriminaltechnischen Untersuchung der

Videoanlage. Wenn ich mich recht erinnere, habe ich die Untersuchung der Überwachungsanlage am 19. August vorgenommen.«

»Dieses Datum steht auch in den Unterlagen, die ich mir habe anzeigen lassen. Danke, Herr Pahl«, bestätigte der Richter.

Die eintretende Stille knistere wie eine übermäßige elektrische Ladung.

Puh, das hatte gesessen! Manfred Müller war zutiefst beeindruckt von den Möglichkeiten der Kriminaltechnik und er hatte das Gefühl, dass die Anwältin auf der gegenüberliegenden Bank immer mehr in sich zusammensackte und immer weiter von Erika Eisbach fortrückte. Wenn sie jetzt einen Rückzieher machen würde, könnte er das verstehen. Frau Eisbach hatte eine unbewegliche Miene aufgesetzt. Eine große Anschuldigung von ihr war aber immer noch nicht geklärt. Schließlich mussten es beide Kameras gesehen haben. Es sah nicht danach aus, dass Frau Eisbach hier die Wahrheit sagen würde, wenn man ihre bockige Haltung auf ihrem Stuhl zum Maßstab nahm.

»Was hat die Verteidigung dazu zu sagen?«, sprach der Richter das Problem direkt an. »Bitte, Frau Anwältin Gärtner!«

»Aus meiner Sicht geht diese Verhandlung dem Ende entgegen. Die Beweise der Anklage und die Zeugenaussagen sind fast übermächtig. Auf eine Lüge mehr oder weniger von meiner Mandantin kommt es nun auch nicht mehr an. Viel kann ich ihr nun nicht mehr helfen. Ich weiß, das klingt fast wie ein Plädoyer.« Sie zuckte mit den Schultern, wendete sich ab und wischte die Augen mit einem Tempo.

So sahen es vermutlich viele im Saal, der Rest der Verhandlung war wohl mehr eine Formsache, wenn man von dem Vorwurf der sexuellen Nötigung einmal absah. Die letzte Zeugin wurde aufgerufen.

Simone Sauber, die ihm das peinliche Küsschen vor der Haustür gab, sagte die Wahrheit. Unanständiges war nicht geschehen und sie hängte es ihm auch nicht an. Sie meinte, dass sie an diesem Abend einfach überglücklich über die Hilfe von Herrn Müller war. Sie hätte an diesem Abend große Fortschritte in ihrer Rolle gemacht. Die vier Mädchen und drei Jungen im Alter zwischen 15 und 17 Jahren, die zu ihm gekommen waren, wollten für ein selbst geschriebenes Theaterstück im Gymnasium etwas Sprach- und Schauspielunterricht nehmen. Er gab es ihnen gern und ohne Bezahlung. Solches Interesse musste unbedingt gefördert werden, fand er.

Es mag manchem Beobachter bei wenig kommunikativen Menschen absurd vorkommen, dass genau solche sich in einer Schauspieltruppe engagieren, fiel ihm ein. Auswendig gelernte Texte braucht man aber nicht immer wieder neu zu denken. Ebenso gut hätte er Schriftsteller werden können, oder Sänger ... Und noch etwas bereitete ihm Kummer: Infolge der E-Mail von Frau Eisbach wurden die Anschuldigungen im Ort offenbar weitererzählt. Nach der E-Mail reduzierten sich seine Schüler innerhalb kurzer Zeit auf ein Mädchen und zwei Jungen. Sie alle hatten mit der Bürgerinitiative nichts zu schaffen. Er hatte erkennen müssen, dass nicht die Wahrheit über einen Menschen maßgeblich für dessen Leumund ist, sondern das, was die Leute für wahr halten. In Müller klang diese bittere Erkenntnis nach. So hörte er nur noch halb hin.

Die Verteidigung plädierte lediglich für eine milde Strafe und der Staatsanwalt aufgrund der Uneinsichtigkeit der Angeklagten für die Höchststrafe. Frau Eisbach kam zum Schluss zu der sehr späten Einsicht, dass sie mit ihrer E-Mail überreagiert hatte. Eine Entschuldigung kam nicht über ihre Lippen.

Das Gericht verurteilte Frau Erika Eisbach wegen Beleidigung, Verleumdung und übler Nachrede fast zur Höchststrafe – zwei Jahre Freiheitsstrafe, ausgesetzt zur Bewährung und 3.500 Euro Bußgeld sowie den Kosten des Verfahrens. Weiterhin wurde Frau Eisbach zur aktiven Richtigstellung ihrer Behauptungen innerhalb von drei Wochen verpflichtet, einschließlich einer öffentlichen Entschuldigung. Andernfalls würde sie die zur Bewährung ausgesetzte Haftstrafe antreten müssen. Die Fälschung von Beweisen zöge ein getrenntes Verfahren nach sich, wurde sie durch den Richter informiert.

Der Richter gab Frau Eisbach in seiner Urteilsbegründung für die hohe Strafe selbst die Schuld, weil sie deutlich erkennbar sogar ihre Anwältin über den wahren Sachverhalt falsch informierte und dass sie bis zuletzt uneinsichtig war. Das alles schien an Erika Eisbach abzuprallen, wie Regentropfen an einem Fenster.

Schlussendlich moralisierte der Richter: »Wenn man jemanden einer Sache öffentlich beschuldigt, sollte man sich sicher sein, dass diese Anschuldigen auch wahr und nachweisbar sind. Die Gefahren sind groß, dass man sich andernfalls strafbar macht. Für den zu Unrecht Beschuldigten kann so etwas weitreichende Konsequenzen haben. Es zerstört oft das Leben desjenigen psychisch und manchmal sogar physisch bis hin zum Tod. Denken Sie auf dem Heimweg darüber nach. – Die Verhandlung ist geschlossen.«

Manfred Müller hatte bei der Verlesung des Urteils keine innere Genugtuung verspürt. Er würde wahrscheinlich auf eine Zivilklage verzichten, um einen materiellen Ausgleich für seine erlittenen psychischen Verletzungen zu bekommen. Geld konnte sie auch nicht heilen. Er wollte mit diesem unseligen Kapitel ein für alle Mal abschließen und wieder nach vorn ins Licht sehen können.

Frau Eisbach und ihre Anwältin trennten sich, ohne sich zu verabschieden.

***

November 2019

Kommissar Skyworker

Kriminalhauptkommissar Voss wusste nicht, wie oft er die Geschichte schon erzählt hatte, manchmal als skurrile Episode, oft zur Information für neu hinzugekommene, aber immer zur Sensibilisierung der Mitarbeiter. Und wenn er ehrlich zu sich selbst war, auch, um sein rigides Verhalten zu entschuldigen, denn er verlangte auch von seinen Kollegen, an einem Tatort zuerst Fenster und Luken zu inspizieren, was ihm den Spitznamen Luke einbrachte, der später zu Skyworker mutierte. Auch wenn die Kollegen über seine Marotte frotzelten, wich er mit dem Argument, dass auch Täter Menschen seien, nicht davon ab. Für neu hinzugekommene Kollegen war sie allerdings Pflicht und teilweise recht amüsant, so wie auch beispielsweise ein anderer Fall aus der Presse, in dem ein Einbrecher in einem Kippfenster stecken blieb, bis ihn die Polizei befreite, um ihn anschließend einzusperren. Es ist manchmal bizarr, was im Kopf von Tätern, aber auch von Opfern vor sich geht. Kriminalhauptmeister Ewers, der an diesem Tag seinen Dienst bei Voss angetreten hatte, musste sich den skurrilen Fall anhören, so, wie auch alle anderen Kollegen im Besprechungsraum.

Es war vor einigen Jahren an einem stürmischen Tag in einer bergigen Gegend. Auf dem Rückweg von einem Einsatz wurde ein Einbruch gemeldet. Der Tatort lag in der Nähe. Ich wurde mit meinem Team dorthin beordert. Irgendwo hatte offenbar eine Windböe Wäsche von der Leine gerissen. Ein T-Shirt landete in unmittelbarer Nähe des Ziels auf der Frontscheibe und verhakte sich am Scheibenwischer. Manchmal suchten sich die Spuren eines Verbrechens eben auch den Weg zur Polizei, wie wir später feststellten.

Das Haus war an einen Hang gebaut, sodass das Gebäude vorn zwei und vom Garten aus drei sichtbare Geschosse hatte. Wie unsere Ermittlungen ergaben, hatte sich in der oberen Etage Folgendes zugetragen:

Ein Ehepaar hatte den Urlaub sicherheitshalber abgebrochen, weil der Airline die Insolvenz drohte. Zu Hause angekommen fanden sie die Wohnung unverschlossen vor. Schubladen waren aufgezogen und durchwühlt. Daran entfachte sich ein Streit mit gegenseitiger Schuldzuweisung. Dann hörte die Frau aus dem Schlafzimmer Schritte, Fenstergeklapper und den Wind pfeifen. Sie forderte ihren Mann auf, dort nachzusehen. Aus sicherer Entfernung sah sie zu. Als ihr Mann die Tür öffnete, wehte der Wind die Gardinen hin und her. Das Fenster war offen, aber er wusste genau, dass er es am Abreisetag fest verschlossen hatte. Er sah hinaus, bemerkte dort im Garten aber nichts Außergewöhnliches. Er schloss es und verließ den Raum wieder, um keine Spuren zu zerstören. Den beiden wurde klar, dass sie Opfer eines Einbruchs geworden waren und der Täter geflohen. Das meldete die Frau der Polizei. Ihnen wurde aufgetragen, dortzubleiben und nichts weiter zu berühren.

Mein Team traf bald darauf ein, um den Tatort zu inspizieren und die Spuren zu sichern. Unerwartet lag im Schlafzimmer eine blonde Frau im Bett. Ich fragte mich, warum wir darüber von dem Ehepaar nicht informiert wurden. Ich zog die Waffe und forderte die Person auf, die Hände zu zeigen. Nichts passierte. Ich wiederholte die Aufforderung. Ich nahm eine kleine Bewegung wahr, die meinen Puls beschleunigte. Ich rief, die Waffe immer noch im Anschlag, meinen Kollegen, der dabei war, im Wohnzimmer Spuren zu sichern. Auch er zog die Waffe und ging vorsichtig auf die liegende Person zu. Zum letzten Mal forderte ich die Person auf, die Hände über den Kopf zu halten. Auch jetzt keine Reaktion.

»Die ist offenbar tot«, meinte mein Kollege, der seinen Mittelfinger an die Stelle gelegt hatte, an der die Halsschlagader zu finden war. Er sah mich an und schüttelte den Kopf. »Kalt, eiskalt! Obwohl, ein bisschen eigenartig«, war sein Urteil. Worauf er dies begründete, sagte er nicht.

Ich hatte schon viele Tote gesehen. Bleich sah sie nicht aus, eher gesund und sexy. Ja, es war mit Abstand die schönste Leiche, die ich je zu sehen bekam …

Noch während ich überlegte, wie das alles einzuordnen war, fing mein Kollege plötzlich an, lauthals zu lachen. Er steckte seine Pistole ins Holster.

»Du kannst die Waffe wegstecken, ist ne Puppe.« Er schlug die Bettdecke hoch. »Und frisch benutzt ist sie auch. DNS in Hülle und Fülle. Wenn er bekannt ist, haben wir ihn fix!«

»Eine Puppe, sagst Du?« Ich konnte es kaum fassen. Sie sah so echt aus.

»Genau! So ein Teil in dieser Qualität kostet so viel, wie guter Zahnersatz.«

Wie viel das sein konnte, hatte ich gerade neulich erfahren müssen.

»Und das weißt Du, weil …«, hakte ich nach.

»Lassen wir das. Das willst Du gar nicht wissen!«

Nein, das wollte ich nicht, und auch nicht so tief in das Liebesleben der Opfer eindringen.

Wie fix wir ihn dann tatsächlich finden würden, ahnten wir zu diesem Zeitpunkt immer noch nicht.

Wir sicherten weiter die Spuren. Mein Kollege an den Möbeln und ich am Fenster. Ich öffnete es. Der Wind heulte. Im Garten tanzten verstreut einige Kleidungsstücke. Ob er nackt geflüchtet war? Das würden die fliegende Unterwäsche und die Puppe erklären. Zumindest musste er sich in der Wohnung äußerst sicher gefühlt haben. Eine Windböe kam, und wirbelte ein Unterhemd an mir vorbei. Dann sah ich es: Links von mir krallten sich vier Finger an der Fensterbank fest. Waren es wirklich Finger? Sie waren fast so weiß wie die Fensterbank. Ich beugte mich heraus. Ein Mann hing mehr als fünf Meter über dem Boden an der Wand. Nackt. Ich wollte nach seinem Handgelenk greifen und rief meinen Kollegen, damit er mich nicht mitriss. Noch ehe ich richtig zufassen konnte, rutschte er mir aus der Hand und fiel in die Tiefe. Ob er dabei geschrien hat, weiß ich nicht mehr. Ich sah ihn nur unwirklich wie in Zeitlupe fallen. Er schlug mit der Hüfte auf die Pflasterung auf, sein Kopf schrammte wenig später die Beeteinfassung. Eine Blutlache breitete sich aus. Diese Sequenz brannte sich unauslöschlich ein.

Die Knie wurden weich, der Magen flau. Ich wies meinen Kollegen an, einen Rettungswagen zu rufen. Ich wusste zwar, was in so einem Falle zu tun war, war jedoch außerstande, es selbst zu tun. Es ist etwas anderes, an einen blutigen Tatort zu kommen und die Blutspuren zu deuten, als zuzusehen, wie ein Mensch auf den Boden schlägt. Hätte ich nur die Situation schneller erfasst. Mein Magen rebellierte noch tagelang, wenn sich diese Bilder vor mein inneres Auge schoben. Dass der Täter in die Wohnung eingedrungen war, stand auf einem anderen Blatt. Der Täter überlebte nur aufgrund der schnellen Hilfe. Er gestand mir später im Krankenhaus, dass er das heimkommende Ehepaar durch seine intensive Beschäftigung mit der Puppe, die er in einem Schrank gefunden hatte, viel zu spät gewahr wurde. Die Zeit hätte nur noch dazu gereicht, seine Sachen aus dem Fenster zu werfen und hinterherzusteigen. Dann bemerkte er die Tiefe der Gartenseite unter sich. Er hatte Angst, loszulassen. Seit dem Sturz ist er auf einen Rollstuhl angewiesen. Die Anklage lautete für den Mitarbeiter des vermittelnden Reisebüros auf Einbruch und Sachbeschädigung. Zum Stehlen war er nicht gekommen.

Betretene Stille im Besprechungsraum. Kriminalhauptkommissar Voss ließ vor allem Ewers etwas Zeit.

»Ich weiß, dass ihr über die Anweisung zur Kontrolle der Fenster und Luken am Tatort spöttelt und dass ihr mich hinter dem Rücken Kommissar Skyworker nennt. Damit ist nun ein für alle Mal Schluss!«, verkündete Voss und setzte ein dienstliches Gesicht auf, »Ich habe beschlossen, ebendiese Heimlichkeit nicht mehr zu dulden. Das heißt:« Er musste insgeheim schmunzeln. »Ich werde diesen Beinamen von nun an mit Stolz tragen und mir erlauben, uns an besagten Fall hin und wieder zu erinnern.«

***

Johannas Vermächtnis

»Der große Kreis des Lebens, das ewige Werden und Vergehen, dem alles Lebende unterworfen ist, hat sich geschlossen. Und damit betten wir dich, geliebte Mutter, Schwiegermutter und Oma, Johanna Lenz, nun zu deiner letzten Ruhe.«

Mit den letzten Worten senkte der Trauerredner seine Stimme und verneigte sich vor dem Sarg, der langsam von vier kräftigen Männern niedergelassen wurde. Hildegard, die passend zu ihrem engen, schwarzen Kostüm einen modischen, schwarzen Hut mit Schleier trug, verabschiedete sich stumm von ihrer verstorbenen Mutter. Hätte sie in diesem Moment nicht mit ihren Glacéhandschuhen unter ihrem Schleier gegriffen, hätte niemand die Träne bemerkt, die auf ihre Wange zu rollen drohte. Ungewöhnlich lange blieb sie am Grab stehen, bevor sie sich zu ihrem Bruder Bernd und dessen Frau Iris stellte und ihm dann zuzischelte: »Viel scheint Ihr ja nicht von Mutter gehalten zu haben. Ein bisschen passender hättet ihr euch zu diesem Anlass schon anziehen können! Vor allem deine Frau! Man könnte meinen, sie geht gleich anschließend in den Garten!«

Bernd tat, als hätte er Hildegards unverschämte Äußerung nicht gehört, drückte aber die Hand seiner Frau. Diese hob den Blick und las in seinem Gesicht, dass beide das Gleiche zum soeben Gehörten empfanden.

Nach und nach kamen die Trauergäste bei den Angehörigen vorbei und drückten ihr Mitgefühl aus. Hildegard musterte jeden der Anwesenden auf das Genaueste. »Mein Gott! Die sehen hier ja alle so aus!«, zischelte sie abermals. »Also bei uns drüben wagt es niemand, so zu einer Beerdigung zu erscheinen! Man muss doch zeigen, dass man den Verstorbenen ehrt!«

»Es reicht, Hildegard!«, versuchte Bernd seine Schwester flüsternd zurechtzuweisen. »Die Leute gucken schon!«

Hildegard drehte sich auffällig nach links und rechts und dachte nicht daran, sich zurückzunehmen. Sie genoss es einfach, aufzufallen.

»Den Diamantring von Mutter will ich haben. Verstanden?! Deine Frau kann sowieso nichts damit anfangen«, fing sie abermals an zu stänkern. Bernd war über so viel Unverschämtheit sprachlos. Der letzte Trauergast drückte Hildegard, Bernd, Iris und den anderen Angehörigen seine Anteilnahme aus und Bernd atmete auf. Lange hätte er Hildegards Provokationen nicht mehr ertragen können. Aber gleich, gleich, wenn sie den Friedhof verlassen hatten, würde er ihr die Meinung sagen. Klar und deutlich! Er fing an, sich dafür Worte zurechtzulegen. Außerdem hielt er es für angebracht, entgegen dem Wunsch seiner Mutter, ihr vor der Totenfeier noch etwas Wichtiges über Klaus Schuster mitzuteilen.

Gerade wollte Bernd anfangen, als Hildegard meinte: »Wie ich sehe, seid ihr zu Fuß hier. Gleich um die Ecke steht mein Benz. Kommt, macht mir die Freude und steigt mit ein. So gewinnt ihr ein Viertelstündchen, ehe die Gäste kommen, und wir können uns noch ein wenig ungestört unterhalten. Wir haben uns doch so lange nicht gesehen.«

Hildegard lächelte und schien wie ausgewechselt. Damit löste Bernds Wut sich in Wohlgefallen auf und die zurechtgelegten Worte zerplatzten wie Seifenblasen.

»Komm, setz' dich neben mich!«

Sie machte Bernd die Tür der Limousine auf. »So hat deine Frau hinten genug Platz!«

Wortlos ließ Iris die Beleidigung bezüglich ihrer Figur über sich ergehen. Sicher, so eine tolle Figur wie Hildegard hatte sie nicht, aber als dick und hässlich bezeichnete sie sich nicht. Diese alte Jungfer hatte gut Reden: keinen Mann, keine Kinder und immer genug Geld! Iris atmete einmal tief durch. »Folgen Sie der rechts abbiegenden Hauptstraße«, meldete sich das Navigationsgerät. An der Einmündung, an die Hildegard recht forsch herangefahren war, trat sie so heftig auf die Bremse, dass Bernd und seine Frau in die Gurte gedrückt wurden. »Sonntagsfahrer!«, beschimpfte Hildegard den Führer des alten Wartburgs, der auf der tatsächlichen Hauptstraße an der Einmündung vorbeifuhr.

»Ich denk', ich bin hier auf der Hauptstraße! Wer hat da schon wieder die Ummeldung verpennt? Und gut einsehen kann man bei Euch im Osten die Kreuzungen auch nicht. Die Ruine hier links hätte ich sowieso schon längst wegreißen lassen!«

»Das Haus, das du als Ruine bezeichnest, ist denkmalgeschützt. Das darf man nicht so einfach wegreißen«, wagte Iris zu bemerken. »Papperlapapp! Was macht ihr eigentlich mit unserem Geld, wenn ihr nicht einmal DAS fertig bekommt«, meinte Hildegard gehässig. »Es ist eine Schande. UNSER Geld versickert hier im wilden Osten wie Wasser im Wüstensand!«

Iris ärgerte sich. Warum hatte sie nicht einfach ihren Mund halten können? In ihrer Wohnstube hatten Bernd und Iris schon vor der Beerdigung die Tafel gedeckt. Nach und nach kamen die Trauergäste. Auf dem Lieblingsplatz der Verstorbenen stand ein leeres Gedeck. Bernd entzündete die bereitstehende Kerze und hielt zu einem Augenblick des Gedenkens inne.

Während Iris und Bernd alle Hände voll zu tun hatten, die Trauergäste zu bewirten, erzählte Hildegard den Gästen hingebungsvoll, wie sehr sie ihre Mutter geliebt und ihr regelmäßig bis zur Wiedervereinigung prallvolle Pakete mit Rosinen, Orangen, Backpulver, gebrauchter Kleidung und allerhand anderen nützlichen Dingen zugesandt hatte.

»Mir hat es so leidgetan, dass unsere armen Brüder und Schwestern in der Zone so gar keine Freude hatten. Da musste man doch wenigstens die eigene Familie unterstützen.«

Hildegard machte ein mitleidiges Gesicht. Dann hob sie plötzlich ihren Kopf und fügte hinzu: »Außerdem konnte man die Pakete ja von der Steuer absetzen. Vierzig D-Mark je Paket! ... Warum sollte ich dem Staat etwas schenken?«

Hildegard war mit sich zufrieden. Jeder sollte sehen, wie clever sie war. Es klingelte an der Tür und kurze Zeit später betrat ein kleiner hagerer Mann den Raum.

»Tach auch«, begrüßte er die Anwesenden. Sein kariertes Sakko wollte ebenso wenig zu seiner hellblauen Hose passen wie das ungebügelte, bunte Hemd zur breiten Krawatte, deren Knoten wirklich nur ein Knoten war.

»Man, Klaus, hast du dich heute aber in Schale geschmissen!«, meinte einer der Gäste.

»Ja, das is'heute ja auch einen ernsten Anlass! Bernd hat mich gesacht, ich soll man heute rüberkommen. Und nen Lütten gäb's auch noch, hat Bernd gesacht! ... Ja, das hat der gesacht«, bekräftigte er seine Aussage nochmals.

»Was will der denn hier?«, entfuhr es Hildegard halblaut. »Der Lumpenball ist drei Häuser weiter!«

Statt eines Lachers kam ihr eisiges Schweigen entgegen. Klaus trat von einem Bein aufs andere.

»Wieso Lumpenball, ich denk, die Mutter von Bernd is' tot geblieben?«
Er drehte sich hilflos zu Bernd um, der gerade ins Zimmer gekommen
war. »Hört alle mal zu!«

Bernd räusperte sich und legte Klaus die Hände auf die Schulter.
»Klaus Schuster kennt ihr doch alle – na, bis auf Hildegard natürlich. Was
ihr aber noch nicht wisst: Klaus und ich haben den gleichen Vater, er ist
also mein Halbbruder und damit auch der von dir, Hildegard. Ich musste
Mutter versprechen, dass ich das erst heute bei der Totenfeier bekannt
gebe, was ich nun hiermit erfülle. Tut mir leid, Mutter hat es so gewollt.
Sie wird wohl ihre Gründe dafür gehabt haben. Klaus, und du weißt jetzt
auch, warum ich dich eingeladen habe. So, dann setz dich mal hier an den
Tisch.«

Er zog einen Stuhl zurück. »Auf diesen Schreck gibt es gleich einen
Lütten, Klaus«, und zu Hildegard, die mit einem Mal blass und still
geworden war, gewandt: »Brauchst du auch einen, Schwesterchen?«

»Nein!«, kam die prompte Antwort. »Hättest du mir das nicht schon
eher sagen können von diesem ... diesem Strolch?«, presste sie wütend
durch ihre Lippen.

Nun stand Klaus im Mittelpunkt des allgemeinen Interesses. Hildegard
aber dachte an die Auswirkungen bezüglich der Erbschaft. Dass sie nun
mit einem Mal einen Halbbruder hatte, fand sie überhaupt nicht lustig!
Ihre Gedanken überschlugen sich: Der Nachlass der Mutter musste nun
unter dreien aufgeteilt werden. Das warf ihre Planung durcheinander. Hof-
fentlich hatte ihr Vater nicht noch mehr Bälger laufen! Ein Fünftel des
gesamten Nachlasses würde diesem Dorftrottel Hans Schumacher, oder
wie der hieß, zustehen oder etwa doch nicht? Schließlich war er nicht
Mutters Sohn! Hildegard sah einen Hoffnungsschimmer. Vielleicht konnte
man es so hindrehen, dass er nicht erben würde. Das musste sie unbedingt
durch ihren Anwalt prüfen lassen. Zur Not musste man eben die Tatsachen
ein bisschen zurechtrücken. Mit jedem Gläschen Alkohol wurden die
Zungen der Trauergäste lockerer und längst drehten sich die Gespräche
nicht mehr nur um die Verstorbene. Immer mehr kam sich Hildegard nach
ihrer missglückten Bemerkung über Klaus in der Runde am Tisch über-
flüssig vor. Hier unten bei der Feier, da war sie sich sicher, würde sie nie-
mand vermissen. Sie nahm die Gelegenheit wahr, sich unbeobachtet einen

Überblick über die Hinterlassenschaft ihrer Mutter, die im Dachgeschoss eine kleine Wohnung besessen hatte, zu verschaffen. In einem günstigen Augenblick stand sie auf und ging schnell über die alte Holztreppe in die Wohnung. Als Erstes nahm sie sich das Schmuckkästchen aus dem Wohnzimmerschrank vor. Da war er, der Diamantring! Wie von selbst griffen ihre Finger zu. Sie konnte nicht umhin, ihn auf ihren Ringfinger zu stecken. Er passte, wie für sie gemacht. Aber hier im Raum war es für den Ring zu dunkel. Sie trat ans Fenster, spreizte die Finger, streckte ihre Hand aus und drehte sie hin und her. Verliebt betrachtete sie das Glitzern der Diamanten. War *das* ein Feuerwerk!

Ihr Blick fiel auf den alten weißen Stuhl am Sekretär und sie fragte sich, ob beide als Antiquität weggehen würden. Auf jeden Fall aber der reich verzierte, silberne Brieföffner mit dem Elfenbeingriff, den ihre Mutter bereits geerbt hatte. Wie viel mochte er wohl wert sein? Sicherheitshalber ließ sie ihn in die kleine schräg eingesetzte Tasche ihres Blasers gleiten, um ihn vorab insgeheim schätzen zu lassen.

Prüfend ließ Hildegard ihren Blick schweifen. Sie wusste, dass alte Leute ihr Geld oft in der Wohnung verstecken. Zwischen der Bettwäsche war nichts. Aber der alte braune Brummbär auf dem Bett schien Wache zu halten. Sie fasste unter die Matratze und zog einen dicken Briefumschlag mit vermutlich mehreren Tausend D-Mark hervor, steckte ihn aber gleich wieder zurück. Jetzt konnte sie ihn nirgends lassen. Vermutlich wusste Bernd noch nichts davon. Dann strich sie das Bett wieder glatt. Irgendwie musste sie es einrichten, die kommende Nacht hier oben zu verbringen. Iris bemerkte, dass die Kerze auf dem Platz ihrer Schwiegermutter schon fast niedergebrannt war. Sie blickte in die Runde und wandte sich dann ihrem Mann zu. »Bernd, sag mal, hast du Hildegard gesehen? Nicht, dass sie hier irgendetwas anstellt.«

»Ach, was soll sie hier schon anstellen«, beruhigte sie Bernd. »Du siehst immer Gespenster.«

Trotzdem stand Bernd auf, denn ganz sicher war er sich nicht. Die vorletzte Stufe der Treppe knarrte. Bernd, der in diesem Moment auf den Flur trat, ahnte nichts Gutes. »Hildegard, wo kommst du denn her?«

»Ach, ich hab mich nur mal umgesehen. Hier muss aber allerhand getan werden. Viel Wert hat Mutters Haus ja nicht mehr. Die Treppe knarrt und neue Fenster müssen auch rein. Das Haus nehme ich, zahl' dich aus und du suchst dir eine neue Wohnung.«

Hildegard hielt prüfend einen Augenblick inne. »Ich glaube nicht, dass du mich auszahlen kannst.«

Unbewusst machte sie eine Handbewegung, die die Diamanten funkeln ließen. »Halt, stopp! Wie kommst du zu Mutters Ring?«

»Sei nicht albern Bernd, das ist mein Ring.«

Sie lächelte und ging einen Schritt auf ihn zu. »So unaufmerksam seid nur ihr Männer.«

»Lüg mich nicht an! Ich kenne Mutters Ring genau!«

Er wurde immer lauter und packte sie am Handgelenk. Hildegard machte eine Faust. Auf gar keinen Fall wollte sie sich den Ring der Mutter vom Finger ziehen lassen.

»Hör auf, du tust mir weh«, schrie Hildegard und versuchte sich loszureißen. Aber Bernd hielt fest.

»Halt den Mund! Zuerst machst du heute Vormittag auf dem Friedhof unpassende Bemerkungen, dann beleidigst du Iris und nun fängst du noch an zu klauen! Glaubst du, du kannst dir alles erlauben? Mutter hat mich vor dir gewarnt. Du aber bist schlimmer als ich dachte!«

»Sensibilität ist etwas für Schwache«, bemerkte Hildegard herablassend, »und DU bist schwach und dazu noch einfältig! Kein Wunder, dass du es zu nichts bringst!«

Dann befahl sie: »Jetzt lass mich endlich los!«

Die Auseinandersetzung wurde immer lauter. »Von wegen schwach und einfältig! Lügen, Betrügen und Klauen hältst du offensichtlich für Tugenden! Du Miststück! Hast du auch nur einen Tag Mutter gepflegt?«

Hildegard versuchte immer heftiger, sich von Bernd loszureißen, und fing an, mit den Füßen zu stoßen. Aber sie hatte keine Chance gegen ihren Bruder. »Wozu denn? Ihr habt doch hier die ganze Zeit umsonst gewohnt!«

Die Tür ging einen Spalt auf und Klaus streckte neugierig seinen Kopf auf den Flur. »Was is' denn hier los? Soll ich dich helfen, Bernd?«

»Ja, komm her und halt Hildegard gut fest. Ich glaube, sie hat geklaut. Aber sei vorsichtig, sie stößt mit den Füßen! Ich muss mal nachsehen, wo die Schlüssel zu Mutters Wohnung sind.«

»Fass mich nicht an, du Dreckskerl!«, zischte Hildegard Klaus wütend an. »Kommt hier als Habenichts angeschissen und will mir die Erbschaft streitig machen. Aber darüber ist das letzte Wort noch nicht gesprochen, noch nicht! Von mir kriegst du die Kohlen für deinen Ofen jedenfalls nicht, du Penner!«

Klaus war hart im Nehmen, aber das war ihm zu viel. »Ich will Sie mal was sagen, Hildegard. Ich bin noch nie nich angeschissen irgendwo zu Besuch hingegangen. Ich hab mir immer vorher gewaschen und sauber angezogen. So hab ich mir Ihnen als Schwester aber nicht vorgestellt!«

Klaus zog sein Jackett aus und übernahm Hildegard, die in diesem Moment aufschrie. Als er nun Hildegard festhielt, glaubte sie, ein leichtes Spiel zu haben. Sie versuchte es mit Beißen und Stoßen, mit Rangeln und Spucken. Doch sie hatte sich in dem hageren Klaus getäuscht.

Plötzlich griff sie sich den Brieföffner und stach Klaus mit voller Wucht in den Bauch. Noch ehe Klaus wusste, was geschehen war, schwanden seine Kräfte und er sank blass zusammen. Die Haustür klappte.

»Hilfe!«, stöhne Klaus entkräftet. »Hilfe!«

Bernd stürzte auf den Flur und sah ihn liegen. Dunkelrotes Blut färbte sein Hemd an der Einstichstelle. Von Hildegard keine Spur. Vor dem Haus hörte er ein Fahrzeug starten. Er riss die Haustür auf und sah nur noch den Mercedes seiner Schwester fortfahren. Dann wählte er den Notruf.

***

Juni 2012

Der Schreibtisch des Richters

Werner Sonntag stellte seinen knatternden Framo-Pritschenwagen ab und hupte. Die Sonne an diesem goldenen Oktobernachmittag stand schon tief und blendete Harry, der sich als Erster aus der kleinen Fahrerkabine zwängte. Inzwischen waren auch Erich und Günter, Werners andere Gesellen, zum Fahrzeug gekommen. Durch die offene Werkstatttür war das langsame Auslaufen des hochtourigen Dicktenhobels zu hören. Werner war froh. Durch Zufall hatte er erfahren, dass die Witwe des Richters Degner den großen, mit maßvollem Schnitzwerk versehenen Schreibtisch ihres Mannes verkaufen wollte. Schon zu seiner Kindheit erzählte sein Vater immer wieder von dem Möbel und dass er beim allgemein für unbestechlich geltenden Amtsgerichtsrat stand. Werner war stolz auf seinen Vater, schien er doch für ihn so etwas wie ein Hoflieferant zu sein.

»Das ist das Meisterstück meines Vaters!«

Werner strich ehrfurchtsvoll mit der flachen Hand über den Schreibtisch aus dunkler Eiche. »Guckt ihn euch an. Alles Handarbeit! Maschinen durfte er damals bei diesem Meisterstück nach den Regeln der Innung nicht verwenden. Also kommt, vier Mann, vier Ecken, bringen wir das gute Stück in die Werkstatt.«

Werner betrachtete die Arbeit seines Vaters eingehender. Die Verzierungen und die präzisen, handwerklich gearbeiteten Zapfungen faszinierten Werner. Gewiss, ein Tischler musste ein gutes Auge und eine ruhige Hand haben, aber hier sah man selbst noch nach über dreißig Jahren die Arbeit eines wahrhaften Meisters. Behutsam betastete er Ober- und Unterseite der Schreibfläche, um das meisterliche Werk auf sich wirken zu lassen. Eine kleine, mit den Augen fast nicht auszumachende, Unebenheit erregte seine Aufmerksamkeit. Was war das?

Es dauerte einige Zeit, bis Werner den Grund hierfür gefunden hatte. Dabei schnitt er offenbar Grimassen, die seine Gesellen einlud, sich darüber lautstark zu amüsieren. Plötzlich öffnete sich ein Geheimfach. Werners Gesicht entspannte sich. Behutsam legte er das flache Kästchen, in dem einige Blätter vergilbtes Papier befanden, auf die Schreibfläche.

Werner blickte hoch. »Habt ihr nichts zu tun?«, fuhr er die um ihn versammelten Gesellen an, als er sie endlich wahrnahm.

»Man sieht es dir an, dass du es geschafft hast«, meinte Erich, sein Altgeselle. »Wenn Harry vom Herzhäuschen kommt, hat er auch immer genau diesen Gesichtsausdruck!«

Alle lachten, bis auf den ertappten Harry.

»Ha-ha-ha«, äffte Harry das Gelächter der anderen nach, »wenn ihr euch oben nichts hineinsteckt, kann unten natürlich auch nichts herauskommen. Wenns ans Schleppen geht, bin ich immer gut genug für euch. Von nichts kommt eben nichts, kann ich da nur sagen. Mutters Koteletts kommen euch schließlich allen zugute.«

Erich streckte die Hand nach den Notizen aus dem Geheimfach aus und wollte zugreifen. »Der Mööl kann ja wohl wech!«

»Finger weg!«

»Ist ja schon gut!«

Erich zog seine Hand zurück. »Ich mein' ja nur mal!« Schweißperlen zeigten sich auf seiner Stirn.

»Erich, Harry, Günter! An eure Arbeit«

Wenig später heulte die Hobelmaschine auf und es begann, nach muffigem Knochenleim zu riechen. Werner nahm sich die Papiere vor, die alle in einer stark geneigten ebenmäßigen Handschrift mit vielen Schnörkeln beschrieben waren. Die Zeilen waren schnurgerade. Für ein Unterlegeblatt war das Papier viel zu dick, oder lag es daran, dass das Papier inzwischen schon zu stark vergilbt war?

Werner wusste es nicht. Mit Mühe konnte er außer den vielen Zahlenreihen hin und wieder das Wort Schwein und den Namen Dethloff erkennen, jedenfalls glaubte er das. Teilweise war die Tinte verlaufen. Immer wieder fiel Werner Sonntag auf, dass fast alle Zahlen vier- oder sechsstellig waren und die sechsstelligen alle mit vier-sieben oder vier-sechs endeten. Einige Blätter klebten so stark zusammen, dass es Werner nicht gelang, sie zu trennen, ohne die Dokumente zu zerstören.

Hätte Werner Sonntag gewusst, welche Ereignisse er mit diesem Fund ins Rollen brachte, wäre er nicht so sorglos damit umgegangen. So aber nahmen die Ereignisse ihren Lauf.

Als Werner 1949 aus der Kriegsgefangenschaft zurückkam, war der Richter bereits verstorben. Beharrlich hielt sich jedoch im Ort das Gerücht, dass der Richter, der schon seit den Zwanzigerjahren als Amtsgerichtsrat im Ort seinen Dienst tat, im kalten Winter 1946/47 einem Mordanschlag zum Opfer gefallen war. Ein Mörder wurde jedoch nie dingfest gemacht. Hatte Werner überhaupt das Recht, sich mit diesen Notizen zu beschäftigen? Musste nicht die Witwe des Richters entscheiden, was damit geschehen sollte.

Doch Werners Neugier war groß, mehr über den Richter zu erfahren. Er rief seinen Altgesellen, der vom Alter her gut sein Vater sein konnte. Zu ihm hatte er das meiste Vertrauen.

»Erich, wahrscheinlich sind dies Notizen vom alten Richter Degner.« Werner zeigte auf die Papiere. »Ich hab mir gedacht, dass das wichtige Unterlagen für ihn waren. Sonst hätte er sie wohl nicht in das Geheimfach gelegt.«

Erich nahm die Notizen in die Hand, warf einen Blick darauf und schüttelte den Kopf. »Tut mir leid, Werner, damit kann ich nichts anfangen. Aber wenn es dir weiterhilft: Richter Degner war für seine Korrektheit bekannt. Wer ihn bestechen wollte, hatte schlechte Karten. Bauer Detloff, der kurz nach dem Krieg mal dafür angezeigt wurde, dass er schwarz ein Schwein aufgezogen und geschlachtet hatte, meinte sogar, dass er pinnenschietrig gewesen sei. Der soll seine Strafe damals gleich aus seinem Portemonnaie bezahlt und gelacht haben. Detloff war sowieso mit allen Wassern gewaschen. Ach so, die Beerdigung des Richters war am sechundzwanzigsten Februar siebenundvierzig. Das weiß ich deshalb so genau, weil meine Schwester an diesem Tag fünfzig wurde.«

»Ist schon gut, Erich, war ja man bloß 'ne Frage. Vielleicht kann sich ja Witwe Degner darauf einen Reim machen.«

Erich, der die Notizen noch immer in der Hand hielt, drehte sich um und ging.

»Erich, die Notizen!«, rief Werner.

»Ich war ganz in Gedanken, Werner.«

Er kam zurück und legte das Papier auf den Tisch.

»Sag mal, Erich, du hast doch damit nichts zu tun?«

»Ach wo! War wirklich nur in Gedanken.«

Er klopfte seine Taschen ab. »Ich weiß nämlich nicht, wo mein Schlüsselbund geblieben ist.«

Werner zeigte sich skeptisch. »Na, na!«

»Da liegt er doch!« Günter zeigte auf die Hobelbank.

Erich zuckte mit seinen Schultern und schüttelte den Kopf. Wenig später sah Werner auf seine silberne Taschenuhr und rief: »Feierabend für heute!«

»Ja, bis morgen«, tönte es von den Gesellen durcheinander. Noch den ganzen Abend musste Werner an die Notizen des Richters denken. Um sich abzulenken, nahm er sich den neuen Krimi aus der Leihbibliothek vor. Doch immer wieder schweiften seine Gedanken zu den eigenartigen Notizen ab.

Unser Unterbewusstsein geht oft seltsame Wege. Es ist gar nicht so selten, dass zwei Menschen, die sonst kaum etwas miteinander zu tun haben, plötzlich zur gleichen Zeit daran denken, den jeweils anderen sehen zu müssen.

An diesem Nachmittag war Werner gerade im Begriff, Frau Degner aufzusuchen, als genau diese an die Werkstatttür klopfte.

»Ach, schön'n gauden Abend Heer Sünndach. Ick hew hier wat fun'n.«

Sie kramte in ihrer schwarzen Handtasche aus Lackleder und hielt Werner Sonntag schließlich ein kleines gedrechseltes Verzierungselement entgegen. »Ick glöw, dat hührt ok noch tau'n Schriewdisch. Wier doch schaa, wenn dat fählen deit. Se kriegn dat bestümmt werrer ran!«

Sie machte eine kleine Pause und übersetzte dann: »Ich glaube, das gehört ...«

Werner unterbrach. »Lassen Sie man, Frau Degner. Sie können ruhig Platt schnacken. Ich verstehe alles. Nur mit dem Sprechen hapert es bei mir. Übrigens, das Teil fehlt hier wirklich. Vielen Dank!«

»Nu lottens man - Nun lassen Sie man, Herr Sonntag, Sie brauchen einer älteren Frau keine Komplimente mehr zu machen. Bändeln Sie man lieber mit einer Jüngeren an.«

Dabei tippte sie mit einer Hand an seinen Oberarm und juchzte. »Glöbens mie: Oll und Jung tun dabei nicht zusammenpassen, wenn Leben in das Zimmer kommen soll!«

»Ich wollte mich nur für das Teil bedanken, Frau Degner. Es war sehr nett, dass Sie die Rosette vorbeigebracht haben. Damit haben Sie mir einen Weg erspart. Ich habe in dem wirklich schönen Möbel ein Geheimfach mit einigen Notizen gefunden.«

Er nahm die Papiere und hielt sie ihr hin. »Von Ihrem Mann, nehme ich an.«

Sie warf einen kurzen Blick darauf. »Seine Handschrift ist es jedenfalls. Mein Mann hat dort nie nich etwas persönliches aufbewahrt. Na, vielleicht bis auf seine Geschenke zu allerlei Gelegenheiten für mich. Ja, leif hätt hei mie hatt, aber auf seine Weise.«

Dabei fingen ihre Augen an zu strahlen. »Werfen Sie es meinetwegen weg. Ich lege keinen Wert darauf.«

»Hab ich doch gleich gesagt, schmeiß den Mööl wech!«, mischte sich Erich aus der anderen Ecke der Werkstatt ein. »Im Ofen ist noch Feuer!« Er lachte.

Werner Sonntag wurde neugierig. Vielleicht wussten ja die Alten der Stadt, was sich an jenem Winterabend im Jahre 1947 ereignet hatte. Dieses unbändige Interesse von Werner Sonntag musste Frau Degner wohl bemerkt haben.

»Sehen Sie Herr Sonntag, als wir 1937 heirat hebben, wier hei dreiundfünfzig und ich gerade mal zweiundzwanzig. Viel zu spät begriff ich, dass es für ihn nur eine Versorgungsheirat war. Gut, wir hatten immer genug Geld, aber als junge Frau wünscht man sich doch einiges mehr. Tanzen gehen zum Beispiel. Er aber hatte damals schon sein Hüftleiden und mit Gehstock tanzt es sich nicht so gut. Tanzen sind wir deshalb niemals gegangen. Aber durch sein Leiden wurde er auch nie in den Krieg geschickt. Das wog manche Unannehmlichkeit wieder auf. Arbeiten gehen durfte ich auch nicht. Das würde seinem Ruf schaden, meinte er immer. Diesen Schreibtisch hier«, sie legte ihre Hand darauf, »habe ich bis zu seinem tragischen Tod nie von innen zu sehen bekommen. Ja, es war mir sogar verboten, Türen und Schubladen zu öffnen. Daran habe ich mich gehalten, sogar noch Jahre nach seinem qualvollen Ableben. – Fragen Sie mich nicht warum.«

Werner nickte nur verständnisvoll, ohne die volle Tragweite des kurzen Gesprächs und seiner Begleitumstände in diesem Moment vollends zu begreifen. Wie aus heiterem Himmel wurde die Witwe unruhig und drängte zum Ausgang. »Oh, Herr Sonntag, ich muss noch einkaufen gehen. Na denn, tschüss!«

Mit diesen Worten war sie auch schon aus der Tür.

Erst im Moment des Abschiedes von der Witwe fiel Werner auf, dass Günter ganz in ihrer Nähe gestanden hatte und es nun ganz eilig hatte, zu seiner Arbeit zurückzukehren. Werner war sich nicht sicher, ob er gelauscht hatte.

Werner rief ihn zu sich heran. Dass Günter nun das Blut in die Ohren schoss, war für ihn das beste Zeichen, dass seine Annahme richtig war.

»Sag mal, Günter, hast du den Richter gekannt?«

»Den, den Richter Degner?«, fragte er verstört und stotternd nach. Er schaute sich um. »Nee, den Richter hab ich nicht gekannt. Der Leim ist jetzt heiß. Ich muss jetzt leimen!« Er ging weg, ohne den Leim mitzunehmen.

Werner rief ihm nach: »Günter, der Leim!«

Er schüttelte den Kopf. »Günter, Günter, Günter!«

In den folgenden Tagen brachte er das Gespräch mit seinen Bekannten und Kunden immer wieder auf den toten Richter Degner. Von den Alten wusste kaum jemand mehr über den Tod des Richters, als ihm bekannt war. Nur die Art des Todes variierte von Erzähler zu Erzähler. Während die Einen meinten, dass ihm jemand aufgelauert und mit einer Eisenstange über den Schädel geschlagen hätte, meinten andere, dass er gestürzt sei und sich dabei an dem eisernen Handlauf der Treppe schwer verletzt hatte. Schließlich sei er gehbehindert gewesen und auf seinen Gehstock angewiesen. Wieder andere meinten, dass die vereisten Stufen ihn zum Ausrutschen brachten und er sich anschließend daran den Kopf aufschlug. Einer der Kröpeliner schilderte sogar sehr plastisch, wie ihm jemand seinen Gehstock mit dem reich verzierten, silbernen Griff entrissen und ihn damit verprügelt hatte, bis er blutete. Dann soll er die Aktentasche des Richters mitgenommen haben. Bei näherem Nachfragen von Werner hatte aber auch er das nicht gesehen, sondern es hätte ihm jemand, an den er sich nach so vielen Jahren nicht mehr erinnern könne, so erzählt. Werner war sich sicher, dass bei so viel Getratsche in der Stadt jeder seine eigene Wahrheit schuf. Was sich tatsächlich abgespielt hatte, ließ sich so kaum noch ergründen. Er musste unbedingt noch einmal mit der Witwe sprechen.

Im Nachhinein betrachtet war das neuerliche Gespräch mit der Witwe Degner nur darüber aufschlussreich, was nach dem Überfall geschah: Weil sie sich verspätet hatte, wollte sie von der Haustür aus nachsehen, ob er schon käme. Dort fand sie ihn blutüberströmt, ohne Bewusstsein und halb erfroren auf den eisigen Eingangsstufen. Mithilfe von Nachbarn hatte sie ihn in die Wohnung geholt und ins Bett gelegt. Der herbeigeholte Arzt konnte ihm nicht viel helfen. Er kam zwar wieder zu Bewusstsein, konnte sich aber an das, was geschehen war, nicht erinnern. Sein Zustand verschlechterte sich zusehends. Er bekam starkes

Fieber und verstarb fünf Tage später. Über die Ursachen seiner Verletzungen wusste sie offenbar nichts.

Werner Sonntag trat auf der Stelle. Mit Sicherheit konnte er nicht sagen, ob der Tod des Richters ein Unfall oder ein Mord war. War er vor dem Gespräch mit der Witwe noch davon ausgegangen, dass es Mord gewesen war, konnte es nach ihren Schilderungen auch ebenso gut ein tragischer Unfall gewesen sein. Sein Interesse erlosch.

Das, was er jedoch eines dunklen regnerischen Novembermorgens auf dem Weg zu seiner Werkstatt feststellen musste, veränderte Werner Sonntags Sicht auf den Tod des Richters Degner gründlich und trieb ihm gleichzeitig das Wasser in die Augen. Noch bevor er die Werkstatttür erreichte, trat er auf Glasscherben. Er blickte hoch. In einem der Werkstattfenster prangte ein Loch, groß genug, dass ein erwachsener Mann hindurchklettern konnte. In der Werkstatt angekommen, erwartete ihn die nächste unangenehme Überraschung. Mit roher Gewalt hatte jemand das Geheimfach aus dem Meisterstück seines Vaters herausgebrochen und lag in der darunter befindlichen halb geöffneten Schublade. Werner war fassungslos über die Hemmungslosigkeit der Vorgehensweise. Die zerbrochene Fensterscheibe war ärgerlich, sehr ärgerlich sogar, die Schäden an dem ehemaligen Schreibtisch des Richters aber kaum zu reparieren. Wie konnte man nur so barbarisch sein! Ein Glück, dass sein Vater das nicht mehr erleben musste. Er drückte Daumen und Zeigefinger auf die Augen, um seine Tränen zu unterdrücken.

Noch mit tränenverschleiertem Blick entdeckte er auf dem Brett mit den Aufträgen eine mit dickem Zimmermannsstift geschriebene Aufschrift: »Hör auf, in der Vergangenheit zu stochern!«, und daneben ein gezeichneter Galgen.

Die Botschaft war eindeutig. Ihn packte die Angst. Wer war es, der ihn derart bedrohte? Irgendetwas Bedeutsames musste er herausgefunden haben. Er hatte in den vergangenen Wochen mit ziemlich vielen Leuten über den Schreibtisch und den Richter gesprochen. Alle diese Leute erschienen ihm nun verdächtig.

Werner Sonntag atmete tief durch. Was war schon passiert? Ein Fenster war zu Bruch gegangen und jemand hatte das Brett mit den Aufträgen beschmiert. Das einzig wirklich tragische war die sinnlose Beschädigung des Schreibtisches. Gerade dieses soeben Erlebte stachelte seinen Ehrgeiz an. Er würde herausbekommen, wer ihm das alles angetan hatte. Aus den unzähligen Kriminalgeschichten, die er gelesen hatte, wusste er, worauf er zu achten hatte. Wenn der Autor keine fiesen Tricks benutzte, lag er mit seiner Vermutung fast immer richtig. Das Wichtigste aber war es jetzt, einen kühlen Kopf zu behalten. Gerade weil er selbst betroffen war, musste er seinen Ärger ganz weit nach hinten drängen.

Werner sah auf seine Taschenuhr. In gut zehn Minuten würden seine Gesellen zur Arbeit kommen. Kaum noch Zeit genug, um sich die Einzelheiten des Einbruchs genau anzusehen. Sein erstes Interesse galt der Werkstatttür und den anderen Fenstern. Alles andere hatte nicht so eine Eile, weil sie viel schwieriger zu verändern waren. Sicherheitshalber ersetzte er das Auftragsbrett mit den spitzen Nägeln durch ein neues und stellte das alte sicher. Vielleicht ergab eine Schriftprobe einen Hinweis.

Leise vor sich hinschimpfend kam Erich, seinen Regenhut tief in das Gesicht gezogen, in die Werkstatt. Nicht einmal einen Gruß hatte er für Werner übrig. Angewidert zog er seine Regenkleidung aus und hängte sie an einen Nagel, der behelfsmäßig als Kleiderhaken diente. Er machte sich sofort daran, den Werkstattofen anzuheizen. Erst dann blickte er hoch und schleuderte Werner ein kurzes »Morgen!« zu, ohne auf die zerbrochene Fensterscheibe einzugehen.

Der Regen verstärkte sich, und der Wind blies durch das Loch im Fenster einen feuchten Luftschwall. Werner sah eine große kräftige Gestalt auf die Werkstatt zukommen. Werner durchfuhr ein Schreck. Wenig später öffnete Harry die Tür.

»Guten Morgen Werner!« Gleich erfassten seine Augen das glaslose Fenster. »Ehrlich, Werner, zum gründlichen Lüften ist nun wirklich kein Wetter! Was ist denn passiert?«

Werner schwieg. Stattdessen beobachtete er ausgiebig das Gehabe seiner Leute.

»Keine Antwort ist auch eine Antwort«, brummelte Harry so laut, dass Werner es verstehen musste. Er ging geradewegs auf seinen Werkzeugschrank zu. Noch mit Regenzeug öffnete er ihn. »He, Werner, meine Beitel sind geklaut! Meine guten Solinger Beitel!«

»Von wegen Solinger!«, fuhr Erich dazwischen. »Ostbeitel waren das!«

»Hör zu Erich, ich muss das ja wohl wissen. Die hat mir mein Onkel aus Essen geschickt. Er hat sogar geschrieben, dass das welche aus Solingen sind.«

Erich gab Harry kontra. »Schon möglich, dass dein Onkel die in Solingen gekauft hat! Aber ich hab es selbst gelesen: Trusethal ist eingraviert. Punktum! Das waren keine Beitel, sondern Ostbeitel.« Harry griff Erich wütend unterhalb des Halses in die Knopfleiste des Arbeitsanzuges. »Woher willst du das überhaupt wissen, du halbe Portion? Gehst du etwa an mein Werkzeug?«

Harry zog Erich an sich heran. Solch geballter Kraft konnte Erich nichts entgegensetzen.

»Hört auf!« Werner ging zu den beiden Streithähnen. »Hört sofort auf!«

Harry ließ sich von Werners Worten nicht beeindrucken. Es hätte nicht viel gefehlt, dass der wütende Harry auch Werner am Schlafittchen hatte.

In diesem Moment klappte die Tür. Ein Regenschirm wurde ausgeschüttelt. Günters Frau band sich ihr Kopftuch ab. Harry ließ von Erich ab, strich sich die nassen Haare aus dem Gesicht und setzte ein Lächeln auf. Als Günters Frau kurz zu ihm herüberschaute, klopfte er Erich freundschaftlich auf die Schulter.

»Ein Wetter ist das heute!«, begann Günters Frau, als Werner auf sie zukam. »Herr Sonntag, ich möchte Günter entschuldigen. Er hat sich gestern Abend verletzt. Er wird wohl ein paar Tage ausfallen.«

»Danke für die Information. Aber es hätte doch gereicht, wenn Günter nachher den Krankenschein vorbeigebracht hätte.«

»Das hab ich Günter ja auch gesagt, aber er bestand darauf! Also, was sollte ich machen?«

Kaum waren die Tischler wieder unter sich, da erhob schon wieder Harry seine Stimme:

»Da haben wir's! Also für mich ist alles klar: Meine Solinger Beitel sind weg, die Fensterscheibe ist kaputt, und Günter hat sich an der Hand verletzt. Kombiniere: Günter ist hier eingebrochen!«

»Nur, um deine Ostbeitel zu klauen?«, machte sich Erich über die Kombinationsgabe von Harry lustig.

»Erich, du hast recht! Das ist ein ziemlich schwaches Motiv, Harry. Ein bisschen mehr muss da schon sein, als deine dummen Beitel zu klauen. – Schaut euch das an!«

Er zeigte auf das herausgebrochene Geheimfach.

Da nun klar war, dass Günter nicht mehr kommen würde, beschloss Werner, seine beiden Gesellen zu verschiedenen Kunden zu schicken. Das warf zwar seinen Plan etwas durcheinander, aber er durfte auf keinen Fall riskieren, dass die hinterlassenen Spuren in der Werkstatt noch mehr verwischt würden und dass die beiden sich austauschten, oder gar in die Haare kriegen würden. Er selber würde zum Glaser fahren, um die Scheibe reparieren zu lassen. Bevor er jedoch seinen Framo startete, maß er die Glasscheibe aus und verschloss anschließend das Fenster provisorisch mit Brettern.

Nach dem Glaser führte Werners Weg zur Dienststelle der Volkspolizei, die sich im Rathaus befand. Es waren die gleichen Räumlichkeiten, die damals auch Richter Degner benutzte. Vielleicht war das der Grund dafür, dass die Eingangstür des Seiteneinganges weitaus pompöser gestaltet war, als der Haupteingang. Da niemand auf dem Flur wartete, konnte er gleich sein Anliegen an einer Art Schalter vorbringen. Wenig später wurde er durch seinen ehemaligen Schulkameraden Peter Schultz, der jetzt Hauptwachtmeister war, hereingerufen. Werner Sonntag erzählte ihm, was er am Morgen entdeckt hatte. Werner wusste, dass auch Kleinigkeiten oft einen wichtigen Bezug zur Tat hatten, und stellte anschließend die These auf, dass möglicherweise einer seiner Gesellen den Einbruch vorgetäuscht hatte. Das ging Hauptwachtmeister Schultz nun doch etwas zu weit.

»Werner, Ermittlungen sind Sache der Volkspolizei. Lass' die Finger davon.«

Er griff zum Telefon und forderte einen Kriminalbeamten von der Kreisdienststelle an.

»Momentan ist keiner der Genossen greifbar.«

Er machte eine kleine Konzentrationspause. »Wir wissen es natürlich zu schätzen, wenn uns detailreiche Informationen zur Verfügung gestellt werden, aber die Ermittlungsarbeit ist auch nicht ganz ungefährlich, gerade in deinem Falle, Werner. Die Aufschrift auf dem Brett solltest du wirklich ernst nehmen.«

Hauptwachtmeister Schultz legte ein Formular auf den Tisch und fing an, den Kopf des Formulars auszufüllen. Er blickte auf. »Hast du einen Verdacht, warum man bei dir eingebrochen hat?«

Werner Sonntag berichtete dem Hauptwachtmeister von dem Schreibtisch, dem Geheimfach, den Notizen des Richters Degner und seine Vermutungen über seinen ungeklärten Tod. Der Hauptwachtmeister machte sich fleißig Notizen.

»Wenn du mich fragst, Peter, ist das der einzige Grund dafür, dass alles so geschehen ist, wie ich es dir erzählt habe. Einen anderen Grund kann ich mir einfach nicht vorstellen.«

Werner Sonntag hatte eine Vorladung in die Volkspolizei-Dienststelle bekommen. Als Werner dort ankam, stellte er fest, dass auch seine drei Gesellen und sogar die Witwe Degner geladen waren.

Krachend fiel hinter ihm die Tür ins Schloss.

Erich beschwerte sich immer wieder über die Sinnlosigkeit der Vorladung, und dass dabei sowieso nichts herauskommen würde. Vergeblich suchte er dabei für seine Ansicht Verbündete. Harry wollte lieber gar nicht reden und einfach nur warten. Günter saß stumm auf seinem Stuhl und traute sich offenbar nicht einmal hochzusehen, beinahe wie ein perfektes schlechtes Gewissen. Die ganz in Schwarz gekleidete Witwe Degner war sichtlich nervös. Immer hatte sie etwas an sich oder ihrer Handtasche zu fummeln.

Werner konnte nicht sagen, wie oft sie seit seiner Anwesenheit, ihr blütenweißes, kunstvoll behäkeltes Taschentuch aus der Tasche geholt, die Nase oder die Augen gewischt und wieder verstaut hatte. Jedes Mal begleitet von einem Klicken des Schnappverschlusses.

Auch Werner war aufgeregt. Immer wieder wurde er durch dieses Klicken des Schnappverschlusses aus seinen Gedanken gerissen. Hatte er recht mit seiner Vermutung? Dieser Montagvormittag würde es zeigen – hoffte er. Er musterte den Raum. Sofort überkam ihn ein ungutes Gefühl. In dieses Zimmer kam man zwar ungehindert hinein, aber nicht wieder hinaus. An der einzigen Tür nach draußen fehlte der Türdrücker. Nicht einmal einen Knauf gab es.

Dann hatte für ihn das Warten ein Ende. Er wurde zur Einzelbefragung gerufen. Neben Hauptwachtmeister Schultz war auch Petersen, ein Kriminalleutnant der Volkspolizei, im Raum, der so um die Vierzig sein mochte.

Alles kam zur Sprache, was er bereits Hauptwachtmeister Schultz erzählt hatte. Lediglich für seine Nachforschungen zum Tod des Richters Degner interessierte er sich mehr als der Hauptwachtmeister. Interessanterweise machte sich der Kriminalleutnant keinerlei Notizen und konnte sich trotzdem an Einzelheiten erinnern und zielgerichtet nachfragen. Nach einer Schriftprobe wurde Werner in einen vergitterten Raum gebracht. Einer nach dem anderen kam nach kleineren oder größeren Zeiträumen zu ihm in das Zimmer. Zuerst die Witwe Degner mit verweinten Augen zu ihm.

Außer Werner schien niemand erleichtert zu sein. Die Zeit verging hier einfach nicht. Gesprochen wurde nicht.

Die Tür ging auf. Die Blicke richteten sich erwartungsvoll auf den gerade eingetreten Kriminalleutnant Petersen.

»Ich will es nicht verheimlichen. Aufgrund der vorhergehenden Einzelbefragung haben wir einen Verdacht, den ich Ihnen jetzt natürlich noch nicht nennen werde. In der folgenden Konferenzbefragung können auch Sie Argumente und Gegenargumente vortragen.«

Während Kriminalleutnant Petersen noch weitere Verfahrensfragen erläuterte, beugte sich Harry zu Werner: »Meister, sag mal, was ist das, Konzerrenz?«

»Konferenz, Harry! Konferenz ist wie eine Gesprächsrunde am Tisch. Da darf jeder seine Meinung zum Thema sagen!«

Harry nickte, aber in den Augen sah Werner, dass er eigentlich gar nichts begriffen hatte.

»Haben Sie alles verstanden?«, wollte Petersen wissen und blickte in die Runde. Niemand meldete sich.

»Ich sehe, dass das der Fall ist. Also beginnen wir!«

Alle Augen ruhten gespannt auf den Kriminalleutnant.

»Fangen wir damit an, wer überhaupt die Möglichkeit hatte, den Einbruch zu begehen oder besser vorzutäuschen. Denn dass der Einbruch tatsächlich vorgetäuscht wurde, beweist unter anderem, dass es keine Fußspuren in dem Blumenbeet vor dem eingeschlagenen Fenster gegeben hat. So einen großen Schritt kann niemand machen. Zum Anderen lagen die allermeisten Glasscherben vor dem Gebäude, also nicht in der Werkstatt! Das bedeutet, dass die Scheibe von innen eingeschlagen wurde. Eine gewaltsame Beschädigung des Schlosses oder der Tür konnten wir nicht feststellen. Alle weiteren Fenster und Eingänge waren nach Aussage von Herrn Sonntag ordnungsgemäß verschlossen. Das lässt die Vermutung aufkommen, dass der Täter einen Schlüssel, einen Sicherheitsschlüssel benutzt hat. Das schränkt die Anzahl der möglichen Täter zunächst einmal stark ein, wenn man ausschließt, dass es jemanden gelang, einen Nachschlüssel anfertigen zu lassen.«

Günter meldete sich. »Wie oft musste ich dir deinen Schlüssel in letzter Zeit hinterhertragen, Erich? Da hätten viele die Gelegenheit gehabt, einen Abdruck zu machen. – Praktisch wir alle und auch Kunden!«

»Spinn doch nicht rum, Günter! Du hast ihn mir aus meinen Sachen genommen. Es ist schon eigenartig, dass immer nur du meinen Schlüssel gefunden hast. Von wegen gefunden!« Erich lachte verächtlich.

»Genau, Erich! Ich hab es doch von Anfang an gesagt«, mischte sich Harry ein, »Am Tag des Einbruchs hat Günter eine aufgeschnittene Hand und lässt sich krankschreiben. Na, wenn das kein Zufall ist!«

Günter traten Zornesfalten ins Gesicht. »Ich hab mich nicht an der Hand, sondern am Bein verletzt, du Blödmann!« Er hob beide Arme hoch und drehte sie, ohne dass irgendwelche Spuren einer Verletzung sichtbar wurden.

»Ist doch ganz egal, wo du dich verletzt hast. Jedenfalls bist du durch die Scheibe geklettert«, konterte Harry.

»Harry!«, versuchte Werner, auf ihn einzureden. »Soviel ich weiß, wurden weder in der Werkstatt noch draußen, noch am Fenster Blutspuren gefunden.«

Petersen nickte. »Ich hatte doch schon gesagt, dass niemand durchs Fenster eingestiegen ist. Außerdem haben wir es hier mit zwei miteinander verbundenen Straftaten zu tun: Einem vorgetäuschten Einbruch mit Sachbeschädigung und einem Tötungsdelikt.«

»Was für ein Mord denn?«, fragte Erich in den Raum hinein. »Ich sehe uns alle hier sehr lebendig!«

»Von Mord hat hier niemand etwas gesagt«, unterbrach ihn Petersen.

»Ihr bei der Polizei habt immer solche eigenartigen Ausdrücke! Und da denke ich eben an Mord. Basta! Zur Sachbeschädigung kann ich nur sagen, dass ich wusste, wie das Geheimfach geöffnet wird. Aber die andern beiden nicht.« Er zeigte auf Harry und Günter. »Günter war immer zu weit weg und Harry, – Harry hat zu viel Kraft. Ich brauchte also nicht den Kuhfuß und den Hammer ansetzen.«

Oberwachtmeister Schultz kam in den Raum, trat an Petersen heran und flüsterte ihm etwas ins Ohr.

»Das habe ich mir gedacht« Petersen klopfte dem Hauptwachtmeister anerkennend auf die Schultern.

»Wir wissen jetzt, wer den Einbruch vorgetäuscht hat. Die durchgeführten Hausdurchsuchungen ergaben, dass bei Ihrem Kollegen Günter die Stechbeitel gefunden wurden.«

»Hab' ich doch gesagt!«, platzte Harry heraus. »Günter war's!«

Günter sprang auf. »Ich habe nicht eingebrochen, so glaubt mir doch!«

»Und ich habe schon geglaubt, ich soll die Suppe mit den Beiteln für euch auslöffeln! Ihr seit mir ja feine Kollegen!«

Hochrot fuchtelte Erich mit seinen Armen durch die Gegend und zeigt immer wieder auf Günter. »Ich war es wirklich nicht! Klar, die Beitel sind bei mir zuhause gefunden worden. Aber ich wollte mir den Satz doch nur mal wegen des Hohleisens ausleihen.«

»Ausleihen nennst du das«, eiferte sich Harry. »Dass ich nicht lache! Bei mir zuhause nennt man das klauen!«

Günter schlug sich laut auf seine Oberschenkel. »Na klar, es war nicht richtig, aber dann kamen der Einbruch und die Verletzung dazwischen und da dachte ich, dass ich dadurch privat zu ein paar guten Solinger Eisen kommen könnte. Aber mit dem Einbruch habe ich nichts zu tun!«

Petersen setzte eine dienstliche Miene auf. »Beruhigen Sie sich bitte. Das wissen wir! Machen wir die Sache nicht unnötig kompliziert. Natürlich müssen Sie die Beitel zurückgeben. Und eine Entschuldigung ist wohl auch fällig. Das ist wohl das Mindeste.«

Petersen wandte sich an den Hauptwachtmeister. »Zeigen Sie Frau Degner mal die Aktentasche.«

Frau Degner betrachtete die staubige Aktentasche von allen Seiten. Dann entdeckte sie das kleine Namensschild im Innern. Sie wurde bleich und schwankte. Günter, der neben ihr saß, hielt sie beschützend fest. »Das ist die Tasche meines verstorbenen Mannes«, bestätigte sie mit gebrochener Stimme. »Wäre Günter damals nicht gewesen«, sie berührte ihn dankbar an der Wange, »hätte ich mir damals das Leben genommen. Damals war ich jung und ich holte mir von Günter, was mir mein Mann nicht bieten konnte. Auch am Abend seines Todes bin ich bei ihm gewesen und habe mich verspätet. Vielleicht ist das Gottes Strafe für mich, weil ich ein Verhältnis mit Günter hatte. Die ganze Zeit habe ich diese Last mit mir umhergetragen.«

Obwohl sie sich zu beherrschen wusste, rollten ihr die Tränen auf die Wangen. Erich sprang auf. Mit hasserfüllten Augen sah er Werner an.

»Du Hundesohn! Das wird dir noch leidtun! War dir der Galgen am Auftragsbrett denn nicht Warnung genug? Musstest du unbedingt zur Polente gehen? Ich wollte Richter Degner doch nur zur Rede stellen. Aber er hatte kein Einsehen! Wegen eines einzigen schwarz aufgezogenen Schweines wollte er uns alles versauen. Hätte ich damals nicht mit seinem Krückstock zugeschlagen, hätten die Gäste zum fünfzigsten Geburtstag meiner Schwester hungern müssen. Aber der mit seinen dämlichen Gesetzen.«

Alle Augen ruhten auf Erich. »Hätte ich diese verdammten Notizen doch gleich verbrannt!«

Als Erich geendet hatte, hätte man eine Stecknadel zu Boden fallen hören können.

»Dankeschön. Sie haben sich soeben selbst überführt«, brach der Kriminalleutnant die Stille und schaute Erich an. »Die Notizen im Geheimfach waren unwichtig für den konkreten Fall. Sie taugten nur als Katalysator, ohne selbst darin aufzugehen. Ein weiteres Indiz für ihren Einbruch ist die Schriftprobe, die wir mit der Drohung auf dem Auftragsbrett verglichen haben. Im Gegensatz zu den Proben Ihrer Kollegen stimmen mit sie neunzig prozentiger Sicherheit überein. Entgegen der allgemeinen Meinung kann man seine Handschrift weit weniger verstellen, als man glaubt.«

Erich stürmte zur Tür. Verschlossen! Er rüttelte daran. Hauptwachtmeister Schultz ergriff den dann wild um sich schlagenden Erich und legte ihm Handschellen an.

***

Die Versuchsreihe

Doktor Henne war wieder tief in der Nacht mit dem Fahrrad auf dem Weg nach Ilsenhagen, dem Ort der 23. Versuchsreihe. Nur im Schutz der Dunkelheit konnte er seine 24-Stunden-Experimente vorbereiten und durchführen. Penibel hatte er in den letzten acht Wochen täglich den Zählerstand sämtlicher Elektrozähler des 62-Einwohner-Dorfes dokumentiert, dazu die Innen- und Außentemperaturen, Windstärke und Sonnenscheindauer.

In dieser Nacht ging es darum, sämtliche unnötigen Verbraucher von Energie abzuschalten und die Daten zu erfassen. Winzige Infrarot-Kameras beobachteten die Zählerstände und übertrugen alle 10 Minuten ihre Daten über das ohnehin vorhandene Telefonnetz in seine Wohnung in der Stadt, wo alles automatisch erfasst wurde. Aber das Abschalten der ausgewählten Verbraucher konnte er nur vor Ort vornehmen. Sein Ziel war es, ein Maximum von Energie zu sparen, ohne die Zivilisation völlig lahmzulegen. So beließ er zum Beispiel in jedem Haus die energetisch günstigste Heizungsart und so weiter. Während der Abwesenheit der Bewohner hatte er kleine Zwischensockel in die Lampen eingebaut, die mithilfe eines kleinen Senders die Stromzufuhr verringern oder drosseln konnten. Die Steuerung der vorhandenen Computer hatte schon vor einigen Tagen vorbereitet und würde sich in dieser Nacht um 3:00 Uhr von selbst aktivieren, beziehungsweise wenn sie wieder eingeschaltet wurden.

Die größte Unsicherheit für Doktor Henne bei der Durchführung der aktuellen Versuchsreihe waren die betroffenen Einwohner und die Beschäftigten der landwirtschaftlichen Betriebe. Außer einer kleinen Töpferei, die einem Kunst-Keramiker als Werkstatt diente, gab es nur landwirtschaftliche. Aus früheren Arbeiten wusste Doktor Henne, dass er mit einer Unterstützung oder wenigstens Akzeptanz nicht rechnen konnte. Er hatte sich deshalb entschlossen, die Dorfbewohner und vor allem den Kunst-Keramiker nicht zu informieren. Gerade dieser Künstler war besonders schwierig. Er wusste nie, wann er in seiner Werkstatt arbeitete und wann nicht.

Alles im Dorf und in der Werkstatt war ruhig. Doktor Henne sah auf die Uhr. 2:51 Uhr. Der Countdown zum Beginn des Experiments lief bereits. Er nahm seine Nachschlüssel, die er sich im Laufe der vergangenen Wochen beschafft hatte, und schloss die Werkstatt auf. Im Gebäude war es sehr warm. »Energieverschwender«, ging es ihm durch den Kopf und ging die paar Schritte bis zum Zählerkasten. Er notierte die Zeit und den Zählerstand. 2:59 Uhr. Der Zähler raste. Als seine Uhr auf 3:00 Uhr sprang, drückte er die große Sicherung heraus, nahm die Abdeckung ab und löste das dicke Kabel, das zum Brennofen führte, vom Anschluss. »Leichter als gedacht«, stellte er für sich fest und hängte die Abdeckung wieder ein. Irgendetwas war anders. Doktor Henne fühlte sich beobachtet. Das Licht ging an.

Wenig später saß Doktor Henne in Handschellen auf dem Rücksitz eines Transporters.

Erkenntnisschranken

»Meine Damen und Herren Doktoren, bevor ich zu der Ihnen am Tisch vorliegenden wissenschaftlichen Arbeit komme, möchte ich mich herzlich für die kostenlose Unterbringung und Verpflegung bedanken. Ebenso möchte ich mich dafür bedanken, dass Sie es mir ermöglicht haben, diese überaus wichtige Studie hier, in diesem Hause, anzufertigen.«

Doktor Hahn räusperte sich.

Das fünfköpfige Gremium an dem langen Tisch nickte zustimmend.

»Bitte fahren Sie fort, Herr Doktor Hahn. Wir sind ganz Ohr«, bemerkte Professor Doktor Weise, der als Leiter des Gremiums in der Mitte saß.

»Vielen Dank, Herr Kollege. – Sehen Sie, ich habe lange überlegt, in welcher Form ich meine wissenschaftliche Arbeit der Allgemeinheit präsentieren sollte, und habe mich angesichts der Wichtigkeit meiner Forschungsergebnisse für eine populärwissenschaftliche Sprache entschieden. Schließlich sollen sie verstanden werden, auch von Politikern!«

Doktor Hahn setzte sich seine Brille auf und nahm sein Manuskriptblatt, sah aber über den Brillenrand hinweg zum Gremium.

»Eine wirklich neue wissenschaftliche Idee bricht immer mit lieb gewordenen Gewohnheiten und eingefahrenen Gleisen. Es geht um nicht weniger, als um die Zukunft unserer Welt! – Auch ohne hinzusehen, bemerke ich Ihr Augenrollen, verehrtes Gremium. Aber diese Frage stellt sich unter ernst zu nehmenden Wissenschaftlern nicht erst seit gestern. Ich glaube, da sind wir einer Meinung.

Meine Untersuchungen haben ergeben, wenn Sie bitte im Anhang Seite 122 aufschlagen wollen, dass allein die Energie, die für Beleuchtung in dieser Einrichtung ausgegeben wird, nur zu 1,9 Prozent genutzt wird, das heißt, 98,1 Prozent der Lichtenergie wird verbraten, ohne dass irgendjemand sie wirklich braucht. Ich habe wiederholt Ihr Personal daraufhin angesprochen, aber nur ein Schulterzucken zur Antwort bekommen. Bemerken Sie, wie gleichgültig Sie im Umgang mit Energie geworden sind?

Neben der Gleichgültigkeit im Umgang mit Energie gibt es noch den Vorsatz, Energie größenordnungsmäßig zu vergeuden! Denken Sie an Straßenbeleuchtung, die Energie verbraucht, ohne dass sie irgendjemanden nutzt, oder Schaufenster, die nachts beleuchtet sind, obwohl zu der Zeit niemand etwas kaufen kann.

Wenn wir unser Leben wirklich organisieren würden, könnten Megawattstunden Elektroenergie gespart werden. Aber nein, immer mehr Handelsunternehmen dehnen die Geschäftszeiten bis in die späten Abendstunden aus. Der Grund: Profitgier. Die Kehrseite: Die Bürger verlernen es, ihr Leben zu organisieren. Von dem energieintensiven Transport von Lebensmitteln, oft um die ganze Welt, erst gar nicht zu reden. Sehen Sie sich doch einmal ein Satellitenfoto von der Nachtseite unserer Erde an. Empfinden Sie diesen Anblick als verantwortungsbewusst, wenn Autobahnen und selbst kleine Siedlungen zu erkennen sind?«

Doktor Hahn machte eine Pause und beobachtete das Gremium über seine Lesebrille hinweg. Für einen Augenblick glaubte er, Betroffenheit zu erkennen, dann aber abwiegende Gesten.

»Ich musste den Beweis, dass das Leben auch mit erheblich weniger Energie funktioniert, und dass meine Theorien nicht nur Theorien sind, dringend erbringen. Meine erste Versuchsreihe scheiterte, wie Sie wissen, am Unverstand der Ordnungshüter.

Gewarnt durch die Ereignisse der ersten Versuchsreihe habe ich dann unter erheblich größerem Aufwand hier in der Einrichtung eine zweite

Versuchsreihe durchführen können. Ich entschuldige mich hier noch einmal in aller Form für die kleinen Unannehmlichkeiten während des Experiments.«

»Sie haben hier fast alle Leuchtmittel heraus geschraubt und damit unsere Institutsarbeit sabotiert«, ereiferte sich Professor Weise. »Das nennen Sie kleine Unannehmlichkeit?«

»Herr Kollege, Sie wissen so gut wie ich, dass für die Wissenschaft Opfer gebracht werden müssen. Ist Ihnen, Herr Professor Doktor Weise, oder Ihren Mitarbeitern durch meine Versuchsreihe irgendein körperlicher Schaden entstanden und habe ich nicht nach Abschluss meiner Versuchsreihe jedes einzelne Leuchtmittel, sogar mit dem Datum und dem Ort der Entnahme beschriftet, wieder zurückgegeben?«

»Ja, das ist der Fall und körperlicher Schaden ist auch keinem meiner Mitarbeiter entstanden.«

»Dann weiß ich nicht, was Sie wollen, Herr Kollege! Nur durch saubere Protokollführung und peinlich genaues Arbeiten ist wirkliche Wissenschaft möglich. Im Übrigen finden Sie die Protokolle der Versuchsreihe ab Seite 241 ff. Weiterhin möchte ich Sie darauf hinweisen, dass meine Arbeit hier im Institut in bescheidenem Maße bereits Früchte getragen hat. Ihr Energieverbrauch für die Beleuchtung hat sich seit dem Beginn meiner hiesigen Tätigkeit bereits um effektiv 9,27 Prozent reduziert. Da meine Experimente hier abgeschlossen sind, benötige ich auch den Schlüssel für ihre Elektrozähler nicht mehr.«

Doktor Hahn stand auf, griff in seine Hosentasche und brachte den Schlüssel zum Gremium. Der Professor sah Doktor Hahn entgeistert an. »Wie, zum Teufel, sind Sie denn an diesen Schlüssel gekommen? Niemand hat ihn als vermisst gemeldet. Das ist unser Schlüssel, das sehe ich genau!«

»Auf diese Frage wollen Sie nicht wirklich eine Antwort haben, Herr Professor. Ich kann Ihnen nur verraten, dass es wirklich nicht schwer war. Schwieriger war es da schon, an eine Leiter und an die Schlüssel der anderen Räume zu kommen, wegen der Leuchtmittel, Sie verstehen schon!

An sich bin ich ein grundehrlicher Mensch, Herr Professor. Ich hatte nie vor, und ich habe mich nie persönlich an dem Eigentum anderer Menschen zu bereichert, ganz im Gegensatz zu Ihnen. Ihr persönliches Handy,

Ihren privaten Laptop und den Akku Ihrer Zahnbürste laden Sie regelmäßig hier im Institut.«

»Das ist infam!«, entrüstete sich der Professor und holte zum Gegenschlag aus. »Wer gibt Ihnen das Recht, sich als Wissenschaftler zu bezeichnen?«

»Sie selber. Sie widersprachen mir in dieser Beziehung nicht ein Mal, seit wir in diesem Raum sind. Außerdem habe ich mit meinen Behauptungen Ihnen gegenüber recht. Geben Sie es zu! Da Sie es nicht wagen, es anzusprechen, gehe ich davon aus, dass ich in dieser, sagen wir es deutlich, Klapsmühle, bin, weil man Angst vor meinen Äußerungen und Experimenten hat, die allesamt dem Völkerrecht nicht widersprechen. Die Wahrheit ist immer gefährlich! Denken Sie an Galileo Galilei, Kopernikus und andere. Auch Gustl Mollath aus jüngster Zeit wurde in eine psychiatrische Anstalt gesteckt, weil er die Wahrheit sagte, und klar denken kann. Ich sage Ihnen, genau umgekehrt hätte es sein müssen. Jene, die Mollath und mich einsperrten, gehören eingesperrt. Was kann ich schon machen: Auf die Gefahren von Energieverschwendung hinweisen und ein paar Lampen herausdrehen. Warum dürfen Politiker und Wirtschaftsbosse frei herumlaufen? Die Erderwärmung steigt und steigt, Politiker wollen sich nicht auf Beschränkungen im Energieverbrauch einigen, denken Sie an das Kioto-Protokoll, Wirtschaftsbosse drohen mit fallender Wirtschaftskraft und das gemeine Volk macht, ohne nachzudenken, jeden Blödsinn mit, der den Energieverbrauch steigen lässt. Ohne Auto will heute niemand mehr auskommen und vor allem Power muss die Karre haben! Ohne Internet bräuchte die Welt einige Kraftwerke weniger.

Und mich, der diesem Verhängnisvollen ein Ende setzen will und vorerst nur ein paar Glühlampen herausschraubt, um die Auswirkung zu erforschen, wird für verrückt erklärt. Sind nicht Politiker, Generäle und Industriebosse, die wegen Wasser, Erdöl und Seltener Erden Kriege anzettelten nicht die wahren Verrückten?«

***

Poltergeister

Böiger Wind war aufgekommen und am abendlichen Himmel schoben sich dunkle Wolken zu einem Gewitter zusammen. Die Passanten der Wohngegend beeilten sich, einen Unterstand vor dem zu erwartenden Regen zu finden. Die Klinke einer Haustür wurde niedergedrückt. Es war abgesperrt. Ein älterer, rundlicher Mann suchte die zum Teil schlecht lesbaren Klingelschilder ab.

»Lehmann ..., Lehmann ..., Lehmann! Hier ist Lehmann!« Er drückte auf den Klingelknopf und trat zwei Schritte zurück. Der Wind frischte auf und er schlug seinen Kragen hoch. Im dritten Geschoss öffnete sich ein Fenster und eine Frau schaute heraus. »Wer ist da?«

»Guten Abend. Lorenz, Kriminalpolizei.«

»Na, da sind Sie ja endlich!«, bekam er zur Antwort. Das Fenster wurde geschlossen. Kurze Zeit später hörte er immer lauter werdende Schritte auf der Treppe. Eine Frau, etwa Mitte dreißig, mit zerzausten Haaren und betrübten Gesichtszügen öffnete ihm.

»Kriminalkommissar Lorenz.«, er zeigte ihr seine Dienstmarke.

»Sind Sie Frau Lehmann?«

»Ja, Lehmann.« Sie reichte ihm die Hand »Guten Abend. Kommen Sie doch bitte mit hoch. ... Entschuldigen Sie mein Aussehen. Ich bin erst vor einer Stunde von der Arbeit gekommen. Und dann das! Ich bin völlig durcheinander. ... So, hier entlang bitte!«

Sie führte Lorenz in das Wohnzimmer. »Nehmen Sie bitte Platz.« Sie wies ihm einen Sessel zu und nahm dann selber auf dem anderen Platz. »Worum geht es, Frau Lehmann?«, begann Lorenz das Gespräch und schlug seinen Notizblock auf. »Hier in der Wohnung war heute jemand während meiner Abwesenheit. Gewohnheitsmäßig schalte ich, wenn ich von der Arbeit komme, gleich den Computer ein, um meine E-Mails abzufragen. Doch ich bekam keine Internetverbindung. Stattdessen eine Meldung auf dem Bildschirm, dass der Computer das Modem nicht finden könne. Der erste Gedanke war natürlich ein Computerfehler und ich versuchte es noch einmal. Das gleiche Ergebnis. Dann kontrollierte ich die Kabelverbindungen. Es hätte ja sein können, dass ich versehentlich beim

Putzen ein Kabel herausgezogen habe und da hab ich es dann bemerkt: Das Modem fehlte. Ich übersetze Korrespondenzen, wissen sie. Ob die Wohnungstür abgeschlossen war, kann ich jetzt nicht mehr mit Bestimmtheit sagen, aber ich gehe davon aus.«

Frau Lehmann hob die Hände hilflos zur Seite und ließ sie kraftlos in ihren Schoß fallen. »Was soll ich denn jetzt nur machen? Meine Kunden warten auf die Übersetzungen«.

»Wer hat noch Zugang zu Ihrer Wohnung, Frau Lehmann?«

»Eigentlich niemand.«

»Haben Sie Kinder oder einen Partner?«

»Wir waren eine glückliche Familie. Eine Tochter hatten wir. Sie ist vor einem Jahr bei einem Verkehrsunfall ums Leben gekommen. Die Ärzte meinten, dass sie sofort tot gewesen sei.« Frau Lehmann wischte sich die Augen trocken. »Ich habe mich dann in Arbeit gestürzt, um mich abzulenken. Niemand durfte mich anfassen. Mein Mann vergnügte sich daraufhin bald mit einer Anderen. Vor zwei Monaten zog er zu ihr.« Bitter fügte sie hinzu: »So ist eben das Leben!«

»Hat Ihr Mann noch einen Schlüssel?« Lorenz blickte hoch.

»Nein! ... Er hat seine Sachen genommen und ist ausgezogen! Die Schlüssel hat er dann in den Briefkasten geworfen.«

Kriminalkommissar Lorenz hatte noch viele Fragen. Es stellte sich heraus, dass Frau Lehmann vor zwei Tagen mit Ihrer Nachbarin ins Erzählen gekommen war. Dabei war sie kurz in die Wohnung der Nachbarin Frau Möller gegangen, um sich ihre neue Bluse anzusehen. Ihren Schlüssel ließ sie jedoch von außen in ihrer Wohnungstür stecken. Plötzlich hörten beide durch die noch offene Wohnungstür ihrer Nachbarin Schlüsselklirren. Sie ging sofort zurück, doch der Schlüssel steckte noch im Schloss, und zu sehen war auch niemand.

Lorenz rief die Spurensicherung. Unterdessen nahm Lorenz die Aussagen der Bewohner des Hauses auf. Offenbar hatte niemand etwas Verdächtiges bemerkt. Es waren jedoch nicht alle Hausbewohner anwesend. Seit der Wende sei die Haustür auch am Tage verschlossen und die Briefkästen für die Post von außen zugänglich. Dafür und für das stabile Schloss der Hauseingangstür habe noch der alte Hausobmann, Herr Gabriel, gesorgt, erfuhr er.

122

Lorenz kam in die zweite Etage. Langsam ging die Tür der Einraumwohnung, an der »Theodora Amsberg« stand, einen Spalt auf, und als Lorenz gerade klingen wollte, öffnete eine kleine, gepflegte Frau mit weißen Haaren die Tür ganz und fragte: »Wat will woll de Polizei hier? Gift dat all werrer Arger in'n Hus? - Se sünd doch vonne Polizei?«

»Ja, Kriminalkommissar Lorenz. Guten Abend Frau Amsberg, im Haus wurde ein Eigentumsdelikt begangen. Haben Sie vielleicht heute zwischen neun und achtzehn Uhr etwas Ungewöhnliches im Haus bemerkt?«

»Denn kommn's mal irst eins rin, Herr Kriminaler! Dat bruk kein ein wat tau hührn, wat ick tau vertellen hev.«

Als Frau Amsberg ihre Zimmertür öffnete, kam ihm Vogelgesang aus vielen kleinen Vogelkehlen entgegen. Er fühlte sich plötzlich in eine andere Zeit zurückversetzt. Die Einrichtung hätte das Herz eines Antiquitätensammlers höherschlagen lassen. Nur das breite Fenster mit den eher gewöhnlichen Gardinen wollte nicht so recht zum altertümlichen Stil passen.

»Min Dokter het secht: Jeden Dach een Köm ist för olle Lüd wie Medizin. Se sünd je ook nich mier de Jüngst.«

Ungefragt stellte sie zwei Gläser auf den Tisch und goss sie mit einer mattgrünen Flüssigkeit randvoll. »Bennettelliör.«

Lorenz gab zu bedenken, dass er im Dienst sei.

»Paperlepap! Nu man tau, lott em verswindn!«, redete Frau Amsberg ihm zu.

Dass Lorenz sich überreden ließ, bereute er schon die nächsten Sekunden. Dieser Brennnessellikör hatte es wirklich in sich und schmeckte tatsächlich so, wie Medizin schmecken muss, wenn sie helfen soll.

»Dat is nämlich so, Herr Kriminaler. De Lüd glöben hier all, dat ick verrückt bün. Dorbi is dat all wohr! So wohr as ick hier steih!«

Sie kam dichter an Lorenz heran und haucht ihm entgegen »Wi hemm hier nämlich Poltergeister!«

Dabei sah sie Lorenz bedeutungsvoll an und nickte nachdrücklich. »Nachts, Klock twölben geit dat dor boben los bis ein Minut vör Klock Ein. Dann is allens vörbi! ... De Klaus von Amsberg, de, de de Königin von Holland heirat hätt, is min Unkel un de, de glöwt ok an de Poltergeister! Kein ein will mi dat glöben! - Könn'n se sick dat vörstellen, wo hei doch König is?«

Frau Amsberg legte ihre Hand auf seine und blickte ihn beschwörend an.

»Se, se sünd doch ein Mann von Welt, Se glöben mi dat doch, Herr Kriminaler?« Ohne eine Antwort abzuwarten, redete Sie weiter. Sie erzählte ihm, dass sie früher einmal in einem Schloss auf dem Lande gelebt hatte, und fing an, sich über ihr damaliges Personal auszulassen. »Entschuldigen Sie, Frau Amsberg!«, unterbrach er sie, »Ich habe leider wenig Zeit. Haben Sie denn während der vergangenen Tage etwas Ungewöhnliches im Hause bemerkt?«

»Nee, hev ick nich! Mit Se kann man ook nich orrig snacken! Denn gahns man werrer!«, antwortete sie schroff und schob Lorenz zur Tür hinaus. »Hatschüß ook!«

Frau Amsberg lebte in ihrer eigenen Welt und hielt ihn nur auf. Er schüttelte unwillkürlich den Kopf. »Poltergeister und Nichte des Holländischen Königs« Wer das glaubte ...

In mindestens fünf von den zwölf Wohnungen gab es Computer, aber nur einer hatte eine Internetverbindung. Das war der von Frau Lehmann. Drei Computer standen in Kinderzimmern und dienten den Angaben nach ausschließlich zum Spielen. Der letzte PC, der von Herrn Gabriel, einem alleinstehenden, pensionierten Lehrer und Hobbyfotografen, diente der Fotobearbeitung. Davon hatte sich Lorenz überzeugen können. Ihn konnte er wohl, auch angesichts seines Engagements für die Bewohner, ausschließen. Blieben noch die drei Spiele-Computer. Nach Aussagen der Elternteile, Frau Schmidt und Herrn Blage, gab es mit ihren Kindern keine Schwierigkeiten. Die Tochter von Herrn Blage, Elvira, sei damals sogar die Freundin von Claudia, der verunglückten Tochter von Frau Lehmann, gewesen. Auch der zehnjährige Sohn von Frau Schmidt kam für Lorenz nicht in Betracht. In den Einraum-Wohnungen in der dritten und vierten Etage war niemand zu Hause. Nur selten wäre dort etwas zu hören, meinten die Hausbewohner. Der junge Mann aus der vierten Etage wäre oft bei seiner Freundin. Wer in der anderen Wohnung wohnte, wusste niemand. Die Söhne von Frau Möller waren nach dem Abendbrot noch einmal nach draußen gegangen. Lorenz hatte noch einige Fragen an Frau Lehmann und wollte klingeln. In diesem Augenblick öffnete Frau Möller ihre Wohnungstür.

»Ach, entschuldigen Sie, Herr Lorenz, könnten Sie mal bei meinen Söhnen im Zimmer nachsehen, ob dort vielleicht das gesuchte Gerät ist? Wissen Sie, ich weiß gar nicht, wie so, so ein Modem aussieht!«

Sie lächelte Lorenz entschuldigend an.

»Ich kann keine schlaflose Nacht voller Ungewissheit gebrauchen!«

Lorenz sah sich in Frau Möllers Wohnung um. »Nein, ein Modem kann ich hier nicht entdecken, Frau Möller! Haben Sie irgendeinen Verdacht, oder warum fragen Sie?«

»Na ja, nichts Konkretes, Herr Lorenz. Die Jungen sind in letzter Zeit so ruhig geworden. Sie verbergen mir etwas. Eine Mutter spürt das!«

»Machen Sie sich erst einmal keine Sorgen, Frau Möller! Ich muss dann noch mal rüber zu Frau Lehmann.«

Lorenz gab ihr seine Karte.

»Übrigens, Herr Lorenz, hat Ihnen die Amsberg auch von den Poltergeistern erzählt? Da brauchen Sie nicht drauf zu hören!«

Frau Möller machte eine unzweideutige Handbewegung vor ihrem Kopf.

Inzwischen war es Mitternacht geworden. Gerade öffnete Lorenz Frau Lehmanns Wohnungstür, als zwei junge Männer einen Computer und Zubehör vom nur durch das Wohnungslicht beleuchteten Treppenhaus in die neben gelegene Einraumwohnung brachten. Lorenz schaltete die Treppenbeleuchtung ein und stellte mit geübtem Blick fest, dass hier etwas nicht stimmte. Das war keine Wohnung, das war ein Lager!

»Guten Abend, Lorenz, Kriminalpolizei.« stellte er sich vor. Einem von ihnen schoss das Blut in den Kopf.

»Scheiße!«, presste er zwischen den Zähnen heraus und versuchte durch das Treppenhaus zu fliehen. Doch Lorenz hatte Erfahrung mit solchen Situationen und konnte die Flucht des einen verhindern, indem er sich mit seiner ganzen Masse und Breite in den Weg stellte. Der Jüngere wagte einen Satz über das Treppengeländer. Aber er hatte nicht mit der alten Frau Amsberg gerechnet, die ihm genau im richtigen Moment ihren Krückstock zwischen die Beine schob.

»Süst du, dat hest du nu davon, een öllerichen Fru Grugen to mokken.«

Bis die Verstärkung eintraf, setzte Lorenz die beiden im fensterlosen Bad der Einraum-Wohnung fest. Ein schlechtes Gewissen schienen die beiden nicht zu haben, aber Wut, erwischt worden zu sein. Ungerührt ließ er die Beschimpfungen der beiden jungen Männer über sich ergehen. Der Verdacht, dass es sich um gestohlene Geräte handelte, konnten die wiederum herbeigerufenen Kollegen bestätigen. ... Lorenz musste an die alte Frau Amsberg denken und lächeln. So unrecht hatte sie gar nicht mit ihren Poltergeistern. Aber ihr Likör war schrecklich.

Das Modem von Frau Lehmann wurde nicht unter den beschlagnahmten Geräten gefunden. Damit hatte Lorenz auch nicht gerechnet. Dagegen sprach vor allem, dass nur das Modem, nicht aber der Computer von Frau Lehmann gestohlen wurde, außerdem, dass die gefassten Täter offenbar ihren Lebensunterhalt mit gestohlenen Waren finanzierten, denn eine Arbeitsstelle konnten sie nicht vorweisen. Dafür, dass der Dieb des Modems im Haus wohnen musste, sprachen unter anderem die gut gesicherte Hauseingangstür und die Wohnungstür, an denen kein gewaltsames Eindringen festzustellen, war. Erfahrungsgemäß waren der oder die Täter Jugendliche im Alter zwischen zwölf und achtzehn Jahren. Jüngere brachten seiner Einschätzung nach noch nicht so viel kriminelle Energie auf, ältere hätten mit hoher Wahrscheinlichkeit nicht nur das Modem, sondern gleich den ganzen, relativ neuen Computer gestohlen. Lorenz sah sich die Liste der Hausbewohner an. Diesen Kriterien konnten nur die beiden Söhne der Frau Möller sowie die Tochter von Herrn Blage zugeordnet werden. Es war anzunehmen, dass diese drei Jugendlichen sich in der Wohnung von Frau Lehmann auskannten. Das Mädchen als Freundin der verunglückten Tochter, die beiden Jungen als Söhne der Nachbarin. Kriminalkommissar Lorenz ließ Vorladungen für die drei Jugendlichen sowie für Frau Möller und Herrn Blage ausstellen. Leider konnten keine verwertbaren Spuren in der Wohnung von Frau Lehmann gefunden werden. Deshalb verhörte Lorenz alle drei Jugendlichen getrennt. Elvira Blage hatte ein gesichertes Alibi. Sie war während der fraglichen Zeit bei ihrer besten Freundin.

Blieben noch Sven und Tilo Möller. Insgeheim war Kriminalkommissar Lorenz davon überzeugt, dass einer der beiden Söhne von Frau Möller für die Tat verantwortlich war. Nur stichhaltige Beweise hatte er dafür nicht. Er versuchte es mit einem Trick:

»Wir haben in der Wohnung von Frau Lehmann Fingerabdrücke gefunden, Tilo! Mit wessen Abdrücken werden sie wohl übereinstimmen?«

Tilos Hände wurden feucht. Ihm wurde abwechselnd heiß und kalt. Er biss die Zähne aufeinander und senkte den Kopf. Dann entschloss er sich, alles, was er wusste zu erzählen: »Ja es stimmt, ich bin in der Wohnung von Frau Lehmann gewesen. Ich bin aber nur deshalb drin gewesen, weil ich das Modem zurückbringen wollte. Wir wussten, dass Frau Lehmann einen Schlüssel für ihre Wohnung für Notfälle bei uns hinterlegt hatte. Den Schlüssel hatte Sven irgendwann im Wohnzimmerschrank gefunden. Den haben wir dann benutzt. Das haben wir schon seit drei Wochen so gemacht. Wir haben nicht so viel Geld, dass wir uns das alles leisten können. Und wir wollten doch auch mitreden können. Doch diesmal waren wir zu lange drin, und als ich gerade bei Frau Lehmann drin war, kam sie auch schon. Ich habe mich dann in der Besenecke versteckt und bin dann in einem geeigneten Augenblick aus ihrer Wohnung geschlichen. Das Modem konnte ich dadurch nicht mehr ablegen, das hätte zu viel Krach gemacht. Deshalb sind wir nach dem Abendbrot noch einmal raus. In unserer Wohnung konnten wir die Geräte jedenfalls nicht lassen. Meine Mutter durfte das auf gar keinen Fall mitkriegen. Außerdem war die Kripo ja schon da. Das Modem ist übrigens im Bahnhof in einem Schließfach. Jeden Tag geht einer von uns hin und wechselt es, weil die Fächer ja nur sechsunddreißig Stunden gemietet werden. Dabei ist von unserem sowieso nicht üppigen Taschengeld schon einiges drauf gegangen. Hin und wieder hat uns auch Frau Amsberg etwas Geld zugesteckt, wenn wir kleine Dienste für sie erledigten.«

Tilo atmete auf. Eine gewaltige Last schien von ihm zu weichen. Er kramte in seiner Hosentasche und legte nacheinander ein Knäul Band, einen rostigen Nagel und eine zusammengeknickte Ansichtskarte auf den Tisch. »Die hab ich mal von Frau Amsberg gekriegt. Ihr Onkel wäre König von Holland, meinte sie. Aber die ist doch tüttelig.«

»Darf ich mal?«

Lorenz griff zur Karte. Tilo nickte.

»Für meine Nichte Theodora«, las er in feingliedriger Schrift unter dem Foto des Holländischen Königspaares, während Tilo einen Stein mit Loch und einen zerbrochenen Kugelschreiber zutage förderte und dann einen flachen Schlüssel mit Anhänger. »Der gehört zum Schließfach!«

***

Claudia und der nette Mann

Auf dem morgendlichen Bahnhofsvorplatz ließ ein Aufschrei die Passanten innehalten. Claudia und Ellen rissen die Arme in die Höhe, liefen aufeinander zu und umarmten sich. Claudia bemerkte das Halfter unter Ellens Blaser. »Du bist im Dienst?«

Ihre Enttäuschung konnte sie nicht verbergen.

Ellen nickte. »Ja, wenn nichts dazwischen kommt, habe ich mittags Dienstschluss. Dann können wir unser Wiedersehen feiern. Ich muss dir ja so viel erzählen. Oh, bitte sag ja!«, bettelte Ellen ungeduldig. »Ich habe jetzt leider keine Zeit.«

»Nicht so schlimm, Ellen. Ich will ohnehin bei meiner Oma die Küche streichen. Sie hat nach ihrer Hüftoperation immer noch Schwierigkeiten. Zum Glück gibt es dort einen Fahrstuhl. Bis zum Nachmittag werde ich wohl fertig sein. Morgen Nachmittag fahre ich dann wieder nach Hause.«

»OK, dann treffen wir uns am Nachmittag. Wenn sich bei mir etwas ändern sollte, rufe ich dich an. Ich hole dich dann um 16 Uhr ab.«

»Abgemacht, um 16 Uhr bei meiner Oma.«

Die beiden Frauen verabschiedeten sich.

»Ach Claudia«, Ellen hielt Claudias Hand fest, »was ich dir noch sagen wollte: Hier läuft ein Gewalttäter umher, der es auf junge Frauen abgesehen hat. Ein genaues Profil haben wir noch nicht. Also nimm dich in acht!«

»Als ob ich auf so etwas hereinfallen würde. Trotzdem danke. Ich muss gleich noch Farbe kaufen. Also bis dann!«

Die beiden Freundinnen winkten sich noch einmal zu, bevor sie sich aus den Augen verloren.

Die Auswahl an weißer Farbe war erdrückend. Welche war nun die Richtige. Jede Sorte lobte sich selbst als die Beste.

»Sie sehen so unentschlossen aus, junge Frau«, sprach ein junger Mann sie an und lächelte.

»Ja, wissen Sie, ich will bei meiner Oma die Küche streichen, aber welche Farbe soll ich nehmen? Sonst hat mein Opa das immer gemacht.«

Sie zuckte mit den Schultern. »Die billige, oder die teure? Das ist alles so verwirrend.«

Fragend sah sie den Mann an.

»Ist denn die Küche gefliest?«

»Naja«, sie überlegte, »ja, über der Arbeitsfläche.«

»Dann würde ich waschfeste nehmen. Übrigens, die Eigenmarke ist echt gut. Tut mir übrigens Leid mit Ihrem Opa.«

»Danke, ist schon eine Weile her, das mit meinem Opa.« Claudia griff nach einem Eimer. »Oh man, ist der schwer!«, entfuhr es ihr und setzte den Eimer ab.

»Ihre Oma wohnt in der Nähe?«

»Ja, im Hochhaus in der Parkstraße«

»So ein Zufall, in der Gegend wohne ich auch. Ich könnte die Farbe für Sie hinbringen. Ich bin mit dem Auto da.«

»Das ist ja lieb.«

Mit einem Augenaufschlag blickte sie ihn dankbar an.

»Ihr Angebot nehme ich an. Können Sie mir vielleicht auch noch bei den Pinseln helfen?«

Ohne ihn aus den Augen zu lassen griff sie nach einem eingeschweißten Pinselset.

»Sie wollen doch nicht mit diesen Pinseln ...? Die werfen Sie weg, bevor die erste Wand gestrichen ist. Die sind Ihr Geld nicht wert. Glauben Sie mir: Einen guten Pinsel wirft man weg, wenn er abgenutzt ist.«

Claudia gefiel die Art, wie er sprach.

»Versuchen Sie es einfach mal in der Hafenstraße und lassen Sie sich dort beim Malerbedarf beraten. Die verstehen was von ihrem Fach.«

Er machte eine anerkennende Geste.

»Danke für den Tipp.« Betont weiblich ging sie zur Kasse.

Wenig später hatte auch der junge Mann bezahlt. Er schaute auf die Uhr.

»Tut mir Leid, ich muss weiter. Den Eimer Farbe bringe ich selbstverständlich noch zu Ihrer Oma. Wie war doch gleich der Name?«

»Sorry, Engelmann, Linda Engelmann, zehnter Stock. Ich gehe dann noch die Pinsel kaufen. Und vielen Dank noch mal.«

Auf dem Weg in die Hafenstraße musste sie immer wieder an den netten jungen Mann im Baumarkt denken. Schade, dass sie nichts weiter von ihm wusste. Von fern hörte Claudia die Turmuhr des Domes zehn Mal schlagen, als sie sich dem Hochhaus in der Parkstraße näherte. Leider hatte sie durch den Umweg viel Zeit verloren, aber an den jungen Mann musste sie noch immer denken. Als sie sich vornahm, ihrer Oma von ihm zu erzählen, war sie an der Tafel mit den über hundert Klingelknöpfen angekommen.

Wenig später summte der Türöffner. Claudia atmete tief durch. Fahrstühle hatten für sie etwas Beängstigendes. Immer hatte sie das Gefühl, in diesem kleinen Kasten nicht genug Luft zu bekommen. Andererseits immer noch besser, als im Treppenhaus bis in den zehnten Stock zu klettern, fand sie. Nur noch wenige Meter trennten Claudia von der Wohnungstür. Voller froher Erwartung klingelte sie. Gleich konnte sie ihrer Oma um den Hals fallen. Die Tür öffnete sich. Aber nicht ihre Oma, sondern der junge Mann stand in der Tür.

Claudia war irritiert. »Wo ist meine Oma?«

»Die macht noch schnell ein paar Besorgungen.«

Claudia ging in die Wohnstube. Hinter ihr schloss sich die Tür.

»Warum liegt all ihr Schmuck hier?«

»Sie hatte es sehr eilig. ... Warum, warum! Halt die Klappe, wir sind hier nicht bei Rotkäppchen.«

Claudia war fassungslos. Unerwartet wurde sie von dem Mann von hinten niedergedrückt und gefesselt.

»Aua! Was soll das?«, schrie sie ihn an. Dann verschloss ein Stück silbergraues Klebeband ihren Mund.

»Damit du mir nicht entwischen kannst. Du wirst mich für deine Großmutter entschädigen, du Schlampe! Ihr Krempel ist überhaupt nichts Wert.«

Etliche Male klingelte Claudias Handy.

»Scheiß Handy!« Er holte es aus ihrer Tasche und trat mit dem Fuß darauf. Dann versuchte er, Claudias Jeans herunterzuziehen. Claudia wehrte sich verzweifelt. Ellen musste den vereinbarten Treff mit Claudia absagen. Aber warum ging Claudia nicht an ihr Handy? Das ließ ihr keine Ruhe. Sie konnte es Claudia auch persönlich sagen, wenn sie einen kleinen Umweg machte. Sie war in der Nähe und ihr Kollege, Kommissar Ritter, hatte nichts dagegen. Der Zufall wollte es, dass Haustür und Fahrstuhl des Hochhauses offen standen. Gerade wollte Ellen auf den Klingelknopf an der Wohnung drücken, als sie Rangelgeräusche vernahm. Dann eines, das sich wie eine Backpfeife anhörte.

Ellen beschlich eine Vorahnung. Per Handy rief sie Kommissar Ritter herbei. Es war einfach zu gefährlich, allein in die Wohnung vorzudringen. Sie zog ihre Waffe. Endlich war ihr Kollege angekommen. Wenige Zeichen wiesen ihn ein.

Ellen und der Kommissar postierten sich hinter den Türpfeilern. Dann drückte Ellen den Klingelknopf und rief:»Polizei, machen Sie bitte auf.« Schritte kamen auf die Tür zu, doch geöffnet sie wurde nicht.

Ein geübter Tritt von Kommissar Ritter gegen die Wohnungstür ließ das Holz zersplittern. Mit vorgehaltener Waffe betraten sie die Wohnung. Geradeaus lag Claudia fast entblößt und gefesselt am Boden. Ihr Gesicht war verheult aber trotzdem erleichtert, als sie Ellen erblickte. Ellen beugte sich zu Claudia hinunter.

Eilige Schritte im Flur hinter den Polizisten. Die Wohnungstür schlug gegen die Wand. Dann Schritte im Hausflur. Ritter sah im Augenwinkel einen Schatten und folgte. Eine Tür fiel ins Schloss. Ellen befreite Claudia von den Klebebändern und rief den Rettungswagen.»Bist du verletzt?«

»Oma, wo ist meine Oma?«, weinte Claudia.

»Du hast sie noch nicht gesehen?«

Claudia schüttelte den Kopf, sprang auf und zog sich ihre Jeans hoch.

»Omi«, rief sie immer wieder während sie eine nach der anderen Tür öffnete.»Omi?«

Die Tür zum Abstellraum war abgeschlossen. Sie sperrte die Tür auf.

»Omi?«

Eine Blechdose schepperte. Zusammengekauert und gefesselt hockte die Oma zwischen Besen, Putzeimern und gebrauchter Wäsche. Ihr Mund war mit dem silbergrauen Klebeband zugeklebt. Claudia und Ellen befreiten sie aus der Enge des Abstellraumes. Die Oma fasste sich an die Hüfte, stöhnte und humpelte zu einem Stuhl.

»Oh, meine Claudia, geht es die gut?«

Sie umarmte und streichelte ihre Enkelin. Ihre Augen wurden feucht.

»Ich habe solche Ängste um dich ausgestanden wegen dieses widerlichen Kerls. Ich habe mir sonst etwas ausgemalt, was er mit dir anstellt.«

»Ja, Omi, mir geht es gut. Außer ein paar kleinen Schrammen ist mir nichts weiter passiert. Das ist Ellen, die kennst du doch noch. Sie ist jetzt bei der Kripo.«

Claudias Oma nickte. Sorgenvoll fragte sie wenig später: »Der Mann, wo ist dieser brutale Mann?«

Kommissar Ritter kam mit einem Mann in Handschellen in die Wohnung. »Hier ist ein Verdächtiger. Ist das der Täter?«

Claudia erkannte ihn als den jungen Mann aus dem Baumarkt und die Oma als den, der sie fesselte und einsperrte.

Zwei Polizisten in Uniform übernahmen den Festgenommenen.

»Ich möchte mich für meine Rettung mit einer Tasse Kaffee bedanken. Bitte kommen Sie«, lud die Oma ein.

Ellen wandte sich beim Hinsetzen an Ritter. »Sag mal, wie hast du den Täter denn so schnell fassen können? Er war ja immerhin ein ganzes Stück voraus.«

»Das liegt an einer schweren Ordnungswidrigkeit.«

Ellen riss die Augen auf. »Wie, an einer Ordnungswidrigkeit?«

»Ja, ein Mieter hatte rechtswidrig einen großen Kleiderschrank im Treppenhaus abgestellt. Daran kam der Täter nicht vorbei. Er saß in der Falle. Da hatte ich leichtes Spiel.«

Lächelnd schüttelte Ellen den Kopf. »Zufälle gibt's ...«, und zu Claudia gewandt meinte sie: »Dann wird das heute doch noch etwas mit unserer Wiedersehensfeier. Aber vorher helfe ich dir beim Streichen. Ich freu' mich schon drauf.«, und nach einer Weile: »Irgendwie erinnert mich dieser Fall an Rotkäppchen ... Oder liege ich da falsch?«

***

Science und Fiction

Ein unglaublicher Fund

25. April, Dienstag:

»Guten Abend zum Brennpunkt: Attentat auf den Arbeitsminister! ... Wie in den Nachrichten bereits gemeldet, ist heute um 14 Uhr 38 in Rostock während einer Wahlkampf-Kundgebung ein Attentat auf den Arbeitsminister verübt worden. Der zum Glück nur leicht verletzte Minister wurde in die Universitätsklinik Rostock eingeliefert. Das ist der vorläufige Höhepunkt der zunehmenden Gewaltbereitschaft unter der Bevölkerung. Sehen Sie zunächst einen Bericht über den Hergang der Ereig...«

Das Läuten des Telefons übertönte die Nachrichtensendung. Berger schaltete den Ton des Gerätes ab.

»Ja, hier Berger! - Hallo, Markus. ... Nein! ... Du spinnst! ... Nun gut, weil du's bist: Ich komme sofort!«

Nun kannte Berger seinen ehemaligen Kollegen schon 6 Jahre, aber so euphorisch hatte er ihn noch nicht erlebt. Fast immer ging sein südliches Temperament mit ihm durch, wenn auch die sprichwörtliche Mecklenburger Behäbigkeit der hiesigen Leute ihn in den letzten Jahren etwas ruhiger werden ließ. Mit diesem Gedanken schaltete er das Fernsehgerät aus und machte sich auf den Weg. Als Historiker war er schon manche Überraschung gewohnt. Doch das soeben Gehörte klang nach Zauberei!

»Er hat die Ostsee-Zeitung vom Donnerstag! Und das schon heute, am Dienstag!«, hörte er sich plötzlich im Treppenflur sagen. Berger blickte sich um. Er konnte niemanden entdecken. Von der Parkstraße bis zur Haltestelle Kaufhof sind es nur wenige Stationen mit der Straßenbahn. Immer und immer wieder ging ihm Markus Anruf durch den Kopf. Ungeduldig trommelte er mit seinen Fingern an die Fensterscheibe. Wie zum Trotz schien ihm die Straßenbahn heute besonders langsam zu fahren. Das Ankündigungssignal ertönte und dann eine Frauenstimme:

»Nächster Halt ... Kaufhof.« Endlich, er war da! Hektische Betriebsamkeit herrschte auf der Straße. Feierabendverkehr! Ihm blieb nichts anderes übrig als mit der Masse der Fußgänger mitzuschwimmen! Vor dem Barocksaal links herum und dann auf der rechten Straßenseite zwischen zwei kleinen Läden in die schmale weiße Tür hinein. Er war am Ziel. Der Fahrstuhl war unterwegs und so entschloss er sich, die drei Stockwerke zu Fuß hinaufzusteigen.

An einer alten verzierten Tür war ein Pappschild mit der Aufschrift »Antiquariat Markus Engel« angebracht. Am Ende des Korridors, der auf beiden Seiten mit Büchern und Kartons voll gestellt war, stand ein großer altehrwürdiger Schreibtisch. Auch hier ... auf, hinter und daneben: Bücher, Bücher, Bücher! ... Er trat heran. Den alten Klappkalender neben der Teakholzschale mit den Stiften hat er also immer noch, stellte er für sich fest. Provisorien halten scheinbar doch am längsten! Er nahm die Eindrücke in sich auf. Ein Hauch Nostalgie, die er förmlich riechen konnte, umgab ihn. Daran konnte auch der Computer, der auf dem riesigen Schreibtisch stand, nichts ändern.

»Ach, da bist du ja Steffen!«, begrüßte der Inhaber seinen ehemaligen Kollegen von der Uni aus einem Gang zwischen den Büchern. Dabei erhellten sich die Gesichtszüge des sonst grau und fahl wirkenden Vollbärtigen. »Einen Moment, ich habe gleich Zeit für Dich.«

Berger musterte den eigenartigen Raum. Regale mit Büchern: ein Buch groß, eins klein, eins dick, eins dünn. Die Treppe nach oben mit dem Wandelgang und den tiefbraunen, aus gedrechselten Stangen bestehenden Geländer, der den Spitzboden optisch vom übrigen Raum abtrennte, faszinierte ihn schon damals. Das Licht schien wie nicht ausreichend. Trotzdem blendeten die alten Buchrücken und er hatte Schwierigkeiten, ihre Beschriftungen zu lesen. Sicher ein Tribut an die Zeit! Zuletzt war er hier vor einigen Jahren gewesen, als alles umgelagert werden musste. Viel hatte sich seither, so schien es ihm, nicht verändert, nicht einmal Markus.

»So, Steffen!« Diese Worte ließen ihn aus seinen Überlegungen erwachen. »Dann woll'n wir mal! Wie geht es eigentlich Deiner Frau? Ich hab sie lange nicht gesehen!«

»Danke der Nachfrage. Sie ist auf Kur. Die Attacke, du weißt schon, hat sie doch stark mitgenommen.«

»Bitte richte ihr herzliche Genesungswünsche aus!«

»Ja danke, mach ich!«

134

»Nun zu der Zeitung! Vorhin, beim Katalogisieren entdeckte ich in einem Buch so ein paar Ecken. Du weißt ja, auch alte Bücher müssen top aussehen, dann kann ich sie besser verkaufen!« Damit verschwand er hinter dem Schreibtisch. »Moment, ich hab es gleich«, stöhnte er. »Zuerst dachte ich an umgeknickte Seiten und wollte sie glatt streichen und dann kam alles ganz anders!« Umständlich und mit viel Geklapper holte er das Buch aus seinem Schreibtisch heraus.

»Ich hab es in das Geheimfach gelegt, einen Safe hab ich hier ja nicht. Jedenfalls nicht so einen großen. War mir doch ein bisschen heiß, dieser Fund. Er hat zwar zwei Wochen da oben im Karton gelegen, da wusste freilich niemand etwas davon! Stammt übrigens aus dem Haus, das sie kürzlich in der Margaretenstraße rekonstruiert haben.«, sprach er leise. Er gab Berger das großformatige Buch, eine Enzyklopädie über den menschlichen Körper. Das sorgfältig in Leinen und Leder gebundene Buch mit dem geprägten Buchdeckel war handkoloriert. Die Abnutzung des Einbandes wies auf einen regen Gebrauch hin. Es musste schon über 100 Jahre alt sein. Doch das war ja nicht der Sinn seines Kommens! An einer Stelle sperrten die Seiten etwas auf.

»Ja, dort hab ich sie gefunden!«, erwartungsvoll blickte Engel Berger an, als er auf sie Stelle zeigte. Das Fragment der Zeitung deckte nicht die ganze Buchseite ab. Am unterschiedlichen Grad der Vergilbung erkannte er, dass beides schon seit geraumer Zeit so zusammengelegen haben musste. »Tatsächlich, die Zeitung ist von übermorgen! Das ist ja 'n Ding! ... Was willst du denn für die Zeitung haben, Markus?«

»Ne, ne! Zu verkaufen sind das Buch und die Zeitung nicht! Die gehören ja jetzt zusammen! Vorhin war ein Notar hier, drüben aus der Eselföter Straße. Ich hab mir den Fund schon beglaubigen lassen! Weil ich Dich gut kenne, würde ich Dir das Buch und die Zeitung zur Untersuchung überlassen. Ihr an der Uni habt ja die Möglichkeiten der genauen Datierung. Ich bin Realist und halte meine Entdeckung für unmöglich! Andererseits, was Wahres könnte schon dran sein«, und deutete auf die Schlagzeile. »Ihr werdet das schon rauskriegen! Auf alle Fälle werden wir ja übermorgen sehen, ob alles eintrifft, was dort geschrieben steht. Im Übrigen habe ich schon mal nachgesehen, ob die Lottozahlen drinstehen. Leider Fehlanzeige! Hätte aber sein können!«

So ein plötzlicher Fund bringt oft vieles durcheinander. Noch am Abend machte Berger in seinem Büro eine Arbeitskopie von der Zeitung und schloss alles sicher ein. Er griff zum Telefon. Es kostete ihn einige Überredungskunst, um den Laborchef von der Altersbestimmung davon zu überzeugen, dass er morgen früh mit dem Buch und der Zeitung vorbeikommen konnte.

Als er nach Hause kam, war es schon dunkel geworden. Jetzt noch etwas entspannen und Kraft für den nächsten Tag sammeln, dachte er und schaltete sein Fernsehgerät wieder ein. Der »Brennpunkt« im Ersten lief immer noch oder schon wieder? Na, immerhin gab es keine ernsten Verletzungen! »Gott sei Dank!«, entfloh es seinen Lippen, auch wenn er selbst nicht an Gott glaubte und er vom Arbeitsminister nicht allzu viel hielt. Gewohnheit ist eben Gewohnheit! Einerseits hasste Berger Gewalt, andererseits teilte er die Gefühle des Volkes auf die Regierung. Zu viel war in den vergangenen Monaten und Jahren geschehen, auch für ihn. ... »Angefangen hat die Welle der Gewalt mit der Ohrfeige des arbeitslosen Lehrers Jens Ammoser am 18. Mai 2004«, meinte gerade ein Kommentator. Damit kamen ihm die sich eskalierenden Ereignisse wieder in Erinnerung: die wieder aufflammenden, zunächst friedlich verlaufenden Demonstrationen im vergangenen Frühjahr; die Einbrüche vor allem in Lebensmittel- und Tabakgeschäften; die Knüppelgarden der Polizei und Bundeswehr, wenn Fensterscheiben in staatlichen Einrichtungen und Geschäften zu Bruch gingen...

Seine Frau berichtete ihm oft von Schicksalen, die die Leute ihr im Sozialamt anvertrauten. Das war zwar nicht erlaubt, aber ein Ventil brauchte sie nun mal und bei ihrem Mann konnte sie sich darauf verlassen, dass davon nichts an die Öffentlichkeit drang! An ihre Vorgesetzten brauche sie sich damit nicht zu wenden, meinte sie immer wieder. Die pochten doch immer nur auf die Durchsetzung der Anordnungen, war ihr Argument. Auch eine Möglichkeit, nachts in den Schlaf zu kommen, dachte er sarkastisch! Nur keine falsche Sentimentalität. Im Herbst war seine Frau selber Opfer geworden. Eine Klientin hatte sie unvermittelt mit K. O.-Spray so attackiert, dass sie ihre Tätigkeit vorerst nicht mehr ausüben konnte. Die unüberwindliche Angst, dass so etwas noch einmal passieren würde, machte sie krank!

Gleich 22 Uhr! Höchste Zeit, in der Kurklinik anzurufen! Von dem heutigen Fund musste er seiner Frau unbedingt erzählen. Vielleicht würde sie das etwas aufmuntern und ablenken.

26. April, Mittwoch:

Sichtlich gehetzt und zu spät kam einer der Techniker ins Labor.

»Also det muss ick euch unbedingt erzähl'n!«, wandte er sich an seine Kollegen. »Mene Ische musste jestern zum Arbeitsamt. War wie imma total überfüllt! Plötzlich de Bullen in volle Montur. Alle mussten sich ufn Boden lejen. Auch die, die auf de Eisenbänke saßen, wo de aufpassen musst, dass de kene Hämorrhoiden kriegst, weil dein Arsch niemals warm wird! War nix mit klammheimlich verziehen. Also, so richtich mit Wache an de Tür und so! Zwei von de Bullen fuchtelten nervös mit ihren Empies rum, wenn sich ener bewechte. Also ick kann euch sajen, meine Ische hat richtig Schiss jehabt. ... Und wat war? Ener hat wohl dermaßen de Schnauze volljehabt, von de janzen Fragerei und wat se allet wissen wollten über Vermöjen und so. Is ja schließlich och jar nich so leicht, 'n 16-seitijen Antrach auszufülln! Aba det kennt ihr ja allet! Jedenfalls ham se denn enen Nackten rausjetragen! Und jeschrien hatta, dat jez allet viel schlimmer wär, als bei de Stasi und so! Die hättns wenichtens noch allet im Jeheimen jemacht! Und denn ham se ihm en mitn Knüppel rüberjezogen! Alle wurden verhört und jeda musste allet watta inne Taschen hatte uffn Tisch packen. Und die Kati, wat mene Ische is, hat imma soon Spray mit dem de dir wehren kannst in de Tasche. Musste die nich mit uffs Revier zum Verhör! Nachts um halb drei hamm se se wieda freijelassen. Nich mal nach Haus ham se sie jefahren! Zum Jlück hat se ihr Handy mitjehabt und konnte mir anrufen! Na, denn hab ick se mitn Taxi jeholt. Und jeweent hat se! Ick hab mir ja och schon Sorjen jemacht wo se denn bleibt in de Nacht und so und mit det Handy konnt ick se och nich erreichen! Hat se wohl abstellen müssen! Schlafen konnt ick jedenfalls bis heut morjen nich!«

»Komm, hör auf, hör auf! Immer, wenn du zu spät bist, erzählst du uns irgendwelche Geschichten! Ihr Randberliner kriegt das wohl schon mit der Muttermilch mit!«, meinte ein anderer.

»Eh, det ist de volle Wahrheit, eh! Frach doch mene Ische, Du Piepel!«
»Ja, ja!«, hörte Berger nur noch, während er die beiden unglaublichen Fundsachen übergab. Damit war die Sache wohl abgetan.

Die Techniker nahmen Proben vom Buch und der Zeitung und stellten allerlei langwierige Versuche damit an: Papier- und Staubstruktur, Beimengungen von Chemikalien und so weiter. Am Ende Stand es fest: Das Buch stammte aus der Zeit um 1875. Mit dem Zeitungsfragment war es widersprüchlicher. Einerseits entsprachen Papier und Druckfarbe den heutzutage verwendeten Materialien, andererseits wiesen sie Zersetzungserscheinungen auf, wie sie vermutlich erst nach etwa einem halben Jahrhundert auftreten würden. Dies bestätigte auch die C14-Methode.

Berger holte seine Kopie aus dem Safe und studierte neugierig die »alte, morgige Ostsee-Zeitung«. Hin und wieder machte er sich Notizen. Allem Anschein nach sind Wortwahl und Schreibweise mit der heutigen identisch. Auch die Rechtschreibung entspricht den Regeln der mehrfach reformierten Reform, stellte er fest.

Eine kleine Nachricht ließ ihn noch konzentrierter und hellhöriger werden. Es klingelte. Sein Blick ging zu seiner Schreibtischuhr. Schon halb zwölf, wie die Zeit vergeht, dachte er. Auf Nachfrage über die Sprechanlage meldete sich ein Bote, der das Buch mit der Zeitung und den Bericht der Papieranalyse brachte. Berger überflog den Bericht. Eine wirklich eindeutige Aussage konnten die Kollegen nicht machen. Langweilige Einzelbeschreibungen und die chemische Auswertung folgten, die ihn in diesem Moment nur am Rande interessierten. Vielleicht krieg ich es raus, ob es eine Fälschung ist oder nicht, dachte Berger. Jetzt wollte er aber die kleine Nachricht noch einmal genau unter die Lupe nehmen. Irgendwie kam ihm der Sachverhalt bekannt vor. ... Doch im Moment kam er nicht drauf.

Auf dem nächsten Blatt der Kopie prangte ihm in großen schwarzen Lettern die Überschrift: »Falsche Krankenschwester richtet in Rostocker Uni-Klinik Blutbad an«. Es war ein beklemmendes Gefühl, Nachrichten zu lesen, die jetzt noch keine waren, von Dingen zu erfahren, die noch nicht geschehen sind, ohne sie ändern zu können. Es war wie im Albtraum: Man bemüht sich, vor der Gefahr zu fliehen, ohne dass man von der Stelle kommt, während sich die Gefahr unaufhaltsam nähert. Aber dies war kein Albtraum! Wie, um sich dies zu bestätigen, kniff er sich in die Hand. Es schmerzte! Es war also kein Traum! Alles würde Wahrheit werden, unausweichlich, wenn, ja wenn diese Zeitung recht hatte!

Noch hatte diese falsche Krankenschwester nicht zugeschlagen. Der Zeitung zufolge würde es erst am frühen Abend passieren. Einen Beweis für die Echtheit müsste ihm die Zeitung schon liefern. Bisher waren alles nur Vermutungen! Dem Artikel zu der großen Überschrift entnahm er, dass die Festgenommene in einem ersten Verhör äußerte, dass sie sich am Arbeitsminister für die verfehlten Reformen, die in Wirklichkeit verordnete Armut sei, rächen wollte. Sie und weitere Hunderttausende stürze die Regierung damit in Armut und treibe durch einen dramatischen Kaufkraftrückgang gleichzeitig die Arbeitslosigkeit und Kriminalität drastisch in die Höhe. Zwölf Millionen Deutsche könnten sich nur noch das Nötigste leisten. Zehntausenden wurde gar die Wohnung gekündigt, weil sie die Miete nicht mehr aufbringen konnten. Zum Schluss ihres Geständnisses stellte sie sich auf eine Stufe mit Graf Stauffenberg und es täte ihr leid, dass sie nicht den Arbeitsminister getroffen habe, sondern Unschuldige.

Berger wunderte sich über die Offenheit, mit der dies alles geschildert wurde. In letzter Zeit waren die Polizei und der Staatsschutz nicht so freigiebig mit Informationen gewesen. Ja man hatte sogar den Eindruck einer massiven Einflussnahme. Berger las weiter. Man müsse diesem Terrorismus mit allen Mitteln Einhalt gebieten. Dies schließe auch den Abbau von Persönlichkeitsrechten ein.

Und jetzt fiel Berger ein, woran ihn die kleine Nachricht von vorhin erinnerte. Doch sie war völlig anders begründet. Angeblich hätte es im Arbeitsamt Rostock Gewaltandrohungen gegen Mitarbeiter gegeben. Ein Mann habe sich sogar entblößt und seine Kleider der Angestellten auf den Tisch geworfen und sie sexuell belästigt. Die Geschichte des Technikers! Sieh einer an! Hätt' ich nicht gedacht, dass es wahr wäre, sprach er zu sich selbst. Für ihn schoben sich jetzt mehr und mehr die Zweifel beiseite. Es wurde Berger klar: Als Historiker ist etwas erst Geschichte, wenn es tatsächlich geschehen war.

Es galt nun, einer Amokläuferin im Vorfeld das Handwerk zu legen. Oder durfte man das nicht?! Griff man damit bewusst in die Geschichte ein oder würde man damit etwas noch Schlimmeres heraufbeschwören?

Leichte Zweifel kamen in ihm auf. ... Doch, man durfte, mehr noch, man musste! Welchen Sinn hätte sonst der Fund! Inzwischen war er sogar davon überzeugt, dass die Zeitung gefunden werden sollte. Vieles sprach dafür: der Fundort, die Zeit und die Umstände!

Berger griff zum Telefon und wählte die Nummer der Polizei. Nachdem er seine Geschichte erzählt hatte, wurde der Polizeibeamte sehr ungehalten und drohte ihm mit Anzeige und Inhaftierung wegen Irreführung staatlicher Einrichtungen. Die Polizei hätte nach dem Attentat von gestern schon genug zu tun und könne keine Spinner, die an Wahrsagerei glaubten, gebrauchen. Außerdem sei in den letzten Jahren die Rate der Straftaten steil angestiegen, während das Personal gekürzt worden sei. Die Nerven der Kollegen lägen blank und auch seine. Wenn er was wolle, solle er doch ins Präsidium kommen und dort seine Aussage machen. Es knackte im Hörer und dann hörte er das Amtszeichen. Ärgerlich legte auch er den Hörer auf!

Berger nahm seine Unterlagen und fuhr ins Präsidium. Seine Gedanken gingen auf der Fahrt mit ihm spazieren: Wer so etwas platziert, wollte sicherlich, dass dieser Amoklauf verhindert werden soll. Nur so war es logisch. Nur wer wollte es! Zeitreisen kannte er nur aus Filmen wie »Zurück in die Zukunft« usw. Wer wollte es also, dass diese Zeitung gefunden wird? Er musste durch die Zeiten reisen können, musste sich sehr gut im heutigen Leben auskennen. Er musste Personen und deren Ansichten gut kennen, die Örtlichkeiten und die Bautätigkeiten der letzten 60 Jahre ebenfalls. Er musste auch für die Sicherheit der Nachricht vor Feuer, Ungeziefer und vorzeitiger Entdeckung sorgen. Die Nachricht durfte weder zu früh noch zu spät gefunden werden. Ich hätte diese Nachricht an seiner Stelle mehrfach postiert, um sicherzugehen, fiel es ihm ein. Entweder diese Aliens leben mitten unter uns oder wir werden von ihnen beobachtet. Direkt eingreifen können sie aber auch nicht, sonst hätten sie es selbst verhindert. Vielleicht haben sie Angst vor einer Entdeckung? War unter den Opfern etwa ein neuer Messias? Wie sehen sie aus? Fragen über Fragen. ... Etwa fünfzig Jahre könnte die Zeitung alt sein, steht im Bericht. Was war vor etwa 50 Jahren? Erste Ufo-Sichtungen und der angebliche Absturz eines Ufos in Area 51. Vielleicht ist ja doch etwas Wahres dran und die Amis wollen, so wie es vielfach behauptet wird, die

Technologie der Aliens für ihre selbst geschriebene Rolle als Weltpolizei allein nutzen. Deshalb vielleicht so viel Geheimniskrämerei um Area 51, das es angeblich gar nicht gibt! Das Ankündigungssignal in der Straßenbahn ertönte. Haltestelle Steintor. Aussteigen und Anzeige erstatten, das war jetzt sein Ziel! Oder sollte er erst rüber zum NDR? Nein lieber nicht, die hätten ihn bestimmt ausgelacht!

27. April, Donnerstag:

Das war einer jener Tage, die man am liebsten aus seinem Gedächtnis streichen würde. Der Albtraum pur! Die Aufnahme der Anzeige gestaltete sich als Verhör. Die Nacht hatte Berger im Polizeipräsidium verbringen müssen. Ohne Gürtel und Schuhsenkel ... ohne Telefon und Uhr. Nicht einmal die Uni konnte er benachrichtigen. Die Beamten glaubten tatsächlich, so schlussfolgerte er, dass er die Polizei wegen des Attentats auf eine falsche Spur locken wolle. Man ließ ihn nicht schlafen! Wieder und wieder Verhöre. Vielleicht glaubte man, ihn so weich klopfen zu können. »Ein falsches Geständnis ist besser als ein ungelöster Fall.« Das hatte Berger einmal in einem amerikanischen Krimi gelesen. Gegen morgen erfuhr er, dass eine weitere Anzeige zum gleichen Sachverhalt eingegangen sei. Ohne auch nur die geringste Entschuldigung zu äußern, hatte man Berger dann gegen drei-viertel-elf gehen lassen. Vor der Tür wartete schon die nächste unangenehme Überraschung: Journalisten und Kameras. Hätte man ihn nicht wenigstens vorwarnen können? Oder war dies vielleicht Absicht? Woher wussten sie von ihm? Er fühlte Wut in sich emporsteigen.

Den Umgang mit diesen Leuten war er nicht gewohnt. Woher auch! Historiker verbringen ihre Arbeit im Allgemeinen nicht in der Öffentlichkeit. Klares Denken und logische Schlüsse waren da gefragt! Irgendwie überstand er das Blitzlichtgewitter und die bohrenden, teils anmaßenden Fragen der Reporter.

Sein Bauch machte unüberhörbare Geräusche. Er verspürte plötzlich Hunger. Seine Uhr zeigte 12 Uhr 39 an. Ein paar belegte Brötchen und eine Tasse Kaffee könnte er jetzt gut vertragen. Mehr ließ sein momentaner Bargeldbestand auch gar nicht zu. Man konnte seit einiger Zeit nie sicher vor Taschendieben sein. Und sie wurden immer dreister! Berger steuerte das kleine Eckgeschäft an, dass alte Rostocker immer noch *Kaffee Drude* nannten.

In seinem Kopf schwirrte es. Das erste Brötchen verschlang er hastig, viel zu hastig. Gesprächsfetzen und Bilder der vergangenen Stunden kamen ihm in Erinnerung. Die Uni – schoss es ihn in die Gedanken! Die Uni hab ich noch gar nicht informiert! Er griff zu seinem Handy und wählte die Nummer seines Büros. Kurz informierte er Frau Boldt, seine Sekretärin, dass er heute nicht mehr kommen würde, und bat sie, alles Nötige zu veranlassen. Das Kommen und Gehen im Geschäft bemerkte er fast nicht. Er beschloss, einen Teil des Heimweges zu Fuß zurückzulegen, um einen klaren Kopf zu bekommen.

Seine Schritte lenkten ihn zum neuen Markt. Obwohl Markttag war, entdeckte er kaum Kundschaft. Auch im früher besonders beliebten Kunstgewerbe- und Porzellangeschäft Vitrine sah es nicht anders aus. Fünfzig Meter weiter, im Tabakeck war eine Schaufensterscheibe eingeschlagen. Kommt jetzt öfter vor, stellte er für sich fest. Das war hier schon das zweite Mal in diesem Jahr! Berger machte einen großen Bogen um die polizeiliche Absperrung.

In der Kröpeliner Straße gab es immer was zu sehen und viele Menschen. Geschäftigkeit, wie eh und je, aber sie täuschte! Mehr und mehr Verkaufsstellen priesen mit Ausverkaufsrabatten; vor allem kleinere. Andere wechselten ihre Inhaber und das Sortiment so schnell, dass sich niemand daran gewöhnen konnte. Wieder andere hatten schon seit geraumer Zeit nicht mehr geöffnet; und man sah es ihnen an! Er musste unbedingt mit Markus Engel reden. Doch das Antiquariat war verschlossen. Natürlich, schoss es Berger in den Sinn, heute war ja Donnerstag! Na ja, nicht zu ändern! Ein bisschen Schlaf würde ihm jetzt sicher guttun.

»Guten Abend meine Damen und Herren. Der Rostocker Historiker Steffen Berger hat gestern möglicherweise ein Attentat auf den Arbeitsminister verhindert. Dabei geriet er selbst in den Verdacht, von dem geplanten Attentat gewusst zu haben. Dieser Verdacht konnte inzwischen unter anderem durch zwei weitere Anzeigen ausgeräumt werden. Wegen ›dringendem Tatverdacht' wurde nun eine vorbestrafte 43-jährige Frau gestellt und festgenommen. Unter anderem wurde sie vor einem Jahr wegen

Körperverletzung zu neun Monaten Haft, die zur Bewährung ausgesetzt wurde, verurteilt. Sie hatte eine Mitarbeiterin des Rostocker Sozialamtes mit Reizgas attackiert. Die ehemalige Krankenschwester und dreifache Mutter hatte durch Sparmaßnahmen an der Uni-Klinik im Jahre 2000 ihren Job verloren und hat bis heute keine Anstellung wieder gefunden. Seit Mitte 2005 musste sie mit erheblich weniger Geld auskommen.«

Welche Firma stellt denn heutzutage schon eine alleinerziehende Frau ein, dachte Berger. Derartige Nachrichten waren ihm jetzt zuwider. Sein Handy machte sich mit der Melodie »Also sprach Zarathustra ...« dezent bemerkbar. Er schaltete den Fernseher aus. Es war Markus Engel. »Na klar! Ich komme! Bis gleich!«

Er zog sich eine leichte Windjacke über. Nun kam er doch noch dazu, sich auszuquatschen. Beim Hinausgehen fiel sein Blick auf die Zeitung. »Mysteriöse Warnung verhinderte zweites Attentat«, las er in dicken schwarzen Lettern und dachte dabei an die Schlagzeile der rätselhaften Zeitung. Er atmete tief und erleichtert durch.

Es war angenehm warm geworden in den letzten Tagen. Die Geschäftigkeit des Tages verebbte allmählich. Junges Grün spross in Büschen und Bäumen. Einige Vögel stimmten ihr Abendlied an. Das alles hatte er in den letzen Tagen gar nicht bemerkt. Nur zwischendurch störte ein Auto oder Musik, die aus irgendeinem offenen Fenster drang, die werdende Ruhe. Der Duft von frischen Bratkartoffeln mit Speck und Zwiebeln drang in seine Nase. Dabei kamen Gedanken an seine Frau und Erinnerungen an bessere Zeiten in ihm auf. Nach einer Weile kam der süßliche Geruch von gegorenem Getreide von der Brauerei mit einem leisen Luftzug herüber. Er war am Ziel. Die kleine Gaststätte erreichte man über vier steile Stufen hinauf vom Bürgersteig aus. Den alten dunkelbraunen Kaffeehausstühlen, Bänken und halbhohen Wandvertäfelungen sah man ihr Alter an. Er konnte sich nicht erinnern, hier jemals etwas anderes gesehen zu haben. Es roch, wie es nicht anders zu erwarten war nach frischem Bier und irgendwelchen Speisen. Erwin, der Wirt, inzwischen schon 63 Jahre alt, gehörte schon fast zum Inventar. Markus Engel saß an einem kleinen Tisch mit drei Stühlen. Eine Seite des Tisches war an die Wand gestellt, um genügend Platz für den Gang zu haben. An der Wand eine Leuchte, die ihr mattes Licht auf den Tisch warf. Nur eine weiße

Serviette, auf der eine kleine Vase mit ebenso kleinen Blumen stand, zierten den halbrunden alten Tisch. Bei einem kühlen Bier wollten Berger und Engel den Stress der vergangenen Tage ablegen.

Bald jedoch diskutierten sie hitzig über die Ereignisse der letzten Tage. Darüber, wie die Zeitung in das alte Buch kam und rund ein halbes Jahrhundert dort verblieb, konnten sie nur Vermutungen anstellen. Engel meinte, dass das alles nur ein schlechter Scherz gewesen sein könnte. Dem widersprach Berger und stellte ihm seine Theorie über einen Zeitreisenden vor. Er war über die heftige Reaktion Engels erstaunt. Temperamentvoll und mit einem reichen Redeschwall versuchte er, Berger von diesem Gedanken abzulenken:

»Nein, unmöglich, Steffen! Da lachen ja die Hühner! Soviel ich weiß, müsste dann die ganze Physik auf den Kopf gestellt werden. Und wenn doch, stell Dir doch mal vor, wie sich so einer tarnen müsste: Er müsste irgendeine Apparatur haben, womit er durch die Zeit reisen könnte, und die müsste er dann auch noch vor allen und jedem verstecken, besonders vor den Behörden! Er hätte ständig das Problem bei Lebensläufen und Dokumenten, die ja auch überprüfbar sein müssten. Er würde in ständiger Angst leben müssen, entdeckt oder erkannt zu werden! Ganz zu schweigen von Arbeit, Geld und Wohnung! Nein Steffen! Unmöglich!«

»War ja nur so ein Gedanke, Markus! Aber Du musst zugeben, ein Zeitreisender würde alle Fragen, die sich mit dieser verflixten Zeitung auftun, auf einmal beantworten!«

Erwin kam mit einem Tablett frisch gezapfter Biere und wechselte sie wortlos gegen die leeren aus.

»Erwin, was meinst Du, kann man durch die Zeit reisen?«, fragte Engel, während Erwin zwei weitere Striche auf den Bierdeckelrand machte.

»Weiß der Klabautermann! Aber Ihr seid doch die studierten Leute. Ich weiß nur, dass dies schlechte Zeiten für die Kneiper sind, wenn viele Leute kaum Geld zum Leben haben! Manchmal wünschte ich mir, solche Zeiten einfach überspringen zu können!« Damit ging er weiter.

»Machst Du uns dann die Rechnung?«, rief Berger hinter Erwin her, der schon am nächsten Tisch bediente.

»Kommt sofort!«

Kaum Geld zum Leben! Damit hatte Erwin das Thema angesprochen, das alle Leute bewegte, über das kaum jemand noch sprach und sich immer öfter in Aggressionen ausdrückte! Fast ohne Worte und in sich gekehrt tranken beide ihr letztes Bier. Bevor beide gingen, meinte Engel noch, er sei froh, dass er mit dazu beitragen konnte, einen politischen Mord zu verhindern und dass damit einigen unverbesserlichen Kräften der Wind aus den Segeln genommen wurde. Gewalt sei niemals eine Lösung für Probleme, es gäbe immer auch andere Mittel, um seinem Unmut Luft zu machen.

Engel musste lachen und erinnerte seinen ehemaligen Kollegen an die Aktion der Bauern, die im vergangenen Sommer Dutzende mit frischem Stallmist gefüllte Anhänger vor dem Schweriner Schloss parkten, und die Kassenhäuschen vor allen Eingängen des Rostocker Rathauses! Nur diejenigen Abgeordneten und Senatoren, die einen Obolus entrichteten, kamen hinein, jedenfalls bis die Polizei kam!

Auf dem Heimweg kreisten seine Gedanken immer noch um den unglaublichen Fund und die eindringlichen Worte Engels. So bestimmt hatte er ihn noch nie erlebt.

Ein Geistesblitz ließ Berger innehalten. Auch sein Schritt stockte. Engel? Nein, das war zu abwegig! Aber warum sonst sein ungewöhnliches Plädoyer.

***

August 2012

Unheimlicher Besuch

Hätt mir früher jemand die folgende Geschichte erzählt, hätte ich am Wahrheitsgehalt gezweifelt. Doch ich habe einen unschlagbaren Beweis.

Mit einem guten Buch und einer Tasse heißen Kaffees begann ich im Liegestuhl meinen Urlaub. Endlich konnte ich die Sommersonne ausgiebig genießen. Neben mir nahm ich eine Bewegung wahr, die ich anfangs für den Schatten eines vorbeifliegenden Vogels hielt. Im Nachhinein betrachtet, müsste es wohl dazugehören. Dann hatte ich dieses

Stechen im Kopf! Kurz darauf war ich paralysiert – gelähmt, aber wach.

Paradoxerweise fing mein Kaffeegedeck an, zu schweben. Zuerst begleitet von surrealen Geräuschen wie zur Probe, nur wenige Zentimeter hoch. Es hörte sich ähnlich wie dieser unbeschreibbare Phaser-Effekt an, der in der Siebziger-Jahre-Musik hochaktuell war.

Im nächsten Moment schnellte das Gedeck empor. In geringer Entfernung umrundete es mich mehrmals in allen Richtungen. Der heiße Kaffee!, schrie ich innerlich vorausschauend auf.

Dann konnte ich es sehen: Die Tasse stand umgedreht als Kuppel auf dem Unterteller. Wo war nur der Kaffee? Schließlich schob sich das fliegende Kaffeegedeck genau zwischen Augen und Sonne uns verharrte dort.

Lichtblitze, Lasern gleich, schossen von der Unterseite des Untertellers auf meine Stirn, hinter der der Frontallappen meine Denkvorgänge überwachte. Millionen Gedanken drängten sich hervor. Dann dieser Kopfschmerz. Ich kniff die Augenlider zusammen.

Als ich sie wenig später öffnete, lag ich in einem Krankenzimmer. Ich rieb mir die Augen und schloss sie erneut, in der Hoffnung, dann wieder in der Sonne zu liegen. – Falsch gedacht!

Auf meiner Stirn entdeckte ich am Abend eine kleine, mir unbekannte Narbe. Genau an jener Stelle trafen mich die Lichtblitze. Von wegen ›halluzinierender Hitzeschlag‹! Die konnten mir ja sonst was erzählen!

***

Januar 2017

Mitten in der Story

Peter Emsigkeit hatte schon immer einen guten Riecher für eine gute Story. Aber an diesem Tag sollte er sich selbst übertreffen. Als er seine Kamera an jenem 8. Oktober des Jahres 2016 wie immer auspackte und aufs Stativ stellte, ahnte er nicht, dass die Story bereits begonnen hatte.

Die Straße war an diesem Samstag-Vormittag kaum belebt und der Himmel leicht verschleiert. Das ließ das Wetter sonnig erscheinen, machte jedoch die Schatten weicher. Es war wie geschaffen für sein Vorhaben, die restaurierte Fassade eines Jugendstil-Gebäudes im goldenen Herbstlicht aufzunehmen. Er richtete seine Kamera aufs Motiv. Ein Bein des Stativs gab plötzlich nach. Er korrigierte und löste in einem geeigneten Moment eine Serienaufnahme aus. Der Signalgeber in der Digitalkamera imitierte fünfmal das Auslösen der Belichtung und das motorische Weiterspulen des imaginären Films. Als Peter gerade ausgelöst hatte, nahm er im Augenwinkel einen Pkw wahr, der eine Person erst auf die Motorhaube und dann auf den Asphalt schleuderte. Bremsen quietschten. Mit einem Knall öffnete sich der Airbag. Stillstand. Der Verkehr erstarrte, genauso wie Peter. Eine Metallscheibe rollte auf ihn zu. Geistesgegenwärtig trat er mit seinem Schuh drauf. Später hob er sie auf. Es war eine Münze und er steckte sie in seine Jackentasche. Inzwischen eilte ein Passant der auf dem Asphalt liegenden Frau zu Hilfe. Für ihn blieb nur, mit dem Smartphone den Notarzt zu rufen und danach die Kamera in Sicherheit zu bringen, bevor sie Schaulustige möglicherweise umrissen. Wo war die Frau hergekommen? Sie war jung, keinesfalls älter als 30 Jahre. Irgendetwas störte ihn. Hier stimmte etwas nicht. Der nackte Fuß ihres angewinkelten Beines lag unmittelbar vor dem Vorderrad. Unwillkürlich kniff er die Augenlider für einen kurzen Moment fest zusammen, so als ob er den Schmerz selbst spürte. Jemand rief, dass die Frau nicht ansprechbar wäre und wo denn der verdammte Krankenwagen bliebe. Wie aufs Stichwort wurden die Sirenen der Notfallfahrzeuge in der Ferne hörbar. Schnell wurden sie lauter.

›Schnell noch eine Bilderserie aus der Nähe aufnehmen, bevor Polizei und Notarzt das Fotografieren unterbanden‹, hämmerte es in Peter. Er arbeitete schließlich für eine Zeitung. Einige Meter weiter entdeckte er die Holzpantine. Ihre Füße waren nackt. Ein Foto von der verunglückten Frau mit dem Holzschuh im Vordergrund machte die Wucht des Unfalls erlebbar.

Für eine Aussage meldete sich Peter im Fahrzeug der eben eingetroffenen der Polizei. Er bot den Speicherchip der Kamera unaufgefordert den Beamten an. Es war ein ungeschriebenes Gesetz, dass er dafür vorrangig mit weiteren Informationen rechnen konnte. Das Kopieren durfte nur in der KTU durch die Computer-Forensiker vorgenommen werden, hieß es. Das hatte Peter nun von seiner Hilfsbereitschaft.

Sein weiteres Vorgehen hing vom Ausgang des Dramas ab.

Die entstandene Situation musste er einfangen und die Details festhalten. Bis feststand, dass die Frau ins städtische Krankenhaus gebracht wurde, sprach mit den Leuten und notierte sie.

»Sind Sie ein Angehöriger von Frau Moll?«, wurde Peter von einer resoluten Krankenschwester befragt, als er sich nach dem Unfallopfer erkundigte. »Irgendwo habe ich Sie schon gesehen und ich habe kein gutes Gefühl dabei gehabt!«

Peter fühlte sich beleidigt. Musste er ausgerechnet an diesen Drachen geraten? Das konnte nur die Oberschwester sein.

»Ich bitte Sie, Oberschwester ...«, und las ihr Namenschild. »... Gerda.«
Gerda, bei diesem Namen konnte sie nur Oberschwester sein.

»Schwester reicht völlig! Ach, jetzt weiß ich es wieder! Sind Sie nicht dieser Reporter Emsigkeit?«

»Sie haben mich ertappt, Schwester Gerda.« Peter zog entschuldigend die Schultern hoch, lächelte und klopfte mit den Handflächen verlegen gegen seine Jacke. Was war das? Was hatte er da in der Tasche? Es fiel ihm wieder ein! Die Münze, der Taler, der ihm am Unfallort vor die Füße gerollt war! Vielleicht konnte er damit Schwester Gerdas Herz erweichen! So harmlos, wie er tat, war er nicht. Peter musste grinsen.

Während Peter in seine Tasche griff, meinte er: »Sehen Sie, ich habe da etwas in der Tasche, das ich gern persönlich Ihrer Frau Moll wiedergeben möchte.« Er öffnete seine Hand. »Dieser Taler, vermutlich ein Sammlerstück, gehört Frau Moll«, wagte er sich vor, »Wir Reporter sind eben nicht immer nur Schmierenreporter, sondern im Grunde gute und ehrliche Menschen! Wir machen alle nur unsern Job, genau wie Sie, Schwester Gerda und Sie im Besonderen! Ich habe die größte Hochachtung vor Ihrem Beruf.«

Wenn er Glück hatte, ließ sie sich mit dieser Schmeichelei erweichen.

Hörbar atmete sie ein und aus. »Na ja, meinetwegen« hätte sie gar nicht mehr sagen brauchen. Trotzdem schien ihr noch etwas auf dem Herzen zu liegen.

»Vielleicht erreichen Sie ja etwas. Außer ihrem Namen, Martha Moll, haben wir noch nichts Sinnvolles aus ihr herausbekommen. Denken Sie,

Herr Emsigkeit, sie wollte uns doch tatsächlich weismachen, dass sie im Januar 1886 geboren wurde. Damit wäre sie jetzt 130 Jahre alt. Dass ich nicht lache! Also ich persönlich würde sie auf höchstens 30 schätzen, allerhöchstens! Und Sie können mir glauben, dass ich bei meinen Schätzungen selten um mehr als ein oder zwei Jahre danebenliege. Und in diesem Falle glaube ich, dass sie eher jünger als älter ist. Mit dem Geburtsjahr 1986 könnte das geradewegs noch so hinkommen. Als ich sie damit konfrontierte, sah sie mich nur mit offenem Mund verständnislos an. Im Vertrauen, Herr Emsigkeit: Sie ist übrigens im dritten Monat schwanger. Und was sie anhatte! Meine Güte, selbst meine Oma hätte solche Sachen nicht angezogen.«

»Weiß sie es schon?«

Die Krankenschwester schüttelte den Kopf. »Wohl nicht. Sie macht sich Sorgen, dass sie den Krankenhausaufenthalt nicht bezahlen könne. Mehr Geld, als sie bei sich habe, habe sie nicht. In diesem Zusammenhang vertraute sie mir an, dass ihr Mann vor sieben Wochen auf einer Baustelle ums Leben gekommen sei. Sie habe sie keinerlei Einkünfte. Auch die Wohnungsadresse, die sie mir angab, gibt es natürlich auch nicht. Für mich sagt das alles, Herr Emsigkeit, alles!«

In Peters Gehirn arbeitete es: Also kam ein Selbstmordversuch in Betracht und sie wollte aus irgendeinem Grunde nur verschleiern, wer sie in tatsächlich war. Sie hatte wohl nicht an eine DNA-Analyse gedacht, oder an die Fingerabdrücke, die jetzt bei jedem neuen Ausweis gespeichert wurden. Aber so offensichtlich zu lügen ...? Er wiegte den Kopf leicht hin und her. Er musste unbedingt herausfinden, welchen Grund sie hatte.

»Hatte sie denn Ausweispapiere dabei?«

»Nein, und und auch keine Kranken-Chipkarte, kompliziert, so etwas abzurechnen!. Erst einmal muss sie gesund werden! Das ist das Wichtigste. Die Kripo habe ich schon vertrösten können. Vom Unfall selber hat nur eine Verstauchung davongetragen und sich die Rippen geprellt, na, und etliche Hämatome und sich an Armen und Beinen die Haut abgeschürft.. Ach ja, sowie die große Beule am Hinterkopf, die war wirklich nicht mehr lustig. Ich bin davon überzeugt, dass sie eine Gehirnerschütterung erlitten hat; aber Frau Doktor will ja nichts davon wissen«, klang sie beleidigt. »Frau Moll hat einen großen Schutzengel gehabt! Vielleicht bekommen Sie als Mann ja mehr aus ihr heraus, Herr Emsigkeit«, wiederholte sie sich. »Unseren jungen Azubi musste sie jedenfalls gleich anlächeln, obwohl sie es zu verbergen versuchte.«

Beide gingen den Korridor noch ein Stück schweigend entlang, während Peter das Gehörte in sich wirken ließ.

Die Schwester blieb stehen und öffnete eine Tür. »Hier liegt sie!«, und an Martha gewandt: »Frau Moll, Besuch für Sie.«

Peter betrat das Krankenzimmer. Ihr bis zum Oberschenkel geschientes Bein lag auf der Bettdecke. Hastig versuchte sie, es unter die Bettdecke zu schieben.

»Guten Tag, Frau Moll. Emsigkeit mein Name, Peter Emsigkeit.«

Trotz ihrer misslichen Lage empfand Peter Martha Moll sie sehr anziehend. Sein Blick fiel sofort auf ihre kleinen Grübchen, die selbst jetzt zusehen waren. Er streckte ihr die Hand zu Begrüßung entgegen.

Aus ihren Augen sprach Angst, panische Angst. Sie ignorierte Peters Hand und zog stattdessen ihre Bettdecke wie zum Schutz bis unter die Nase.

»Habe kein Geld. Bitte lassen Sie Gnade walten, sehr geehrter Herr. Wie sie sehen, kann nicht laufen. Bezahle alles, wenn das Bein wieder ganz. Gnade, mein Herr, bitte lassen Sie Gnade vor Recht ergehen!«, winselte sie.

Tränen liefen über ihre Wangen.

»Bitte beruhigen Sie sich doch, Frau Moll. Ich bin nicht gekommen um von Ihnen Geld zu holen, ganz im Gegenteil: Ich bringe ihnen Ihr Eigentum, sicher ein Sammlerstück, zurück.« Dabei holte er den Taler aus seinem Jackett und zeigte ihn ihr. »Den müssen Sie während des Unfalls verloren haben. Er rollte mir direkt vor die Füße.«

Emsigkeit legte ihr den Taler in die Hand und drückte ihre Finger darüber.

Martha entspannte sich und griff unter ihr Kopfkissen. Sie holte einen brauen Lederbeutel hervor und zog das Lederband weit auf. Darein ließ sie ihren Taler gleiten. Peter konnte einen kurzen Blick in den Geldbeutel erhaschen. Unter den wenigen Münzen entdeckte er zwei Exemplare einer Goldmark. Zum ersten Mal hatte er den Eindruck, dass hier etwas Paradoxes passierte. Goldmark, das waren beliebte Sammlerstücke, und sie hatte gleich zwei dabei, einfach so! Erst neulich hatte er eine Reportage über die Numismatiker des Kreises gemacht. Und jetzt wusste er auch, was ihn störte, als er Martha zum ersten Mal sah.

Die Tränen rollten weiter, aber sie machte dazu ein glücklicheres Gesicht.

»Bin Ihnen zu größtem Dank verpflichtet, gnädiger Herr. Danke, danke und nochmals danke.« Mit der rechten Hand deutete Martha mit einer galanten Bewegung ihre Unterwürfigkeit an, so gut es eben im Krankenbett ging. »Brauchen Sie eine Haushaltshilfe oder Magd? Sind Ihnen vier Mark den Mond zuviel, mein Herr, plus Kost und Logis? Habe keine großen Ansprüche.«

Peter stutzte. Wie sprach die denn? Gnädiger Herr ... Habe keine großen Ansprüche ... plus Kost und Logis ... Sie vermied das Wort ›Ich‹ wie der Teufel das Weihwasser. Entweder, sie war Schauspielerin oder? Er wusste es auch nicht. Es war einfach surreal. Nein, so etwas gab es nicht. Vielleicht hatte die Schwester doch mit ihrer Vermutung recht ... andererseits ... Peter schob den aufkommenden Gedanken beiseite. Seine Theorie von der Numismatikerin fiel in sich zusammen wie ein Hefeteig, der kalte Zugluft abbekommen hatte.

»Bitte beruhigen Sie sich doch, Frau Moll. Ich möchte mich nur ein wenig mit Ihnen unterhalten.« Dass er keine Haushälterin brauchte, hielt er zurück. Womöglich würde sie das unglücklich machen oder verstockt, und das stand seinem Informationsbedürfnis arg im Wege. Wie sollte er ihr sein Dasein erklären? Diese Augen, diese Grübchen! Er scheute sich davor, ihr den wahren Grund seiner Anwesenheit zu verheimlichen.

»Sehen Sie, ich bin Reporter der örtlichen Zeitung. Ich möchte gern von Ihnen ganz einfach wissen, wie Ihr Tag so verlaufen war. Gestern, an dem Sie den bösen Unfall erlitten, der sie hier ins Krankenhaus brachte.«

»Ins Hospital, ja, kenne Reporter. Bei der Beerdigung meines lieben Mannes war auch einer da, und sogar der Bauherr. Ein Sozi-Hasser«, stieß sie voller Passion hervor. »Habe nie erfahren, warum er gekommen war. Besser, er wäre nicht gekommen. Sein Beileid war geheuchelt. Konnte die Beisetzungdas Begräbnis kaum begleichen. Stellen Sie sich mal vor, der Küster wollte 73 Mark dafür von mir. Fast einen gesamten Monatslohn meines Dahingeschiedenen. Dabei war der Bauherr an dem Unfall meines lieben Mannes schuld. Wenn er wenigstens für die Kosten aufgekommen wäre! Er hat immer wieder die Baukosten gedrückt, wie mein Mann mir erzählte. Er hatte gedroht, den Baumeister zu legen, wenn er nicht mitmachen würde.«

Sie verachtete ihn. Das war ganz deutlich in ihrem Gesicht zu sehen. Zu legen, also in den Konkurs zu treiben oder so ähnlich, übersetzte er den alten Ausdruck für sich. Peter riss sich von diesem Gedanken und den aufkommenden Assoziationen los.

»Das tut mir sehr Leid, Frau Moll. Herzliches Beileid auch von mir zum Ableben Ihres Gatten.«

»Danke, mein Herr. Sie sind zu freundlich zu einer schwangeren Witwe. Ihnen glaube ich die Anteilnahme, obwohl ich Sie doch gar nicht kenne. Gott möge Ihre Freundlichkeit vergelten.« Dabei legte sie ihre warme Hand ehrfurchtsvoll auf seinen Handrücken.

Peter war nicht bekannt, dass es in der letzten Zeit einen tödlichen Bauunfall in der Gegend gegeben hatte. Wenn man ihre Ausdrucksweise einbezog, musste sie in einer längst vergangenen Zeit leben. Was war die Ursache dafür? Mit einem Mal taten sich Tausende Fragen auf. Und dann kamen da ja noch die Fotos dazu, die er nur kurz auf dem kleinen Bildschirm der Kamera gesehen hatte. Auf ihre gedanklichen Vorstellungen musste er sich mindestens vorübergehend einlassen, wollte er mehr erfahren.

»Und was haben Sie an dem Tag gemacht, an dem Sie diesen, diesen Unfall hatten?«

Er musste sie anlächeln.

»Habe so einen Tag bisher noch nicht erlebt. Mein Brot war ausgegangen. Musste zum Bäcker, ein frisches holen. Es tat weh, grad zum Bäcker Garbe zu gehen, wo doch mein lieber Mann gegenüber zu Tode gestürzt war. Wissen Sie, beim Bäcker Garbe gibt es ein frisches Drei-Pfund-Roggenbrot immer noch für 33 Pfennig, wo die anderen schon mehr als 38 verlangten. Überlegen Sie mal: 38 Pfennig für ein einfaches Roggenbrot. Ich finde, das ist Wucher. Mein lieber Mann hatte wirklich gut als Polier verdient. 21 Mark die Woche. Die Handlanger hatten ja noch nicht einmal 14! Wer gut arbeitet, der soll auch gut essen, hat mein seliger Mann immer gesagt. Oft musste ich ihm dann viele Stullen zum Mitnehmen schmieren.«

Ihre Augen baten um Bestätigung und Peter nickte dazu.

Immer wieder driftete Martha ab. Es war schwer, sich die unerwünschten Ausschweifungen nicht anmerken zu lassen. Auf keinen Fall wollte er sie verletzen. Außerdem: Die Krankenschwester war schlecht informiert. Martha wusste von ihrer Schwangerschaft.

»Ihr Mann war ein guter Mensch, Frau Moll. Sie sind also zum Bäcker, an diesem Tage!«

»Ja, da kamen wieder Pferdekutschen angerattert! Wissen Sie, wenn die mit ihren eisenbeschlagenen Speichenrädern auf der Straße über dir Pflastersteine rollen, kann man beim Bäcker oft sein eigenes Wort nicht verstehen. Das kennen sie doch auch.«

Nein, das kannte er nicht. Peter rollte mit den Augen. Er nickte abermals und brummte ein Mmh.

»Ich sage also, als dieses Rumpeln vorbei war: Ein Roggenbrot bitte. Da keins mehr im Laden war, ging Frau Garbe in die Backstube, um welche zu holen. Wissen Sie, Frau Garbe ist immer sehr gefällig. Sie hat mir in den schweren Stunden des Abschieds von meinem lieben Mann immer Mut zugesprochen. Hin und wieder verkaufte sie mir ein übrig gebliebenes Brot für den halben Preis. Besonders zum Wochenende hat mein Mann immer mehr Stullen zur Arbeit mitgenommen.«

»Frau Garbe ist also Brot aus der Backstube holen gegangen. Was ist dann passiert?« Peter musste sich anstrengen, freundlich zu bleiben.

»Was dann passiert ist? Mein Gott! Holte meinen Geldbeutel aus dem Korb und sah, dass ich keine 33 Pfennig mehr in kleinen Münzen hatte. Mein Taler, mein letzter Taler, der noch von meinem lieben Mann stammte, musste für das Brot herhalten. Tat es und wollte ihn auf den Ladentisch legen. Jäh tat sich der Fußboden unter mir auf. Lag plötzlich auf der Straße. Ein entsetzlicher Schmerz durchfuhr unvermittelt mein Bein. Weiß auch nicht, wie auf die Straße gekommen. Bestimmt kommt es daher, dass geschlagen bin, mit dem Kopf auf das Pflaster? Alles sah dort völlig fremd, aber gleichzeitig vertraut aus. Plötzlich standen Häuser, wo vorher keine standen, und war ein Park, wo vorher alles zugebaut worden war. Können Sie sich das erklären? Wurde langsam ohnmächtig. Konnte nicht dagegen an. Wissen Sie, mein lieber Mann, Gott hab ihn selig, hat an fast all den Häusern mitgebaut. Er war neun

Jahre älter. Wohnten nicht weit davon. Konnte mir unsere Wohnung nach seinem Tod nicht mehr leisten und bin in die Kellerwohnung ins Hinterhaus umgezogen.« Die letzten Worte gingen in Tränen über. »Wer konnte denn damit rechnen.«

»Es tut mir wirklich leid, was Ihnen da widerfahren ist.« Peter berührte sie tröstend am Oberarm. »Die Krankenschwester hat mir erzählt, dass Sie im Januar geboren wurden.«

Martha nickte aufmerksam. »Ja, am 13. Januar 1886 in Reddelich. Ich sage das absichtlich so genau. Die Schwester erzählt nämlich Dummheiten. Sie meinte, wir hätten jetzt das Jahr 2010, wenn richtig in Erinnerung! Habe zuerst darüber gelacht. Sie meinte es wohl ernst. Ungebildete Leute lacht man nicht aus, man hilft ihnen! Einer Verletzten kann man ja so etwas erzählen, wenn sie ans Bett gefesselt ist«, bemerkte sie verächtlich und blickte Peter beschwörend in die Augen.

»Habe viel mit meinem Mann über das Häuserbauen, Architektur und auch über die Arbeiter gesprochen. Er wollte auch Baumeister werden. Haben dafür gespart. Er sah nichts Widersprüchliches darin, dass alle satt zu essen hatten, besonders die Handlanger. Ohne die haben die Maurerkellen nichts zu arbeiten.«

Das klang echt! Alles, ihre Trauer und vor allem das Geld, das sie bei sich hatte, passten zur Jahrhundertwende. Es galt als unanständig, sich selbst mit dem Wort Ich hervorzutun. Sie glaubte offenbar, was sie sagte. Peter setzte sich die Brille auf und machte sich Notizen. Er musste Martha auf die Probe stellen.

»Bitte entschuldigen Sie, Wissen Sie, welches Datum wir heute haben?«, fragte er und blickte sie über seinen Brillenrand an.

Sie lächelte. Sie sah wirklich schön aus, wenn sie lächelte. Sie hatte wache Augen. In ihre Grübchen hatte er sich schon verliebt.

»Noch nie hat mich ein Mann um Entschuldigung gebeten. Sie sind ein richtiger Gentleman.« Sie machte eine Pause. »Das Datum, ja, natürlich! Heute ist Mittwoch, der 1. November 1905«, betonte sie die Jahreszahl. »Gestern Mittag, am Reformationstag, hat man mich hierher ins Hospital gebracht«.

Trotz der Erinnerung an ihren Unfall blieb ein leichtes Lächeln auf ihrem Gesicht bestehen.

»Danke. Erzählen Sie mir noch, was Sie sahen und dachten, als sie wieder zu Bewusstsein kamen, Frau Moll?«

»Das war in diesem fahrenden ... Krankenzimmer. Glaubte, gleichsam zu schweben, als es durch die Straßen fuhr. Habe den Motor nicht knattern hören. Stellen Sie sich vor«, begeisterte sie sich, »es war dort drinnen taghell und warm, ohne dass große Fenster drin wären. Hatte zunächst Angst, aber der Doktor meinte, das brauche ich nicht. Die Schmerzen ließen schnell nach. Bald darauf interessierte mich die Einrichtung. Sie war weder aus Holz noch Metall, hatte einen Glanz von ... von kostbarer, feiner Seide. Die Einrichtung mit all den Schubladen und Klappen faszinierte mich.«

Sie zögerte einen Augenblick. Ihre Augen gingen schnell hin und her, so, als suche sie einen Vergleich. »Selbst auf Bildern vom Schloss seiner ›Königlichen Hoheit‹, dem Großherzog, hatte ich so ein Material nicht gesehen.« Sie legte eine kleine Pause ein. »Die Häuser, die ich durch das hintere Fenster sah, haben mir überhaupt nicht gefallen. So eine plumpe Architektur konnte ich mir bis gestern nicht einmal im Traum vorstellen. Selbst die Hochhäuser in New York sind schöner.« Sie schüttelte den Kopf. »Auch meinem lieben Mann hätte es nicht gefallen. Nein! Fühle mich auch hier im Krankenzimmer nicht richtig wohl. Viel zu einfach sind die Macharten. Kein bisschen Schick, kein Schnörkel, woran sich kann das Auge erfreuen. Aber die Leute, die mich hier betreuen, sind nett und fürsorglich, auch wenn sie sich kaum Zeit nehmen. Sie sind immer in Hast.«

Sie winkte Peter näher an sich heran und flüsterte: »So unzüchtig mit unbedeckten Knien und ohne Haube kann man doch nicht im Hospital herumlaufen, Herr Emsigkeit! Dass der Chefarzt nichts sagt ...?«

Peter scheute sich, ihr zu sagen, dass heute nicht Mittwoch, der 1. November 1905 war, sondern die Zeitrechnung bereits das Jahr 2016 schrieb und es Samstag der 9. Oktober war. Der Gedanke an einen Suizid war für ihn vollständig vom Tisch.

Die Frage zum Personal ließ Peter unbeantwortet. »Das war es schon, Frau Moll. Ich wünsche Ihnen eine gute Genesung. Auf Wiedersehen!«

Peter stand auf und reichte ihr die Hand. Diesmal verschmähte sie seine Hand nicht. Er suchte noch einmal ihre Grübchen und glaubte, Traurigkeit zu erkennen.

In dieser Situation tat er etwas, dass er vergleichbar noch nie getan hatte: Er versprach, morgen am Montag wiederzukommen. Er wusste nicht, ob hier der Wunsch der Vater des Gedankens war: Sie hielt seine Hand länger als üblich fest, lächelte und zeigte zum Abschied noch einmal ihre Grübchen.

Peter musste beim Verlassen des Krankenhauses noch immer an Martha denken, als eine SMS ihn aus der Träumerei riss. Der Speicherchip sei nun kopiert, teilte man ihm mit und dass er sich den Chip im Kommissariat abholen könne. Er überlegte, was er fotografiert hatte und welche Bilder er schon gelöscht hatte. Sicher konnten sie so etwas wieder herstellen. Trotzdem war der Gedanke müßig. Er schlug den Weg zum Polizeipräsidium ein.

Auf dem anschließenden Weg nach Hause übertünchten die Ereignisse um Martha im Krankenhaus den Ärger mit dem Speicherchip. Ihn beschäftigte die Frage, woher Martha so urplötzlich vor den Pkw kam. Unbewusst schüttelte er den Kopf. So wie sie jetzt Anfang Oktober angezogen war, hob sie sich deutlich von den übrigen Passanten ab. Sie war in Holzpantinen und ohne Strümpfe unterwegs. Nahezu jedem Passanten hätte sie auffallen müssen. Aber niemand hatte sie vorher gesehen, meinte der Kommissar. Auch er konnte sich beim besten Willen nicht an die Frau unter den Passanten erinnern. Das musste noch nichts heißen. Er hatte seine Aufmerksamkeit der Kamera und der Fassade gewidmet. Ein unbestimmter Gedanke kam ihm, den er noch nicht formulieren konnte.

Peter Emsigkeit liebte keine halben Sachen. Inzwischen war er sich über den Zeitpunkt ihres Auftauchens vor dem Pkw relativ sicher. Bevor er seinem Chefredakteur auch nur eine Andeutung über die Story machen konnte, musste er sich so sicher wie möglich sein. Vielleicht hatte seine Kamera in einer der Aufnahmeserien erfasst, woher sie kam. Immerhin schoss sie innerhalb von drei Sekunden fünf Bilder. Er rechnete schnell nach. Das waren 30 Zehntel-Sekunden geteilt durch 5 Bilder, also wurden die Fotos alle 0,6 Sekunden aufgenommen. Da er die Fassade fotografieren wollte, erfasste sie einen so großen Bereich, in den sie sich auf keinen Fall hätte unbemerkt ins Bild schmuggeln können. Dass sie schneller als zehn Sekunden auf 100 Metern gelaufen und dann noch entspannt war, musste er ihr nicht zutrauen. Das war unmöglich!

Inzwischen hatte Peter den Speicherchip in die Kamera gesteckt und sie an seinen Computer eingestöpselt. Normalerweise wurden die Fotos automatisch in die entsprechenden Ordner überspielt. Doch es tat sich nichts! Peter lief der kalte Schweiß herunter. Warum funktionierte es nicht wie? Er überlegte: Verflucht, das war nicht der Original-Chip! Mit zittrigen Fingern fummelte er den Chip aus der Kamera und steckte ihn in den dafür vorgesehenen Schlitz in seinem Computer. Banges Warten. Wenn die Bilder nun weg waren? Erleichterung. Es funktionierte! Nachdem er gesehen hatte, dass alle Dateien vorhanden waren, beschloss er, dem nicht weiter nachzugehen. Im Zweifelsfalle würde er alles abstreiten ... Noch mal Glück gehabt. Der Schweiß hörte auf, ungehemmt aus den Poren zu dringen.

Peter öffnete sein Bildbearbeitungsprogramm, wählte die Ordner und Dateien aus und ließ sie sich anzeigen. Alle angewählten Fotos öffneten sich in überlappenden Fenstern. Die LED-Lampen am Computer blinkten aufgeregt. Wie lange brauchte sein PC denn noch? Dann war es so weit. Zu oberst war die letzte Aufnahme mit der teilweise unter dem Pkw liegenden Frau.

Peter interessierte jetzt aber mehr, woher Martha gekommen war und warum sie niemand vorher gesehen hatte, wie ihm einer der Polizisten am Unfallort anvertraute. Bis auf die fünf Bilder der ersten Serie minimierte er alle Fotos und ließ sich die verbliebenen der Reihe nach anzeigen. Auf dem letzten Foto sah er sie bereits am Boden liegen, auch das vorletzte zeigte dieses Bild fast unverändert. Aber was war der kleine helle Fleck auf der Straße? Er verglich. Auf dem vorherigen Bild war er nicht zu sehen. Er zoomte den Bildausschnitt. Auch die höhere Auflösung brachte ihm keine neue Erkenntnis. Auf dem mittleren sah Peter sie stürzen. Nein, von der Seite hatte der Fahrer sie nicht angefahren, sondern von vorn! Wenn sie aber von vorn gekommen war, hätte sie der Fahrer eher sehen müssen. Sie wäre viel länger in seinem Blickfeld gewesen, und damit auch auf dem Foto ...

Voller Ungeduld betrachtete Peter intensiv die zweite Aufnahme. »Die steht ja!«, rief er aus, »Sie steht auf der Stelle und sieht den PKW nicht kommen! Eigenartig!« Er versuchte, sich in das Foto hineinzudenken. Irgendetwas Blankes oder Weißes schien sie mit der rechten Hand aus einem kleinen Beutel zu ziehen. Ihr Blick war geradeaus gerichtet, ihre

Gesichtszüge entspannt und doch aufmerksam. Sie hätte das Fahrzeug doch sehen müssen. Wollte sich die Frau doch umbringen?

Er hatte sie im Krankenhaus gesprochen. Nein! Peter glaubte auch jetzt nicht daran. Er zoomte näher heran. 200 Prozent war in der Anzeige zu lesen. Vor allem passten dann die entspannten Gesichtszüge nicht dazu. Ihr Gesicht ließ keinerlei Stress erkennen. Nein, nicht die Bohne! Peter stand auf und stellte die Pose von Martha nach, um herauszubekommen, was sie in diesem Moment fühlte. Das machte er immer so, wie er es bei Paul Ekman und Thorsten Havener gelesen hatte. Das funktionierte, funktionierte immer! Er verglich noch einmal Marthas Pose und seine. Er horchte und fühlte nach innen. Nein, Stress empfand er nicht. Peter blieb noch eine Weile in dieser Position und wartete, welche Signale ihm sein Körper noch senden würde. Er sah auf ihre Hände. »Bezahlen!«, rief er aus. »Sie bezahlt irgendetwas! Das Brot vielleicht, von dem sie sprach? Das könnte es sein! Aber, warum auf der Straße?«

Das warf mehr Fragen auf, als es beantworteten konnte. Die Gehirnerschütterung, wie Schwester Gerda meinte? Doch wie war sie, die Frage blieb, so schnell auf die Straße gelangt? Niemand hatte sie vorher gesehen. Aufschluss gab vielleicht das erste Bild der Serie ...

Das erste Bild gab auch keinen Aufschluss. Leider. Vielmehr machte es den ganzen Vorgang noch undurchsichtiger. Außer dem rekonstruierten Gebäude war nur noch die Motorhaube des späteren Unfallfahrzeuges zu erkennen. Durch das Nummernschild konnte er das Auto verifizieren. Aber von Martha gab es nicht die Spur. Irgendwann in der nächsten halben Sekunde musste sie vor den Pkw gekommen sein. Er ließ sich die Exif-Daten der Foto-Serie anzeigen, in denen wichtige Aufnahmedaten mit jedem Bild durch die Digitalkamera gespeichert werden. Alle Bilder lagen exakt 0,59 Sekunden auseinander. Wie kam also die Frau innerhalb von etwas mehr als einer halben Sekunde völlig entspannt vor den Pkw, um sich anschießend umfahren zu lassen? Ein Hineinlaufen war durch den großen Bildausschnitt jedenfalls unmöglich. Auch die Geschwindigkeit des Pkw passte. Um ganz sicherzugehen, nahm er sich vor, die Kamera demnächst in einer Fachwerkstatt überprüfen zu lassen.

Diesen Zustand der Widersprüche konnte Peter Emsigkeit nicht einfach auf sich beruhen lassen. Auch wenn es nicht logisch war: Die Bilder zeigten ihm, dass sie offenbar mit einer Münze irgendetwas bezahlen wollte, möglicherweise das Roggenbrot. Fiel ihr beim Unfall diese Münze aus der Hand und rollte ihm vor die Füße? Schon, weil dieses Szenarium irgendwie nach einer Vorsehung aussah, wollte Peter es sogleich verwerfen. Aber was hatte er sonst? Peter Emsigkeit lehnte sich zurück und schloss die Augen. Was hieß das alles?

Peter hatte eine Idee. Er loggte sich ins Katasteramt der Stadtverwaltung ein. Er suchte sich die städtebauliche Entwicklung heraus, die in diesem Gebiet in den letzten hundert Jahren geschehen war. Was er sah, verschlug ihm die Sprache: An der Stelle des Unfalls stand früher eine Bäckerei. Tatsächlich!

Wenn man die Fotos des Unfalls, die städtebauliche Entwicklung, den Taler und die Aussagen von Martha zusammennahm, konnte es nur einen logischen Schluss geben. Dieser Schluss aber widersprach dem täglichen Leben so gewaltig, dass man ihn besser nicht im Ernst aussprach.

Peter ließ trotzdem nicht die Finger von diesem Gedanken und dieser Story. Er hatte einiges erfahren, was weiterhin der Überprüfung bedurfte. Zum Beispiel das Datum, an dem aus Marthas Sicht ihr Unfall geschehen war: Dienstag, der 31. Oktober 1905.

Druck-Erzeugnisse werden seit ihrem Aufkommen archiviert. Das spurlose Abhandenkommen einer Person ist etwas Außergewöhnliches. Trotzdem gibt es viele Beispiele, wie beispielsweise im Jahre 2011 dieser schwedische Regisseur, auf dessen Namen er in diesem Augenblick nicht kam. Wenn es wahr ist, was Martha ihm erzählte, ist dieses Ereignis ganz bestimmt in den Gazetten jener Zeit ausgeschlachtet worden. Er brauchte sich nur auf den November des Jahres 1905 zu konzentrieren. So komfortabele Ausgangsdaten gab es selten.

Peter hatte Glück. Er förderte bald eine Meldung des Vorgängers des eigenen Verlages aus dem fraglichen Zeitraum zutage, sogar mit Bild. Das spurlose Verschwinden von Martha bestätigte sich im Großen und Ganzen. Er verglich seine Fotos von ihr mit dem uralten Zeitungsbild. Das konnte Martha sein – und sein Durchbruch als Journalist. Auch die Sache mit dem Bauunfall, bei dem Marthas Mann ums Leben kam, wurde einige Wochen früher erwähnt. Abgelichtet wurde dort aber der Bauherr und nicht das Opfer, wie er der Bildunterschrift entnehmen konnte. Er ließ sich für seine Mildtätigkeit feiern. Es ändert sich also nichts in den mehr als 100 Jahren, dachte Peter!

Peter war sich sicher. Diese Tatsachen waren der Beweis für eine Störung – ihm stockte der Atem und sein Mund weigerten sich fast, es auszusprechen – eine Störung des Zeitkontinuums. Darauf, wie sie zustande gekommen war, konnte er sich keinen Reim machen. Es gab keine andere plausibele Erklärung für das, was geschehen war und das er entdeckt hatte: Martha musste sich also durch unbekannte Umstände durch die Zeit bewegt haben, so unglaublich es auch klang. Das musste Martha erfahren. Vielleicht hatte sie ja noch weitere Erlebnisse an diesen Moment.

Die Freude war Martha anzusehen, als Peter am späten Nachmittag wiederum in der Tür stand. Etwas hatte sich in ihrem Krankenzimmer verändert: Sie lag nicht mehr allein. Aber sie sah nachdenklich aus. Durfte er ihr jetzt auch noch sagen, dass es Marthas Zuhause schon lange nicht mehr gab? Er entschloss sich, sie jetzt nicht über den Zeitsprung auszufragen. Doch wie nun das Gespräch beginnen?

Martha kam ihm mit der Feststellung zuvor: »Die Schwester hat doch recht, Herr Emsigkeit. Mir ist inzwischen klar geworden, dass Sie die Frage nach dem heutigen Datum nicht umsonst gestellt hatten.«

Peter nickte. »Ich wollte Sie vor einem Schock schützen. Ich weiß nicht, wie Sie so etwas verkraften, Sie und ihre schönen Grübchen.«

»Grübchen?« Sie errötete leicht.

»Ja, die Grübchen an Ihren Wangen. Sie waren das Erste, was mir hier im Krankenhaus an Ihnen aufgefallen ist.«

Am Abend informierte Peter Emsigkeit den Chefredakteur selbstbewusst über seinen Fund. Dieser lehnte die Veröffentlichung überraschend ab. Peter konnte es nicht fassen! Zorn kam in ihm hoch. Er erinnerte sich, dass früher schon wesentlich schlechter recherchierte Beiträge den Weg ins Blatt gefunden hatten. Der Chef wusste nicht, was ihm mit der Story entging. Zum Glück gab es noch andere Magazine und Zeitungen. Der Chef sollte nicht wagen, sich später zu beschweren! Peter wusste, was er gesehen hatte, und suchte sich die Adressen heraus.

Bei all dem Ärger ging Peter Martha nicht aus dem Sinn. Noch immer stand für ihn die unbeantwortete Frage von Marthas Gefühl beim Zeitenwechsel. War es für ihn immer noch die Story, hinter der er hinterherrannte?

Peter war sich nicht sicher. Wie viel konnte er Martha zumuten? Zweifellos, im Grunde war sie eine selbstbewusste Frau, sonst hätte sie nicht mit ihrem Mann über Architektur und Gesellschaft gesprochen. Wie nahm sie die neue Zeit wahr? Dabei konnten ihr die technischen Veränderungen seit ihrem Zeitsprung nicht verborgen geblieben sein, wenn er allein an den Fernsehapparat in ihrem Krankenzimmer dachte, auch wenn das Röhrengerät aus heutiger Sicht hoffnungslos veraltet erscheint. Und das war nur das Erste, was ihm dazu einfiel! Fragen über Fragen und kaum Antworten.

Bei einem seiner nächsten Besuche an Marthas Krankenbett überraschte sie ihn mit der Frage: »Peter, haben sie auch so ein Smartphone?«

Bevor er eine Antwort parat hatte – das war ihm noch nie passiert – legte Sie gleich nach: »Ach, und was noch zu sagen ist: Nicht die Krankenschwester war unwissend, sondern ich! Svenja, meine Bettnachbarin und ich – oh, wie sehr ich das Wort ICH liebe – haben sehr lange darüber gesprochen. Ich habe etwas erlebt, von dem Svenja und auch die Schwester nur aus phantastischen Geschichten kannten: einen Zeitsprung.«

»Ja, das stimmt!«, meldete sich Svenja zu Wort. »Es muss ein ganz schöner Schreck gewesen sein, plötzlich den Boden unter den Füßen zu verlieren. Aber Martha meinte, es wäre nur ganz kurz gewesen. Sie erzählte mir, dass das Schlimmste daran war, genau in diesem Moment vor einem fahrenden Auto zu landen, ja, so sagte sie mir, zu landen.«

»Ja, besser kann ich es auch nicht ausdrücken, Peter. Der Schreck ist das Schlimmste bei diesem Zeitsprung! Obwohl, da war noch etwas. Darüber muss ich erst einmal nachdenken. Ich muss ja noch so viel lernen! Das ist alles so aufregend. Können Sie mir dabei helfen?«

Peter versprach es und mit einem Mal bedrängte ihn die Frage, was nach Marthas Krankenhausaufenthalt mit ihr geschehen würde. Wo würde sie beispielsweise wohnen? Ohne Personalausweis würde sie nirgends eine Wohnung bekommen und ohne Wohnung und Identität bekäme sie keinen Personalausweis. Peter mochte gar nicht an die bürokratischen Hürden denken.

Noch oft besuchte Peter Martha im Krankenhaus. Ihr Geburtsdatum war nach Peters ausführlichen Recherchen korrekt, was die Computer der Behörden gänzlich durcheinanderbrachte, die er einschaltete. Inzwischen war er auch an diese ungläubigen Blicke gewöhnt, die ihn jedes Mal erreichten, wenn er sein Anliegen vortrug. Seine Anstrengungen hatten sich gelohnt. Seit kurz vor Weihnachten bewohnte Martha bei Peter das Gästezimmer. Im Frühjahr erwartete Martha ihr Baby. Nur das Sozialamt stellte sich quer.

In sein privates Archiv legte er zu seinen Zeitreise-Recherchen noch zwei weitere Meldungen, eine vom Unfalltag Marthas. Sie betraf eine Versuchsreihe im Schweizer Forschungszentrum CERN, die wegen Unregelmäßigkeiten abgebrochen werden musste. Die zweite Meldung betraf den schwedischen Regisseur Daniel Lind Lagerlöf im Jahre 2011 an der schwedischen Skagerrak-Küste. Er verschwand bei der Vorbereitung von Dreharbeiten im Tjurpannan-Naturreservat zum Kriminalroman »Strandritter« von Camilla Läckberg spurlos.

Peter hatte die besten Beweise, die man sich denken konnte. Trotzdem wurde er seine Story nicht los. Hatten sich die Verlage untereinander abgesprochen? Er konnte es jetzt trotz seines Ärgers nicht ändern. Peter war sich sicher, dass er eines Tages diese Story veröffentlichen würde. Er musste nur den richtigen Zeitpunkt abwarten.

Martha setzte sich auf Peters Schoß. »Peter, da war noch etwas beim Zeitsprung. Ich habe Dich wie in einer Überblendung gesehen, als Du deine Kamera aufgebaut hast. Ein Bein des Stativs gab plötzlich nach. Es war wie eine Vorsehung.«

»Ja!« Peter streichelte Marthas Babybauch.

***

Januar 2011

Zeitlos

Das Knistern in den Lautsprechern des Autoradios wurde immer unerträglicher. An eine Verfolgung des Nachtprogramms war nicht mehr zu denken. Günter schaltete ab. Das schwache Mondlicht, dass hin und wieder durch die Wipfel des Waldes auf die einsame Landstraße fiel, ließ die Umgebung gespenstisch erscheinen. Ein kalter Schauer lief über seinen Rücken. Seine fiebernde Frau auf dem Beifahrersitz stöhnte leicht und zog ihre Decke etwas höher.

»Sind wir da?«, erkundigte sich Ursula benommen.

»Bald!«, versuchte Günter, sie zu beruhigen. »Bald.«

»Warum hast du denn das Radio ausgeschaltet?«

»Bleib ruhig, ich fahre ja so schnell, wie ich kann.«

Die Straße ließ den Wald hinter sich. Ein seltsam buntes Licht am Himmel ließ die offene Landschaft unheimlich erscheinen. Plötzlich stotterte der Motor und blieb schließlich stehen. Die Scheinwerfer und das Armaturenbrett wurden zusehends dunkler bis sie schließlich ganz erloschen. Günter sah zu Ursula hinüber. Sie war eingeschlafen. Tief hörte er sie atmen. Für einen Moment ließ er verzweifelt seinen Kopf auf das Lenkrad sinken. Dann gab er sich einen Ruck. Er sah auf seine Armbanduhr. Ursula musste unbedingt zu einem Arzt.

Günter öffnete die Motorhaube. Die Taschenlampe leuchtete nur für wenige Sekunden schwach auf. Was sollte er jetzt nur tun. Um diese Zeit konnte er nicht wirklich auf die Hilfe eines anderen Fahrzeuges hoffen.

Obgleich er die Umgebung kannte, konnte er kein weiteres Licht erkennen, kein Haus, keine Straßenlaterne, nicht einmal die sonst allgegenwärtige Lichtglocke der Küstenstadt. Unerwartet wurde er in gleißendes kaltes Licht gehüllt. Geblendet suchte er hinter seiner Hand Schutz und schloss die Augen. Ein bedrohlich anschwellendes dissonantes Geräusch ertönte. Gleichzeitig wurde er wie in einem abrupt anfahrenden Fahrstuhl niedergerissen. Dann wurde es still, das Licht ging auf ein erträgliches Maß zurück und das Schweregefühl verschwand. Günter öffnete die Augen vorsichtig. Er schwebte hoch über Landstraße, die der eben noch befahren hatte. Furcht verspürte er jetzt nicht. Es war Tag. Wie im Zeitraffer sah er das Feld unter sich ergrünen und das Korn reifen. Pferde zogen landwirtschaftliches Gerät. Wenig später war es abgeerntet und umgebrochen. Bäche und Teiche froren zu und Schnee bedeckte die Landschaft. Nur wenige Autos fuhren auf den nur mit Sand abgestumpften Wegen und Straßen. Kurz darauf sah er blühenden Raps auf dem Feld, dann Rüben und Kartoffeln.

Jahre zogen an Günter vorüber. Er beobachtete, wie nach und nach Maschinen die Pferde ersetzten, wie eine Hochspannungsleitung gebaut wurde, und die Stadt immer größer wurde, aber auch, dass der Wald

Gebäuden weichen musste und fruchtbare Äcker einem Golfplatz. Das war vor sechs Monaten, erinnerte er sich. Sein Verstand widersetzte sich das zu glauben, was er sah.

»Ich habe einen Unfall gehabt, einen schrecklichen Unfall«, war die einzige logische Erklärung. »Ich sterbe!« Günter verspürte Angst. Mit seinen Augen suchte er die Landstraße unter sich ab.

Für einen winzigen Augenblick sah er sich in der Dunkelheit vor der geöffneten Motorhaube stehen. Ein grüner Lichtblitz aus dem All traf sein Auto.

Die raste Zeit weiter an ihm vorbei. Schnee sah er immer seltener, dafür mehr und mehr verdorrte Felder. Unwetter vernichteten den Rest der Ernte. Die Stadt wuchs und wuchs. Überall wurden ihm unbekannte riesige Maschinen aufgestellt. Die Ostsee überflutete nach und nach Teile der Stadt und die Täler der hügeligen Landschaft. Straßen und Wege wurden unterbrochen. Gleißendes Licht umhüllte Günter abermals. Das Geräusch ertönte und formte sich zu einem nie gehörten harmonischen Klanggefüge, das beinahe wie eine Hymne klang.

Plötzlich Ruhe. Er stand wieder vor seinem Auto. Die Scheinwerfer leuchteten mit Standlicht. Er schloss die Motorhaube und setzte sich hinter das Lenkrad. Er knallte die Tür zu. Im schwachen Licht des Armaturenbrettes konnte Ursula erkennen, dass Günter blass war und seine Hände zitterten. Sie streichelte Günter zärtlich das Gesicht.

»Ich wusste gar nicht, dass du so viel von Autos verstehst. Das ging ja ruckzuck!« Dabei legte sie ihre Hand auf seine. Ihre Berührung tat ihm gut. Ursula hatte kein Fieber mehr. Aber warum?

Noch bevor Günter das Auto startete, begann er, Ursula von seinem Zeitraffererlebnis zu erzählen.

***

Österliche Rechenkunst

Der Computus, so hör' und staune,
entstammte der Antike Laune.
Im Mittelalter war er der Test,
zu ermitteln uns das Osterfest.

Ein Freitag wars, an dem Jesus starb,
Schon am Sonntag wieder leer das Grab.
Der Frühlingsvollmond, er zeigte sich,
Zur Auferstehung wonniglich.

Neunzehn Jahre, des Mondes Zirkel,
und Frühlingsanfang im Gewirke,
Sonnenzyklus und das Schaltejahr
Sonntagsletter, Mathe-Inventar
ist im Verfahren inklusive.
Das war die neue Perspektive.

Abt Dionysius hats entdeckt,
es in Ostertafeln reingesteckt.
Im Jahre Fünfhundert-zwanzig-sechs
Wurd's gebilligt durch den Pontifex.

Ostertagsberechnung galt als Kunst,
einzig Mathe in der Uni Gunst,
bis Carl Friedrich Gauß hat sich getraut,
eine Osterformel aufgebaut,
die das Volk kann für sich verwenden
oder als App dem Smartphone spenden.

Die Struktur

In seiner rechten Hosentasche trug er einen Schatz, einen außerordentlichen Schatz, den nur wenige Menschen auf dem Planeten Erde bisher in dieser Qualität zu sehen bekommen hatten. Die Sterne verblassten allmählich am Morgenhimmel. Noch wusste er nicht, dass er eine folgenreiche Entdeckung machen würde. Bob schlug den Weg zur Bushaltestelle ein. Er konnte nicht schnell genug heimwärts kommen.

Irgendwie hatte Doktor Rosenou, die Leiterin der örtlichen Sternwarte, von seiner Leidenschaft zum Mars gehört. Bob sorgte dafür, dass alle Gerätschaften wie geschmiert liefen – von den Lagern des großen Spiegelteleskops bis hin zur Software der Computer. Bob, kannst Du mal ... hörte er immer wieder. Bob fand immer eine Lösung. Ohne großes Spektakel. Das war sicher.

»Wenn Sie Fragen dazu haben, Bob, lassen Sie es mich wissen!«, hatte sie ihn zum Feierabend aufgefordert, und eine Speicherkarte mit Marsbildern in seine Hand gelegt. »Es interessiert mich ebenso brennend, wie Sie.«

Bob konnte eine bescheidene Zwei-Zimmer-Wohnung in der Nähe der direkten Buslinie zur Sternwarte sein Eigen nennen. Sie war für ihn gerade noch erschwinglich gewesen. Als Weißer hätte er vermutlich weniger für die Wohnung aufbringen müssen. Was solls. Leider lag sie nicht in der besten Gegend. Es verging kaum eine Woche, in der nicht bei seinen Nachbarn die Polizei oder der Krankenwagen mit Blaulicht aufkreuzten. Mit der Zeit hatte er mitbekommen, dass die Nachbarn es vorzogen, Meinungsverschiedenheiten mit Gewalt zu lösen. Was dort im Einzelnen vorfiel, interessierte ihn nicht, solange er in Ruhe gelassen wurde. Und sie ließen ihn in Ruhe: ihn und seinen aufgepimpt Computer.

Noch bevor Bob seine abgewetzte Lederjacke ablegte, startete er seinen, auf seinen Rechner. Er musste unbedingt genau wissen, welche Gebiete die neuen Bilder auf der Speicherkarte darstellten.

Jede Erweiterung eines Computers und jede neue Datei kostet ein wenig mehr Startzeit. Seine Ungeduld tat das Übliche und setzte die gefühlte Startzeit um ein Mehrfaches hinauf.

Die Speicherkarte enthielt Bilddateien mit kryptischen Namen vom MRO[*], wie er es sich schon gedacht hatte. Allerdings waren die Dateien vergleichsweise riesig. Bob öffnete eines der Bilder mit seinem Bildbearbeitungsprogramm. Das Öffnen dauerte eine kleine Ewigkeit. Die Auflösung der Details war grandios, viel besser als seine. Welche Beziehungen hatte Doktor Rosenou spielen lassen? Bob erkannte bald, dass es die neusten Aufnahmen der NASA-Sonde nach dem großen Marssturm waren, der den Marsroboter Curiosity auf der Oberfläche zur Untätigkeit zwang. Es würde Wochen, vielleicht Monate, dauern, sie mit den anderen 1035 Fotos zu vergleichen und Veränderungen zu detektieren. Trotz seines verhältnismäßig schnellen Rechners.

Es ist nichts Außergewöhnliches, dass großen Entdeckungen kleine Unachtsamkeiten und Zufälle vorausgehen. Beim Plexiglas beispielsweise oder auch beim Penizillin. Bei Bobs Entdeckung war es der Hunger! Bei einem Gang zum Kühlschrank blinzelte er noch mal zurück auf den Bildschirm. Was war das? Eine feine, aber regelmäßige Struktur? Er ging die drei Schritte, die er sich vom Monitor entfernt hatte zurück und schaute genauer hin. Nichts! Wahrscheinlich hat sein Gehirn aufgrund der Anspannung irgendeiner Formation auf dem Bildschirm eine Bedeutung gegeben, wie man bisweilen auch in den Wolken Schafe, Hunde und auch Gesichter erkennen kann. Er setzte seinen Weg zum Kühlschrank fort und schob sich eine Pizza in die Mikrowelle.

Plötzlich musste er an den Effekt denken, dass man verpixelte und unscharfe Gesichter besser erkennen kann, wenn man beim Ansehen blinzelte. Und er hatte im Augenwinkel geblinzelt, als er diese unerwartete Struktur auf dem Marsbild wahrnahm.

Dem musste er auf den Grund gehen!

Es funktionierte! Blinzelte er, war etwas von der neuen Struktur zu sehen, sah er genau hin, erkannte er nichts. Etwas Ähnliches hatte er schon einmal programmiert, als er ein Autokennzeichen in einem Foto sichtbar machte, das unscharf war. Die anzustellenden Berechnungen waren recht umfangreich. Es würde unterbrochen mehrere Tage dauern,

---

[*]   MRO, Mars Reconnaissance Orbiter, hochauflösende stereoskopische Kamera, die den Mars in einer Höhe von 200 bis 400 km umkreist.

bis er auch nur ein Marsbild auf diese Art und Weise umgewandelt hatte. Damit erhöhte sich die Auflösung mindestens auf das Fünffache. Zu viel für seinen Rechner bei den ohnehin schon großen Bildern. Aber ein Ausschnitt würde es auch tun. Er musste ihn nur blinzelnd herausfischen. So konnte er statt 3 ½ Foot große Strukturen auf der Marsoberfläche solche von acht 8 Inch erkennen. Theoretisch.

Am Ende war es nicht ganz so gut, aber Bob konnte etwas ausmachen, das mit einer Spur von Fantasie wie die Draufsicht auf die Mauern eines im Bau befindlichen Gebäudekomplexes wirkte. Auf dem Mars! Wer hatte es dahingebaut? Gab es noch andere mögliche Erklärungen?

Je länger Bob darüber nachdachte, desto unwahrscheinlicher kam ihm das vor. Was, wenn er auch hier, wie in den Wolken, ein Gesicht, eine Struktur erkannte, die real nicht vorhanden war. Wie verhielt es sich mit dem 1976 vom Orbiter der Raumsonde Viking I entdeckten Marsgesicht, das an die zwanzig Jahre nicht auszumachen war? 2006 zeigte es sich wieder. Stark verändert. Was war dafür die Ursache? Bob fielen auch die Marspyramiden ein, deren südwestlichen Flächen zueinander gleich gerichtet sind. Die Länge ihrer drei bis vier Kanten von bis zu 2 Kilometer Länge vermochte er sich im Vergleich zu den ägyptischen nicht vorzustellen. Und nun also die Struktur von umfassenden Mauern eines Gebäudekomplexes. Wenn es denn welche waren.

Mehr und mehr wurde Bob unsicher, auch was sein eigenes Bearbeitungsprogramm betraf. Erkannte es, was tatsächlich vorhanden war, oder rechnete es sich die Details hin. Mit Sicherheit konnte er nur sagen, dass sein Programm nicht denken konnte. War dies genug Sicherheit gegen eine falsche Sichtweise? Und: Was hatte die NASA bereits mit diesen Fotos gemacht? Es würde sich vermutlich auf das Ergebnis auswirken. Immerhin mussten die Signale der viele Millionen Kilometer entfernten Raumsonde aus dem allgemeinen kosmischen Rauschen isoliert und auf ein brauchbares Maß verstärkt werden. Es blieben genügend Unsicherheiten, die eine einwandfreie Interpretation verhinderten. Doktor Rosenou konnte es vielleicht.

Bob hatte bei seinen Kollegen bezüglich seines Mars-Hobbys den Ruf eines Nerds. Er wollte diesen Eindruck nicht noch vertiefen. Wie Doktor Rosenou darüber dachte, wusste er nicht genau. ›Wenn Sie Fragen dazu haben, lassen Sie es mich wissen!‹, echote es in ihm. Sollte er tatsächlich? Mach's!, war die innere Antwort. Mach es einfach.

Das ganze Wochenende hatte Bob schon mit den Bildern verbracht. Inzwischen war es Montag und da hatte die Chefin Dienst. In der ersten Nachthälfte war kein Beobachtungswetter zu erwarten. Eingehende E-Mails sah sie sich dann zumindest überblicksmäßig sofort an. Bei klarem Sternenhimmel jedoch brauchte man nicht darauf hoffen.

Er schob seine Müdigkeit beiseite, gähnte ausgiebig und verfasste einen kurzen erklärenden Text. Die eigenen Zweifel formulierte er ebenfalls. Er sandte zwei der neu berechneten Marsbilder mit. Falls sie zu ähnlichen Schlussfolgerungen kommen sollte, wie er, bestand die Möglichkeit, dass etwas an der Sache dran sein könnte. Sie würde es ihm sagen. So oder so.

Bereits wenig später bekam er eine Antwort, in der sie ihn einlud, am besten sofort in die Warte zu kommen. Seine Müdigkeit war vor Freude wie weggeblasen. Den nächsten Bus würde er gerade noch schaffen.

»Eine solche Entdeckung sendet man nicht übers Internet, Bob! Und schon gar nicht unverschlüsselt.«, hielt sie ihm vor, nachdem sie die Tür geschlossen hatte. »Im Internet geben wir über uns selbst unbedacht und freiwillig viel zu viele Informationen preis. Bedenken Sie: Kein anderes Land hat so viele Geheimdienste wie wir, die sich zudem noch gegenseitig beargwöhnen.«

»Ich war so fasziniert und gleichzeitig so misstrauisch, Frau Doktor! Ich musste es loswerden.«

»Das verstehe ich. So, jetzt zum erfreulicheren Teil, Bob. Nachdem wir das geklärt haben, müssen Sie mir Ihren Weg erläutern. Das Ergebnis ist, das möchte ich vorwegnehmen, ganz hervorragend, wenn es sauber erreicht wurde und sich verifizieren lässt.«

Bob erklärte ihr seine Vorgehensweise, wie sein Programm funktionierte, und welche mathematischen Formeln er darin umgesetzt hatte. Sie erfasste seine Vorgehensweise schnell und blinzelte dabei.

Kurz vor Mitternacht klärte sich der Himmel auf. Der Mars erhob sich gerade noch ausreichend über den Horizont. Bob nahm das Angebot von Doktor Rosenou gern an, den äußeren Nachbarn unserer Erde einmal durch das große Spiegelteleskop zu betrachten. Es war ein ganz besonderes Gefühl und die Erfüllung eines lang gehegten Wunsches, den vierten

Planeten in realer Anwesenheit zu erleben. Zu sehen, was in diesem Augenblick dort geschah, wenn man einmal von der Laufzeit des Lichtes im Minutenbereich absah. Während die Motoren des Teleskops den Himmelsweg des Mars' ausglichen, machte sich Bob so seine Gedanken: Zugegeben, die Fotos des Orbiters waren detailreicher, aber sie hatten gleichsam den metallischen Geschmack einer Konservenbüchse angenommen, waren nur Abbildungen oder Dauerware der wunderbaren, sich ständig verändernden Wirklichkeit.

Mit dem letzten Linienbus erreichte Bob sein Zuhause. Doktor Rosenou hatte bis auf Kleinigkeiten seine Überlegungen und Schlüsse bestätigt. Zufrieden und erschöpft schlief er ein.

Lange bevor sein Wecker klingelte, drangen blaue Blitze, Motorengeheule und Hundegebell in Bobs Wohnung. Mussten die Nachbarn ausgerechnet heute wieder in Streit geraten, wo er jede Minute Schlaf gebrauchen konnte? Er zog sich die Bettdecke über die Ohren und drehte sich zur Wand. Als er gerade wieder eingeschlafen war, krachte es gewaltig. Für einen Moment war Bob der Meinung, dass an diesem Morgen zum ersten Mal geschossen wurde. Was für eine Waffe diesen dumpfen Knall abgeben konnte, wusste er nicht. Getrampel! Nahes Getrampel. Angst.

Durch seine Wohnung huschte der Schein von Taschenlampen und roten Laserpointern. Einbrecher? Es ging viel zu schnell. Eine Taschenlampe blendete ihn. Unsanft wurde er aus dem Bett gezerrt. Er musste sich mit dem Bauch auf den Boden legen. Handschellen klickten um seine Handgelenke auf dem Rücken. War das im Bett nicht möglich?

Irgendjemand hinter dem grellen Licht bemerkte: »Immer diese Bimbos! Typisch!«

Was hier typisch sein sollte, wusste er nicht. Solch offenen Hass hatte er bisher noch nicht direkt erlebt.

Zwei Uniformierte zerrten ihn schmerzhaft in die Senkrechte. Etwas, wie eine rundum undurchsichtige, geschlossenen Kapuze wurde ihm über den Kopf gestülpt. Er wehrte sich nicht.

»Sie sind wegen Geheimnisverrat festgenommen! Ihre Wohnung wird durchsucht werden. Beweise werden beschlagnahmt. Zu gegebener Zeit können Sie einen Anwalt kontaktieren. Alles, was Sie sagen, kann gegen Sie verwendet werden. Haben Sie das verstanden?«

»Ja. Was soll ich denn verraten haben?« Bob zitterte vor Angst. Besonders seine Knie.

Statt einer Antwort hörte er: »Fehlt nur noch, dass er einpisst! Bringt den Heule-Nigger hier weg!«

Nach einem Stich in den Oberarm verlor er in einem Fahrzeug das Bewusstsein.

In einer spärlich beleuchteten Zelle kam Bob wieder zu sich. Es war kühl. Er fror. Ein trockener Mund, Kopf- und Gliederschmerzen plagten ihn. Wo war er hingebracht worden? Wer waren die? Wie lange war er schon hier? Wie spät war es? Was würde als Nächstes geschehen? Hatten die auch Doktor Rosenou? Bobs Gehirn weigerte sich, den Zusammenhang zwischen den Marsbildern und seiner brutalen Verhaftung im Sinngehalt zu begreifen. Schließlich hatte er sich nicht mit mehr, als einem Stück Land auf dem Planeten Mars beschäftigt. Dorthin würde voraussichtlich in den nächsten fünfzehn/zwanzig Jahren noch niemand fliegen können.

Ein orangefarbener Sträflingsdress lag am Fußende seiner Pritsche. Er sollte sich schleunigst zum Verhör umziehen, hieß es. Er fügte sich. Man ließ ihn warten. Es würde gleich losgehen, hieß es mehrmals. Er musste wieder warten, immer wieder sehr lange warten. Die einzigen Zeiteinheiten, die er hier mitbekam, war der Abstand zwischen den Mahlzeiten und das Abschalten der Zellenbeleuchtung.

Nach vermutlich eineinhalb Tagen hatte er jedes reale Zeitgefühl verloren. Irgendwann wurde er in Handschellen in einen Verhörraum gebracht. Hier war es wärmer, doch der Metallstuhl, auf den man ihn setzte, entzog ihm beständig die Körperwärme. Seine Handschellen wurden an einem stabilen Bügel auf dem Tisch befestigt. Man ließ ihn wieder warten. Tränen fingen ungewollt an zu laufen.

Ein älterer Zivilist kam in Begleitung von zwei uniformierten Beamten herein. Er knallte eine Akte auf den Tisch und setzte sich, ohne Bob aus den Augen zu lassen. Bob nahm an, dass er ihn schon eine Weile durch den Spiegel beobachtet hatte.

Ohne sich vorzustellen, legte der Zivilist fünf Fotos auf den Tisch.

»Woher haben Sie diese Fotos von der Sahara?«, fragte er bemerkenswert sachlich und neigte den Kopf dabei leicht zur Seite.

Vielleicht ließ er mit sich reden. Bob tippte auf die zwei Fotos, die er Doktor Rosenou zusandte.

»Diese beiden sind von meinem Computer. Ich selbst habe sie durch eine eigene Software bearbeitet. Sie zeigen eine Geländeformation auf dem Mars – und nicht aus der Sahara. Die anderen drei Fotos kenne ich nicht. Sie sind auch nicht auf meinem PC oder meinen anderen Datenträgern gespeichert.« Vielleicht nützte es etwas, auf Sachlichkeit zu setzen. »Meine Bilder zeigen eine Formation der Marsoberfläche, und sehen anscheinend wie Mauern eines unvollendeten Gebäudekomplexes aus. Wohlbemerkt auf dem Mars! Allerdings muss ich zugeben, dass es gewisse Ähnlichkeiten mit Ihren anderen drei Fotos gibt.«

Auf dem Gesicht des Zivilisten zeigten sich Zornesfalten und er tippte sich mit dem Finger an den Kopf.

»Verarschen kann ich mich alleine!«, brüllte er ihn an. »Fehlt bloß noch, dass Sie von Aliens quatschen.«

Das mit dem Sachlichsein hatte anscheinend nicht geklappt, aber es war die einzige Möglichkeit, hier heil herauszukommen. Vor allem musste er ruhig bleiben. Spott war er als Nerd gewöhnt, offene Feindschaft nicht, nicht einmal als Schwarzer.

»Sie brauchen mich nicht anbrüllen«, versuchte er so ruhig, wie möglich zu sagen. »Das ändert die Faktenlage auch nicht. Ich möchte Ihnen anbieten, das Missverständnis so sachlich, wie nur möglich auszuräumen.«

»Das ist kein Missverständnis! Das sind Fakten, die Ihnen scheinbar so wichtig sind«, versuchte der Verhörende, ihn lächerlich zu machen, und grinste dabei boshaft. »Also verwechseln Sie nicht Fakten mit Schutzbehauptungen!« Er donnerte die Faust auf den Tisch. Bob zuckte zusammen. »Also noch einmal: Woher also haben Sie die Fotos hier?«

»Da kann ich mich nur wiederholen. Diese zwei sind meine Bilder, die anderen drei kenne ich nicht. Ist Ihnen aufgefallen, dass meine beiden Fotos einen allgemein rotbraunen Farbton haben, Ihre drei aber einen mehr gelblichen? Damit stellen Ihre vermutlich eine irdische Sandwüste dar.«

Bob schluckte und war über den offensichtlichen Starrsinn seines Gegenübers enttäuscht. Mit einem leichten Kopfschütteln versuchte er, diese Gedanken abzuschütteln und sich auf das Wesentliche zu konzentrieren. »Ich kann Ihnen jederzeit das Ergebnis meiner Bilder reproduzieren, wenn ich auf die Ausgangsdaten und meine Programme zugreifen kann, auch auf fremden Rechnern. Das würde ich Ihnen gern beweisen.« So weit war es also schon gekommen: Er versuchte, seine Unschuld zu beweisen. In den seltensten Fällen waren Afroamerikaner in Filmen unschuldig. Sah es in der Wirklichkeit besser aus?

»Angenommen, Sie sagen die Wahrheit, was ich damit nicht anerkenne. Diese Fotos habe ich vom Pentagon. Sie können sich vorstellen, dass sich das Verteidigungsministerium nicht mit Plagiaten abgibt!«

Erwischt! Bob musste ein *außer beim Golfkrieg* unterdrücken.

»Ich möchte Sie nicht verärgern. Über die Erbauer kann ich nur spekulieren. Momentan fallen mir da wirklich nur Außerirdische ein, die diese Gebäude mithilfe eines überdimensionalen 3-D-Druckers aus dem Weltraum aus erschaffen haben könnten. Ich weiß es selbst nicht.«

Der Zivilist öffnete seinen Mund leicht, als suchte er nach Worten.

»Sie haben wohl auf alles eine Antwort!«, gab er leiser von sich.

Bob hielt bedachtsam den Atem an, ließ die Luft danach stoßartig entweichen und begann:

»Können wir nun doch noch sachlich das Problem hier aus der Welt schaffen?«

Er entschloss sich, noch eine entscheidende persönliche Sachlage in das Gespräch mit einzubringen. »Sehen Sie, man bezeichnet mich hinter vorgehaltener Hand als ›Mars-Nerd‹. Alles, was ich über den Mars in Erfahrung bringen konnte, habe ich gelernt, gespeichert, berechnet angesehen und sonst noch was. Testen Sie mich meinetwegen. Ich habe hier den Verdacht, laienhaft ausspioniert worden zu sein und die erhaltenen Indizien nach eigenem Gusto zu deuten. Für die Unvorsichtigkeit und Unverfrorenheit, ein derartiges Mars-Bild über das Internet zu versenden, noch dazu unverschlüsselt, habe ich von Frau Doktor Rosenou schon einen Rüffel bekommen. Ich ahnte ja nicht im Entferntesten, wie erschreckend recht sie hatte! Glauben Sie nicht, dass ein wirklicher Terrorist, oder als was Sie mich auch ansehen mögen, derartig unvorsichtig gewesen wäre? War das nicht viel zu einfach für Sie, nur meine E-Mail-Anhänge anzusehen? Sie hätten auch lesen sollen! Dort stand auch das Wort Mars. Wenn Sie dann bei all diesen Indizien immer noch der Meinung sind, dass ich Geheimnisverrat begangen haben soll, dann muss ich mir einen Anwalt nehmen. Alle Ihre Behauptungen entbehren jeder Grundlage, so wahr ich Robert heiße.«

Der Zivilist hielt einige Zeit seinen Zeigefinger an den rechten Gehörgang wie ein Telefon. Ein Ohrstecker? Hin und wieder nickte er leicht. Dann wandte sich an die beiden Beamten, die mit unbeweglichen Mienen neben der Tür standen.

»Nehmt ihm die Handschellen ab und bringt ihn in seine Zelle. Von ihm geht keine Gefahr aus.«

Er sammelte seine Bilder ein und verließ den Raum.

Als Bob mit den beiden Beamten in seiner Zelle ankam, legte gerade ein Beamter des Strafvollzuges einen neutralen Jogginganzug hinein und hielt ihn an, sich sofort umzuziehen. Ein Lächeln huschte über Bobs Gesicht. Er hätte die drei Bilder aus der Sahara gern gehabt. Zum Vergleich ...

Diesmal hatten sie ihn nicht unter ein Betäubungsmittel gesetzt. Nach gut zwei Stunden Autofahrt, auf der er wieder diese blickdichte Kapuze trug, war Bob wieder in seiner Wohnung. Niemand hatte sich mit ihm während der Fahrt unterhalten. Ohne etwas sehen zu können, fühlte sich das wie Folter an − oder als Strafe, dass bei ihm nichts Verwertbares gefunden wurde. Fast hätte er sich gewünscht, im Nachhinein, die Rückfahrt von dem unbekannten Ort ohne Bewusstsein verschlafen zu können. Nur, dass das Heimatschutzministerium dahintersteckte, konnte er erfahren. Mehr nicht.

Die gewaltsam mit einem Rammbaum geöffnete Tür war nur notdürftig gesichert, die Glasscheibe gesprungen. In seiner Wohnung hatten die Durchsuchenden ganze Arbeit geleistet. Es würde Tage, wenn nicht sogar Wochen dauern, bis hier wieder die gewohnte Ordnung herrschte. Der Rechner und alles, was mit ihm verbunden war, war beschlagnahmt worden. Bob standen die Tränen in den Augen: Die Daten, die ganzen unwiederbringlichen Daten! Seine Arbeit von mehr als fünfzehn Jahren war wegen einer unbedachten E-Mail hinfällig geworden.

Bob schob sich eine Pizza, die sie ihm gelassen hatten, in die Mikrowelle. Als die Glocke für das Ende der Aufwärmzeit einmal ›bingte‹, war er auf seinem breiten, weichen Lieblingssessel bereits eingeschlafen.

Stunden später. Erst vom Sturmläuten an der Wohnungstür wurde er am Abend wach. Es war Doktor Rosenou. Sie hielt eine Flasche Rotwein in der Hand.

»Ich habe Ihnen heute freigegeben, Bob. Ich hoffe, dass Sie damit einverstanden sind. Es gibt etwas zu feiern.«

»Das Chaos bei mir und in meinem Kopf? Machen Sie keine Scherze mit mir, Frau Doktor! Was für ein Tag ist heute eigentlich?«, fragte er verschlafen.

»Donnerstag, und ich mache keine Scherze, Bob! Sie sind ein berühmter Mann!« Dabei legte sie ein kleines Päckchen von ihrer Handtasche auf den Tisch.

»Ich? Weswegen?«

»Offensichtlich wissen Sie es noch nicht. Wegen Ihrer Marsbilder, natürlich. Facebook und Co. haben sie schon weit verbreitet. Von mir hat sie niemand bekommen, das versichere ich Ihnen.«

Bob ging ein Licht auf. Deswegen wollte mich der Heimatschutz nach dem Verhör so schnell wieder loswerden, um nicht in negative Schlagzeilen zu geraten! Er nickte wissend. Wirklich Belastendes konnten sie gar nicht haben. Woher auch!

»Dann sollen Sie wissen, Bob, dass die NASA Ihr Programm kaufen will. Aber unter einer halben Million Dollar akzeptieren sie nichts! Wenn Sie mich fragen, würde ich es nicht unter einer Million hergeben. Verhandeln Sie hart. Ihre Idee ist brillant! Das Päckchen auf dem Tisch enthält übrigens eine Kopie Ihrer meisten Daten. Ich habe meine Beziehungen dafür spielen lassen müssen. Dennoch sind Sie mir nichts schuldig, eher im Gegenteil. Ihre Sichtweise gibt mir viele neue Denkansätze. Seit ich von Ihrem Hobby weiß, hat mich auch so etwas, wie ein *Marsfieber* gepackt.« Sie lächelte.

»Aber das Programm habe ich mir doch nur mal so zusammengefummelt! ... Was sagen Sie, das ist meine Festplatte?« Bob nahm das Päckchen in die Hand.

»So ist es! Einen Rechner werden Sie sich wohl neu einrichten müssen. Tut mir leid, aber ich schätze, dass das bei dem zu erwartenden Gewinn eher eine Nebensache sein wird! Und *wie* das Programm entstanden ist, braucht die NASA nicht zu wissen!«

Bob war verlegen. Am liebsten wäre er seiner Chefin um den Hals gefallen. Aber es war nicht sein Ding, seine Freude allzu offen zu zeigen. Ja, er schämte sich sogar fremd, wenn jemand ohne Hemmungen sein Glück oder Unglück übertrieben vor einer Kamera oder sonst wo vorführte. Schon zu oft trat er in Fettnäpfchen, als hätte man sie extra für ihn aufgestellt. Nicht umsonst hatte er sich seine mehr im Stillen auszuübenden Beschäftigungen gesucht – von der Arbeit in der Sternwarte bis zu seinem Marsfieber.

Ja, es gab wirklich etwas zu feiern! Bob stellte zwei einfache Trinkgläser auf den Tisch. Zu schöneren Rotweingläsern würde er mit Sicherheit später kommen. Dann erzählte er von den Sahara-Bildern ...

Giftige Hartz-4-Geschichten

Rache ist süß

Januar 2011

Mit zitternden Händen nahm Uta ihre Post aus dem Briefkasten. Schon wieder war einer der ungeliebten grauen Briefe ohne Poststempel dabei, die meistens nichts Gutes verhießen. Eine Antwort auf ihre Bewerbungen war wieder nicht dabei. Ob es an ihrem Alter lag, vermochte sie nicht zu ergründen. Eines stand jedenfalls fest: Sie zählte sich mit ihren 44 Jahren noch nicht zum alten Eisen. Uta war in die Wohnung zurückgegangen. Auch wenn sie am liebsten so getan hätte, als ob es den grauen Brief vom Jobzentrum nicht gegeben hätte, sie musste ihn öffnen und nahm sich vor, sich heute nicht aufzuregen, gleich, was sie dort las. Der Brieföffner riss die obere Kante des Briefes mit wenigen Ritsch-Geräuschen auf. Uta faltete das Schreiben auseinander. Es war eine Einladung zum Donnerstag um acht Uhr zu einem Gespräch mit ihrer Vermittlerin Frau Eckbrett zur beruflichen Weiterentwicklung. »Von wegen Einladung, Ladung hätte besser gepasst«, murmelte sie. Außerdem sollte sie den Nachweis über ihre Bewerbungsbemühungen mitbringen. Uta wurde heiß und kalt. Welche Antworten sollte sie mitbringen, wenn ihr niemand antwortete. Fast jedes Mal war sie mit der Eckbrett, die schätzungsweise noch nicht einmal 30 Jahre alt war, durch deren provokative Art aneinandergeraten. Uta hatte das Gefühl, ihr nichts recht machen zu können. Ein typisches dürres Weib, wie sie fand: zickig und mit sich und der Welt unzufrieden. Dazu kam noch ihr Hang zum Okkulten. Mit den verborgenen, okkulten Mächten hatte Uta nichts im Sinn. Sie wusste ganz genau um das Woher und Wohin, wenn sie früher als Zauberin am Tisch scheinbar Münzen und kleine Tücher verschwinden und wieder erscheinen ließ. Es war alles nur Illusion, die Kunst der Täuschung.

Auf der Fahrt am Montag-Morgen nahm Uta sich vor, sich nicht durch Frau Eckbrett provozieren zu lassen. Während sie im Wartebereich auf das Aufrufen ihres Namens wartete, ging sie alle bisherigen Provokationen noch einmal gedanklich durch, die von gemeinen Unterstellungen bis hin zu Anspielungen auf ihre Figur reichten. Mitten in ihren Gedanken wurde Uta aufgerufen.

»Guten Morgen«, begann Frau Eckbrett das Gespräch und schaute geringschätzig zu Uta. »Ihnen ist es sicher nicht leicht gefallen, so früh hier zu erscheinen. Schließlich richtet man sich entsprechend ein, wenn man keinerlei Verpflichtungen hat.« Frau Eckbrett hielt auffordernd die Hand auf. »Geben sie mir ihren Nachweis über ihre Bewerbungsbemühungen. Die haben Sie doch hoffentlich dabei?«

Uta atmete durch und reichte ihr wortlos die geforderten Unterlagen. Während sich die Jobvermittlerin die Unterlagen ansah, wurde Uta bewusst, was die Eckbrett gerade zu ihr gesagt hatte, ja ihr untergeschoben hatte. Das durfte sie nicht auf sich sitzen lassen. Uta spürte in sich Zorn aufkommen. Dazu zu schweigen käme einer Zustimmung gleich. Ein Gespräch musste immer auf Augenhöhe stattfinden, fand sie. Schließlich war sie kein Schulkind mehr. Während die Vermittlerin noch mit den Unterlagen beschäftigt war, begann Uta: »Hören Sie mal, das ist ja die Höhe, Frau Eckbrett! Es ist eine infame Unterstellung ihrerseits, dass ich morgens schlecht aus dem Bett komme und dass sie annehmen können, dass ich die geforderten Unterlagen nicht ordnungsgemäß und termingerecht vorlege. Ich werde mich über Sie beschweren.« Utas Stimme wurde lauter. »Es dürfte Ihnen schwerfallen, das Gegenteil zu beweisen! Mir reichen ihre andauernden Unterstellungen!«

Uta atmete hörbar aus.

»So?«, giftete Frau Eckbrett zurück. »Ich weise sie darauf hin, dass ihr soeben angeschlagener Ton in meinem Büro unangemessen ist. Bitte mäßigen Sie sich, sonst muss ich sie als nicht erschienen eintragen, was eine 30-prozentige Reduzierung ihrer Bezüge bedeuten würde.« Sie blätterte in Utas Unterlagen. »Ich sehe hier keine Antworten auf ihre angeblichen Bewerbungen. Außerdem haben Sie sich nur in drei der verlangten fünf Richtungen beworben.«

Uta, nun in die Defensive gedrängt, versuchte sich zu verteidigen: »Ich habe mich doch bei allen Firmen, die sich in erreichbarer Entfernung befinden, beworben. Mehr sind eben nicht da. Wenn die nicht antworten, können Sie mich doch nicht dafür verantwortlich machen!«

Die Vermittlerin setzte eine vorwurfsvolle Miene auf und entgegnete: »Ich habe Ihnen schon so oft gesagt, dass sie als alleinstehende Frau flexibler werden müssen. Ist ihnen nicht bewusst, dass der Steuerzahler für ihre Untätigkeit zahlt? Da haben Sie die verdammte Pflicht, alles zu tun, um wieder in Arbeit zu kommen.«

Uta standen die Tränen in den Augen. Die Vermittlerin fühlte Oberwasser und setzte nach: »Und wenn die Firmen angeblich«, dabei verdrehte sie die Augen, »nicht antworten, dann müssen sie eben telefonisch nachfragen oder sich mitsamt ihrem Übergewicht dorthin bewegen.«

Die Vermittlerin legte sich ein Blatt Papier zurecht. »Nun zu etwas anderem: Ich habe hier eine Maßnahme für sie, damit sie sich wieder ans Aufstehen gewöhnen. Die Maßnahme dauert sechs Monate und findet hier in der Kreisstadt statt. Beginn ist am kommenden Montag. Sie werden zur Psychologischen Astrologin ausgebildet. Das passt in ihr Profil.«

Uta blickte sie ungläubig an. »Wieso soll das in mein Profil passen? Schauen sie doch mal in ihren allwissenden Computer. Ich bin Agraringenieur und kein Jahrmarktsweib.«

Unwillig schüttelte Uta den Kopf. »An so einen Quatsch glaube ich nicht. Das wissen sie genau!«

»Das sollten sie aber! Es gibt Dinge zwischen Himmel und Erde, von der sich unsere Schulweisheit nichts träumen lässt. Wie soll ich sonst verstehen, dass sie nebenbei als Magierin arbeiten.«

»Woher wissen sie das?«, entrüstete sich Uta und bemerkte im selben Moment, dass sie sich mit dieser Frage vermutlich selbst ein Bein gestellt hatte. »Dafür habe ich kein Geld verlangt, verdammt noch mal!«, versuchte Uta zu relativieren.

Frau Eckbrett erhob sich halb von ihrem Platz und stützte sich mit den Händen auf dem Schreibtisch ab. »Ich habe sie bereits vorhin ermahnt, nicht in einen derartigen Ton in meinem Büro anzuschlagen.«

Sie setzte sich wieder. »Sie wollen also behaupten, dass sie kein Geld dafür bekommen haben? Ich habe Hinweise darauf, dass das nicht der Wahrheit entspricht. Sie können froh sein, wenn ich sie jetzt nicht wegen falscher Angaben zur Verantwortung ziehe. Ich muss noch einmal betonen, dass sie alles zu tun haben, um ihre Hilfebedürftigkeit zu beenden. Ist das jetzt endlich klar?«

Uta spürte, dass sie dieses Wortduell verloren hatte, und versuchte einen versöhnlichen Ton anzuschlagen. »Sehen sie, Frau Eckbrett, da ich nicht an derartigen Spuk glaube und keinem anderen Menschen wissentlich Schaden zufügen will, könnte ich niemandem Geld fürs Kartenlesen und Ähnlichem abnehmen. Das wäre für mich Betrug und aus der Sicht des Jobzentrums dürfte das weggeworfenes Geld sein. Vielleicht finden sie ja jemanden, der daran glauben kann. Ich kann es definitiv nicht!«

»Ob sie daran glauben oder nicht, tut hier nichts zur Sache«, begann Frau Eckbrett. Dann erhob sie ihre Stimme: »Ihre Weigerung wird ihnen noch leidtun. Trotzdem werden Sie ab Montag an dieser Maßnahme teilnehmen. Anderenfalls werde ich nicht zögern, sie mit einer Kürzung ihrer Arbeitslosengeld-zwei-Bezüge zu belegen.«

Während Uta das Büro verließ, kochte in ihr die Wut, was man auch daran ablesen konnte, in welcher Lautstärke die Tür ins Schloss fiel. Mit welchem Recht hatte die Eckbrett, das junge Küken, sie dermaßen abgekanzelt. Vor allem, warum hatte sie das mit sich machen lassen. Auf jeden Fall war es richtig, sich die Provokation mit dem morgendlichen Aufstehen nicht gefallen lassen zu haben. Aber laut hätte sie deswegen nicht werden müssen, gestand sie sich ein. Gleich nachher würde sie eine Beschwerde gegen dieses Weibsbild mit ihren weltfremden Ansichten aufsetzen und ebenso gegen die Ausbildung zur Astrologin. Beim Verlassen des Jobzentrums kramte Uta eilig in ihrer Handtasche. Jetzt musste sie unbedingt etwas Süßes haben. Die halbe Tafel Schokolade, die sie fand, hatte sie auf dem kurzen Weg bis zur Bushaltestelle verspeist. Mehr der Not gehorchend als aus Einsicht trat Uta am Montag die Ausbildung an. Mit der Zeit fand sie doch noch Interesse an dem Lehrstoff, wenn auch ganz und gar nicht im Sinne von Frau Eckbrett. Ihr Interesse zur Zauberkunst sei Dank. Das Erlernte anzuwenden und vielleicht später einmal Geld für unseriöse Blicke in die Zukunft zu verdienen, konnte sie sich aber auch nach der Hälfte der Ausbildungszeit immer noch nicht vorstellen. Zu widersprüchlich waren die Aussagen der Lehrenden verglichen mit ihrer Weltsicht. Da halfen auch die Seminare nicht, die den Glauben der Lehrgangsteilnehmer an die Esoterik aufbauen und reifen lassen sollten. Was aber in Uta reifte, war ein Plan, ein wahrhafter Racheplan. Dafür brauchte sie all das hier vermittelte pseudowissenschaftliche Gewäsch, worauf sonst kein nüchtern denkender Mensch kommen konnte. So kam es auch nicht von ungefähr, dass sie als Beste die Ausbildung zur Astrologin abschloss. Der Tag der Rückmeldung bei Frau Eckbrett war gekommen. Uta zog ein weites, buntes Kleid mit vielen Rottönen und tiefem Dekolleté an, hängte sich die schon lange nicht mehr angerührten falschen Perlenketten um und schob sich alle Ringe, die sie in ihrer Schmuckschatulle finden konnte, auf ihre Finger. Ihr Gesicht schminkte sie sich geheimnisvoll mit ausdrucksvollen Augen und tiefroten Lippen. Als sie schließlich in den großen Spiegel auf dem Flur ihrer Wohnung sah, sah Uta ein wahrhaftes Marktweib. Sie war zufrieden. Besonders die rothaarige Perücke unterstützte die vermeintliche Identität einer Wahrsagerin. Heute, das hatte Uta sich vorgenommen, würde nicht Frau Eckbrett, sondern sie, das Marktweib Uta, das Geschehen bei der Vermittlerin bestimmen. In der Wartezone des Jobzentrums bemerkte Uta die mehr oder weniger verstohlenen Blicke der Wartenden. Sollten sie doch gaffen. Schließlich war sie in eigener Mission hier. Als sie endlich von Frau Eckbrett aufgerufen wurde, blickte die Jobvermittlerin irritiert. Die erste Überraschung war alsogelungen. Uta freute sich diebisch. Das war schon mal der beste Weg zum Erfolg. Im Büro breitete Uta ihre Sachen, so weit es ging auseinander, stellte wortlos eine Weihrauchkerze auf den Tisch, zündete sie an und fing dann darüber zu schwärmen an, wie gut ihr der Kurs gefallen habe, und dass sie nun vorhabe, sich selbstständig zu machen. Dazu aber brauche sie noch etwas Unterstützung vom Jobzentrum.

Die Vermittlerin hob ihre Stimme an, etwas zu entgegnen, doch Uta gebot ihr mit einer Handbewegung Schweigen. Sie blickte der Vermittlerin tief in die Augen und begann beschwörend: »Bevor sie, Frau Eckbrett, etwas sagen, sollten sie zunächst die Karten befragen.«

Während Uta weiter redete, mischte sie ein Kartenspiel geschickt und auf besonders geheimnisvolle Weise, so wie sie es früher als Zauberkünstlerin zur Perfektion brachte.

»Die Sterne bestimmten die Vergangenheit, die Vergangenheit bestimmte die Gegenwart, die Gegenwart die Zukunft und die Zukunft bestimmen die Sterne«, begann Uta mit tiefer Stimme.

»Die Sterne haben jedem Menschen mit seiner Geburt etwas Wichtiges mitgegeben, das Schicksal. Das Schicksal aber kann in die eine oder andere Richtung gelenkt werden. Gelenkt werden durch den eigenen Willen, die der menschlichen Aura eine andere Ausrichtung gibt.«

Uta legte den geschlichteten Kartenstapel auf den Tisch. »Wenn sie glücklich verheiratet sind, heben sie mit der rechten Hand, anderenfalls mit der linken, nun einmal zu Ehren der Sonne, einmal zu Ehren des Mondes und einmal zu Ehren der Sterne ab. Damit nimmt dieses Kartenspiel ihre Aura auf und kann ihnen ihr Schicksal offenbaren, denn die Karten lügen nicht.«

Frau Eckbrett blickte gebannt auf die Karten und hob zögerlich ab. Das war für Uta das Zeichen, dass irgendetwas mit der Ehe nicht stimmen konnte. Sie legte die Karten aus, tippte scheinbar nach einem bestimmten System auf die Karten und begann: »Die Herz Dame sind sie. Ich sehe die Karo-10 in ihrer unmittelbaren Nähe. Das bedeutet Geld, viel Geld. – Schade! Aber das Geld wird sie nicht glücklich machen, denn die Pick-10, die Ungemach bedeutet, liegt in unmittelbarer Nähe.«

»Meine Mutter ist schwer krank«, flüsterte die Eckbrett.

Uta fuhr fort. »Ihr Mann, der Herzkönig, liegt sehr weit von ihnen entfernt. Ist er ihnen nicht treu? Er wird von den drei anderen Damen in Schach gehalten.«

Während Uta die Karten weiter deutete, sah sie immer wieder in das Gesicht der Vermittlerin und erkannte, dass sie mit ihren Annahmen ins Schwarze getroffen hatte. Die Eckbrett identifizierte sich mehr mit den Karten, als sie vermutet hatte. Uta hatte die Vermittlerin fest an der Leine. Als sie dann auch noch die drei restlichen Könige nebeneinander präsentieren konnte, die großen Ärger bedeuteten, tippte Uta aufgrund der Charaktereigenschaften von Frau Eckbrett auf eine Gerichtsverhandlung. Zufällig klingelte in diesem Moment das Telefon.

Frau Eckbrett wurde blass. »Sie haben recht, eine Gerichtsverhandlung.«

Hätte Uta nicht schon Tage vorher die Möglichkeiten ausgelotet und sich das Kartenspiel nach der Absicht ihrer Weissagung gelegt, wäre dies der Zeitpunkt gewesen, an dem selbst Uta angefangen hätte, an das Übersinnliche zu glauben. Trotzdem. So erhebend hatte Uta sich ihren Erfolg nicht vorgestellt. Sie dankte dem unberechenbaren Zufall, der ihre Vorstellung zum wahren, glaubhaften Wunder erhob. Noch ehe sich Frau Eckbrett von dem Erlebten erholt hatte, ging Uta ohne irgendwelche Auflagen aus dem Büro und freute sie sich über ihre gelungene Rache.

***

Januar 2011

Auf den Strich gezwungen

Es hatte sich so ergeben, dass Viktoria, nachdem Ihr Ehemann auf rätselhafte Weise verschollen war und, als sie nicht mehr aus noch ein wusste, anfing, ihren Lebensunterhalt mit käuflichen Liebesdiensten zu bestreiten. Das funktionierte anfangs recht gut. Doch ihr Sohn Daniel entwuchs dem Kleinkindalter und fing an, Fragen zu stellen.

Das ist die Geschichte von Viktoria, die auf Hilfe hoffte und stattdessen belogen und gedemütigt wurde.

Viktoria wälzte sich im Bett. Der Schlaf, den sie so dringend benötigte, wollte sich nicht einstellen. Immer wieder drängten sich die Bilder des letzten Freiers nach vorn. Als sie ihn abwies, ist er handgreiflich geworden. Auch langes Duschen konnte die Erinnerung an diesen widerwärtigen, dreckigen, gewaltsamen Kerl nicht abwaschen. Dass sie kein Geld von ihm bekam und obendrein noch beschimpft wurde, war dabei noch das kleinere Übel. Manche Männer glauben, dass eine Hure zu keinen Gefühlen fähig sei und dass man sie auch ohne Folgen zum Sex zwingen könne. Daran, diesen Ekel bei der Polizei anzuzeigen, hatte sie zwar gedacht, aber dann doch gleich wieder verworfen. Wer glaubte schon einer Hure. Möglicherweise wäre der Schaden größer als der Nutzen. Sie mochte sich gar nicht vorstellen, was passieren würde, wenn das Jugendamt auf die Idee käme, ihren Sohn zu befragen. Mehr als ein paar blaue Flecken hatte sie schließlich nicht davongetragen. Am liebsten würde sie sofort aufhören. Doch wovon sollte sie und ihr Sohn dann leben? Immer tiefer gruben sich die Erlebnisse und Fragen in ihr Denken, kreisten die Gedanken ohne eine greifbare Erkenntnis nur um dieses eine Thema, so wie ein Spielkreisel, der immer wieder durch Peitschenhiebe angetrieben wurde. Erst am frühen Vormittag erwachte Viktoria durch einen zerschellenden Teller aus einem zermürbenden Schlaf. Kurz darauf fing Daniel an zu weinen. Sie sprang aus dem Bett. Zum Glück war ihm nichts passiert. Viktoria atmete auf, hob ihren Sohn aus den verstreuten Scherben und wischte ihm vorsichtig die Tränen. Sie lächelte und drückte ihn an sich. Daniel hatte versucht, das Leben in die eigene Hand zu nehmen. Mochten der zerbrochene Teller und das in der ganzen Küche verstreute Müsli auch ärgerlich sein, für Viktoria war klar: Sie würde sich eine auskömmlich bezahlte Arbeit suchen und bis dahin Arbeitslosengeld beantragen. Noch heute würde sie dort vorstellig werden. Auf Freier, so nahm sie sich vor, würde sie sich nie wieder einlassen. In der Wartezone der Arbeitsagentur rutschte Daniel auf dem Schoß seiner Mutter hin und her. So langes Warten war er nicht gewohnt. Endlich wurde sie aufgerufen.

»Und als was haben sie bisher gearbeitet?« Die Sachbearbeiterin sah sie fragend an.

»Nun ja«, begann Viktoria zögerlich, »ich weiß nicht, wie ich es sagen soll. Es ist nicht so ganz einfach.« Wie sollte sie sich hier nur ausdrücken? »Ich meine, die Tätigkeit ist schon ganz einfach, aber ...« Sie blickte kurz auf Daniel. »Es ist mir, ehrlich gesagt, ganz schön peinlich, vor allem auch seinetwegen. Müssen sie das denn unbedingt wissen?«

»Natürlich! Wir erstellen ein Profil von ihnen und ihren Fähigkeiten und suchen dann nach passenden Beschäftigungen.« Viktoria wurde unbehaglich und suchte nach einer ausweichenden Antwort.

»Wissen sie, gelernt habe ich technische Zeichnerin, bin aber über fünf Jahre nicht mehr in diesem Beruf tätig gewesen, aber in meiner bisherigen Branche will ich nicht mehr weiterarbeiten, seinetwegen!« Viktoria blickte abermals auf ihren Sohn und atmete tief durch. »Wenn sie verstehen!«

»Sie meinen, Sie haben es für Geld gemacht?«

Viktoria nickte und mochte der Sachbearbeiterin nicht ins Gesicht sehen. »Und das steht dann auch in meinem Profil?«, fragte sie ängstlich und leise.

»Bitte beruhigen sie sich. Wenn sie nicht wollen, dass das in ihren Unterlagen steht, wird es nicht aufgeführt. Das ist eine der wenigen Ausnahmen, die wir hier machen dürfen.«

Von Viktoria fiel eine schwere Last ab. »Wissen sie, besonders wegen Daniel ist mir das sehr wichtig. Er soll ohne diese Belastung aufwachsen.«

»Ich habe hier noch einige Fragebögen, die sie baldmöglichst hier wieder abgeben sollten«, fuhr die Sachbearbeiterin fort. »Füllen sie diese nach bestem Wissen zuhause aus. Alles andere steht in den Erläuterungen. Wenn ihr Antrag positiv entschieden wird, erhalten sie mit Wirkung von heute Arbeitslosengeld. Ich wünsche ihnen viel Erfolg.«

Damit verabschiedete die Sachbearbeiterin Viktoria aus ihrem Büro.

Schon wenige Tage später erhielt Viktoria einen Brief von der Arbeitsagentur. Sie freute sich, dass die Geschäftsstelle so schnell über ihren Antrag entschieden hatte. Aufgeregt öffnete sie den Brief. Schon die ersten Worte verrieten ihr, dass es nicht der herbeigesehnte Bescheid war. Viktoria ließ die Arme sinken.

»Wir möchten mit ihnen ihre berufliche Perspektive besprechen«, stand dort. Viktoria schöpfte aber gleich wieder Hoffnung, denn wenn die berufliche Perspektive erörtert werden soll, würde ihr Antrag sicher positiv beschieden worden sein. Auch ein Termin war dabei.

»Aus den mir vorliegenden Unterlagen geht hervor«, begann der Arbeitsvermittler das Gespräch, »dass sie den Beruf einer technischen Zeichnerin erlernten.« Er blickte über seine Lesebrille, die auf der Nasenspitze saß. »Darf ich fragen, wie sie in den letzten fünf Jahren ihren Lebensunterhalt bestritten haben? Hier ist nichts eingetragen.«

Viktoria fühlte sich bedrängt. Musste sie nun schon wieder diese peinliche Frage beantworten? Ausweichend antwortete sie: »Das ist mit ihrer Kollegin, die mir den Antrag gab, so abgesprochen. In besonderen Fällen, so erklärte sie mir, müsse diese Frage nicht beantwortet werden.«

»Bitte entschuldigen sie, ich wollte ihnen nicht zu nahe treten.«

Der Vermittler schaute auf den Bildschirm. »Hier steht noch ... Ach das ist jetzt nicht so wichtig.« Er lächelte.

Viktoria fiel ein Stein vom Herzen.

»Leider kann ich ihnen zurzeit keine Stelle anbieten. Technische Zeichnerinnen sind momentan nicht so gefragt. Allerdings müssen sie sich auch selbst um eine Stelle bemühen. Fünf Bewerbungen je Monat müssen sie schon nachweisen können.«

Er gab ihr ein Formular. »Hier tragen sie alle ihre Bemühungen ein, mit Datum, Firma und so weiter. Haben sie noch Fragen?«

Viktoria schüttelte den Kopf. »Nein, erst einmal nicht.«

Der Vermittler lächelte. »Das wär's dann schon! Ich bin davon überzeugt, dass sich bald etwas finden wird.«

Viktoria war optimistisch. Auch der Vermittler war, ganz im Gegensatz, zu dem, was ihre Freundin Selina berichtete, nett und verständnisvoll. Sie nahm sich vor, gleich heute nach Stellenangeboten zu suchen und wenn möglich die erste Bewerbung zu schreiben.

Zu Hause angekommen war ein weiterer Brief von der Arbeitsagentur im Briefkasten. Erwartungsfroh riss sie ihn noch an der Haustür auf.

Sie las: »Leider müssen wir ihnen mitteilen ...«

Mehr konnte sie nicht lesen. All ihre Hoffnung brach in sich zusammen. Mit tränengefüllten Augen ging sie in die Wohnung.

Es verging einige Zeit, bis Viktoria sich wieder gefangen hatte. Wenn sie den Brief heute bekommen hatte, schlussfolgerte sie, würde die Ablehnung ihres Antrages auch im Computer des Vermittlers gestanden haben. Warum hatte er ihr nichts gesagt? Wie sagte er doch? Das wäre nicht so wichtig? ... Doch es war sehr wichtig. Was sonst sollte noch dort gestanden haben, empörte sie sich. Sie hätte gleich die paar Schritte zum Jobzentrum gehen können und so Fahrgeld und Zeit sparen können. Für heute war es dazu zu spät. Also musste sie morgen abermals in die Stadt. Sie atmete tief durch und rief dann Selina an, um ihr alles zu berichten.

Obwohl noch ein Platz neben einem jungen Mann in der Wartezone frei war, standen drei Besucher des Jobzentrums an der Wand.

Viktoria wollte sich setzen, doch ein Dunstkreis aus einer Mischung von Alkohol, Zigarettenrauch und altem Schweiß brachte sofort die Erinnerung an ihren letzten Freier schmerzlich in Erinnerung. In diesem Moment war sie froh, dass Daniel bei Selina war. Sie selbst konnte stehen. Der Aufenthalt in einem der Büros dauerte nur wenige Minuten. Trotzdem hatte Viktoria schon wieder ihre Tasche voller Antragsformulare. Neben allgemeinen Fragen, ohne die eine Bearbeitung eines Antrages in Deutschland unmöglich ist, sollte sie auch Auskunft über vorhandene Wertsachen, Kontostände und die Wohnung geben. Nicht dass sie etwas zu verbergen hätte, aber trotzdem ging ihr diese Fragerei viel zu weit. »Glauben die denn, ich esse hier von goldenen Tellern?«, entfloh es ihren Lippen. »Fehlt nur noch, dass die wissen wollen, ob ich lieber Strings oder Pantys trage!«

Nun fuhr sie schon zum vierten Mal in die Kreisstadt, ohne dass ihr Problem geklärt war. Aber diesmal brauchte Viktoria nicht so lange warten.

»Der Antrag ist soweit in Ordnung«, stellte ihre Fallmanagerin fest. »Zeigen sie mir bitte ihre Kontoauszüge des letzten halben Jahres.«

»Da ist nichts drauf«, begann Viktoria. »Was meinen sie, warum ich sonst hier bin?«

»Was ist, haben Sie die Auszüge denn nun mit, oder nicht?«

»Nein, aber warten sie mal, den letzten habe ich noch der Handtasche ...«, sie kramte ihn hervor. »Hier!«

»Das nützt mir nichts. Ich habe die Anweisung, die Kontoauszüge aller ihrer Konten durchzusehen. Sie haben ihre Auszüge also nicht mit. Bevor ich sie nicht gesehen habe, darf ich nicht über ihren Antrag entscheiden.«

Sie machte sich einige handschriftliche Notizen.

Angestrengt blickte die Fallmanagerin auf ihren Computerbildschirm. »Wie ich aus ihren Unterlagen ersehe, ist ihr Antrag auf Arbeitslosengeld eins abgelehnt worden, weil Sie in den letzten Jahren als Prostituierte keine Arbeitslosenversicherung abgeführt haben. Warum machen sie nicht weiter? Soviel ich weiß, ist das ein recht einträglicher Job.«

Damit hatte Viktoria nicht gerechnet. Das ganze Datenschützer-Gelaber und das von der Wahrung der Persönlichkeitsrechte war offenbar nichts wert. »Die haben mir gesagt, dass diese Angaben nicht gespeichert werden.« Sie wurde laut. »Was kann man hier denn noch glauben?«

Sie versuchte das dicke Gefühl, das sie plötzlich in der Kehle verspürte, herunterzuschlucken. Es gelang nicht.

»Bitte löschen sie diese Angaben, bitte!«

»Das kann ich nicht und das darf ich nicht.«, entgegnete sie schroff.

Viktoria war, als ob die Fallmanagerin plötzlich eine Mauer errichtete, an der alle ihre Argumente abprallten. Trotzdem versuchte Viktoria es noch einmal: »Versetzen sie sich doch bitte in meine Lage ...«, dann erzählte Viktoria ihre Geschichte, angefangen von dem verschwundenen Ehemann bis zu dem Freier, der sie vergewaltigte. »... Außerdem«, so beschloss sie ihre Begründung, »soll mein Sohn normal aufwachsen. Bisher weiß er nichts von dem, wie ich mein Geld verdient habe. Das soll auch so bleiben. Wenn es eines Tages doch herauskommen sollte, wäre das Wort Hurensohn sicher eines der harmlosesten, das er zu hören bekäme.«

Doch Viktoria vermochte nicht, die Vermittlerin umzustimmen.

»Das ist alles gut und schön, was sie mir hier erzählen, aber bei mir zieht die Mitleidsmasche nicht. Fakt ist jedoch, dass das ALG-2 aus Steuermitteln finanziert wird. Sie haben alles zu tun, um eine Hilfebedürftigkeit zu verhindern oder schnellstmöglich zu beenden, und wenn ich sage, *alles*, dann meine ich *alles*!«

So ohne Betonung heruntergebrabbelt, klang es wie eine oft wiederholte Floskel. Warum baute sie nur diese undurchdringliche Mauer auf?

»Um Sie bald wieder in Arbeit zu bringen, schließen wir jetzt eine Eingliederungsvereinbarung ab.«Sie reichte Viktoria ein Schriftstück herüber. »Ich habe das schon mal vorbereitet. Lesen sie sich das bitte jetzt durch und unterschreiben dann. Ein Exemplar der EGV bleibt hier, das zweite nehmen Sie mit.«

»Habe ich das richtig verstanden? Ich soll *das* jetzt hier sofort unterschreiben?«, vergewisserte sich Viktoria.

»Das habe ich doch gerade eben gesagt! Jetzt lesen und unterschreiben!«, entgegnete die Fallmanagerin ärgerlich.

Damit war Viktoria überhaupt nicht einverstanden. Sehr mutig war sie im Allgemeinen nicht, aber das ging ihr zu weit. »Wenn ich das jetzt richtig verstanden habe, ist das eine Vereinbarung. Eine Vereinbarung ist eine zweiseitige Angelegenheit. Wenn ich etwas begriffen habe, dann ist selten etwas so eilig, dass es nicht noch ein oder zwei Tage warten kann. Ich werde dieses Papier also mitnehmen und mir durch den Kopf gehen lassen. Zusammen mit den geforderten Kontoauszügen werde ich es wiederbringen.« Damit steckte sie die Unterlagen ein.

»Da Zusätze und Streichungen nicht erlaubt sind, ist der Zeitaufschub nicht von Bedeutung. Also können sie die EGV auch sofort unterschreiben und sparen sich damit Unkosten für Porto und Verkehrsmittel. Ein Arbeitsangebot habe ich auch schon für sie. Ich erwarte, dass sie sich dort noch heute schriftlich bewerben.«

Viktoria biss sich schmerzhaft auf die Lippe. Ihren Unmut über das Gespräch mit der Fallmanagerin verbarg sie, so gut sie konnte, bis sie das Büro verlassen hatte. Schnell konnte man sich durch eine unbedachte Äußerung alles Zunichtemachen. Sie musste ohnehin zu Selina, um Daniel abzuholen.

Während Viktoria erzählte, überflog Selina die mitgebrachten Unterlagen. Je weiter sie las, desto ärgerlicher wurde sie. Empört platzte sie heraus:

»Das darfst du unter keinen Umständen unterschreiben! Damit können die dich zwingen, wieder auf den Strich zu gehen. Du hast doch der Alten erzählt, warum du das nicht mehr machen willst. Darauf hat die gar nicht reagiert! Nicht ein Mal. Außerdem verknackt sie dich zu zwölf Bewerbungen im Monat. Die ist nicht ganz dicht, die Alte!«

»Zwölf im Monat? Ich weiß gar nicht, woher ich die ganzen Firmen nehmen soll. Du hast recht, die ist nicht ganz dicht!«, stimmte Viktoria zu.

Inzwischen hatte Selina das Jobangebot in der Hand. Sie wurde böse:
»Weißt du, was das Jobangebot ist, Viktoria? Du sollst dich als persönlicher Dienstleister im Puff, denn nichts anderes ist das Eros, bewerben. Ich habe schon von der Hütte gehört. Ehrlich! Da bist du besser dran, wenn du es machst wie bisher.«

Viktoria ereiferte sich vor Wut und Verzweiflung. »Was soll ich denn jetzt machen, Selina. Dieses Eingliederungsdingsda wird so oder so wirksam. Ich habe keinen Einfluss auf den Inhalt. Das hat sie schon gesagt. Wer weiß, ob das alles ist. Was meinst du, in welchem Ton sie mir gedroht hat. Die können die mich doch nicht zwingen, mit Freiern in die Kiste zu steigen! Kann man denn dagegen gar nichts machen?«

Die Wohnungstür wurde aufgeschlossen. Es war Selinas Mann mit Daniel und der Tochter der beiden.

Daniel erkannte die Situation sofort und lief zu seiner Mutter. »Mama, warum weinst du?«, fragte er, kletterte hoch, umarmte sie und legte seinen Kopf an ihren. »Ist schon wieder gut Dani.«

Sie wischte ihre Tränen ab. Daniel half ihr mit seinen kleinen Händen dabei.
»Hast du denn schön gespielt?«

Daniel nickte. »Hallo, Viktoria! Selina hat mir gerade kurz berichtet, was sie mit dir gemacht haben. Das darfst du dir auf keinen Fall gefallen lassen. Du musst ja diese Vereinbarung wieder hinbringen. Am besten, ihr geht da zusammen rein. Selina wird bestimmt die richtigen Worte finden. Also Kopf hoch! Das kriegt ihr beide schon hin.«

Da Viktoria keinen Termin hatte, lies die Fallmanagerin die beiden Frauen warten, sehr lange warten. Aber zumindest hatten beide einen Sitzplatz und ein Stinker war auch nicht da. Endlich wurde Viktoria aufgerufen.

»Hier kommen sie nur einzeln rein«, war die erste Reaktion der Fallmanagerin.

»Das ist mein Beistand«, erklärte Viktoria.

»Nun gut, Beistand«, murmelte die Fallmanagerin, »aber wenn sie sich einmischen, setze ich sie vor die Tür«, drohte sie. »Sie halten den Mund.«

Selina hatte sich genau über ihre Rechte informiert. »Das werde ich nicht«, entgegnete sie unüberhörbar. »Sie haben das Gesetzbuch im Schrank. Bitte lesen sie nach, wenn sie mir nicht glauben.«

»So eine Frechheit, will mich hier belehren«, flüsterte die Fallmanagerin ärgerlich vor sich hin. »Ich weiß allein, was dort steht!«, war dann lauter zu hören. »Na, gut!«, gab sie klein bei.

Viktoria legte der Fallmanagerin die geforderten Kontoauszüge vor, die die Fallmanagerin dann auf das Genauste durchsah. Jeden Kontozuwachs musste Viktoria ausführlich erklären. Letzten Endes hatte sie daran nichts Weiteres auszusetzen. Trotzdem blieb ein Rest von Misstrauen. Eine Hürde war genommen.

»Ich sehe mich außerstande«, begann Viktoria ihren auswendig gelernten Text, »die vorgelegte Vereinbarung, so wie sie ist, zu unterschreiben. Sie verpflichtet mich zur Prostitution.« Viktorias Herz klopfte. »Ich habe Ihnen bei meinem letzten Besuch unmissverständlich erklärt, dass ich das aus Ihnen bekannten Gründen nicht mehr machen werde.«

Sie blickte zu Selina hinüber, die den Daumen unter dem Tisch hochhielt und lächelte. »Ich lehne es auch ab, mich für den, von ihnen vorgeschlagenen, Job zu bewerben. Die Begründung ist die gleiche wie die Begründung zur Ablehnung der Eingliederungsvereinbarung.«

Schweißperlen zeigten sich auf Viktorias Stirn.

»So, nun will ich ihnen mal was sagen!«, spielte sich die Fallmanagerin auf. »Sie wollen es offenbar nicht anders. Tun sie doch nicht so vornehm. Ich will gar nicht wissen, mit wie viel Männern sie bereits ins Bett gestie-

190

gen sind. Da machen ein paar mehr oder weniger ja wohl nicht den Kohl fett. Ich biete ihnen hier eine sozialversicherungspflichtige Tätigkeit an. In einem Bordell, zugegeben, aber in Dauerstellung. Da ist es sauber, sie werden regelmäßig medizinisch bereut und sie bekommen einen Lohn, nachdem sich viele die Finger lecken würden. Es gibt dort auch Frauen, die Kinder haben! Das ist nur eine Frage der Organisation. Wer weiß, wie es bei ihnen aussieht. Punktum. Ich meine es nur gut mit Ihnen.« Sie erhob ihre Stimme. »Wenn sie sich weiterhin weigern sollten, die EGV zu unterschreiben, und zwar so wie sie ist, werde ich sie als Verwaltungsakt erlassen. Das hatte ich Ihnen schon gesagt. Eine Weigerung sich auf die ausgeschriebene Stelle zu bewerben verletzt ihre Mitwirkungspflicht. In diesem Falle werde ich ihre Bezüge um 30 Prozent kürzen. Sollten sie sich weiterhin weigern, noch einmal um 30 Prozent. Nur zu, wenn sie sich das leisten können!«, und zu Selina gewandt meinte sie spöttisch: »Das können sie auch gleich in Ihr sogenanntes Wissen aufnehmen.«

Unkontrolliert zuckten Viktorias Gesichtsmuskeln bei diesen Worten. Länger konnte sie ihre Wut nicht unterdrücken.

»Ich bleibe bei meiner Aussage. Wenn das so ein toller Job sein soll, dann treten Sie ihn doch an. Immer auf der Hut vor perversen oder dreckigen Kerlen zu sein ist wahrlich ein toller Job. Und auch sonst. Auf solche vertrockneten herrischen Weiber wie Sie haben die Kerle gerade noch gewartet. Die haben sie oft zuhause. Ich habe hier nichts mehr zu sagen, außer dass Sie von mir hören werden.«

»Komm, Selina!«

Die beiden Frauen standen auf und verließen wortlos das Büro der Fallmanagerin. Laut krachte die Tür ins Schloss.

***

Die Trillerpfeife

Laut pfiff Uwe mit einer Trillerpfeife auf seinem Weg durch das Haus der Großeltern. Als Uwe in die Nähe des Großvaters kam, hielt der sich theatralisch die Ohren zu.

»Guck mal, was ich in der Kommode gefunden habe, Opa.« Er blies noch einmal in die Pfeife. »Ist das deine?« Es ertönte wieder ein Pfiff.

»Nicht so laut, Uwe! Nicht so laut.«

Der Großvater zwinkerte dem Zehnjährigen zu und winkte ihn zu sich heran. »Ja, das ist meine. Die habe ich auf dem Universitätsplatz gebraucht, um dort Gerechtigkeit einzufordern.«

»Wie hast du das gemacht, Opa? Erzählst du mir davon?«

»Na, dann setz' dich mal bequem in den Sessel und nimm die Pfeife aus dem Mund.«

Es ist schon ein paar Jahre her. Es war an einem Montag. Die goldene Oktobersonne schickte an diesem späten Nachmittag schräge Strahlen durch das herbstlich bunte Laub der großen Bäume auf dem Universitätsplatz. Der Platz füllte sich wohl auch wegen des guten Wetters allmählich mit Menschen. Auf einer Tribüne war ein Mikrofon und links sowie rechts davon Lautsprecherboxen aufgebaut. Musik wurde abgespielt. An verschiedenen Ständen bekam man Informationsmaterial zu den Forderungen der verschiedenen Parteien, deren Namen man zum Teil noch nie gehört hatte. Von Montag zu Montag wurden es hier mehr Menschen. An diesem Tag sind es einige Tausend geworden.

Doch dieses Mal war einiges anders. Schon auf dem Weg zum Treffpunkt waren viel mehr Polizeiautos in den angrenzenden Straßen geparkt als sonst. In einigen saßen schwarz gekleidete Männer. An einigen Polizeiautos lehnten durchsichtige Schilde. Auf dem Universitätsplatz begutachteten Polizisten die ausgelegten Flugblätter. Einige trugen offen Schlagstöcke, andere Pistolen mit sich. Hinter einer Hecke bellten Hunde. In den Gesichtern der Polizisten konnte man Anspannung und Nervosität erkennen. Die Sprechfunkgeräte rauschten. Hin und wieder hörte man daraus unverständliche, verzerrte Mitteilungen. Männer mit Fernsehkameras auf der Schulter versuchten, von den umliegenden Balkonen und zwischen den Anwesenden interessante Bilder einzufangen. Fotografen standen auf allen erhöhten Punkten des Platzes. So unwohl und auf Schritt und Tritt beobachtet hatte ich mich noch nie gefühlt. Eigentlich wollte ich diesmal Fotos machen, aber ich traute mich nicht zu fotografieren. Vor allem nicht die bewaffneten Polizisten. Ich fürchtete Ärger. Mein Transparent hatten sowieso schon alle gesehen, also hielt ich es, wie alle anderen auch, hoch. Schließlich war das nicht verboten und ich hatte auch nicht vor, Verbotenes zu tun. Je mehr Leute auf den Platz kamen, desto sicherer fühlte ich mich. Ein Mann ging mit einem kleinen Karton durch die Menschenmenge und verkaufte Trillerpfeifen. Trillerpfeifen aus Metall. Mag sein, dass ein Euro dafür ein stolzer Preis gewesen ist, aber lautes Rufen geht nach einiger Zeit auf die Stimme. Also kaufte ich ihm eine ab.

Einige junge Leute mit bunten Haaren und Piercing in Ohren, Lippen und Nase mischten sich unter die Anwesenden und riefen verschiedene, mehr oder weniger gereimte Sprüche. Einer in meiner Nähe rief immer wieder voller Überzeugung: »Die Fenster voll, die Taschen lau, da hilft doch nur noch Kaufhausklau.«

Ich musste über diesen Einfall schmunzeln, obwohl Kaufhausklau zurecht bestraft wird. So wie immer sollte der Demonstrationszug bis zum Rathaus und dann auf einem anderen Weg zurück auf den Uni-Platz führen. Dieses Mal aber wurden die Frauen und Männer mit und ohne Transparent oder Trillerpfeife von vielen Polizisten mit Helmen und Schlagstöcken, mit Funkgeräten und Hunden auf beiden Seiten begleitet. Niemand wurde in den Demonstrationszug hineino der herausgelassen. Immer wieder stockte die Bewegung des Zuges, ohne dass ich einen Grund erkennen konnte. Währenddessen liefen Fotografen zwischen die Reihen und fotografierten die Transparente und die Leute, die sie trugen. Auch ich und mein Schild wurden fotografiert. Erst viel später ist mir klar geworden, dass dies keine Pressefotografen gewesen sein konnten. Misstrauisch blickten die Polizisten, die eine Hand immer in der Nähe ihrer Waffen hatten, immer wieder in die Menschenmenge. Wer weiß, was man ihnen erzählt hatte. Ich bekam Angst. Was wäre, wenn eine Handbewegung oder anderes falsch gedeutet würde? In den Straßenkurven konnte man sehen, wie lang der Zug war. Weder Anfang noch Ende konnte ich ausmachen. Erwartungsgemäß ging von unserem Demonstrationszug keine Gewalt aus. Irgendwie machte mich das stolz.

Es dauerte eine ganze Weile, bis sich alle Leute wieder auf dem Uni-Platz versammelt hatten. Währenddessen ertönten aus den Lautsprechern politische Lieder. Ein plötzliches lautes Pfeifen aus den Lautsprechern, das bald verstummte, war das Zeichen dafür, dass das Mikrofon eingeschaltet wurde. Ein Redner der Gewerkschaft trat ans Mikrofon, klopfte mit der Fingerkuppe leicht darauf und hielt dann eine Rede. Buhrufe und ein Trillerpfeifenkonzert kommentierten die Einzelheiten, dass das geplante Gesetz den Arbeitslosen zumutete. Ich musste oft in meine neue Trillerpfeife blasen, so ungerecht fand ich es, obwohl ich damals noch Arbeit hatte. Plötzlich postierten sich Polizisten hinter der Tribüne. Das Mikrofon wurde inmitten der Rede abgeschaltet. Der Redner sah sich überrascht und hilflos um und zuckte mit den Schultern. Mit ausladenden Gesten sprachen einer der Polizisten und ein Gewerkschaftsführer neben der Tribüne. Minutenlang wussten wir nicht den Grund für die Unterbrechung. Der Redner machte immer wieder hilflose Schulterbewegungen zu den Anwesenden auf dem Platz. Unruhe breitete sich unter den Anwesenden aus. Vereinzelt waren Trillerpfeifen zu hören. Funkgeräte rauschten plötzlich hinter und neben mir. Ein Demonstrant in meiner Nähe, er muss schon Rentner gewesen sein, wurde ohne erkennbaren Grund aus der Menschenmenge geführt. Ich bekam Angst. Eine Weile später wurde das Mikrofon wieder eingeschaltet.

»Liebe Freunde! Die Veranstaltung ist hiermit vorzeitig beendet. Die Polizei muss zu einem anderen Einsatz. Wir treffen uns in einer Woche wieder hier um 16 Uhr. Ich wünsche allen einen guten Nachhauseweg.«

Die Tonanlage knackte und das leise Brummen der Lautsprecher verstummte. Auf dem Weg nach Hause sah ich einige Polizeiautos wegfahren. Mir fiel ein Stein vom Herzen. Zum Glück war nichts passiert.

»Hast du große Angst gehabt, Opa?« Uwe sah seinen Großvater mit großen Augen an.

»Ja. ... Ja Uwe, aber ich bin am nächsten Montag trotzdem wieder auf den Universitätsplatz gegangen. Ich habe mir gesagt, dass sich möglichst viele Leute für Gerechtigkeit einsetzen müssen. Dabei zählt ein bisschen Angst nicht. Aber vielen steckte sie bestimmt noch vom Montag davor in den Gliedern. Diesmal waren wir nicht einmal mehr halb so viele. Da wurde mir der Sinn des Polizeieinsatzes klar.«

»Hast du da auch wieder ein Schild getragen?«

Der Großvater nickte. »Komm einmal mit in den Keller, ich möchte dir etwas zeigen. Du kennst doch das Sprichwort: Spare in der Zeit, so hast du in der Not.«

»Ja, von Papa.«

Im Keller angekommen zog der Großvater ein Schild mit einem Stiel zum Tragen hervor und wischte den Staub ab. Uwe las laut vor: »Verbrauche in der Zeit, sonst nimmt's dir Hartz IV in der Not. ... Opa! Mama und Papa kriegen auch Hartz IV. Das sagen sie immer, wenn ich mir den Gameboy wünsche.«

»Ja Uwe, wenn deine Eltern und viele, viele andere Menschen damals mit auf den Uni-Platz gekommen wären, wäre es vielleicht möglich gewesen, dass du schon längst einen Gameboy hättest.«

Der Großvater zog hilflos die Schultern hoch. »Aber solange sich Minister nicht auf die Meinung des Volkes geben, wird sich wohl nichts ändern.«

Uwe steckte die Trillerpfeife in den Mund und blies hinein.

***

September 2011

Eulenspiegelei

Andreas Stift schloss die Tür. Er war gut gelaunt. Das war die hundertste Absage. Gewöhnlich sind 100 Absagen kein Grund zum Feiern. Für Andreas aber, der sich nach dem Ende seines Studiums fast drei lange Jahre mit Gelegenheitsjobs, Praktika und zwischenzeitlich mit unzureichendem Arbeitslosengeld durchschlagen musste, traf das nicht mehr zu. Ja, er knüpfte sogar große Hoffnungen für die Zukunft, sollte sich die Entwicklung so wie in den vergangenen Wochen fortsetzen. Er schloss seine marmorierte Mappe mit dem großen, stilisierten kleinen A auf dem Deckel, schaltete seinen Computer aus und suchte auf dem Handy den Eintrag von Rico.

»Hallo Rico! Stell dir vor, ich habe eben die hundertste Absage bekommen. Die müssen wir unbedingt feiern. Also bis um 19 Uhr bei mir. Bianka gebe ich auch noch gleich Bescheid.«

Für lange Gespräche war jetzt keine Zeit mehr, wenn die Feier pünktlich beginnen sollte. Er musste es noch etwas gemütlicher machen. Champus und etwas Knabberkram hatte er schon vor einigen Tagen besorgt. Als Andreas sein Studium begann, wurden händeringend Gebrauchsgrafiker gesucht. Seine durchweg guten Leistungen im Studium hatten ihn nicht erwarten lassen, derartige Schwierigkeiten bei der Arbeitsplatzsuche zu bekommen. Vor gut einem viertel Jahr saß er ebenfalls am Abend mit seinen ehemaligen Kommilitonen Bianka und Rico bei ein paar Flaschen Bier zusammen. Er konnte sich noch an jede Einzelheit jenes für ihn so unerwartet bedeutungsvollen Abends erinnern.

Voller Hoffnung nahm Andreas damals am Nachmittag die Post aus seinem Briefkasten. Ginge es nach dem Telefonat, das er vorgestern mit der Werbeagentur führte, musste er dieser Tage endlich eine Zusage für den Job bekommen. Es seien nur noch einige Formsachen zu klären, hatte man ihm am Telefon erklärt. Tatsächlich hielt er jetzt den Brief in seinen Händen. Erwartungsfroh riss er den Umschlag auf. Das erste Wort, das er las, war »Leider«. Nach 99 ähnlichen Antworten auf seine Bewerbungen wusste er sofort, was dieses kleine, den ganzen Inhalt bestimmende, Wort für die Antwort zu bedeuten hatte. Da er ohnehin seine Bemühungen zur Arbeitsplatzsuche nachweisen musste, hatte er sich vor einiger Zeit eine Mappe dafür angelegt, die er aber sehr bald in einen Aktenordner umsortieren musste. Zu diesem Zeitpunkt bekam auch jeder Vorgang eine Nummer.

Die Bemerkung am Schluss, dass er die Absage nicht persönlich nehmen solle und dass es ihnen leidtäte, war mit all den anderen Ablehnungen fast identisch und konnte seine Stimmung auch nicht mehr aufbessern; eher, dass er sich aufgrund dessen mit Bianka und Rico verabredet hatte. Beide hatten versprochen, alles stehen und liegen zu lassen, sollte der aus damaliger Sicht unwahrscheinliche Fall der hundertsten Absage eintreffen. Gewissermaßen als Trost für Andreas hatten die Beiden versprochen, zu seiner hundertsten Absage eine kleine Fete auszurichten. Nun war es so weit. Leider.

Rico hatte Bier und Bianka Salzgebäck mitgebracht. Eigentlich begann die Fete ganz unspektakulär. Man kramte alte Erinnerungen aus der Studienzeit hervor, lachte über die Missgeschicke der Kommilitonen aber vor allem über die der Lektoren und lästerte über die Marotten der Professoren. Natürlich kam auch jene Begebenheit zur Sprache, in der es Andreas schaffte, durch Änderung eines einzigen Wortes und eines Gesprächs mit seinem Seminarleiter die Bewertungsnote seiner Belegarbeit um zwei Klassen aufzubessern.

Mag sein, dass das Pilsner zusammen mit dem Knabberkram ein wenig die Stimmung lockerten, kann aber auch sein, dass die Erinnerung an mehr oder weniger unbeschwerte Studienzeiten dazu führten, dass Andreas seinen Ordner mit all seinen Bewerbungen herausholte. »Wisst ihr noch, wie alles angefangen hat?«

Suchend blätterte er im Ordner. »Passt mal auf, Rico, Bianka! Das hier war die auffälligste Absage. Dort in Absage Nummer zwölf steht: ›Liebe Herr Stift, habe gelesen Ihr Bewerbung, mussen aber sagen, dass wir haben frei keine Stelle. Blabla.‹«

Dann aber, man höre und staune, in bestem Deutsch: »Wir bedauern außerordentlich, Ihnen keine andere Nachricht zukommen lassen zu können. Bitte werten Sie unsere Antwort nicht als Wertung Ihrer Fähigkeiten. Blablabla.«

»Entweder es ist deren Abschreckungsmethode oder die wussten es nicht besser und haben sich den Rest aus dem Netz zusammengeklaut.«

»Ich glaube du spinnst. Los, zeig mal her.« Bianka zog an seinem Ordner. »So schlecht schreibt doch niemand. Das wäre für eine Firma doch quasi Selbstmord.«

Bianka zog stärker.

»Lass das! Du zerreißt mir noch das Papier. Na klar steht das hier!« Damit zog er seinerseits an seinem Ordner.

»Dann zeig's! Seit der Sache, als du in der Studiengruppe aus einem leeren Heft vorgelesen hast, glaube ich dir solche Sachen nicht mehr unbesehen. In der Pause hast du dann das Geheimnis gelüftet, was zur Folge hatte, dass wir Frauen das unheimlich toll fanden, wie du das durchgezogen hast. Also zeig schon her!«

Andreas hielt seinen Ordner fest. »Och, sei kein Frosch!«

Sie versuchte es mit einem Augenaufschlag und zog fordernd an dem Ordner. Andreas schlug den Ordner provokativ zu und gab nach.

»Du Schuft, stimmt also doch nicht, was du uns eben sozusagen vorgelesen hast.« Bianka blätterte eilig mal vor und mal zurück. »Welche Nummer war das gleich noch mal?«

Andreas schwieg.

»Zwölf«, gab Rico zur Antwort. Bianka blätterte wieder zurück.

»Oh Mann, du hättest Sekretärin werden sollen, Andreas.«

»Haha!«, erwiderte Andreas trocken. »Ich stehe nicht auf Männer.«

Rico prustete. Im selben Moment tat ihn seine soeben gemachte Äußerung auch schon leid. Fast mit der Hälfte der Mädchen hatte er während der Studienzeit ein mehr oder weniger tiefes Verhältnis gehabt. Aber nicht mit Bianka. Vielleicht mochte er sie deshalb so sehr. Natürlich hatte Andreas es versucht, aber … Na ja ...

Bianka sprach langsam leise vor sich hin: »Also, Nummer zwölf, die Absage.« Sorgsam legte sie jedes einzelne Blatt um. »Du hast aber auch wirklich alles aufbewahrt.« Sie strich den Papierstapel glatt.

»Und, was ist − steht das nun da oder nicht?«, kam Andreas Bianka zuvor.

»Es ist nicht zu leugnen. Genau so steht das hier.« Bianka war sichtlich beeindruckt. »Was mir aber beim Durchblättern aufgefallen ist, den Satz ›Wir bedauern außerordentlich, blablabla‹, hatte ich noch auf anderen Absagen gesehen. Da dachte ich schon, ich hätte es gefunden, aber dann war sie es doch nicht. Ist wohl so 'n Textbaustein.«

»Na klar«, rief Rico dazwischen, »glaubst du etwa, die beantworten jede Bewerbung individuell. Was meinst du, wie viel Bewerbungen die jede Woche bekommen. Auf der Antwort zu einer meiner erfolglosen Bewerbungen stand unten sogar noch der Dateipfad, welche Formulierung zu wählen wäre. Ehrlich, wer so schluderig arbeitet, bei dem möchte ich nicht unbedingt arbeiten. Wenn die nicht schon abgesagt hätten, hätte ich es allein deswegen getan.«

»Das kann ich noch toppen. Ich glaube, es war die Absage 73.

Gib mal den Ordner her, Bianka.«

Solche und ähnliche Vorfälle wurden der Vergessenheit entrissen und mit oft nicht ganz stubenreinen Kommentaren bedacht. Irgendwann kam Rico

198

dann auf die Idee, alle anderen Absagen auch vorzulesen, was natürlich nur bei einem entsprechenden Alkoholpegel zu ertragen wäre. Die gesamte Stimmung litt mächtig unter dieser Absagenlast. Trotz der nicht mehr ganz nüchternen Runde hieß es, wenn der Satz mit »Wir bedauern außerordentlich«, begann, im Chor: »Mach weiter, das kennen wir schon«, was schließlich bei fast jedem der hervorgeholten Schreiben der Fall war. Schon der Glaube daran fehlte, dass diese Floskeln auch nur im Ansatz ehrlich gemeint waren.

Mit jeder weiteren Absage stieg die Frustration, aber auch der innigste Wunsch, es diesen Heuchlern irgendwie heimzuzahlen.

Ein Versprecher, bei dem Bianka den Absender mit der Adresse verwechselte, löste allgemeine Heiterkeit aus. Die nutzte die Gelegenheit, das ganze Absageschreiben im Stegreif so umzuformulieren, als ob es nicht die Firma, sondern Andreas geschrieben hätte.

»Offenbar bist du bei Andreas in die Lehre gegangen«, stellte Rico fest. »Aber du musst noch mächtig üben, um seine Qualitäten zu erreichen.«

Niemand lachte.

Andreas trank sein Glas leer und stellte es laut auf den Tisch. »Es ist ja ganz nett von euch, mich aufheitern zu wollen, aber hundert Absagen wiegen schwer. Was soll ich denn jetzt machen?«

»Ich hätte es wissen müssen, Bianka, Andreas wurde schon immer nach dem dritten Bier depressiv. Fast hatte ich es vergessen.«

»Ach, Quatsch, ich bin nicht depressiv. Ich meine nur, man müsste es diesen falschen Propheten irgendwie heimzahlen. Doch was könnte die wirklich treffen? Was denen nicht in den Kram passt und nicht ans Kapital geht, wandert doch sowieso emotionslos in den Papierkorb.«

»Also, wenn das nicht Tristesse ist, dann weiß ich wirklich nicht«, empörte sich Bianka. »Nichtsdestotrotz hat er recht. Ich weiß noch, dass auch ich mir die Finger wundgeschrieben hatte, wie viel Vorstellungsgespräche ich hatte, bis mir Silvia riet, es doch einmal mit einem kurzen Rock und einem etwas tieferen Dekolleté zu versuchen. Na ja, den Rest wisst ihr ja.«

»Mit kurzen Röckchen und etwas mehr Haut konnte ich natürlich nicht dienen«, bemerkte Rico. »Säh' bei mir ja auch etwas daneben aus, mit Bart und Halbglatze. Ich habe schließlich davon profitiert, dass mich mein Alter empfohlen hat; eben Vitamin B nötig war.«

»Na, vielleicht habe ich selber Schuld, dass ich noch keinen Job habe. Vielleicht hätte ich sogar schon vor Euch einen Job gehabt.«

Bianka und Rico sahen Andreas fragend an.

»Es war die dritte oder vierte Bewerbung. Sogar ein Vorstellungsgespräch hatte ich dort und habe dann vor Ort und Stelle die Notbremse gezogen. Nein, unter keinen Umständen wollte ich mit diesen Männern, oder was ich dazu sagen soll, zusammenarbeiten. Met-Boys, alles nur metrosexuelle Männer, die ihre weibliche Seite mehr oder weniger stark herauslassen. Zum Teil waren die geschminkt wie Frauen, falsche Wimpern, Lippenstift. Halt das ganze Programm. Du weißt da sicher besser bescheid, Bianka.« Bianka nickte. »Das hat mich total irritiert. Am Ende wäre ich noch dem Herdentrieb verfallen und allmählich genauso geworden wie die. Nicht auszudenken!«

»Bloß nicht!«, entfuhr es Bianka.

»Aber ein bisschen mehr könntet ihr Männer schon auf euch achten!«

»Wegen dieses blöden Vorstellungsgesprächs habe ich das Formular noch einmal abgeschrieben, in das ich die Bewerbungsbemühungen einzutragen hatte, um keine Schwierigkeiten mit dem Vermittler bei der Agentur mit dem stilisierten großen A zu bekommen. Wie hätte ich das, bei deren Maßstäben, auch begründen sollen? Insofern ist das heute die 101. Bewerbung aber trotzdem die hundertste Absage, die ich erhalten habe und die erste die ich selber sozusagen abgesagt habe.«

»Da wüsste ich auch auf Anhieb mindestens zehn Firmen«, stellte Bianka fest, »die es allein durch ihre Annoncen verdient hätten, gar keine Bewerbungen zu bekommen, oder eben Absagen. Man stelle sich vor, da wollen einige einen Busfahrer für 165 Euronen einstellen, oder eben einen studierten Grafiker für 400. Das Schärfste aber ist, dass sie gleichzeitig engagiert und flexibel sein sollen. Ich frage mich, wie das funktionieren soll, wenn man nicht einmal davon leben kann. Was solche Forderungen bedeuten, habe ich in der Anfangsphase am eigenen Leibe zu spüren bekommen. Du kannst dir nichts vornehmen, da du praktisch 24 Stunden am Tag und sieben Tage die Woche Bereitschaft hast. Leute, ich finde, man sollte niemanden zwingen, solch ein Angebot auch nur in Betracht ziehen zu müssen. Das ist echte Sklavenarbeit, kann ich euch sagen.«

»Da hätte ich auch noch etwas beizusteuern«, griff Rico das Thema auf. »Die Mutter meiner Freundin ist halbtags Zimmermädchen in so einem Chicky-Micky-Hotel. Tatsächlich, die Tätigkeit im Arbeitsvertrag lautet auf *Zimmermädchen*. Sie hat's mir gezeigt. Für ein einfaches Zweibettzimmer hat sie exakt achteinhalb Minuten Zeit. Sie zählt dann immer genaustens auf, was sie in dieser Zeit zu erledigen hat: Nasszelle, Staubsaugen, Bettenmachen und so weiter. Besonders betont sie immer wieder, dass auch sehr unangenehme Dinge dazugehören, wie das Einsammeln und Zusammenlegen der oft im Zimmer verstreuten, gebrauchten Unterwäsche und, was sie als besonders eklig empfindet, wenn sie unvermittelt gebrauchte Kondome irgendwo zwischen dem Bettzeug oder auf dem Boden findet. Meistens kommt sie mit der vorgegebenen Zeit nicht aus und muss dann Überstunden machen, natürlich unbezahlt. Das alles für 400 Euro. Wenn ich so bedenke, dass es schon mal vorkommen kann, dass mein Alter in einem Restaurant für uns drei 150 Euro für ein Mittagessen ausgibt, frage ich mich allen Ernstes, warum man für so einen Hungerlohn überhaupt arbeiten geht.«

»Kommt Leute«, durchbrach Andreas das Thema, »die Verhältnisse kennen wir nur allzu gut, da drehen wir uns total im Kreis. Irgendwie muss diesen arroganten Unternehmen doch beizukommen sein.«

»Man müsste die mit irgendetwas Sinnfreiem beschäftigen, zum Beispiel mit ein und derselben E-Mail ihr Postfach zumüllen, oder so«, schlug Rico vor.

Bianka gab zu bedenken: »Die mit etwas Sinnfreiem zu beschäftigen, ist ein guter Ansatz, aber wenn schon zumüllen, dann per Fax, so die noch so etwas haben. Damit dürfte ihr Papierverbrauch rasant ansteigen, weil Faxe sich oft vor dem Ausdruck nicht löschen lassen. Aber die werden dann wohl Klagen, und das wird im Endeffekt für dich sehr teuer werden, Rico.«

»Dann lasse ich meine Rufnummer eben unterdrücken.«

Bianka und Rico stritten noch eine ganze Weile. Ein Argument forderte das Gegenargument heraus. Andreas hörte den beiden zu, während er auf einem Zeitungsrand kitzelte. Seine Aufmerksamkeit teilte sich durch zwei. Einerseits verfolgte er oberflächlich das Gespräch, andererseits formte sich zwischen seinen Gedanken dem Kugelschreiber in seiner Hand und dem Zeitungspapier eine höchst effektive Kooperation. Plötzlich war da so ein Gedanke, der es wirklich in sich hatte. Ja, wirklich, etwas Sinnfreies für die Unternehmen und ein wirklicher Befreiungsschlag für das Ego des mit Absagen überhäuften Arbeitsuchenden musste es sein. Man müsste die irgendwie mit ihren eigenen Waffen schlagen.

Bianka und Rico stritten noch immer, doch viel waren sie nicht in ihren Überlegungen weitergekommen.

»Was ihr da diskutiert, ist völliger Schwachsinn. Ich habe die ultimative Lösung gefunden, eine Lösung, die das Ego befriedigt, die sinnfreie Arbeit für die Firmen bedeutet und was das Wichtigste ist, die den Staatsanwalt nicht auf den Plan ruft.«

Rico war skeptisch. »Nun machs mal halblang, Eigenlob stinkt erfahrungsgemäß.«

»Warts ab. Ihr wisst ja noch nicht einmal, worum es geht. Die Lösung ist einfach und genial. Eben von mir.« Andreas klopfte sich selber auf die geschwollene Brust. »Sie lag die ganze Zeit hier im Raum, die Frage war eigentlich nur noch das Wie.«

»Eh, du spannst uns hier auf die Folter. Was für eine Idee hast du denn nun?«

»Gar keine. Andreas will uns nur wieder mal hinters Licht führen, Bianka!«

»Gut, ihr Zweifler. Ich komme nun zum Schluss meiner genialen Ausführungen: Können wir ein Logo für eine Firma kreieren? Ja, das haben wir studiert. Können wir mit diesem Logo gekonnt einen Briefkopf entwerfen? Ja, das haben wir gelernt. Haben wir nicht die Fähigkeit, vorgeblich seriöse Briefe zu schreiben? Ja, das mussten wir bei der Agentur im Bewerbungstraining pauken. Alle diese Eigenschaften versetzen uns in die Lage, eine Firma, quasi eine Agentur zu gründen, eine die sich ausschließlich damit beschäftigt, Absagen zu schreiben und zu versenden. Da das große stilisierte A durch die Agentur für Arbeit schon besetzt ist und wir allen Urheberrechtsstreitigkeiten aus dem Wege gehen müssen, präsentiere ich euch hier das Logo der Absage-Agentur: Ein kleines stilisiertes A, also praktisch eine breite, im Uhrzeigersinn bei der Fünf beginnende, Kreislinie, die bei der Drei in eine senkrechte Linie übergeht, bis sie das Niveau der Sechs erreicht hat.«

»Und wie willst du deine Absagen schreiben?«, interessierte sich Bianka für die Idee.

»Alles, was wir benötigen, befindet sich in diesem Ordner.« Andreas klopfte auf die gesammelten Absagen. »Abgesehen von ein paar pfiffigen Einfällen von uns«, ergänzte er sich selbst.

»Los, Andreas, hol' Papier und Stift heraus.«

Rico war begeistert. »Lass uns gleich mal mit der Zwölf beginnen, du weißt schon, die mit dem schlechten Deutsch. Ich denke, die hat es als Erste verdient ...«

Andreas erwachte aus seinem Tagtraum, legte den Knabberkram auf den Tisch und sah zur Uhr. Verdammt, dachte er, in einer viertel Stunde kommen Bianka und Rico. Den Champus hatte er schon seit ein paar Tagen im Kühlschrank. Er stellte die neu erworbenen Sektschalen auf den Tisch, legte ein paar Papierschlangen und die blinkende Weihnachtsdeko dazwischen.

Dass die Idee mit den Absagen von damals so gut eingeschlagen war, hatte er nicht erwartet. Weil sich desillusionierte Leute von Andreas eine Absage an gewisse Firmen schreiben ließen, konnte er bereits bescheiden davon leben. Seine Kunden, die er zumindest vom Ansehen kannte, kamen durchs Weitersagen; und in letzter Zeit wurde hier viel, offenbar sehr viel weitergesagt. Selbst beleidigte Akademiker gehörten zu seinen Kunden. Diesen aufgestauten Frust auf diese Weise abzulassen, schien vielen Leuten eine Menge Geld wert zu sein.

Es läutete an der Wohnungstür. 18 Uhr 49. Andreas sprang auf. »Die sind aber verdammt früh heute.«

Zwei unbekannte Männer mittleren Alters standen dort, wo eigentlich Bianka und Rico stehen sollten. Wer waren die? Um diese Uhrzeit?

»Sie schreiben doch Absagen gegen Bezahlung?«, fragte einer der beiden.

Andreas fühlte kalten Schweiß an seinem Rücken herunterlaufen. Waren die vom Ordnungsamt? Oder, noch schlimmer, vom Jobcenter? Oder gar vom Zoll? Au Backe! Immerhin hatte er Geld genommen. Keine Gewerbeanmeldung. Das Einkommen nicht beim Jobcenter gemeldet. Nichts dergleichen. Lügen würde wahrscheinlich alles noch viel schlimmer machen.

»Ja, und wer sind Sie?«

»Ihr Service spricht sich rum.«

»So?«, versuchte Andreas unsicher, bescheiden zu wirken. Dieses Mal wurde ihm heiß.

»Sie sollen sehr gut sein. Sie sollten das wirklich hauptberuflich machen.«

Als erst Bianka und dann Rico eintrafen, saß Andreas an seinem Arbeitsplatz und führte das Kundengespräch. Über ihm an der Wand ein Diplom, das ihn als kompetenten, erfahrenen und erfolgreichen Absagespezialisten auswies. Das aber hatte er sich zur fünfzigsten Absage selbst verliehen.

***

November 2013

Der Eklat

Als Lara, meine Zwillingsschwester, vor einiger Zeit mit der Idee bei mir ankam, dass sie einmal statt meiner zu dem Termin beim Jobcenter erscheinen will, wussten wir noch nichts von dem heute stattfindenden Speeddating. Ich war mit Ihrer Idee sofort einverstanden. Sie hatte als Reporterin eine Story, und ich brauchte einmal weniger zum Jobcenter, so dachte ich damals.

»Morgen Lena«, begrüßt mich Lara und umarmt mich, als ich sie in meine Wohnung bitte. Sie steuert auf die Küche mit der gemütlichen Sitzecke zu. Das Wasser im Wasserkocher sprudelt bereits. Ich brühe zwei große Pötte Kaffee auf, stelle sie auf den Küchentisch und setze mich zu meiner Zwillingsschwester. Dies ist der Platz, an dem wir immer alles bereden. So haben das schon unsere Eltern gemacht. Jeder hatte seinen Stammplatz. Mutti und Papa saßen an den schmalen Seiten, Helmut, unser großer Bruder auf einem Stuhl und wir beide gegenüber auf der Eckbank. Erst hier in meiner Wohnung hat sich diese Sitzordnung verändert; nur Helmuts Platz, wenn er mal da ist, ist immer noch derselbe geblieben.

Heute ist es nun so weit und Lara fasst unsere gemeinsamen Erkenntnisse zusammen: »Der Ablauf des Speeddatings soll etwa Folgender sein, Lena: Nachdem du eingekleidet und gestylt bist, gehst du mit den anderen Frauen in den Veranstaltungsraum. Dort sitzen die Vertreter der Unternehmer und mustern dich. Irgend so ein Fuzzi, der uns als Recruiter angekündigt wurde, sagt ein paar Dinge über dich und fragt dann die Unternehmer, wer Interesse an dir hat. An die 60 sollen zugesagt haben. Für mich hört sich die Bezeichnung Recruiter verdächtig nach Auktion an und dass dort die Wahrheiten tüchtig zurechtgebogen werden. Das ist weniger gut für dich, aber gut für meine Story. Wenn es gut läuft, melden sich einige und du kannst sie dann anschließend persönlich sprechen. So jedenfalls haben wir die Information vom Jobcenter bekommen. Wann genau dein Auftritt kommt, Lena, musst du selbst aus dem Stegreif heraus entscheiden. Günstig wäre aus meiner Sicht, dann, wenn du vorgestellt wirst, auch wenn sich das schlecht planen lässt. Das schaffst du schon. Denk mal an früher. Wir haben es immer geschafft, weist du noch …?«

Ich stecke mir eine meiner Selbstgestopften an und nicke meiner Zwillingsschwester zu. »Natürlich weiß ich es noch. Selbst Onkel Helmut und Tante Sybille haben wir oftmals an der Nase herumführen können, ganz zu schweigen von unserer Deutschlehrerin.« Wir beide kichern. Lara wedelt sich den Zigarettenrauch von der Nase weg. Sie ist dabei, sich zum x-ten Mal das Rauchen abzugewöhnen.

Ja, ja, die Deutschlehrerin. Gedichte hat nur eine von uns beiden gelernt. Kaum jemand, nicht einmal unsere Klassenkameraden, konnten uns wirklich unterscheiden, wenn wir im Zwillingslook in die Schule kamen. Genau genommen sind wir ja sowieso ein einziges Wesen. Was können wir dafür, dass aus einer Eizelle zwei zum Verwechseln ähnliche Mädchen entstanden sind …

»Oh, was wir alles angestellt haben! Zum Glück hatten wir einen großen Bruder, auf den wir immer vieles abschieben konnten. Im Nachhinein tut er mir wirklich leid, was er unseretwegen alles einstecken musste ... Au, Backe! Andererseits haben wir ihn auch manchmal gedeckt. Weißt du noch? Als er einmal, als er seine erste Freundin hatte, und mal zu spät nach Hause gekommen war, haben wir erzählt, dass wir ihn gebeten hatten, einige Jungs von uns fernzuhalten, die uns nachstellten. Als Vaters Lieblinge kamen wir meistens um eine ernst-hafte Strafe herum.«

Lara nickt nur zustimmend und nimmt vorsichtig mit schmalen Lippen den letzten Schluck Kaffee aus ihrer Tasse.

Ich schiebe die Erinnerungen beiseite und zwinge mich wieder ins Jetzt. Für unser Vorhaben müssen wir unsere Klamotten zweimal tauschen. Einmal jetzt und einmal auf jeden Fall im Jobcenter. Schnell musste das möglich sein und auf den ersten Blick musste zu erkennen sein, dass die eine Reporterin und die andere die geladene Kundin des Jobcenters ist. Niemand soll uns auf den ersten Blick als Schwestern erkennen können. Mit einem Minimum an Sachentausch müssen wir also ein Maximum an Verschiedenheit erreichen können. Das alles haben wir in den vergangenen Tagen schon ausprobiert und geübt. Ich hole die Klamotten heraus, während Lara sich ihrer pinkfarbenen Jeans entledigt.

Mit »Lass mal sehen«, fordere ich Lara auf, sich neben mir vor dem großen Spiegel zu stellen. Meinem Blick nach haben wir in unserer Unterwäsche beide etwa die gleiche Figur. Nun gut, ich habe vielleicht ein Speckröllchen mehr als Lara, was ich aber nicht einmal ihr gegenüber zugeben würde. Niemandem anders würde das auffallen, davon war ich überzeugt. Lara zieht meine Alltags-Bluejeans an und ich ihre pinkfarbene Markenware. Beim Zuknöpfen werde ich unsanft daran erinnert, dass mir die Verurteilung zur Arbeitslosigkeit nicht gut bekommen ist. Zum Glück ist ihre aus Stretch. Dafür sieht meine bei Lara richtig gut aus, sogar besser als ich selbst, stelle ich neidisch fest. Zum Glück gibt es beim Top keine Probleme. Seit vielen Jahren tragen wir beide die gleiche verwandlungsfähige Frisur. Da ich meistens meine Haare zum Pferdeschwanz binde, tut Lara das auch, während ich sie auf Laras Art und Weise trage. Wir sind in den vergangenen Tagen deswegen noch extra zusammen beim Friseur gewesen. Extra wegen des heutigen Speeddatings im Jobcenter.

Schon wenn ich das Wort Jobcenter höre, füllt sich seit geraumer Zeit mein Bauch mit Wut. Ursache dafür sind eine Reihe von Vorfällen, die mir jedes Mal enorme Kraft abverlangten, mich dagegen zu wehren, meistens erfolgreich. Vor fünf Monaten kam ein Schreiben meiner Sachbearbeiterin, dass ich Ihren Erkenntnissen nach mit einem Mann zusammenlebe. Mit der Falschangabe hätte ich die Mitwirkungspflichten verletzt. Es gäbe dafür

Zeugen und sie drohte mit dem teilweisen oder vollständigen Einstellen der Leistungen. Den Anhörungsbogen füllte ich wahrheitsgemäß aus. Offenbar glaubte sie ihren sogenannten Zeugen mehr als mir. Wenige Tage später standen zwei Mitarbeiter des Jobcenters vor der Tür und wollten sich von der Richtigkeit meiner Angaben augenscheinlich überzeugen. Die belehrten mich, dass sie aufgrund der gesetzlichen Festlegungen berechtigt seien, derartige Kontrollen vorzunehmen. Natürlich könne ich mich weigern, doch empfehlenswert sei das nicht, ließen sie mich wissen. Es ließe immerhin den Schluss zu, dass ich etwas zu verbergen habe. Diesen Verdacht wollte ich gar nicht erst aufkommen lassen und ließ die beiden Damen in meine Wohnung. Allerdings hätte ich das nicht tun und darauf bestehen sollen, dass sie sich vorher anmeldeten. Wenn ich heute an diesen verhängnisvollen Tag denke, wird mir immer noch übel. Ausgestanden ist die Sache auch noch nicht und ich muss mit 30 Prozent weniger Geld auskommen. Wenn mir Lara nicht hin und wieder etwas zustecken würde, könnte ich mir nicht mal Kaffee leisten. Ungefragt öffneten die beiden Bestien alle Schranktüren und Schubladen. Sie griffen zwischen meine Wäsche und in die Taschen meiner Kleidung und wühlten sogar in meiner Handtasche. Ich war von dem dreisten Verhalten dermaßen schockiert, dass ich es nicht fertigbrachte, dem Treiben Einhalt zu gebieten, und sie der Wohnung zu verweisen. Ich habe nur geheult. Möglicherweise hätte das aber alles noch schlimmer gemacht. Offenbar hatten die beiden Schnüfflerinnen den Auftrag, unbedingt Beweise für die Anwesenheit eines Mannes zu finden, und fanden tatsächlich ein paar Beweise: etwas Herrenunterwäsche und -strümpfe, T-Shirts und Hemden, zwei Hosen und eine Krawatte. Im Bad entdeckten sie Rasierzeug und etwas Rasierwasser. Die verdächtigen Stücke wurden fotografiert. Ich wollte erklären, doch sie lehnten jedes Gespräch darüber ab. Triumphierend zogen die beiden Weiber nach etwas mehr als zwei Stunden ab. »Frau Kweer, Sie werden sich dazu in der Geschäftsstelle erklären müssen«, waren ihre letzten Worte, die noch bis in die Nacht in mir nachklangen. Nur gut, dass ich am Morgen nicht früh aufstehen musste.

Nur zwei Tage später reiste Helmut wieder ab. Er ist Bauleiter. Fast vier Monate schlief er in der Woche bei mir, um sich den täglichen Stress einer langen Anfahrt zu ersparen. Es war schön, mal wieder nach etlichen

Jahren so unmittelbar und ausgiebig miteinander zu reden und etwas zusammen zu unternehmen. Ohne uns dabei etwas zu denken, gingen wir wie früher Hand in Hand zum Tanz. Lara und Helmut und ich. Wir lachten und alberten wir herum. So ein Wiedersehen musste schließlich gefeiert werden. Ich weiß bis heute nicht, wer das dem Jobcenter gesteckt hat. Ich fand nichts dabei, meinen Bruder ein paar Wochen zu beherbergen. Jedoch hatte ich meine Rechnung ohne das *Mob*center gemacht. Alle Beteuerungen in einem persönlichen Gespräch, zu dem mich meine Sachbearbeiterin vorlud, dass der Mann ja nur mein Bruder wäre, halfen nicht. Sie glaubte mir nicht. Ich sollte den Namen und die Daten des Mannes preisgeben und eine Verdienstbescheinigung von Helmut vorlegen. Aber warum sollte Helmut dem Jobcenter eine Verdienstbescheinigung vorlegen. Also weigerte ich mich.

Die Sachbearbeiterin war an diesem Tag so verbohrt in ihre Vorstellung einer Bedarfsgemeinschaft mit Helmut, dass ich das Gespräch abbrach und ging. Die Drohungen, die mich von hinten trafen, signalisierten mir, dass ich genau das Richtige getan hatte. Die Sanktion holte mich schon am nächsten Tag ein und brachte die Erkenntnis, dass das Jobcenter auch sehr schell arbeiten kann, wenn es nur will! Der Teamleiter witterte wohl Einsparungen ... und eine Prämie für die Erfüllung von Kennziffern. »Puuh!«, erleichtert stieß ich gedankenversunken die letzte Luft aus.

»Lena, was ist? Fühlst du dich nicht wohl? Lena, Lena, Lena«, höre ich Lara immer deutlicher rufen.

»Ja, ja, ich höre, Lara. - Ach, Lara, die erste Sanktion, die weil Helmut bei mir gepennt hat, kann ich einfach nicht vergessen. Weißt du, man fühlt sich so ohnmächtig bei dem Haufen, der sich Jobcenter nennt. Es kostet so viel Kraft, ihm gegenüber sein Recht durchzusetzen. Rache, immer öfter will ich Rache für die kleinen und großen Erniedrigungen, Lara.«

»Ich weiß! Dann lass uns den heutigen Tag zum *Tag der Rache* erklären, Lena!«, frotzelt Lara und lacht.

Laras Lachen tat uns beiden gut. Während wir uns zurechtmachen, jeder im Look des anderen, erklärt mir Lara, was ich in ihrer Rolle als Reporterin zu tun habe.

»Lass dich niemals abwimmeln, Lena. Die, die eigentlich nichts sagen wollen, treffen das Problem meistens auf den Punkt. Und dann gibt es noch jene, die unbedingt mit ihrer Meinung in die Zeitung wollen. Die kommen oft gar nicht darauf, dass ihre sogenannte Meinung eigentlich nur aus unbewiesenen Phrasen besteht.«

»Und bei denen das Gespräch kurz halten oder abwürgen?«

»Ja, genau. Wir brauchen Informationen. Alles was sich nicht unter das große Thema einordnen lässt, können wir nicht gebrauchen. Wenn du Unternehmer am Wickel hast, frage nach deren Motivation an diesem Speeddating teilzunehmen. Wenn sie sich ernst genommen fühlen, verraten sie dir möglicherweise mehr, als sie eigentlich wollen. Genau das sind die Informationen, die die Leser erwarten. Da musst du unbedingt nachhaken, wenn es sein muss auch penetrant. - Scheue dich nicht davor, hörst du?!«

Wie genau Lara mich kannte. »Meinst du, ich sollte bei dem Wind heute das rote oder das bunte Tuch tragen?«, fragt sie.

»Ich würde das rote nehmen. Ist mein Lieblingstusch und darunter die braune Holzkette. Die passt zu ziemlich vielen Klamotten aus dem Schrank.«

»Meinst du wirklich, Lena?«

Ich nicke. »Klar, auch wenn es vielleicht nicht perfekt ist, Lara.«

Ein letzter Blick von uns beiden in den großen Spiegel vertauscht scheinbar die Seiten. Dort, wo ich eigentlich stehen müsste, sehe ich Lara – ja, so war es beabsichtigt.

Wir haben noch etwas Zeit, bevor wir aufbrechen müssen. In Erwartung dessen, dass ich, solange ich Laras Platz einnehme, nicht rauchen kann, stecke ich mir noch zwei meiner Selbstgedrehten an.

»Muss das wirklich sein?«, kann Lara sich die Bemerkung nicht sparen.

»Du weißt doch, selbst wie das ist, Schwesterchen. Aber ich höre aus Prinzip nicht auf. Denk nur mal an die Aufforderung meiner Sachbearbeiterin, dass ich an einem Raucherentwöhnungskurs teilzunehmen habe. Eine Sanktion von 30 Prozent habe ich mir dadurch eingehandelt, dass ich mich geweigert habe. Ich bitte dich, Rauchen ist nun wirklich Privatsache!« Ich werde immer erregter und lasse es raus. »Kein Argument konnte die Sachbearbeiterin umstimmen. Natürlich weiß ich, dass Rauchen nicht gesundheitsfördernd ist, aber was bilden die sich ein! Die behandeln die Arbeitslosen wie Hunde: Wenn du den unmöglichen Köter aus der Nachbarschaft anbellst, kriegst du kein Futter! – Ich bin doch kein Sklave!«

Ich atme tief durch, um mich etwas zu beruhigen.

»Na klar, Lena, da hast du recht. Aber mit dem Argument wirst du nicht viele Ohren erreichen. Deine Argumentation vor dem Gericht war da stichhaltiger und das Jobcenter musste dir letzten Endes das einbehaltene Geld nachzahlen, wenn auch erst in der zweiten Instanz. Kämpfen lohnt sich also, Lena!«

»Trotzdem Lara, ja, nachgezahlt haben die, aber nicht einen Zent mehr! Das Vierteljahr musste ich trotzdem mit 30 Prozent weniger Geld auskommen. Normalerweise hätten die für die erlittenen Qualen Schmerzensgeld zahlen müssen! Davon war der Richter aber nicht zu überzeugen! Das ist doch Willkür«, werde ich lauter. Im gleichen Moment wird mir klar, dass ich dafür meine Schwester nicht anschreien brauche. Es ist Zeit, aufzubrechen. Um auch die letzten Zweifel möglicher Beobachter zu zerstreuen, setze ich mich hinter das Steuer von Laras kleinen Opel. Auf der Fahrt in die Kreisstadt kommen wir an dem Gebäude vorbei, in dem ich ein halbes Jahr lang als Ein-Euro-Job gebrauchte Puzzles zusammensetzte, um sie auf Vollständigkeit zu überprüfen. Die Sache mit Helmuts Besuch bei mir war noch nicht ausgestanden und ich dadurch mitten in der 30-Prozent-Sanktionierung wegen der Weigerung. Mit noch einmal 30 Prozent hätte ich meine Miete nicht mehr bezahlen können, also trat ich zähneknirschend diesen Ein-Euro-Job an, der weder mir half, wieder in Arbeit zu kommen noch meine Fertigkeiten als Programmiererin verbesserte. Das Schärfste jedoch war der letzte Tag. Auf dem halben Weg nach Hause stellte ich fest, dass ich meine Unterlagen beim Maßnahmeträger liegen gelassen hatte. Ohne die hätte ich nicht nachweisen können, an der Maßnahme teilgenommen zu haben. Was blieb mir anderes übrig, als umzukehren. Da der Haupteingang bereits verschlossen war, wählte ich den Weg zu den Büros, der an den Abfallcontainern vorbeiführte. Undine kam mir entgegen und holte meine Unterlagen schon aus der Tasche und winkte damit, als sie mich sah. Undine Sinn verstand es immer, die Lacher auf ihre Seite zu ziehen und viele Äußerungen mehr oder weniger ins Lächerliche zu ziehen, wenn ihr danach war. Es war ihre Art, sich gegen Angriffe zu wehren. Damit machte sie sich sehr beliebt bei uns. Wer ihr

Freund war, profitierte davon. Ihr Feind wollte ich aber lieber nicht sein. Dabei machte sie auch vor ihrem eigenen Namen keinen Halt und kürzte ihren Vornamen bei Unterschriften immer nach dem zweiten Buchstaben ab. Sie war es auch, die in dem überquellenden Papiercontainer die Puzzles entdeckte, die auch durch mich sortiert wurden. Wir gingen näher heran und ich erkannte mein Kürzel für Vollständigkeit auf einem Karton. »Schweinerei!«, fuhr es mir durch den Sinn und im gleichen Moment meinem Mund.

Undine kommentierte das so: »Einen Zweck hat der Ein-Euro-Job: dem Maßnahmeträger Geld zu bringen. Unterschrift: *Un. Sinn*.«

Ich muss angesichts ihrer satirischen Art schmunzeln.

Viel zu schnell erreiche ich unser Ziel. In einer Seitenstraße lasse ich Lara aus dem Fahrzeug und setze meine Fahrt zum Jobcenter fort. So wie Lara es mir erklärt hat, lege ich das Schild mit der Aufschrift »Presse«, hinter die Windschutzscheibe. Hoffentlich kommt heute nicht die männliche Politesse und meint, dass die zulässige Parkzeit von zwei Stunden überschritten sei. Mit zwei Stunden ist es heute sicher nicht getan. Irgendwann einmal meinte Lara, dass die männlichen Politessen Politeur heißen. Sie muss es ja wissen. Sicherheitshalber lege ich außerdem die Parkscheibe ins Fenster und stelle sie frech eine Stunde weiter. Die teure Kamera von Lara in der Kameratasche, die ich mir umgehängt habe, macht mich etwas nervös. Nie im Leben könnte ich sie ersetzen, wenn ihr etwas passieren sollte! Die Versicherung, die so einen Schaden regulieren würde, musste ich kündigen. Sie wäre nicht zu bezahlen gewesen.

Ein früheres Vorgängermodell habe ich auch gehabt. Die musste ich damals verkaufen. Ein einfacheres Kameramodell reiche auch, meinte meine erste Vermittlerin. Eigentlich hat diese Frau den Grundstein für meine Aufmüpfigkeit gegenüber dem Jobcenter gelegt. Nicht nur, dass ich lange für meine Wunschkamera gespart hatte. Ich liebte sie, wie man eine Kamera nur Lieben kann. Tolle Naturfotos unter schwierigen Lichtverhältnissen habe ich damit machen können. Die besten der Fotos schmücken noch immer meine Wohnung und erinnern mich an bessere Zeiten. Eine Profi-Digital-Kamera mit Wechselobjektiven kann man eben einfach nicht durch eine »einfache Knipse« ersetzten. Verdammt, hätte ich sie damals beim Erstantrag bei den Wertsachen nur nicht angegeben. Das hat man nun von seiner Ehrlichkeit! Da nützt es mir gar nichts, dass ich später, viel später erfahren habe, dass ich sie gar nicht hätte verkaufen müssen. Jetzt ist es zu spät. Das Geld davon habe ich verbraucht. Allein die Möglichkeit, mir wieder eine richtige Kamera zuzulegen, ist für mich Antrieb genug, wieder arbeiten zu gehen. Doch wo? Mit Löhnen, wie ich sie gerade neulich bei dem letzten Vorstellungsgespräch angeboten bekam, ist das aber ein unerfüllbarer Wunsch, ganz davon abgesehen, dass ich damit noch lange nicht vom Jobcenter unabhängig war. Solche Gedanken bringen mich immer wieder in Rage und in mein Leben Verbitterung. Heute war es endlich so weit! Der *Tag der Rache*, wie Lara es vorhin formulierte. Ich bemerke, wie sich bei mir ein schiefes, hinterlistiges Lachen einstellt.

Ich warte auf dem Vorplatz des Jobcenters auf Laras Kollegen Wolfgang Schreiber, genannt Wolle, und sehe mich um.

»Videoüberwacht«, steht an der Tür. »Der Laden hier ist tatsächlich videoüberwacht!«, stelle ich während des Wartens halblaut fest. Das Schild an der Tür hatte ich noch nie bemerkt und auch nicht die Kamera, die die Eingangstür filmte. Das Schild war schon ausgeblichen. Die Kamera hing sicher auch nicht erst seit gestern dort an der Decke. Ich winke hinein.

Wolle kommt in gemütlichem Schritt auf das Jobcenter zu. Als er mich erblickt, hellen sich seine Gesichtszüge auf und er beschleunigt seinen Schritt etwas. Lara hatte mich gewarnt, dass er sich gern Küsschen erlaubt. Nach dem ersten solle ich mich wegdrehen. Er würde das akzeptieren. Ich hatte aber nicht vor, mich von ihm küssen zu lassen, auch nicht auf die Wange. Möglicherweise roch er dann den Zigarettenrauch und Lara hatte doch aufgehört.

Tatsächlich kommt er während der Begrüßung mit seinem Gesicht immer näher an mich heran. Ich aber nutze die Begrüßungshand, um ihn auf Abstand zu halten.

»Was ist mit dir. Irgendwie bist du heute so anders, so − so als ob ich dich überhaupt nicht kennen würde.«

Hatte Wolle etwa schon bemerkt, dass nicht Lara, sondern Lena, die Zwillingsschwester, vor ihm stand? Ein Hitzeschwall durchfährt durch

212

mein Gehirn. Cool bleiben, ich muss unbedingt cool bleiben, denke ich beinahe gleichzeitig.

»Heute nicht, Wolle. Bin nicht gut drauf, hab die ganze Nacht vor Aufregung wach gelegen. Meine Schwester ist heute auch hier und muss den ganzen Quatsch mitmachen. Ich leide mir ihr, vor allem weil ich weiß, was auf sie hier zukommt. Du weißt, Zwillingsschwestern eben.«

Ich habe das Gefühl, dass Wolle mich irritiert mustert. Hoffentlich merkt er nichts.

»Schon gut. Sag mal, Lara, bist du …«. Wolle bricht den Satz ab und verweilt einen kurzen Augenblick regungslos.

»Was, ob ich dicker geworden bin, oder schwanger?«, frage ich provokativ nach. Immerhin spricht er mich mit Lara an, ein gutes Zeichen. Aber eben nur ein Zeichen.

»Nein, nein«, schwindelt er mich an und hält einen Augenblick inne. »Gut, gehen wir uns erst einmal anmelden«, übernimmt er dann die Führung. »Den Presseausweis hast du dabei?«

»Wolle!«, sage ich vorwurfsvoll, denke aber: hat er etwa doch ... Etwas verspätet antworte ich »Ja, na klar.« An die Anrede Lara muss ich mich erst einmal gewöhnen. Ab jetzt muss ich konsequent meine Schwester spielen, bis wir wieder die Rollen tauschen können. Ich merke, dass ich doch nicht so in Form war, wie ich dachte. »Ich bin Lara Schock, ich bin Lara Schock«, spreche ich in Gedanken immer wieder vor mich hin. Vor allem an Laras Familiennamen muss ich mich gewöhnen.

Im Vorzimmer des Büros von Herrn Baumgarten, dem Chef des Jobcenters, bin ich endlich wirklich in die Haut von Lara Schock, meiner Schwester, geschlüpft. Wir zeigen der Sekretärin im Vorzimmer des Chefs unsere Presseausweise und bekommen ein Schild um den Hals gehängt, auf dem der Name und das Wort »Presse« gedruckt sind; Wolle bekommt außerdem noch einen Termin. Baumgarten kommt ins Vorzimmer.

»Ach die Presse. Herzlich willkommen hier bei uns im Jobcenter.« Er gibt uns beiden die Hand und fährt dann fort: »Wir sind hoch motiviert, Ihnen hautnah unsere Praxis bei der Vermittlung von Arbeit zu zeigen, einer gesamtgesellschaftlich wichtigen Aufgabe. Ich wünsche Ihnen und Ihrer Leserschaft interessante Berichte.«

Er macht ein freundliches Gesicht und verschwindet wieder in sein Büro.

Ebenso schnell, wie wir ins Büro gegangen sind, sind wir wieder aus Baumgartens Büro heraus. Fortan muss die wirkliche Lara die arbeitslose Lena sein. Ich werde immer optimistischer. Wolle und das Jobcenter haben den Wechsel geschluckt. Das mit dem Rollentausch hat immer reibungslos funktioniert und auch diesmal wird es wieder so sein. Hier scheint wirklich großer Bahnhof zu sein. Journalisten von zwei weiteren Zeitungen und sogar ein Fernsehteam haben sich hier schon eingefunden. Zusammen mit Wolle begrüße ich Laras Kollegen von den anderen Zeitungen. Zum Glück hat Lara sie mir per Foto vorgestellt. Trotzdem halte ich mich zurück. Hier das Glück herauszufordern wäre eine nicht wieder gutzumachende Dummheit. Ich setze mich zu den wartenden Frauen, während Wolle einen Interviewtermin mit einem eingeladenen Unternehmer abspricht. Die anfängliche Aufmerksamkeit mir gegenüber in der Wartezone schwindet allmählich. Die falsche Lena sitzt rechts von mir ein paar Sitzplätze weiter. Wir vermeiden es, uns gegenseitig zu beachten, obwohl bei mir schon die ersten Fragen auftauchen, vor allem zu ihrer hässlichen Brille, die sie mir gegenüber noch nicht erwähnt hatte.

Frauen im Alter zwischen schätzungsweise zwanzig und vierzig warten hier. Nur wenige reden miteinander. Irgendwo in der oberen Hälfte des Alters müssen wir Schwestern uns einordnen. Insgeheim zähle ich die Anwesenden. Ich komme auf dreiundvierzig. Als Lara aufsteht und auf die Toilette zugeht, ist das für mich das Zeichen, ihr in einigem zeitlichen Abstand zu folgen. Ich verpasse den richtigen Zeitpunkt. Unmittelbar bevor ich aufstehen will, steuert eine andere Frau auf die Toilette zu. Not-gedrungen warte ich. Was Lara nur von mir denkt? Hoffentlich rechnet auch sie mit so einem Zwischenfall. Die Tür zu meiner Schwester immer im Auge behaltend spiele ich die Reporterin. In der linken Ecke sitzt eine Mutter mit einer etwa sechsjährigen Tochter. Niemand anders ist hier mit Anhang. Während ich mir über das Warum Gedanken mache, hat sich die andere Frau wieder auf ihren Platz gesetzt. Zeit für mich, mich mit Lara zu beraten.

Trotz der Tatsache, dass wir uns zuletzt vor gut zwei Stunden gesehen haben, umarmen wir uns vor dem Spiegel. Auf den ersten Blick haben wir wirklich keinerlei Ähnlichkeit miteinander, stelle ich dabei erleichtert fest, schon gar nicht mit dieser hässlichen Brille, die sie trägt.

»Alles klar, Lena«, beginnt meine Zwillingsschwester. »Den Personalausweis brauchte ich nicht vorzeigen. Die erste Begegnung ist immer etwas heikel. Eine Frau Schwartz, die Sachbearbeiterin, hat aber keinen Augenblick Zweifel daran gehabt, dass ich Lena bin. Von dieser Warte aus läuft unser Plan bestens. Im Büro war noch eine aufgetakelte Alte, die mir als Typberaterin vorgestellt wurde. Bei der bröckelte das Make-up sprichwörtlich. So dick ist die zugeschminkt. Na ja, du wirst ja sehen. Dann habe ich noch so 'ne Karte mit Aufklebern bekommen. Übrigens, wenn der ganze Spuk erfolgreich vorbei ist, hat mein Chef uns beide und Wolle zu einem Abendessen in die Redaktion eingeladen, und wenn ich ihn richtig verstanden habe, lässt er für dich wohl noch ne Art Aufwandsentschädigung rüberwachsen. Wo wir gerade davon sprechen: Wolle ist noch zu haben. Wäre mein Fall gewesen, wenn ich nicht schon Bernd gehabt hätte. ... Und wie lief's bei dir?«

»Alles klar. Wolle und die Chefetage habens geschluckt. Baumgarten hat uns sogar die Hand gegeben«, übergehe die Anspielung mit Wolle.

»Vielleicht hofft Baumgarten auf gute Presse.«

»Wo du das gerade sagst. Fünf Zeitungen und zwei Fernsehsender bisher. Ein Lokaler und sogar den NDR habe ich gesehen. Der Sache kann das nur guttun. Du kneifst doch nicht etwa? Wenn die Bild-Zeitung auch noch auftauchen sollte, sprich bloß nicht mit denen. Ich habe es schon erlebt, dass sie dich hofieren und anschließend über die Löcher in deinen Strümpfen schreiben. Wenn ich es mir richtig überlege, wirst du recht haben, Lena. Das riecht wirklich nach Promotion. Ich habe sowieso den Eindruck, dass die Arbeitsagentur nach der Suspension von Inge Hannemann in Hamburg ihr Bild in der Öffentlichkeit aufpolieren will.«

»Mag sein«, drängt mich ein anderer Gedanke. »Wo hast du denn die hässliche Brille her?«, frage ich. »Du hast mir gar nicht gesagt, dass du schlecht siehst! Musst du mich wirklich so hässlich machen?«

»Gefällt sie dir nicht?«, meint Lara und lacht provozierend. »Ohne Quatsch.« Sie kommt nah an mich heran und flüstert: »Ist 'ne Videobrille, also quasi meine Kamera. Ich kann wohl schlecht inkognito mit meiner Nikon da hineinmarschieren. Da hätte ich mir auch ein Schild um den Hals hängen können, mit der Aufschrift Presse! – Ach Lena!. – Viel Glück!« Lara lächelt und verlässt die Räumlichkeiten.

Wenig später folge ich ihr. Inzwischen ist ein drittes Fernsehteam eingetroffen, das Ständer und große Bildschirme nach oben schleppt. Ich beginne zu zweifeln, ob ich den Mut aufbringe, unser Vorhaben wie geplant umzusetzen. Andererseits wird dadurch das Publikum auch immer größer und damit der mögliche Sieg oder die Umfänglichkeit der Niederlage.

Ich hole mir Stift und Notizblock aus der Tasche und beginne, meine Beobachtungen hier aufzuschreiben. Hoffentlich kann Lara damit etwas anfangen. Dann schaue ich auf die Uhr und notiere die Zeit ebenfalls. Lara hat mir schon einige Fragen aufgeschrieben, die ich die sogenannten Kunden des Jobcenters fragen kann. Aber erst einmal muss ich mich den Anwesenden in der Wartezone vorstellen und erhebe mich.

»Guten Tag, liebe Anwesende. Ich bin Le... ähm Lara Schock«, beginne ich gleich mit einem Versprecher, verdammt! »Wer den Ostseekurier aufmerksam liest, dem wird zumindest mein Name bekannt sein. Ich versuche so objektiv, wie möglich zu berichten. Leider hat die Anzeigenredaktion da auch noch ein Wörtchen mitzureden, denn natürlich können wir nur soweit unseren Finger in die Wunde legen, solange das Blatt überleben kann, das heißt, solange wir genügend Anzeigen verkaufen können. Ich kann Ihnen versprechen, dass wir unser Bestes geben.«

Diese Eröffnung habe ich auswendig lernen müssen. Ich sehe mich um. Die Augen sind auf mich gerichtet. Das ist gut, hat mir Lara gesagt. »Ich habe vor, ein paar Bilder von den Wartenden zu machen. Wenn jemand von Ihnen nicht auf die Montagsausgabe möchte, kann ich das verstehen. Machen Sie sich dann einfach bemerkbar. Außerdem interessiert mich Ihre Meinung zu der heutigen Veranstaltung. Im Übrigen bin ich heute ebenso lange hier wie Sie auch. Ich glaube Fairness im Umgang miteinander, hilft uns heute am meisten.«

Das kleine Mädchen, das mir schon vorhin aufgefallen war, sitzt brav neben ihrer Mutter und schaut sich ein Buch an. Ihr pastellblaues Kleid ist blütenrein und ihre weißen Kniestrümpfe wirken wie soeben angezogen. Nicht einmal an den Sandalen ist ein Staubschleier zu bemerken. Sie sieht wie eine kleine Prinzessin aus. – Oh Gott, wenn ich da an meine eigene Kindheit denke ... Überhaupt waren Röcke und Kleider noch nie wirklich mein Ding. Für das Klettern auf Bäumen mit den Jungs waren sie denkbar unpraktisch. Nur selten habe ich sonntags ein Kleid angezogen, sehr zum

Ärger unserer Eltern, die so stolz auf ihre eineiigen Zwillinge waren. Lara war da anders. Sie mag schöne Kleider. Ich glaube, das ist der einzige Unterschied zu meiner Zwillingsschwester.

Ich beginne zu Fotografieren. In einem geeigneten Augenblick winkt Lara der kleinen Prinzessin zu und lächle. Nach ihrer niedlichen Antwort mit ihrer kleinen Hand ruckelt sie sich auf ihrem Stuhl zurecht, blättert die Seite um und vertieft sich wieder in ihr Buch. Mir gelingt es, diesen Augenblick festzuhalten.

Alle fünf Minuten, schätze ich, wird eine der Frauen in ein nahe gelegenes Büro gerufen. Wieder und wieder beobachte ich, dass der Gesichtsausdruck von Frauen, die das Büro verlassen, weit unglücklicher wirken, als die, die es betreten. Wolle und das Fernsehteam des NDR werden durch Frau Schwartz in das Büro gebeten. Lange Zeit tut sich nichts. Dann wird die Mutter der kleinen Prinzessin aufgerufen. Die Reporter kommen heraus und begleiten Mutter und Kind. Insgesamt viermal wird diese Prozedur des Aufrufens gefilmt, bis alles im sprichwörtlichen Kasten ist.

Drinnen scheint es im gleichen Stil weiterzugehen, denn es dauert eine halbe Ewigkeit, bis Mutter und Kind wieder in der Wartezone sitzen, die Reporter wieder abgezogen, und die nächste Frau aufgerufen wird.

Warum zeigten, im Gegensatz zu der Mutter mit ihrer kleinen Prinzessin, alle anderen Frauen ein missmutiges Gesicht. Ich mache mir Notizen zu der Fragestellung und nehme mir vor, drei bis vier Frauen, die mir geeignet erscheinen und auch die Mutter der kleinen Prinzessin dazu zu befragen. Aber vorher muss ich noch einmal mit Lara über meine Beobachtung sprechen.

Auf dem Flur wird es unruhig. Drei Reporter mit Fotoapparaten stürmen die Treppe vom Obergeschoss herunter, drehen sich um und schießen begleitet von einem Blitzlichtgewitter gefühlte fünfhundert Fotos. Ein Mann mit einer Fernsehkamera an einem Tragegestell an der Hüfte geht die Treppe rückwärts runter und erfasst mit seinem Objektiv einen Reporter mit Mikrofon und einen verdammt gut aussehenden älteren Herren, der trotz der Wärme im Nadelstreifen-Anzug und mit Schlips mit einem sehr wichtigen Gesicht die Treppe *hinunterschreitet* und dabei eindringlich spricht und gestikuliert. Es ist der Leiter des Jobcenters, Herrn Baumgarten. Sein Kinn hat er leicht angehoben. Ein Zeichen dafür, wie überlegen und selbstbewusst er sich fühlt. – Wie der Kameramann es allerdings schafft, hier nicht ins Stolpern zu geraten ist mir völlig ein Rätsel ...

Die meisten Frauen drehen sich weg, als die Kamera über die Wartenden streift. Ich selber hatte vorhin mehr Glück. Nur zwei Frauen räumten vor der Aufnahme das Gesichtsfeld meiner Kamera. Wenig später verschwindet die Meute hinter anderen Türen. Jeder scheint mit sich selbst beschäftigt zu sein. Ich genieße die Ruhe.

Komisch, dass ich jetzt daran denken muss. Lara, die meisten anderen und auch die Mutter des kleinen Mädchens haben bereits ihr neues Outfit verpasst bekommen. Als die kleine Prinzessin vorhin mit ihrer Mutter die ›Ankleide‹ verließ, hob sie stolz ihr kleines Portemonnaie in die anwesenden Kameras, während ihre Mutter eine Kik-Tüte in der Hand hielt, aber weniger glücklich aussah. Überhaupt scheint die kleine Prinzessin der Star des Tages zu sein.

Lara verdrehte vorhin sogar die Augen, als sie mit ihrer Tüte wieder im Wartebereich platz nahm. Mir brennen so viele Fragen auf der Seele und ich weiß, dass Lara mir so viel sagen möchte. Aber wir müssen aufpassen, dass sich unsere Blicke nicht allzu oft treffen. Niemand, auch nicht die anderen Frauen, dürfen hier irgendetwas vermuten.

Ich halte es nicht mehr aus. Jetzt muss ich aber erst mal eine rauchen und gehe vor die Tür. Wolle ist beschäftigt, also die beste Zeit, meiner Sucht nachzugeben. Lara folgt mir wenig später.

»Gib mir mal eine«, beginnt sie. Ich sehe sie fragend an. »Nun mach nicht so ein verdattertes Gesicht, Lena. Ich brauche ein Alibi, wenn ich hier mit dir stehe. Keine Angst. Ich habe mich im Griff. Sieben Stück mehr gibt es nicht, nicht einmal im Stress«, flüstert sie. »Wolle darf es aber nicht erfahren!«

Ich biete ihr eine meiner Selbstgestopften an. »Ich will mich kurzfassen«, fährt sie fort und hebt die Augenbrauen. »Bis jetzt ist unsere Aktion ein voller Erfolg. Du hast ja gesehen, wie schnell ich bei der Rothaarigen wieder draußen war. Offenbar kennt die nur einen Geschmack, ihren eigenen. Die Klamotten, die sie mir verpasst hat, würde ich zuhause sofort aussortieren. Nicht zu tragen. Hosen gibt es gar nicht. Habe extra danach gefragt. Jedenfalls habe ich genug Film mit der Brille gemacht. Die zeichnet sogar den Ton auf. Ich hatte etwas gefunden, was du tolerieren könntest. ›Kindchen, das steht dir nicht‹ hat die rothaarige Fregatte dazu gesagt. Kurz und gut, es läuft hier alles so, wie wir in der Redaktion es vermutet hatten. – Sag mal, was ist das eigentlich für ein Kraut?«

Lara wirft die Viertel gerauchte Zigarette in den großen Aschenbecher vor der Tür und geht wieder ins Gebäude. Die schöne Selbstgestopfte. Ist ja nicht ihr Geld, denke ich halb im Ernst und gehe auch wieder hinein.

Auf der Einladung hatte das Jobcenter uns ein ›reichhaltiges Mittagessen‹ versprochen. Tatsächlich werden jetzt aber Behälter der Suppenküche in den Wartebereich gerollt. Sofort macht sich der Geruch von lauwarmem und zulange gekochten Eintopf breit. Ausgeschenkt wird in dünnen Plastikschälchen. Zumindest kann sich niemand daran die Hände daran verbrennen und der beigefügte Plastiklöffel kann nicht schmelzen. Ich mache Fotos davon und schreibe meine Bemerkung in Laras Notizbuch. Dabei stelle ich fest, dass sie das kleine E anders schreibt als ich. Bestimmt sind es noch mehr Buchstaben. Kriminalistisch ausgewertet sollte es also nach Möglichkeit nicht. Ich kann mich nicht erinnern, dass wir in der Schule solche großen Unterschiede in unserer Schrift hatten. Zumindest haben unsere Lehrer nichts gesagt, wenn wir unsere Hausaufgaben ausgetauscht hatten.

Die Mittagspause ist der perfekte Zeitpunkt, unsere eigentliche Identität wieder anzunehmen. Es fällt selbst den unsensiblen Männern auf, wenn ein und dieselben Frauen immer zusammen auf das Klo gehen. Trotz aller Zurückhaltung haben Lara und ich eigentlich schon diesen wunden Punkt überschritten. Noch einmal geht gar nicht. Ich sehe, wie sehr sich Lara allein beim Anblick des Suppenküchenessens ekelt, und gehe mit Wolle zum Ausgang. Draußen holt uns Lara ein.

»Weißt du Lara, ich bin beileibe nicht verwöhnt, aber das war mir einfach zuviel. Wie das schon roch!«

Lara macht ein angewidertes Gesicht. Dann hält sie Wolle die Hand hin. »Guten Tag. Ich bin Lena, Laras Schwester und Sie sind bestimmt Laras Kollege. Sie hat schon viel über Sie erzählt.«

Wolle steht der Mund offen und blickt uns abwechselnd an. Langsam ergreift er Laras Hand. »Ja, das stimmt. Am besten Sie nennen mich genauso wie ihre Schwester. Wissen Sie, es mag ihnen komisch vorkommen, aber gerade eben habe ich für einen winzigen Augenblick gedacht, dass Sie ... ach, lassen wir das, sonst trete ich womöglich noch in ein Fettnäpfchen. Sie sehen sich aber so sehr ähnlich, dass man wirklich ins Grübeln kommen kann. Willkommen also, Lena.«

Bei diesen Worten zog er Lara zu sich heran, und drückte ihr ein Küsschen auf die Wange. »Darf ich Sie zum Essen einladen, Lena? Lara und ich waren gerade im Begriff, uns ein Plätzchen im Ratskeller zu suchen.« Wolle lächelt verschmitzt. Seine Augen funkeln geradezu. Mir ist in diesem Moment nicht klar, ob er unser Spiel durchschaut hat, oder nicht. Wenn auch. Zumindest hat er Anstand bewiesen und uns nicht mit der Sache konfrontiert. Ohnehin werden wir nachher im Ratskeller zusammen die Toilette aufsuchen und uns zurückverwandeln. Es ist auch für eineiige Zwillinge ganz schön anstrengend, den jeweils anderen zu spielen. Ich weiß, dass ich das auch für Lara sagen kann.

Auf dem Rückweg vom Ratskeller, nun wieder in meiner eigenen Rolle als Lena, bin ich immer noch nicht davon überzeugt, dass Wolle von unserem Rollentausch noch nichts bemerkt hat. Seine Äußerungen konnte man in beide Richtungen deuten. Es konnte natürlich auch sein, dass er einfach nur charmant war. Wichtiger waren mir während des Rollenrücktausches die Worte von Lara zu der rothaarigen alten Fregatte. Ich musste wenigstens einigermaßen auf dem Laufenden sein, was sich dort in der Ankleide hinter den, für mich verschlossenen Türen abgespielt hatte. Allerdings muss ich jetzt zumindest zeitweise Laras Videobrille tragen, auch wenn der Akku leer war. Mit welcher Bestimmtheit die Rothaarige das Outfit meiner Schwester, also letzten Endes meines, bestimmt hat, ließ Schlimmes ahnen.

Als ich wieder in den Wartebereich komme, unterhält sich die Rothaarige gerade mit der kleinen Prinzessin. Sie nimmt die Hände des Mädchens und tanzt mit ihr eine Weile Ringelreihen. Beide scheinen sichtlich Spaß zu haben. Das passte nicht in das Bild, wie Lara es mir vermittelt hatte.

Wenig später klatscht die Rothaarige und hob die Hände in die Höhe. »Zwar habe ich Sie kennengelernt, Sie aber nicht mich. Das will ich jetzt nachholen. Mein Name ist Susanne Schönborn. Über dreißig Jahre habe ich an den verschiedenen Theatern, zuletzt hier am örtlichen Theater, als Tänzerin und später als Tanzpädagogin gearbeitet, bis ich, mit gerade einmal 53 Jahren zum alten Eisen gehörte und damit meine Arbeit verlor. Mit Kultur und damit auch Theatern kann man kein Geld verdienen, es kostet welches. Werden den Theatern die staatlichen Zuschüsse entzogen, geht die Kultur, salopp gesagt, den Bach hinunter – ich weiß also, in welches tiefe Loch Sie gefallen sind, als Sie Ihre Arbeit verloren haben. Damit Sie überhaupt eine Chance haben und nicht schon durch Ihre Bewegungen unangenehm auffallen, werde ich Ihnen zeigen, wie Sie das vermeiden können.«

Gerade habe ich angefangen, sie ein bisschen zu mögen, da werde ich schon wieder misstrauisch.

»Wir werden zwei Gruppen bilden und jeweils eine Stunde üben.«

Überraschenderweise gehöre ich zur ersten Gruppe, ging doch bisher alles nach der Nummer auf dem Kärtchen mit den Würfelcodes. Ich sehe mich um. Insgesamt ist meine Gruppe schlanker als die zweite. Während die andere Gruppe zum Schminken geht, muss ich mit der Rothaarigen stehen, gehen, sitzen und setzen lernen, was sich im ersten Moment wirklich banal anhört. Jeder tut es viele Male am Tag.

Wir bleiben in der Wartezone des Jobcenters und ohne Umschweife demonstriert die Rothaarige eine einfache Übung ähnlich einer Modenschau: Gehen, Stehen, Umdrehen, Gehen und auf einen Stuhl setzen. Ohne Zweifel versteht es die Rothaarige, selbst in ihrem fortgeschrittenen Alter sich noch so anmutig zu bewegen, dass mir der Mund offenstehen bleibt. Ich habe nie darüber nachgedacht, dass diese Bewegungen eine wirkliche Wissenschaft darstellen. – Wie in aller Welt habe ich mein bisheriges Leben nur ohne dieses Wissen leben können? Allerdings glaube ich nicht, dass damit die Welt besser wird ...

»Und nun Sie, Kindchen.«

Unverwandt sieht mich die Rothaarige an, was nur bedeuten konnte, es ihr nachzutun. Trotzdem tue ich erstaunt und lege meine Hand auf die Brust: »Was? Ich?«

An ihrem Mienenspiel ist nichts zu deuten: Sie meint tatsächlich mich.

Ich vergesse meine Aversion gegen das »Kindchen« und ahme ihre Bewegungen, so gut wie ich kann, nach. Dabei komme ich mir sehr lächerlich vor. Im Augenwinkel sehe ich einige der Leidensgenossinnen ihre Belustigung hinter der Hand verstecken. Ich finde das echt unpassend.

Ehe meine Reaktion darauf über meine Lippen kommt, schaltet sich die Rothaarige ein: »Kindchen, gut gemacht. Sie haben gute Voraussetzungen. An dem Hinsetzen müssen wir noch etwas arbeiten, aber das schaffen wir schon. Bitte achten Sie darauf, dass Ihre Knie beim Setzen zusammenbleiben, übrigens auch wenn Sie Hosen tragen.«

Ob sie mich damit gemeint hat? Sie lächelt, kommt auf mich zu und berührt mich streichelnd am Oberarm. »Auf keinen Fall möchte ich Sie hier der Lächerlichkeit preisgeben, Kindchen. Ganz im Gegenteil. Sie haben Potenzial.«

Die Rothaarige erhebt ihren Blick. »Ich möchte Ihnen allen Mut machen, diese Übung so gut wie Frau Kweer auszuführen«, richtet sie ihre Worte an die anderen. »Achten Sie darauf, dass ihre Schrittlänge zu ihrer Körpergröße passt und setzen Sie die Füße voreinander, so wird Ihr Gang anmutiger. Der Betrachter erlebt Sie so nahezu als schwebend.«

Sie zeigt zu lange und zu kurze Schritte sowie den Unterschied zwischen anmutigem Gehen und breitbeinigem Watschelgang. »Um die richtige Geschwindigkeit brauchen Sie sich heute keine Gedanken machen. Ich werde vor Ihnen hergehen. Prinzipiell ist da nur zu sagen, dass genau wie die Schrittlänge auch die Geschwindigkeit zu Ihrer Körpererscheinung passen muss. Um das richtige Maß für Sie selbst herauszubekommen, sehen Sie sich im Fernsehen mal Preisverleihungen für Schauspieler oder ähnliche Sendungen an. In den meisten Fällen achten die Regisseure auf solche Einzelheiten.«

»Wie, Sie gehen vor uns her?«, platzt es bei einer Teilnehmerin heraus.

»Ist Ihnen das nicht bekannt? Sie werden sich in Ihrer neuen Garderobe zum Ende der Veranstaltung den Unternehmen präsentieren, so erfuhr ich es von Frau Schwartz. Dafür soll ich Sie fit machen. Eigentlich ist das unmöglich. Tun wir trotzdem unser Bestes!«

Lara hatte mir schon gestern vom Ablauf erzählt.

Für einen kleinen Moment ist vollkommene Stille im Raum.

»Wir haben eine Choreografie zu schaffen, meine Damen!«, lässt die Rothaarige lautstark erst gar keine Diskussion aufkommen. »Übrigens, wir Tänzer und Tänzerinnen am Theater waren auch nicht immer damit einverstanden, was der Choreograf und manchmal der Regisseur von uns verlangte. Gret Palucca, bei der ich als junges Mädchen in Dresden persönlich vortanzen durfte, hat bei all ihrer individuellen Kreativität auch immer den Tanz als Teil des Gesamtkunstwerks gesehen, dem man sich gegebenenfalls persönlich unterordnen musste. Ich bin mit dieser Maxime immer gut gefahren und habe viele Schmerzen einstecken müssen für das wirklich erhabene Ziel, das Publikum bestens zu unterhalten. Ihr Publikum sind die Unternehmer, die Ihnen hoffentlich einen gut bezahlten Arbeitsplatz anbieten können. Dafür lohnt es sich schon, sein Bestes zu geben! Immerhin können Sie sagen: Ich war in der Schule der rothaarigen Susanne Schönborn!«

Ihre Freude verteilt sich über ihr ganzes Gesicht. »Viele werden Sie darum beneiden.«

Wir üben die ganze Stunde, die wie im Fluge vergeht.

Ich gehe vor die Tür, um mein Bedürfnis nach Nikotin zu befriedigen. Nach und nach füllt sich der Platz um den Aschenbecher. Fast alle sind hinausgekommen, aber nicht alle rauchen. »Bis jetzt konnte ich mir überhaupt nicht vorstellen, eine ganze Stunde Sitzen, Gehen und Stehen zu üben, ohne dass es langweilig werden würde«, meint eine der Frauen und erntet überwiegend Zustimmung, auch von mir. Irgendwie hatte es die rothaarige Susanne Schönborn geschafft, uns für dieses dröge Thema zu begeistern. Die Anekdoten aus dem Theaterleben, die sie passend zum Thema in ihre Anleitung einbrachte, beflügelten uns regelrecht und sie erntete dafür manchen Lacher. Sie fand sogar Zeit, sich extra mit der kleinen Prinzessin zu beschäftigen und ihr einen kleinen Tanz beizubringen, während wir uns gegenseitig bei unseren Übungen beobachteten. Trotzdem war sie mit ihren lebendigen Augen stets dort, wo etwas klemmte ...

Ich werde unsanft aus meinen Betrachtungen gerissen: »Die erste Gruppe bitte zum Styling«, fordert uns eine junge Frau mit lila Haaren und auffallend langen künstlichen Wimpern auf, mitzukommen. Dabei habe ich meine zweite Selbstgestopfte noch nicht einmal zu Ende geraucht. Ich zeige meinen Glimmstängel und sage: »Noch drei Züge!«

Doch sie hat dafür keinerlei Verständnis und verdreht genervt ihre Augen. Offenbar eine Mitarbeiterin des Jobcenters, schließe ich aus ihrem Verhalten. Wozu die Mitarbeiter hier noch nebenbei Zeit haben, geht es mir durch den Kopf und sehe die lila gefärbten Haare vor mir. Schweren

Herzens wage ich einen letzten Zug, drücke meine noch viel zu lange Kippe aus und eile den anderen hinterher.

Ein Spiegel vor dem Frisierstuhl, mit dem ich beim Friseur gewöhnlich den Blickkontakt zu der Friseurin halte, ist vor keinem Arbeitsplatz vorhanden. Das verstärkt das Gefühl, wieder einmal total ausgeliefert zu sein. Zudem scheinen die fünf anwesenden Friseurinnen kaum Praxis zu haben. Das schließe ich aus den teilweisen ungelenken Bewegungen. Überall wird bereits gearbeitet, nur bei mir am sechsten Arbeitsplatz nicht. Mehr und mehr wird die Atemluft mit Aerosolen und Treibgasen der Haarlack-Sprayflaschen geschwängert. In der Nase fängt es an zu kribbeln. Dann hätte ich meine Selbstgestopfte auch noch zu Ende rauchen können, stelle ich fest. Es kribbelt unerträglich. Ich kann mich nicht mehr beherrschen und niese in höchster Not statt in ein Taschentuch in meine Ellenbeuge.

»Bitte entschuldigen Sie, dass Sie so lange warten mussten«, kommt die Frau mit dem lila Haar in diesem Moment in den Raum und an mich heran, blickt mir von vorn ins Gesicht, wobei sie sich erheblich verdrehen muss. Mit gespreizten Fingern fährt sie durch meine Haare. Erst von vorn und dann links und rechts über den Ohren. Ihrem Gesichtsausdruck nach zu urteilen, versucht sie, eine Entscheidung zu treffen. Friseurin ist sie also, stelle ich fest, keine Jobcenter-Mitarbeiterin. Deshalb also das lila Haar! Irgendwie logisch.

»Frau Krüger, geht das so?«, wird sie gerufen und meine Friseurin wendet ihren Blick zum benachbarten Arbeitsplatz. Schließlich geht sie hin.

Es interessiert mich nicht sonderlich, was dort vorfällt. Stattdessen wird mir klar, dass ich durch meinen letzten Zug an der Zigarette das Große Los gezogen hatte und wohl an die erfahrenste Friseurin im Raum geraten bin. Dafür lohnt es sich schon, ein bisschen zu warten. Ein kleiner Finger tippt mich an meinem Unterarm zart an. »Magst du gern zum Friseur gehen?«, fragt die kleine Prinzessin.

»Ja, da riecht es immer so gut. Und du?«

»Ich auch. Aber ich musste da noch nie niesen. Am liebsten gehe ich jede Woche zum Friseur. Mama sagt aber immer das können wir uns nicht leisten. Bis auf das letzte Mal. Ich glaube, das war Dienstag.«

Die kleine Prinzessin dreht sich um und ruft: »Mama, waren wir Dienstag zum Friseur?«

»Ja, das hast du dir gut gemerkt«, bestätigt die Mutter.

Die kleine Prinzessin wendet sich wieder zu mir. »Du hast ja meine Mama gehört. Es war Dienstag. Mama hat gesagt, dass wir das Geld dafür extra vom Amt gekriegt haben und dass Mama und ich dafür mit den Reportern sprechen müssen und nichts Schlechtes sagen dürfen.«

Zwischendurch bekomme ich mit, dass meine Friseurin zu einem weiteren Arbeitsplatz gerufen wird und dass sie, die Friseurin, Chantal Krüger heißt. »Ist die andere deine Schwester? Ich habe auch eine Schwester, die ist schon groß und einen Bruder. Der geht schon in die Schule. Nächstes Jahr komme ich auch zur Schule. Hast Du auch einen Bruder?«

Ich komme endlich zu Wort. »Ja, einen großen. Der ist Bauarbeiter. Ja und eine Schwester habe ich auch. Sie ist meine Zwillingsschwester. Wir haben immer am gleichen Tag Geburtstag«, gebe ich bereitwillig Auskunft.

Die Augen der kleinen Prinzessin gehen schnell hin und her. Dann hebt sie ihre Hand und zeigt auf die Videobrille. »Diese Brille hat vorhin deine Schwester aufgehabt.« Diese Bemerkung trifft mich völlig unvorbereitet. Ich sehe mich um. Ich bin mir völlig unsicher, ob jemand etwas von dem Gespräch mit der kleinen aufmerksamen Prinzessin mitbekommen hat.

»Mama sagt immer, dass man nicht die Brillen von anderen aufsetzen soll, weil man sonst schielt.«

Ich bemerke erst jetzt, dass sie ihren kleinen Zeigefinger belehrend in die Höhe hebt. Soll ich jetzt antworten und die Prinzessin anlügen? Nein, das kommt nicht infrage.

Stattdessen sage ich: »Da hat deine Mama recht. Ach, und meine Schwester ist Reporterin bei der Zeitung«, versuche ich, das Gespräch in eine andere Richtung zu lenken.

»Das hat meine Mama auch gesagt. Trotzdem darf man Brillen nicht tauschen!«, belehrt sie mich ein zweites Mal etwas lauter.

Nicht so laut, flehe ich sie in Gedanken an. Nicht auszudenken, wenn jetzt schon unser Geheimnis ruchbar würde! In meiner Not schiebe ich ihr eine Haarsträhne aus dem Gesicht und streichele auf dem Kopf. Dabei lächele ich sie an und die kleine Prinzessin schließt dabei für einen Moment die Augen.

»Weist du was?« Die kleine Prinzessin kommt ganz nah an mich heran und legt ihren Zeigefinger senkrecht über ihren Mund. »Schschscht. Soll ich dir mal was verraten?«, flüstert sie.

»Was denn«, flüstere auch ich.

»Na ja, das alles dürfen wir anderen Leuten nicht sagen«, vertraut sie mir an, gefolgt von einem »Schschscht!«

Ich antworte ihr mit der gleichen Geste.

Meine Friseurin kommt mit einem angewiderten Gesicht an meinen Platz und die kleine Prinzessin tippelt im Takt des Tanzes von Susanne Schönborn zu ihrer Sitzgelegenheit und schlägt schließlich ihr Bilderbuch auf.

»Ich muss mich für Ihre Geduld bedanken. Die Arbeitsbedingungen sind hier katastrophal. Keine Spiegel, schlechtes Licht und ein Kabelgewirr unter den Tischen. Fehlt bloß noch, dass die Sicherungen rausspringen. Auf die Schnelle konnte ich auch nichts mehr organisieren. Alles sei da, sagte man mir. – Entschuldigung, das musste jetzt einmal raus!«

Nach dieser Triade entspannt sich ihr Gesicht und sie greift mir erneut ins Haar.

»Gute Spannkraft. Mit Ihrem Haar kann man gut arbeiten. Vielleicht sollten Sie mal überlegen, sich eine leichte Dauerwelle machen zu lassen. Ein entsprechender Schnitt würde das noch unterstreichen. Es würde an Volumen gewinnen und Ihre Persönlichkeit unterstreichen.«

»Ihnen ist hoffentlich bewusst, dass ich mir mein Geld gut einteilen muss und nicht alle zwei Wochen zum Friseur gehen kann?«, gebe ich zu bedenken.

Die Friseurin lächelt. »Es sollte eigentlich ein Angebot sein, sich als Modell zur Verfügung zu stellen, sagen wir ab Oktober ein halbes Jahr und dann noch einmal zur Prüfung. Für das Arbeiten selbst brauchen Sie nichts zu bezahlen. Wir brauchen nur eine Unterschrift von Ihnen, damit wir das eingesetzte Material abrechnen können. Sie sollten lediglich Zeit mitbringen und sich auf ein paar kleine Experimente einlassen, was Schnitt und Haarfarbe betrifft. Wir Ausbilder suchen händeringend geeignete Frauen und Männer, die an sich üben lassen und vor allem, deren Haar dafür auch geeignet ist. Unsere Azubis haben da oft keine geeigneten Vorstellungen. Ein gutes Modell ist schon eine halb bestandene Prüfung.«

Eine Ausbilderin also, denke ich und bin noch mehr erleichtert. Ich nehme an, dass mir dieses Frau Krüger ohnehin ansieht.

»Als Übungsmodel für die Lehrlinge zu sitzen, ist wirklich ein tolles Angebot. Das würde ich gern annehmen. Jedoch muss ich das erst mit meiner persönlichen Ansprechpartnerin hier im Jobcenter absprechen. Möglicherweise sieht sie das als geldwerte Leistung und kürzt mir das ALG entsprechend, was ich nun überhaupt nicht gebrauchen kann. Wir sind nämlich in der letzten Zeit ein paar Mal nicht gerade freundschaftlich aneinandergeraten. Genaugenommen sind Leistungsempfänger dazu verpflichtet, selbst Geschenke dem Amt zu melden. Das zieht dann zwangsläufig eine Kürzung der Bezüge nach sich.«

Die Friseurin beginnt, mein Haar zu kämmen.

»Meinen Sie wirklich, dass sie das so genau nimmt? Das kann ich mir einfach nicht vorstellen!« Unversehens wechselt sie das Thema: »Ich würde Ihnen jetzt gern die Spitzen und die Nackenhaare schneiden, eine leichte Welle ondulieren und damit insgesamt den Hinterkopf etwas betonen.«

Ich stimme zu und die Friseurin mit den lila Haaren beginnt mit der Arbeit.

Am Ende sehe ich in meinen Taschenspiegel und bin mit der Frisur zufrieden: die Augenbrauen gezupft und nachgezogen, etwas Puder und Rouge aufgetragen und die Lippen nachgezogen. Nur die Farbe ist nicht meine. Ich mag dieses auffällige Rot nicht. Kein Protest dagegen hilft. In dem gleichen Rot sind nun auch meine Fingernägel. Furchtbar! Sie hätte den Auftrag dazu, sagte sie und sie ließe sich nicht noch einmal dafür zusammenstauchen, dass sie auf die Wünsche eines Kunden eingehe, was auch der Grund für das Warten meinerseits gewesen sei. Wieder in der Wartezone sehe ich mich um. Jetzt ist Warten angesagt. Die kleine Prinzessin schläft im Arm ihrer Mutter. Auch ihre Wangen haben etwas Rouge abbekommen, so scheint es mir. Für meine Begriffe sind aber fast alle Frauen so wie ich selber, viel zu auffällig, beinahe nuttig, geschminkt. Niemand vom Jobcenter ist anwesend. Innerlich brenne ich darauf, jetzt den anderen Frauen von unserem Vorhaben zu erzählen. Ich beherrsche mich aber, da auch Türen Ohren haben können. Außerdem habe ich zwei der verräterischen kleinen Glaskuppeln an der Decke, wie sie sehr häufig in Supermärkten zu finden sind, entdeckt. Lara hatte mich irgendwann einmal darauf aufmerksam gemacht und mir erklärt, dass sich dort fern-steuerbare Videokameras befinden, mit denen man den Kunden unter Umständen bis in die Tasche schauen könne. Und dann war da ja noch die Video-Brille, mit der meine Schwester die Aufnahmen vom Einkleiden gemacht hat. Ich sehe mich um. Tatsächlich tragen einige der Anwesenden Brillen. Wenn nun ... Nein diesen schizophrenen Gedanken schiebe ich jetzt so weit wie möglich weg und auch das Bedürfnis, mich über mein Vorhaben den anderen Frauen mitzuteilen.

»Warum seid ihr noch nicht umgezogen, Mädels«, kommt ein großer, sehr gepflegter Mann mit durchdringender Stimme hektisch in die Warte-zone.

Für einen Augenblick glaube ich, dass er Rouge und Lippenstift auf-gelegt hat. Sicher bin ich mir aber keineswegs.

»In Zwanzig Minuten beginnt die Veranstaltung. Ich wollte eigentlich nur mal sehen, wie ich euch heute anpreisen kann. Aber ich sehe nichts, gar nichts. Ach, ich bin übrigens Ihr Recruiter, Markus Pfennig mein Name, aber alle nennen mich nur Mark. Hahaha-haha. Also umziehen, umziehen, umziehen, Mädels. Hopp, hopp, hopp!«, und wendet sich zum Gehen.

»Wie bitte, was sind Sie?«, frage ich ihn hinterher.

»Ihr Recruiter, oder, wenn Sie so wollen, der Auktionator, meine Schöne«, dreht er sich um. »Wissen Sie denn gar nicht, worum es geht? Ach, ich merke schon! Wenn man nicht alles selbst organisiert, geht alles den Bach runter. Also, noch einmal für alle, die es nicht mitbekommen haben, noch einmal zum Mitschreiben: Ihr, ihr meine Schönen, kommt auf die Bühne, in Eurem neuen süßen Outfit selbstverständlich, gebt mir Eure Karte und werdet dann den anwesenden Unternehmensvertretern mit all Euren Vorzügen von mir angepriesen.«

Ich bin aufgebracht: »Wir sind doch keine Ware!«

»Wer sagt das? Noch nie was von Humankapital gehört«, bekomme ich zur Antwort. Mark streicht sich auffällig mit dem Mittelfinger über seinen Nasenrücken, wobei er die anderen Finger abspreizt.

»Was für Karten?«, bohre ich weiter. »Wir haben keine Karten.«

Mark faltet die Hände und schickt ein Stoßgebet gen Himmel: »Gott im Himmel, bestrafe den Organisator dieser Veranstaltung mit Hexenschuss und Feuersbrunst und lasse den Chef dieser Einrichtung zur Salzsäule erstarren, wie du es einst in Sodom und Gomorra getan hast!«

Eilig verlässt Mark, der Recruiter, tänzelnd den Wartebereich. Ich muss über diesen eigenartigen Mark kichern und sehe, dass es den meisten hier ebenso ergeht. Das verstärkt meinen Kicheranfall und auch den der anderen. Den werde ich wohl nie wieder vergessen.

Es fällt mir schwer, ihn einzuordnen, und schon gar nicht kann ich ihn mir als Auktionator, oder wie er sich selbst bezeichnete, als Recruiter vorstellen. Sicher sieht er sich als Künstler, kommt es mir in den Sinn. Wir sollen also hier wie Vieh versteigert werden? Speeddating steht in der Einladung nicht Auktion. Fehlt bloß noch, dass wir mit einem Strick angebunden werden. In diesem Moment wird mir bewusst, dass es nicht eines Stricks bedarf, uns hier festzuhalten und alles über uns ergehen zu lassen. Die Androhung einer Sanktion tut es auch!

Ich kann meine Überlegungen nicht weiterführen, denn Frau Schwartz vom Jobcenter und die rothaarige Susanne Schönborn treffen im Wartebereich ein. Irgendwie wirkt sie verstört, so als ob sie dem Weinen nahe war.

»Verehrte Kundinnen, Sie werden sich jetzt umziehen«, beginnt Frau Schwartz kraftlos mit zitternder Stimme. »Die erste Gruppe geht mit Frau Schönborn, die zweite mit mir in die Umkleideräume. Sie können Ihre privaten Sachen dort lassen. Der jeweilige Raum wird während Ihrer Abwesenheit durch uns abgeschlossen. Ich habe den Auftrag, Sie anzuhalten, nur das Outfit tragen, das wir Ihnen ausgesucht haben. Wir wollen doch alle, dass Sie alle bald wieder in Beschäftigung sind.«

Frau Schwartz versucht ein Lächeln, was ihr nicht gelingt, und blickt sich um. »Noch fragen? – Ich sehe, das ist nicht der Fall. Bitte folgen Sie uns.« Ich nehme meine Sachen und die ungeliebte kik-Tüte und folge der rothaarigen Frau Schönborn. Über bisher fremde Gänge und Treppen gelangen wir in das zweite Geschoss. Durch die geschlossene Tür des Korridors, der den oberen Wartebereich von den Büros abtrennt, klingt aktuelle Musik.

Unwillkürlich ist die Erinnerung aus der sechsten Klasse wieder präsent. Ich weiß es noch wie heute. Ich war in ein Gespräch mit Lara, Erika und Sabine vertieft, in der wir unsere Meinungen zu Daniel aus der Sieben-C diskutierten. Er wirkte schon so männlich und hatte eine tiefere Stimme bekommen. Und charmant reden konnte er … Die ganze Zeit liefen unsere

Jungs um uns herum und rempelten uns immer wieder an. Schon das war nervig. Das taten sie immer, wenn wir Mädchen unter uns sein wollten. Dann wurde es still. Ich dachte, sie hätten jemand anderen zum Ärgern gefunden. In allen Einzelheiten durchlebe ich, wie mir unerwartet jemand meinen roten Sommerrock mit den weißen Punkten mit einem Stock von hinten hochhob. Ich war dafür bekannt, mich blitzschnell umzudrehen und dem Nächstbesten eine Ohrfeige zu verpassen. Genau in dem Moment, wo ich mich mit erhobener Hand umdrehte, meinte Kay-Uwe:»Guck mal, Lena hat ne Bremsspur im Schlüpfer. Natürlich konnte das nicht stimmen. Dann lachte er dreckig und die anderen Jungs taten es ihm gleich.»Ihr seid ja so blöd,«, schimpfte ich. Ich fühlte mich schlagartig so ausgeliefert, wie nur irgendetwas. Gerade von Kay-Uwe hatte ich das nicht erwartet. Immerhin war sein Vater Frauenarzt im Krankenhaus und seine Mutter Chefsekretärin in der Kunstschule. Da war doch Daniel ein viel edleres Format. Zumindest glaubte ich das damals. Seit diesem Tage habe ich nie wieder einen Rock angezogen. Zwei Jahre später hieß er dann bei uns Mädchen Daniel Grasch.

Während wir Frauen hinter der Korridortür warten, spüre ich immer wieder einen leichten Luftzug an meinen Oberschenkeln. Es ist das erste Mal nach jenem Vorfall mit Kay-Uwe in der Sechsten. Wie damals fühle ich mich nackt und verletzlich. Wie soll es erst werden, wenn alle Augen der Unternehmervertreter auf mich ruhen. Gut dass Lara schon gestern Abend wusste, was im Großen und Ganzen auf mich zukommen würde. Sicherheitshalber zog ich statt Unterwäsche meinen Bikini an. Trotzdem presse ich meine Oberschenkel aneinander und ich muss mich beherrschen, nicht auch noch mit den Händen vorn und hinten den Rock zwischen meine Schenkel einzuklemmen oder zumindest herunterzuhalten. Für mich ist diese Situation absolut entwürdigend. Dieses ohnmächtige Gefühl des Ausgeliefertseins ist das eigentliche Problem für mich. Ich weiß nicht, wie oft ich das in den letzten Jahren erlabt habe. In dieser Hinsicht werde ich immer empfindlicher. Gegen die Jungs in der sechsten Klasse konnte ich mich noch wehren oder dem Problem einfach aus dem Wege gehen. Mit dem Raucher-Entwöhnungskurs des Jobcenters hatte ich erneut versucht, mich zu wehren. Daraufhin hatte man mir das Arbeitslosengeld gekürzt. Warum dürfen die Mitarbeiter des Jobcenters mich derart überwachen und bevormunden? Die Tür geht auf und die rothaarige

Susanne Schönborn will sich anscheinend vergewissern, ob alles in Ordnung ist. Dann schließt sie die Tür wieder, ohne etwas zu sagen.

Auf der anderen Seite der Tür hält jemand eine Ansprache. Aus dem Sinnzusammenhang schließe ich, dass das der Chef des Jobcenters ist. Um mich herum wird getuschelt. Dazu verspüre ich jetzt kein Bedürfnis. Ohnehin werde ich von Minute zu Minute aufgeregter. Ich denke an die von Lara und mir geplante Aktion, die sich anbahnt. Mit der Konzentration darauf schwindet mein Gefühl der Nacktheit. Besser aber fühle ich mich aber trotzdem nicht, nur anders.

Anhaltender Beifall wird gespendet.

Die Worte des Redners auf der anderen Seite der Tür werden bedeutungsvoller und vor allem lauter. »... und darum möchte ich an dieser Stelle um reichlich Spenden für die Flutopfer bitten und verspreche, den gesammelten Betrag um fünfzig Prozent aufzustocken. In Absprache mit der Kreisverwaltung können für die gespendeten Beträge von uns Spendenquittungen ausgestellt werden. Sehr geehrte Unternehmer, ich danke für Ihre Aufmerksamkeit und wünsche uns eine erfolgreiche Veranstaltung mit zahlreichen Vertragsabschlüssen und nicht zuletzt einen vollen Spendentopf.«

Während die Unternehmer applaudierten, steigt bei mir die Anspannung. Gleich wird es losgehen. Lampenfieber. Ich fange an, zu kalt schwitzen. Jetzt nur ja nichts verdaddeln.

»Wann fängt es denn endlich an?«, fragt die kleine Prinzessin und drückt darin auch mein Gefühl aus. Trotzdem ist ihre Frage so etwas wie eine Erleichterung für mich. Während sich die anderen Frauen zu dem Mädchen umdrehen, sehe ich, dass auch die anderen angespannt sind.

Ein Gepolter, wie es entsteht, wenn Wind die Membran eines Mikrofons trifft, ist zu hören.

»Ja, guten Tag, meine sehr verehrten Damen und Herren. Mein Name ist Markus Pfennig. Das ist übrigens kein Pseudonym, auch wenn ich Ihnen hier die Damen des heutigen Speeddatings anpreisen werde, um sie in Ihrem Unternehmen unterzubringen. Im Anschluss an die Vorstellung haben Sie die Gelegenheit, auch persönlich mit unseren Kandidatinnen zu sprechen ...«

»Hopp, hopp, hopp«, platzt die kleine Prinzessin heraus und rettet die Stimmung damit abermals. Wir Frauen lachen auf.

»Der ist doch schwul«, flüstert jemand.

Die Prinzessin schmiegt sich mit dem Gesicht an die Hand ihrer Mutter und sieht hoch: »Mama, was ist schwul?«

»Darüber sprechen wir nachher. Sieh mal, es geht gleich los. Wir müssen jetzt aufpassen.« Die Prinzessin nickt verständig.

Die rothaarige Susanne Schönborn, die auf der anderen Seite das Geschehen beobachtet hat, kommt durch die Tür und kontrolliert mit einem schnellen Blick unser Aussehen.

»Kindchen, gehen Sie aufrecht«, spricht sie eine der Frauen an, »und lächeln Sie bitte, meine Damen, lächeln«, gibt sie die Anweisung. Ihr Blick bleibt bei mir stehen. »Verkrampfen Sie sich nicht so, Kindchen. Sie sehen wunderbar aus, wenn sie Ihr Kinn leicht anheben und Ihre Kleidung selbstbewusst tragen. – Das gilt übrigens für Sie alle!« Sie beugt sich zu dem Mädchen. »Hast du dir auch alles merken können, was wir vorhin eingeübt haben?«

Die kleine Prinzessin nickt und wirft einen schnellen Blick zu ihrer Mutter.

»Ich gebe dir dann das Zeichen, was wir vereinbart hatten, wenn es so weit ist. Versprochen!«

Das Mädchen nickt abermals.

Susanne Schönborn öffnet die Tür.

»Meine Damen und Herren Unternehmer, begrüßen Sie mit mir die erste Gruppe der Bewerberinnen!«, preist der Recruiter Markus Pfennig, alias Mark, uns an und zeigt mit der Hand zur Tür. Als wir, angeführt von Susanne Schönborn, das aufgebaute Podium betreten, klatscht er Applaus, was ihm die Unternehmer sofort nachmachen. Marschmusik ertönt. Der prägnante Takt wird von meinen Füßen und denen der anderen Frauen übernommen. Wie von selbst lächeln die meisten von uns. Kurze Zeit später klatschen auch die meisten Unternehmer in diesem Rhythmus. Ich hatte nicht erwartet, dass bei so einer Veranstaltung dieser alte Zirkus-Trick mit der Marschmusik funktionierte. Unter diesen Umständen bin ich mir nicht mehr sicher, ob ich alles so durchführen kann, wie es Lara von mir erwartet. Viel würde daran hängen, wie sich meine Vorgängerinnen verhalten würden. Ich war die Dritte. So jedenfalls hatte es mir Frau Schönborn gesagt, die in diesem Moment dem Recruiter ein paar Blatt

Papier übergibt. Im Raum sind einige Bildschirme verteilt. Auf einem kann ich sehen, dass die eingefangenen Bilder einer der beiden Videokameras wiedergegeben werden.

Während die Erste von uns vorgestellt wird, beobachte ich den Recruiter Mark. So einen durchgeknallten Eindruck, wie vorhin in der Wartezone, macht er jetzt nicht. Männlich gepflegt führte er seine Aufgabe als Auktionator aus. Bis jetzt. Schwer zu sagen, welchen Charakter er wirklich hat. Eigentlich gucke ich nicht wirklich interessiert in die Menschenmenge. Plötzlich kommt mir ein Gesicht sehr bekannt vor. Niemals werde ich diese fiese Visage je wieder vergessen können. Nur dass ich kein eigenes Fahrzeug habe, ersparte mir damals, als ich mich bei ihm auf Geheiß des Jobcenters vorstellen sollte, die Sanktion. Er verlangte von mir tatsächlich beim Vorstellungsgespräch, dass ich für ihn zu jeder Tages- und Nachtzeit erreichbar sein müsse, mich vertraglich dazu verpflichten müsse, nicht schwanger zu werden, und ihn auf Dienstreisen zu begleiten, um dort gewisse Dienste für seine Kunden zu erledigen. Ja, genau das waren seine Worte: *gewisse Dienste.* In diesem Augenblick hätte ich ihn anspucken können. Aufgebracht erklärte ich diesem Unternehmer, dass ich alle drei Forderungen nicht akzeptieren könne. Ein Wort ergab das andere. Schließlich drohte er mir, dem Jobcenter mitzuteilen, dass ich diesen Job ablehnte, was eine sofortige Sanktion zur Folge haben würde. Das hat er dann auch getan. Meine Rechtsanwältin hat dagegen den Widerspruch geschrieben. Offenbar hat sie die richtigen Argumente gefunden.

Mit einem Mal rechne ich alle anwesenden Unternehmer zu dieser Sorte Mensch zu. Würden sie faire Löhne zahlen und ihren Arbeitnehmern ein selbstbestimmtes Leben zubilligen, wäre die heutige Veranstaltung nicht nötig gewesen. Mit diesem Gedanken finde ich den nötigen Mut, unsere Aktion durchzuziehen. Beides ist mir zuwider: selbstherrliche Unternehmer und faktische Entmündigung durch das Jobcenter.

Das Prozedere beobachtend lotete ich meine Möglichkeiten aus. Die Vorstellung der Bewerberinnen gleicht der eines Viehmarktes. Sind wir tatsächlich nur Vieh, das verkauft werden soll? Viehmarkt, wie abstoßend! Genau das entfacht in mir eine weitere Portion Zorn für die Durchführung unseres Planes. Von Vorteil für mich ist es, dass den ersten Frauen die Möglichkeit gegeben wird, etwas zur eigenen Person zu sagen, auch wenn sie es ausschlagen. – Aber ich hatte etwas zu sagen! Bleibt nur zu hoffen, dass alles so schnell abläuft, dass die Aktion beendet sein würde, bevor jemand begriff, was hier eigentlich vor sich geht oder die Bodentruppen eintreffen. Das Lampenfieber in mir ist kaum auszuhalten. Gleich bin ich dran, gleich.

»Danke, junge Frau. – Da kann man einmal sehen, dass Kompetenz und innere Schönheit sich nicht ausschließen müssen, meine Damen und Herren. Ich denke, diese Kandidatin ist genau das Richtige für eifersüchtige Jungunternehmer-Frauen. Da kann Ihre Frau wieder ruhig schlafen, wenn Sie auf Geschäftsreise sind. Ha, ha, ha, ha.«

Applaus ertönt.

Der Recruiter blättert auf seinem Pult eine Seite weiter.

»Kommen wir zu unserer nächsten Anwärterin. Sie hat schon lange auf eine Möglichkeit wie diese gewartet. Endlich will sie wieder eine sinnvolle Tätigkeit auszuführen. Sie ist gelernte Programmiererin und kennt sich perfekt in Ceh-und-und aus oder wie das Zeug heißt. Jedenfalls steht das hier so, ist bestimmt ein Schreibfehler.«

»Ceh-plus-plus heißt es richtig. Das ist eine Programmiersprache«, rufe ich dazwischen. Ich kann ihn schließlich nicht dumm sterben lassen.

Der Recruiter wirft mir einen missbilligenden Blick zu.

»Ja, meinetwegen auch das. Jedenfalls ist sie seit einer Betriebsauflösung Arbeit suchend. Leider hat sich bisher die Möglichkeit für sie nicht ergeben, eine geeignete Anstellung zu bekommen. Hindernis dafür war der sich zunehmend ausdünnende öffentliche Personennahverkehr, denn sie wohnt auf dem Lande, ist aber bereit für eine Arbeitsstelle den Wohnort zu wechseln. Sie hat einen Pkw-Führerschein, aber kein eigenes Fahrzeug. Sie hat im letzten Jahr an einem Grundkurs zur Auffrischung ihrer Computergrundkenntnisse mit Erfolg teilgenommen.«

Das war auch so ein Ding, das in mir Zorn hervorrief: Ich kann Computerprogramme schreiben, aber meine Sachbearbeiterin schickt mich zu einem Lehrgang, in dem ich nicht viel mehr lernen sollte, einen Computer ein- und auszuschalten. Trotz dass ich mich während des Lehrgangs so dumm stellte, wie es nur ging, machte ich dem Dozenten noch etwas vor. Zum Jobcenter kam dann die Information, dass ich vorlaut sei und mit dem Dozenten über inhaltliche Fragen stritt. Während meiner Erinnerungen sprach der Recruiter weiter.

»Neben ihrer Muttersprache Deutsch hat sie gute Kenntnisse in Wort und Schrift in Russisch und Französisch. Sie ist durchsetzungsfähig, beharrlich und intelligent«.

Der Recruiter hebt seine Stimme. »Begrüßen Sie mit mir die 32-jährige gelernte Bürokauffrau Lena Kweer!« Er dreht sich applaudierend zu uns und ich mache, so wie wir es eingeübt hatten, einen Schritt auf das Publikum zu.

»Möchten Sie etwas ergänzen, Frau Kweer?«, fragt er, macht aber ansonsten keine Anstalten, mir ein Mikrofon zu geben.

»Ja«, antworte ich in voller Lautstärke, »Sie haben hier etwas Entscheidendes unterschlagen.«

Ich tausche einen Blick mit meiner Schwester in der letzten Reihe, dort wo die Journalisten ihre Plätze haben.

»So. Und was bitte?«

»Das möchte ich lieber gern selbst sagen. Leider habe ich erleben müssen, dass ich oft falsch zitiert werde, dass eine Aussage in meine Worte gelegt wurde, die ich nie so dargestellt habe. Bitte verzeihen Sie mir, dass ich Sie auf die gleiche Stufe stelle, wie einige Mitarbeiter in diesem Haus.«

Aus dem Publikum ist Raunen zu hören. Der Recruiter hebt seinen Arm. Das Gemurmel verstummt.

»Meine Damen und Herren, ich sage es ja, eine intelligente Frau, eine Frau, die genau weiß, was sie will ... und was nicht! ... Bitte kommen Sie an mein Pult, Frau Kweer.«

Ich muss einen Kloß im Hals wegräuspern.

»Was Sie auch denken mögen, ich fühle mich in dem mir zwangsweise verordneten Outfit äußerst unwohl und angreifbar. Nie im Leben würde ich so zu einem Bewerbungsgespräch erscheinen. Bei Strafe einer Sanktion werde ich jetzt dazu gezwungen. Was immer auf Ihrer Einladung stand, sehr geehrte Damen und Herren, es war heimtückisch und soll Ihnen Tatsachen vorspiegeln, die nicht der Wahrheit entsprechen. Sie suchen geeignete Mitarbeiter, die sich für Ihr Unternehmen einsetzen, die freiwillig etwas mehr tun, als es vereinbart ist? Nehmen Sie wirklich an, dass Sie diesen enthusiastischen Mitarbeiter hier und heute finden? Ich bezweifele das. Jede ...«

Der Chef des Jobcenters, der am Vormittag die Journalisten durchs Haus geführt hatte, erhebt sich zornig und knöpft sein Sakko zu. Ich bemerke, dass er ein paar Mal durchatmet, bevor er beginnt: »Sehr geehrte Anwesende. Ich bezweifele, dass wir hier noch ein Koreferat benötigen!«

Er versucht, gewinnend zu lächeln, dreht sich dann zu mir mit der eindeutigen Geste mit der Hand am Hals um, mein Vorhaben aufzugeben.

»Also, ich hätte gern gewusst, was sie zu sagen hat, Herr Baumgarten«, bemerkt ein junger Mann aus dem Publikum. »Sie hat das Problem genau auf den Punkt gebracht, was die Einsatzbereitschaft der Belegschaft betrifft.«

Viele der Unternehmer nicken mit den Köpfen. Einige tun genervt. Ich nehme das als Zustimmung. »Ich bezweifele, dass jemand hier geeignete Mitarbeiter finden wird«, wiederhole ich mich. »Alle von uns Frauen sind unter der Androhung von Gewalt, unter Androhung der Streichung von finanziellen Mitteln hier. Auch jene, die freiwillig gekommen wären, können das in ihrer Einladung, die tatsächlich einer Ladung vor Gericht nahekommt, nachlesen.«

In den Reihen der Unternehmer wird es unruhig. Ich mache eine kleine Pause, bevor ich weiterrede. Meine Schwester gibt mir mit ihrem Daumen ein ermunterndes Zeichen. »Vielleicht rückt ja die anwesende Presse diesen Fakt einmal in den Fokus ihrer Berichterstattung«, greife ich einem weiteren Vetoversuch des Jobcenterchefs vor. Ich sehe seinen Kopf schon rot vor Wut werden. Wenn ich jetzt etwas bewirken will, muss ich es jetzt tun. »Das System Jobcenter ist die rigorose Unterjochung des ärmsten Teils der Bevölkerung. Ich muss meine Persönlichkeit aufgeben, um Geld zum Leben zu erhalten. Ich muss Klamotten anziehen, die ich nicht mag und man erwartet von mir, dass ich sie dankbar entgegennehme. Es ist nun einmal so, dass ich ein Hosenliebhaber bin. Auch dürfen diese Hosen knackig sein und für Männer ein Hingucker. Ich hasse Kleider, Strumpfhosen und Pumps, basta!«, rufe ich und reiße mir das Kleid wütend vom Leib. Knöpfe fliegen. Stoff zerreißt. Der Jobcenterchef ist plötzlich ganz weiß. Augenblicklich wird es still im Raum. Ich stehe in Bikini und Strumpfhose auf dem Podium. Aus den Reihen der Unternehmer ertönen einerseits Anfeuerungsrufe und andererseits Rufe des Entsetzens.

»Auszieh'n, auszieh'n«, höre ich jemanden rufen. Anderen steht der Schweiß auf der Stirn. Auf den großen Bildschirmen sieht man die

Kleidung von mir auf dem Fußboden liegen. Ein älterer Mann aus dem Publikum kommt auf mich zu. »Aufhören!«, brüllt er und versucht, mich am Arm vom Podium zu ziehen. Ich kann mich befreien. »Das muss ich mir als Steuerzahler nicht bieten lassen!«

Unerwartet bekomme ich Hilfe von Mark, dem Recruiter, der mich vor dem Verrückten abschirmt. Mithilfe einer kleinen Schere entledige ich mich unsanft der Strumpfhose, die man mir trotz der Wärme zugedacht hatte. Angesichts der Tatsache, dass bei unsachgemäßer Behandlung eine Strumpfhose sehr schnell Löcher und Laufmaschen bekommen kann, habe ich Probleme mit dem Zerreißen. Ich hätte es üben sollen.

In diese Lücke kommt Frau Schwartz entschlossen ans Mikrofon. »Sehr geehrte Damen und Herren, Herr Baumgarten hat mich soeben aufgefordert, den geordneten Ablauf des heutigen Speeddatings wieder herzustellen. – Daran habe ich kein Interesse mehr, denn genau genommen ist mein Arbeitsvertrag mit dem Jobcenter beendet. Mein Arbeitsvertrag galt bis gestern. Erst jetzt habe ich wieder meine Worte gefunden und diesmal spreche ich sie aus. Da ich für das heutige Speeddating eingesetzt wurde, nahm ich an, der Vertrag wird verlängert. Frau Kweer hat mit Ihren wenigen Bemerkungen absolut recht. Das System Jobcenter ist auf die Entwürdigung der Menschen aufgebaut. Geld gibt es nur gegen die totale Unterwerfung. Nicht nur für die Arbeitsuchenden, sondern auch für einen großen Teil der Belegschaft.«

Auf dem Bildschirm ist Frau Schwartz in Großaufnahme zu sehen. Eine Träne rinnt die Wange herunter. Sie wischt sie mit einem bereitgehaltenen Taschentuch weg.

»Wie hinterhältig können Sie eigentlich sein, Herr Baumgarten? Meine Tochter rief mich vorhin an und sagte mir, dass mein Arbeitsvertrag mit Ihnen nicht verlängert wird. Genaugenommen bin ich ab heute arbeitslos. Ich war völlig entsetzt und sprachlos darüber, dass so etwas möglich ist. Kunden, die mir ähnliches erzählten, habe ich nicht geglaubt, und meine Teamleiterin forderte mich auf, ein derartiges Verhalten zu sanktionieren. Bei Ihnen muss ich mich entschuldigen. Wo kommen wir hin, wenn die Bundesagentur ihre eigenen Gesetze nicht einhält?«

Überall wird diskutiert. Auf dem Bildschirm ist in unruhiger Bildführung eine Kleideranprobe zu sehen. Ob das die Bilder meiner Schwester sind? Die beiden Videokameras fangen Gesichter und Meinungen ein. Meine Schwester unterhält sich mit Frau Schwartz. Wolle hat seinen entschlossenen Blick auf Baumgarten, der dem Ausgang zustrebt, gerichtet und drängelt sich durch die Gesprächsgruppen. Am Ausgang erwischt er Baumgarten und hält ihm ein Mikrofon unter die Nase und hindert ihn am Weitergehen. Eine Fernsehkamera macht einen Schwenk auf die beiden. Lichtblitze durchzucken den Raum. Der Tonhelfer des Kameramanns hält an einem langen Stab ein Puschelmikrofon auf die beiden.

Ich setze mich auf einen der vorderen freien Stühle vor dem Podium. Irgendwie bin ich geschafft. Es hat funktioniert. Es ist kaum anzunehmen, dass die Veranstaltung weitergeführt wird. Die Journalisten haben ihren Skandal und ich habe meinen Unmut öffentlich gemacht. Von hinten tippt mich jemand an. »Kindchen, ich war so frei, Ihnen etwas zum Überziehen zu bringen.«

Die rothaarige Frau gibt mir einen dünnen, seidenglänzenden, bordeauxroten Morgenmantel.

»So einen habe ich immer dabei; hab es mir noch nicht abgewöhnen können, in all den Jahren, in denen ich nicht mehr am Theater bin. Behalten Sie ihn einfach als Souvenir.«

»Vielen Dank, Frau Schönborn. Ich schätze, dass die Presse noch mit mir sprechen will. So einfach verdrücken kann ich mich wohl jetzt nicht. Meine Schwester, die da mit Frau Schwartz spricht, hat mich schon darauf vorbereitet.«

»Das haben Sie wirklich großartig gemacht, Kindchen. Heute habe ich die Erkenntnis gewinnen können, dass die einfachen Menschen viel zu wenig über die Arbeitsweise der Jobcenter wissen. Und dass was sie wissen, ist oft falsch. Dass das mit dem Jobcenter solche Ausmaße annehmen kann, hätte ich wirklich nicht gedacht. ... Übrigens, die kleine Prinzessin und ihre Mutter habe ich nach Haus geschickt und dem kleinen begabten Mädchen Tanzstunden versprochen. Wenn ihr das Tanzen dann immer noch genug Freude bereitet, werde ich ihr die Ausbildung finanzieren. Ich selbst habe keine Kinder. So kann ich für ein Talent etwas Gutes tun.«

Sie berührt mich am Arm. »Hals- und Beinbruch, Kindchen«, wünscht sie mir und geht.

Ja, das kann ich wohl gebrauchen. Überall wird gesprochen, oft mit ausladenden Gesten. Fotografen kommen und wollen mich ablichten. Ich habe den Eindruck, dass es noch mehr Journalisten geworden sind. Eigentlich aber ist Frau Schwartz der Star. Klasse, wie sie dem Baumgarten Paroli bot! Ich ziehe den Morgenmantel von Frau Schönborn über. Immer wieder muss ich ihn ablegen. Fotografiert und gefilmt zu werden kann ganz schön anstrengend sein...

Es ist spät geworden. Ich werde im Pkw der Zeitung nach Hause gefahren. Der Chefredakteur sitzt am Steuer. Lara sitzt neben mir auf der Rückbank. Wir halten einander die Hand. Genug geredet für heute, darin sind wir uns einig. Ich beobachte die vorbeifliegende Landschaft. Der Sommer neigt sich dem Ende entgegen. Die ersten Blätter werden matt und gelb. Was habe ich vom Herbst zu erwarten?

Wie wird sich meine Vermittlerin nun gegenüber mir, der Provokantin verhalten? Wenn ich es mir recht überlege, habe ich gegen die Auflage aus der Eingliederungsvereinbarung verstoßen, alles zu tun, damit ich wieder in Arbeit komme. Ich habe es sogar massiv behindert. Welche Konsequenzen wird das haben? Wird der Bericht in der Zeitung Rücken- oder Gegenwind für mich bedeuten? Es hat heute viel Wind gegeben. Wird der Herbst ein goldener oder in stürmischer werden?

***

Juli 2007

Zum Sparen verführt

»Tach, Jürgen! Wieder in Lohn und Brot?«

»Nee, Tach, Werner! Ich bin nur dabei, mir meine Sonderwünsche zu verdienen. Das hier ist Werbung. Drei Cent für jedes Blatt. Für die neue Gartenbank reicht Hartz-4 nicht.«

»Da musst du für die Bank aber lange laufen! Komm mal rein, ich muss dir meine neue Errungenschaft zeigen!«

Werner machte eine einladende Geste.

Jürgen nahm ein Werbeblatt von seinem Arm und gab es Werner. »Hier, du bist doch Schnäppchenjäger! Sind tolle Angebote dabei!«

Werner sah Jürgen bedeutungsvoll an. »Nun mach es doch nicht so spannend! Los, zeig schon!«

»Komm mit! Jürgen.«

Beide drängelten sich am Pkw vorbei.

»Siehst du! Da steht er, mein neuer Rasenmäher!« Werner zeigte voller Stolz auf sein nagelneues Gerät. »Einfache Schnitttiefeneinstellung, siebenhundert Millimeter Schnittbreite, einschwenkbarer Rasenkantenschneider, Viertakt-Rapsölmotor, elektrischer Anlasser und das alles für sechshundertachtundneunzig Euro! Vor einer Woche hab ich ihn noch für knapp tausend im Gartenmarkt gesehen. Da musste ich einfach zuschlagen! Dreihundert Euro kann man schließlich nicht jeden Tag sparen!«

Er hantierte am Rasenmäher und drückte den Startknopf.

»Hörst du, leise wie mein Auto!« Er grinste. »Da kannst du sogar sonntagmorgens mit mähen, ohne dass die Nachbarn meckern!«

Jürgen war tief beeindruckt.

»Wenn ich ehrlich sein soll, Werner, ich hab' nicht mal gewusst, dass es so etwas überhaupt gibt! Tolles Gerät!«

Werners Brust schwoll durch Jürgens Lob noch mehr an. »Wenn du zu etwas kommen willst, musst du clever sein, musst immer aufpassen, wo du etwas sparen kannst. So viel Sonderangebote wie dieses Jahr gab es noch nie!«

Er nahm einen eingestaubten Zettel von der Fensterbank. »Ich hab' mir das mal aufgeschrieben. Guck mal, das hier hab ich allein dieses Jahr gespart. Bei der Schlagbohrmaschine vierunddreißig Euro, beim Bohrschrauber glatte hundert, bei der Kleistermaschine war es nicht soviel, aber auch acht Euro sind mitzunehmen. Sechsundzwanzig bei der Heckenschere und so weiter. Alles Markengeräte! Insgesamt siebenhundert-achtunddreißig Euro und ein paar zerquetschte! Willst du ein Bier?«

Werner fragte zwar, aber da flog die Flasche schon in einem hohen Bogen zu Jürgen, die er gerade noch so auffangen konnte. Kurz darauf zischte es zweimal. »Darauf müssen wir anstoßen, Jürgen!«

Plötzlich krachte es aus dem Nebenraum. Beide sahen sich an und waren sekundenlang nicht in der Lage die Bierflasche vom Mund abzusetzen. Wenig später stand Werners Frau kreidebleich in der Tür. »Die Waschmaschine! Werner, die Waschmaschine ist kaputt. Nebenan schwimmt alles. Hast Du etwa wieder die Nägel in deinem Arbeitsanzug gelassen?«

»Du weißt doch, was wir uns in der letzten Zeit alles angeschafft haben. Wovon soll ich denn nun eine neue Waschmaschine kaufen? Hättest du nicht aufpassen können?«

»Typisch Mann!« Die Tür knallte zu.

»Au Backe! Kredit bekomm' ich auch nicht mehr! Kannst du mir vielleicht aushelfen, Jürgen?« Auch Werner war nun bleich geworden.

»Ich will mich ja nicht einmischen, Werner,«, begann Jürgen vorsichtig »aber sagtest du nicht vorhin, du hättest dieses Jahr schon siebenhundertachtunddreißig Euro gespart?«

***

Erlebtes und Erdachtes

Coffee-To-Go

Eigentlich sollte ich niedergeschmettert sein. Aber ich bin erleichtert und froh. Mein Smartphone ist schon seit gestern Abend ausgeschaltet. Nach einer endlich wieder durchschlafenen Nacht kann ich in aller Ruhe meinen geliebten türkisch gebrühten Kaffee genießen.

Halb rauschend halb singend erhitzt der Glas-Wasserkocher mein Kaffeewasser, während ich eine genau ausprobierte Menge frisch gemahlenen Kaffees in meine Lieblingstasse gebe. Ein unverkennbares Wasserbrodeln zeigt mir den richtigen Moment zum Brühen an. Herrlicher Kaffeeduft breitet sich aus. An meinen Lieblingsplatz am Fenster kann ich dem ruhelosen Treiben auf der Hauptstraße mit den zahlreichen Geschäften zusehen. In den vergangenen Monaten gehörte ich selbst zu jenen, die geschäftig links mit dem Handy am Ohr und rechts mit einem Coffee-To-Go durch die Straßen hetzten.

Ich wende mich von dem Treiben auf der Straße ab. Die Begebenheiten der vergangenen Tage kommen mir wieder in den Sinn.

Da war vor allem das Ferngespräch mit meinem immer gereizten Chef, der mich noch in der Nacht zu sich ins Büro beordert hatte – als ob die Angelegenheit nicht auch noch einen Tag hätte warten können! Dann würde ich ohnehin wieder in der Firma sein. Nein, noch am Abend musste ich mich von Berlin aus nach Lübeck auf den Weg machen – um am nächsten Morgen wieder in Berlin zu sein. Vor nicht einmal vier Monaten hatte ich den Arbeitsvertrag unterschrieben. Es war festgelegt, dass ich 24 Stunden am Tag erreichbar sein müsse. Angesichts der Alternative, nur ein Praktikum zu haben, nahm ich an. Jedoch hatte ich die Rechnung ohne meinen Chef gemacht! Es verging kaum ein Tag, an dem er unbedingt am späten Abend oder in der Nacht mit mir telefonieren musste. Schlief der Kerl eigentlich nie?

Sorgfältig rühre ich in der Tasse das oben schwimmende Kaffeepulver unter. Ich nippe den ersten Schluck und behalte ihn eine Sekunde im

Mund. Tausende Aromen reizen meine Sinne. Herrlich! Einen Augenblick ruhen meine Erinnerungen, bis sie wieder Oberhand gewinnen.

Schon etliche Male hatte mich am Steuer der Sekundenschlaf ereilt, ein untrügliches Zeichen, dass mir ausreichend Schlaf fehlte. Auch ein Coffee-To-Go und meine dänischen Frustkekse in der runden Blechdose konnten daran nichts ändern.

Mein Chef schaffte es sogar, das Handy von fern wieder einzuschalten. Der Akku meines Smartphones ließ sich leider nicht entfernen. Mein Blick fiel auf die Keksdose und ich erinnerte mich an den Physikunterricht. Mit einem Mal wusste ich, wie ich zu dem dringend benötigten Schlaf kommen konnte. Die Kekse schüttete ich auf den Tisch und legte das verflixte Smartphone hinein. Ausgetrickst!

Ich gönne mir einen weiteren Schluck Kaffee und sehe das hektische Treiben auf der Straße. In diesem Moment kommt ein offensichtlich gestresster Mann in Anzug und Krawatte eilig aus der gegenüberliegenden Bäckerei. Er trägt einen Diplomatenkoffer und einen Coffee-To-Go ...

Ich bin froh, jetzt hier sitzen zu können, anstatt den Albtraum noch einmal erleben zu müssen, als ich nach jener stressigen Nacht schweißgebadet erst am späten Vormittag aufwachte. Alle meine Termine hatte ich durch das nächtliche Telefonat mit dem Chef verschlafen. Den ersten Gedanken, mir eine Ausrede einfallen zu lassen, verwarf ich und hastete in die Stadt. Das Smartphone in der Dose hatte ich total vergessen, bis ich es in meiner Jackentasche suchte. Als ich die Dose öffnete, schaltete es sich automatisch ein und spielte eine Nachricht vom Chef ab, der mich wütend nach Lübeck beorderte. Was mein Chef von mir wollte, werde ich nie erfahren. Auf seinem Schreibtisch breitete sich eine Pfütze vom Coffee-To-Go aus und tropfte vom Schreibtisch auf den Teppich. Der Chef lag neben seinem Arbeitssessel. Ich rief den Rettungswagen. Im Verhör der Polizei erfuhr ich, dass er einem Herzinfarkt erlegen war. Ich war wieder arbeitslos.

Ich nehme den letzten Schluck aus meiner Tasse, verweile noch einen Augenblick und bitte anschließend telefonisch um einen Termin bei der Arbeitsagentur.

***

Alarm an Kasse sieben

Frauen nehmen gern für sich in Anspruch, mehrere Dinge quasi zur gleichen Zeit erledigen zu können und sprechen Männern diese Multitasking-Fähigkeit ab. Das ist nicht richtig, wenn ein Faktor dieses Multitaskings die Zeit ist. Hier sind wir Männer eindeutig im Vorteil, besonders, wenn wir einen Bekannten auf der Straße treffen oder telefonieren. Ich gedenke, mir eines dieser universell verwendbaren Smartphones zuzulegen. Während ich dabei bin, mich im Internet mit den verschiedenen Modellen auseinanderzusetzen, fällt mir gerade noch rechtzeitig ein, dass ich weder Brot noch Butter noch Käse im Haus habe. Für meine bessere Hälfte, also Ines, ist ein Frühstück ohne Käse wie eine Wohnung ohne Möbel. Sie kommt in der Nacht von unserer Tochter aus dem fernen Essen heim. Als vorbildlicher Ehemann muss ich Ines natürlich beweisen, dass das häusliche Leben nicht zum Erliegen kommt, wenn sie mal nicht da ist.

Ich habe es mir zum Prinzip gemacht, vor dem Einkaufen eine Liste mit den benötigten Waren auf dem Computer zusammenzustellen und auszudrucken. Mit so einem Smartphone würde auch das Ausdrucken der Einkaufszettel entfallen.

Schweren Herzens versuche ich mich also, mich von der Produktbeschreibung zu trennen. In diesem Augenblick bemerke ich, dass ich nicht zwei Sachen auf einmal denken kann, auch nicht multitaskingmäßig.

Ein Blick auf die Uhr lenkt mich ein zweites Mal ab und ich stoße einen Wutschrei aus. Die Zeit ist knapp. Der Computer kommt mir zur Hilfe, indem er einfach so mir nichts, dir nichts abstürzt, was er meistens unangekündigt und ohne jedes Gepolter tut.

Jetzt wird es aber wirklich Zeit, wenn ich den Supermarkt noch rechtzeitig erreichen will. Den PC noch einmal hochfahren, um einen Einkaufszettel auszudrucken, erscheint mir zeitmäßig nicht mehr drin zu sein. Drei Sachen werde ich mir ja wohl merken können, ohne mir einen Zettel zu schreiben zu müssen!

Ruckzuck bin ich mit dem Auto am Supermarkt. Aus einem fahrbaren Verkaufsstand vor dem Eingang des Konsumtempels steigt mir der Duft von frisch geräuchertem Fisch in die Nase. Warum soll ich mich eigentlich nicht für die Erledigung der Hausarbeit seit Ines' Abwesenheit mit einem schönen Stück Heilbutt belohnen, zumal der Stand gerade leer ist.

Ahnungslosen Kunden wird im Supermarkt das sauer verdiente Geld auf vielfältige Art und Weise mit Verführungen förmlich aus den Taschen gezogen. Aber Männer wie ich sind willensstark, beschränken sich auf das Wesentliche und durchschauen die dahinterstehende Absicht. Ein erster Blick rundum verrät mir, dass schon wieder alles arglistig umgeräumt wurde. Dort, wo noch neulich kürzlich die Süßigkeiten aufs Zugreifen warteten, liegen jetzt die Bücher. Dabei hatte ich mich schon starkgemacht, nicht gleich rechts nach der bitteren Schokolade zu greifen. Sofort fällt mir der Titel aus der Werbung im Fernsehen auf. Mal sehen, ob's wirklich so wunderbar geschrieben ist, wie es dort beworben wurde. Sicher, sogar ganz sicher, würde Ines es sogar zuerst lesen. Warum also zögern?

Ein fünfziger Pack DVD-Rohlinge für nur 9-Euro-99! Auf diesen 99-Trick falle ich nicht mehr herein und runde auf 10 Euro auf und habe sofort den Schein vor Augen. Ich habe nur noch vier Rohlinge. »Nur für kurze Zeit!«, steht auf einer Tafel. Ich wäre dumm, wenn ich hier nicht zugreifen würde.

Es ist eben auch eine Eigenschaft des Mannes, besonders günstige Gelegenheiten nicht verstreichen zu lassen, solange die Notwendigkeit besteht. Kühl überlege ich, ob sich eine Fahrt eben nur wegen der DVD-Rohlinge lohnen könnte, und muss die Frage mit einem klaren Nein beantworten. Hingegen würde ich bei einem günstigen Angebot von Schuhen nicht in den Kaufrausch verfallen, wenn sich bereits drei Paar im Schuhschrank drängeln würden. Das Süßwarenregal bereits in Sichtweite drängeln sich gut 12 Kunden an einem Stand, der Wein zur Verkostung anbietet.

Merkwürdigerweise spricht mich der Marktschreier gleich an, obwohl er nun wirklich nicht schreien muss. Gut, von einem Schlückchen Wein würde ich nicht gleich fahruntauglich werden. Ich tue wie ein Weinkenner und prüfe den Schluck mit Auge, Nase und Zunge. – Hätte ich das Letztere nur nicht getan und auf meine Nase vertraut! Die Süße des Weines ist für meine Begriffe geschmacklich zu sehr im Hintergrund. Mit »Interessant«, bedanke ich mich für die Probe.

Gut möglich, dass gerade eben meine Worte und mein Gesicht etwas völlig Verschiedenes ausdrückten. Nach dem allzu säuerlichen Erlebnis der Verkostung ist mir nach etwas Süßem zumute. Was eignet sich dafür besser als köstliche Schokolade. Sehr zu meiner Überraschung liegen unsere Lieblings-Marzipan-Pralinen im Regal, die es schon lange nicht mehr gab. Der Logik folgend, bevorrate ich mich mit drei, nein fünf, der schwarzen Schachteln mit dem abgebildeten Glas Bier auf dem Deckel. Ich sehe mich nach links und rechts um und nehme dann auch noch die restlichen drei. Für die Fahrt nach Hause und als heimliche Reserve wäre ein Beutel Schokoriegel genau das Richtige. Nur welche Sorte? Ich mache wegen der Übersicht einen Schritt zurück. In genau diesem Moment schiebt eine nach zu viel Parfüm riechende ältere Dame ihren Wagen in mein Sichtfeld und beginnt gemächlich mit ihrer Auswahl. Eine Minute noch, dann hätte ich sie zur Rede gestellt, zumindest vielleicht.

Zwei Damen mittleren Alters haben sich getroffen und sind in ein tief-schürfendes reges Gespräch über die Farbe von Damenunterwäsche und deren Einfluss auf das Wetter, vielleicht auch anders herum, vertieft. Endlich komme ich zu meinen Schokoriegeln. Ich blicke in den Gang und nehme meinen Wagen. Offensichtlich ist dieser Gedankenaustausch so wichtig, dass sie nicht einmal auf mein »Dürfte ich bitte mal durch!«, reagieren. Die entgegengesetzte Richtung kostet mich gut einige Meter mehr Weg. Ich habe schließlich keine Zeit.

Ein Bildschirm mit quäkigem Ton, der eine Mini-Kreissäge anpreist, fordert meine Aufmerksamkeit. Sofort fallen mir mehr als ein Dutzend Arbeiten ein, deren Erledigung Ines glücklicher machen würde. Ohnehin bin ich mit der Ausführung ihrer Ideen mangels genau so eines Werkzeugs in Verzug geraten, was mir gerade bewusst wird.

Männer werden von Frauen immer als diejenigen angesehen, die kleinere und größere Wunder vollbringen können. Einerseits lassen sich Männer von den Frauen gern in diese Rolle drängen, andererseits ist das handwerkliche Können ein Refugium für die Männer, sich bei dem Werben um eine Frau mit derartigen Talenten hervortun zu können. Was für Frauen die Garderobe, ist für richtige Männer das Werkzeug. Ein ordentlicher Werkzeugfundus ist somit der Gradmesser der Liebe zu einer Frau. Leider sehen das viele Frauen völlig anders und drücken

246

sofort ihr Missfallen aus, wenn Mann sich eine weitere Spezialsäge anschafft. Männer enthalten sich aus gutem Grund ihrer Meinung, wenn sich frau ein weiteres Kleidungsstück zulegt, obwohl der Kleiderschrank schon aus den Fugen geht. Sollte sich ein Mann dennoch erdreisten, ganz vorsichtig dazu eine Bemerkung zu machen, heißt es doch auch immer: Das war verbilligt. Warum darf dieses Argument, von Männern ausgesprochen, eigentlich nicht gelten? Das Wort Einführungspreis lenkt meine Hand vom Stapel unter dem Bildschirm in meinen Einkaufswagen.

Mein Weg führt mich zu den Kühltruhen und ich bekomme Hunger. Ich lege eine Dose Erbseneintopf mit Speck in meinen Einkaufswagen. Angeregt durch die vielen leckeren Sachen im Supermarkt sieht sich mein Magen genötigt, sich lautstark in Erinnerung zu bringen.

Vorwurfsvoll sehe ich einen anderen Kunden in meiner Nähe an und gehe empört weiter. Meine Augen entdecken einen Probierstand für Wurstwaren. Das ist die Rettung, denn immer funktioniert diese Projektion des Schämens auf andere nicht. Schlimmer als am Weinstand konnte es nicht werden. Und richtig. Ich probiere mich ohne wirklichen Genuss durch die Wurstsorten durch und stelle Vergleiche an. Das Kneifen im Bauch lässt nach und ich lobe den Geschmack, frage auch noch nach der Haltbarkeit und den Gewürzen. Die junge Frau hinter dem Stand wittert ein gutes Geschäft und gibt mir bereitwillig Auskunft. Aber ich bedanke mich nur für die gute Beratung und schiebe meinen Einkaufswagen in Richtung Kasse.

Die Wahl der richtigen Warteschlange ist eine Wissenschaft für sich. Wer das Verhalten an der Kasse schon öfter beobachtet hat, wird zu dem Schluss gekommen sein, dass die Wartezeit an einer Kasse mit wenigen Kunden nicht zwangsläufig am geringsten ist. Auch die Warteschlangen mit Kunden, die nur wenige Artikel in ihren Körben haben, stellen keine Garantie dar, möglichst schnell selbst an der Reihe zu sein. Als Ines sich neulich mal wieder in der schier unübersehbaren Anzahl von Kleidungsstücken und Schuhen vertieft hatte, habe ich das Verhalten an der Kasse studiert und habe dabei festgestellt, dass es auf den Quotienten aus der Artikelmenge und Anzahl der Kunden ankommt, wobei pro Kunde noch ein Aufschlag für den Bezahlvorgang zu machen ist. Ines konnte ich damals mit dem Ergebnis tief beeindrucken. Meine Wahl fällt bei Beachtung aller gemachten Beobachtungen auf Kasse Sieben und ich belächele wissend die dicke Frau an Kasse Acht.

Meine Einschätzung gibt mir recht. Ruck-Zuck kann ich meine Waren auf das Band legen. Dann geschieht das Unglaubliche: Mein etwa 30-jähriger, großer, hagerer Vordermann mit seinen sieben Artikeln muss in den Verkaufsraum zurück, um seine Tomaten abzuwiegen. Der Kunde scheint die Waage nicht zu finden, ist mein Eindruck. Warten. Piep - Piep. Dann der zweite Schock. Die Kasse erkennt den Strichcode nicht. Die Kassiererin muss ihn per Hand eingeben. Das funktioniert aber auch nicht und sie greift zum Telefon. Auch sie ist von der Warterei genervt und rollt mit den Augen, bevor sie den nun endlich richtigen Zahlencode von der Stimme an ihrem Ohr in die Kasse eingeben kann. Zum Bezahlen hält mein Vordermann die EC-Karte hin. Ewig muss ich warten, bis der Kartenleser die Karte wieder freigibt. Ach ja, die Treuepunkte, auf die seine Mutter soviel Wert legt, will er auch noch haben. Und das wegen Null-Komma-Drei-Prozent Rabatt! Es ist wahrscheinlich uncool, aber ich kaufe lieber anonym mit Bargeld ein. Endlich bin ich dran. Mein Vordermann geht aus dem Kassenbereich, als ein aufgeregtes Piep-Piep-Piep und das Aufleuchten einer roten Lampe neben seinem inzwischen tomatenroten Kopf, ein nicht gelöschtes Sicherheitsetikett signalisiert, oder eben einen Diebstahl.

Alle relevanten Artikel müssen noch einmal aufs Band, deshalb muss ich meine Sachen zurückziehen. Die Kunden hinter mir murren, der Letzte muss sogar noch unwillig wieder etwas in seinen Wagen zurücklegen. Zum Glück, Diebstahl war es nicht. Ich schaue mich um und sehe die dicke Frau, die mir vorhin aufgefallen war, ihren übervollen Wagen zum Ausgang schieben. Ich muss unbedingt meine Formel präzisieren. Müde verstaue ich das Eingekaufte in den Schränken. Den Eintopf jetzt noch heiß machen, dazu habe ich keine Lust mehr. Ich werde mich mit einer Stulle begnügen und mache den Schrank auf. Kein Brot, keine Butter, kein Käse. Die Geschäfte sind geschlossen und in einer halben Stunde muss ich aufbrechen, um Ines vom Zug abzuholen.

***

Der Aufsatz

Der von allen Schülern verhasste Nachmittagsunterricht traf auch den kleinen Klaus aus der dritten Klasse. Wie in den Ferien konnte er am Vormittag spielen, aber mit wem? Ferien waren viel anders, viel schöner! Niemand guckte genau auf die Uhr und es gab keine Ermahnungen seiner Mutter: »Mach Dich nicht schmutzig! – Vergiss die Zeit nicht! – Mach endlich Deine Hausaufgaben! – Denke dran, Du musst heute um eins zur Schule!«

Oh, wie Klaus das alles hasste! Ihm war einfach nicht danach, morgens um Acht Hausaufgaben zu machen, und auch nicht um Elf, wenn die Zeit bis zum Unterrichtsbeginn schon mächtig zusammengeschrumpft war und schon gar nicht am Abend nach der Schule. Außerdem fiel es Klaus schwer, am Nachmittag dem Unterricht zu folgen. So auch an diesem Mittwoch in der Deutschstunde. Er guckte verträumt den Vögeln und Wolken nach und so bekam er gerade noch mit, dass alle über das Wochenende einen Aufsatz mit dem Titel: ›Mein schönstes Ferienerlebnis‹ schreiben sollten. Deutsch war in der dritten Klasse nicht gerade sein Lieblingsfach. Viel lieber mochte er Rechnen, wie es damals noch hieß, und Singen. Klaus dachte nach. Ihm wollte einfach kein schönstes Ferienerlebnis einfallen. So vergingen der Mittwoch, der Donnerstag und der Freitag, ohne dass er seinen Aufsatz geschrieben hatte. Am Samstag begann der Unterricht bereits um halb Elf. Gleich in der ersten Stunde gab es eine große Überraschung: Ab Montag hatte auch seine Klasse wieder am Vormittag Unterricht! Aber nicht in der Schule, sondern im Haus Sonnenhof, einem Kinderheim für elternlose Kinder. Die Leitung des Heimes hatte der Schule einen Raum zur Verfügung gestellt. Eine Bedingung gab es aber: In diesem Haus war Hausschuhpflicht. Das galt natürlich auch für Klaus. Die Hausschuhpflicht und der Unterricht im Haus Sonnenhof war natürlich bei ihm und seinen Freunden das Pausenthema Nummer eins. Kräftig wurde gerätselt, ob dort überhaupt eine Tafel wäre und Schulbänke.

Nach dem Unterricht konnte Klaus gar nicht schnell genug nach Hause kommen, um die Neuigkeiten weiterzugeben.

»Du musst mir unbedingt Hausschuhe kaufen!«, begrüßte er seine Mutter. »Ab Montag haben wir im Haus Sonnenhof Schule. Da müssen wir Hausschuhe anhaben. Auch laufen und schreien dürfen wir da nicht! Mutti, wann kaufen wir Hausschuhe? Gehen wir nachher los? – Hausaufgaben haben wir nicht auf.«, nahm Klaus die Antwort auf die nächste übliche Frage seiner Mutter vorweg. »Nein Kläuschen, die Geschäfte haben heute schon geschlossen.«

Der Ranzen flog in die Ecke und er hatte auch nicht vor, sich am Wochenende um ihn zu kümmern. Er war furchtbar aufgeregt: Wie würde der Raum aussehen? Könnten sie sich die Plätze neu aussuchen? Mussten die Kinder in der großen Pause zum Schulhof? Gab es dort auch eine Schulklingel? Fragen über Fragen.

»Vati kommt gleich von der Arbeit, geh und wasch Dir die Hände, Kläuschen! Wir essen gleich«, riss ihn die Mutter aus seinen Überlegungen. Dass es sein Leibgericht gab, bemerkte Klaus erst jetzt.

»Oh, schön Mutti, Apfelreis mit Zimt und Zucker!«, rief Klaus und hüpfte auf der Stelle, um gleich daraufhin ins Bad zu laufen.

Die Mutter wollte ihren Augen und Ohren nicht trauen. Das gab es ja noch nie! Ihr Kläuschen hörte beim ersten Mal!

»Mutti, wann gehen wir dann Hausschuhe kaufen?«

Es klopfte an der Verandatür. Durch die kleinen quadratischen Ornament-Glasscheiben der Tür sah Klaus seinen Vater und stürmte hin, um ihm zu öffnen.

»Vati, Vati, wir müssen Hausschuhe haben für die Schule!«

Fragend sah er Klaus an. »Hausschuhe für die Schule? Warum denn das?« Der Vater nahm ihn auf den Arm.

»Weil wir doch ab Montag morgen im Haus Sonnenhof Schule haben! Und da müssen wir Hausschuhe anhaben!«

Das ganze Wochenende kreisten die Gedanken von Klaus um neue Hausschuhe und er versuchte zu ergründen, wie es sich wohl anfühlen würde, wenn man im Unterricht Hausschuhe anhatte. Aber solche braunkarierten mit Schnalle, wie die alten hier zu Hause, wollte er nicht. Die waren ja was für Babys! Die anderen würden ihn auslachen. Sonntagabend ging es wie immer um sieben ins Bett. »Wann kaufen wir Hausschuhe, Mutti?«, wollte Klaus noch wissen, als er schon in seinem Bett lag.

»Morgen Kläuschen, morgen kaufen wir Hausschuhe!«

Sie fuhr ihm mit ihrer warmen Hand liebevoll durch das Haar und gab ihm einen Gute-Nacht-Kuss. Doch einschlafen konnte er vor Erwartung lange nicht. Viel zu aufregend erschien ihm der morgige Tag. Mit dem Gedanken an grüne Hausschuhe, so wie er sie neulich im Schaufenster des Schuhgeschäfts gegenüber gesehen hatte, schlief er dann doch ein.

Mitten in der Nacht war Klaus plötzlich hellwach! »Der Aufsatz!«, schoss es ihm in den Sinn. »Den Aufsatz habe ich noch nicht geschrieben! Was soll ich nur machen?«

Er musste den Aufsatz unbedingt morgen abgeben. Doch der Unterricht begann morgen schon um Acht. Seine Ohren und dann auch sein Kopf wurden heiß und kalt. Es blieb nur eine Möglichkeit. Den Aufsatz musste er jetzt schreiben. Jetzt sofort! Klaus schlich sich in die Küche, wo er seinen Ranzen wusste, setzte sich an den Küchentisch und schrieb seinen Aufsatz. Das heißt, er versuchte es. Die Küchenuhr zeigte Halbdrei in der Nacht. Lange saß er vor dem aufgeschlagenen Heft und kaute auf der Spitze seines Füllers. Im Heft stand bis jetzt nur die Überschrift: »Mein schönstes Ferienerlebnis«. Ihm wollte und wollte einfach nichts einfallen.

Schon fast eine Stunde war vergangen und er hatte nur die Überschrift geschrieben und – einen blauen Tintenklecks am Anfang der Zeile. Angestrengt versuchte er nachzudenken. Irgendetwas musste ihm jetzt einfallen, irgendetwas! Als der kleine Zeiger der Uhr eine weitere Stunde vorgerückt war und ihm die Augen fast zufielen, schrieb Klaus: »Ich habe im Sommer meinen Geburtstag gefeiert. Meine Oma und mein Opa waren da. Auch meine andere Oma war da mit Tante Trudchen. Sie haben mir Geschenke mitgebracht. Ich habe mich sehr gefreut.«

Hundemüde klappte Klaus sein Heft zu und verwischte alle Spuren seines nächtlichen Tuns, so gut er konnte. Dann schlich er mit kalten Beinen in sein Bett zurück.

Am Morgen fiel Klaus das Aufstehen besonders schwer. Erst als seine Mutter das zweite Mal nach ihm sah, gab er sich einen Ruck und stand auf. »Hast Du nicht ausgeschlafen Kläuschen?« Er schüttelte verschlafen den Kopf und lehnte sich an seine Mutter.

»Bestimmt mustest Du an den Unterricht im Haus Sonnenhof und an Hausschuhe denken.«

Er nickte nur, denn auf keinen Fall wollte er sich verraten.

Der neue Klassenraum im Haus Sonnenhof hatte einen blank polierten Parkettfußboden und Gardinen vor den Fenstern, wie in einem richtigen Wohnzimmer. Sogar ein Kronleuchter hing an der Decke, stellte Klaus fest. Eine Tür führte auf einen langen Balkon, der für dieses Schuljahr den Pausenhof ersetzen sollte. Alle Kinder konnten sich einen neuen Platz suchen. Klaus entschied sich für die letzte Reihe.

Einige der Kinder hatten schon Hausschuhe mitgebracht. Aber die meisten liefen heute auf Socken. Die Schulbänke waren dicht zusammengeschoben, sodass kein Gang zwischen ihnen blieb.

Auch eine alte Tafel stand vorn neben dem Lehrertisch, denn der Platz war knapp. Er aber fand, dass das alles tausendmal besser war, als Unterricht am Nachmittag!

Als Klaus von der Schule kam, hatte seine Mutter schon Hausschuhe besorgt. Grün mit kleinen Blüten und einer weißen, festen Sohle!

»Danke Mutti! Die habe ich mir schon immer gewünscht!«

Dass er eigentlich zum Kauf mitgehen wollte, spielte jetzt keine Rolle mehr. Es waren die Hausschuhe aus dem großen Schaufenster.

Wieder war es Mittwoch. In der Deutschstunde wurden die Aufsätze zurückgegeben. Vielleicht hatte er ja noch Glück und er bekam eine Drei. Der Beste durfte wie immer seinen Aufsatz vorlesen. Natürlich war es wieder einmal ein Mädchen. Die Mädchen konnte er sowieso nicht leiden. Die waren immer so wie die Erwachsenen! Einer nach dem anderen bekam das Heft zurück.

Nur er hatte sein Heft noch nicht. Das konnte nichts Gutes bedeuten. Sollte er als Einziger eine Fünf bekommen haben? Die erste Träne rollte schon seine Wange hinunter. Er bekam sein Heft, ohne dass die Lehrerin eine Zensur ansagte. Aber sie sah ihn streng an.

Zum Glück waren alle anderen Kinder mit ihren eigenen Heften beschäftigt. Auf seinem Platz schlug er sein Heft auf. Unter seinem Aufsatz stand mit dicker roter Tinte: »Ohne Bewertung! Sieben Zeilen sind kein Aufsatz! Ich gebe Dir Gelegenheit, bis zum Montag einen neuen Aufsatz vorzulegen. Ich weiß, dass Du das besser kannst. Werte Eltern: Bitte achten Sie darauf, dass Klaus seine Hausaufgaben gewissenhaft erledigt, und zeichnen Sie seine Hausaufgaben in Zukunft ab.«

Die Bemerkungen der Lehrerin waren länger als sein Aufsatz.

»Wie konnte man nur so viel schreiben?«

Eigentlich fand er seinen Aufsatz gar nicht so schlecht. Er fürchtete er sich, das Heft seiner Mutter zu zeigen. Nur bei schlechten Schülern hatte er bisher so viel rote Schrift von der Lehrerin gesehen. War er jetzt ein schlechter Schüler? Wie sollte er da bloß wieder herauskommen? Heimlich probierte Klaus die Unterschrift der Mutter nachzumachen. Aber es wollte nicht gelingen. Lange wusste er nicht, was schlimmer war: Die erwartete Schimpfe oder ein Brief der Lehrerin an seine Eltern, wenn er die Unterschrift der Mutter nicht hatte. Schließlich kam er zu dem Schluss, dass ein Brief bestimmt noch viel schlimmer war und legte am Sonntag nach dem Mittagessen mit hochroten Ohren das Heft seinen Eltern vor. Entgegen seiner Befürchtung blieb das erwartete Donnerwetter aus. Mit trockener Kehle musste Klaus erzählen, wie alles gekommen war. Dann nahm der Vater seinen Sohn in den Arm und plötzlich fühlte sich Klaus viel besser und der Vater spürte, dass sein Kläuschen Hilfe brauchte.

»Komm Kläuschen, nimm Dein Heft. Wir schreiben jetzt zusammen Deinen Aufsatz!«

»Mir fällt jetzt aber nichts ein!«, warf Klaus ein. »Wie soll ich denn anfangen, Vati!«

Sein Vater machte ihm einen Vorschlag und Klaus schrieb ihn nieder. »Und was soll ich weiter schreiben? Mir fällt immer noch nichts ein!«

Wieder sagte der Vater einen Satz, den Klaus aufschrieb. Auch den nächsten und den übernächsten Satz diktierte ihm der Vater. Das ging so weiter, bis der ganze Aufsatz geschrieben war. Klaus war froh. Nun hatte er seinen Aufsatz! Damit konnte er beruhigt zur Schule gehen. Die Lehrerin würde bestimmt nicht merken, wie viel Hilfe er hatte. Inzwischen hatte die Mutter den Kaffeetisch gedeckt. Leckeren Streuselkuchen hatte sie gebacken und er schmeckte heute besonders gut, fand Klaus.

Am nächsten Mittwoch in der großen Pause bekam er seinen Aufsatz zurück. Dort prangte ihm in roter Schrift entgegen: »Eine Eins für Vati und eine Zwei für Dich!«

Klaus bekam rote Ohren. Aber die Lehrerin sah ihn an und lächelte.

***

Dei Upsatz

Nee, dat geföll Klaus gor nich: namiddachs tau Schaul tau gahn. Dachin, dachut namiddachs! Mit wen'n sall hei an'n Vörmiddach spälen. Sien Fründ wiern all tau Schaul! Dei Namiddagssünn kem so schön warm in'n Klassenrum un Klaus hett väl Meuh hatt, up dat tau hürn, wat dei Liehrerin tau vertellen harr. Hei füng all an tau rallögen. Dei Husupgav wür verkünd. »Ok dat noch!«, flücht em dat dörch sienen Sinn. »Ein'n Upsatz öwer dat schönst Ferienerlebnis!« Nee, Upsätze kün'n hei gornich lieden! Un denn noch bet Mandach! Solang dei Liehrerin dei Upgav verkloren deit, överlegt Klaus henn und her. Nee, hei wüst öwer ok gornich, wat hei dor schrieben sall.

Denn mockte dei Liehrerin mitmal ein bedüdungsvoll Gesicht: »Ab Montag haben wir wieder am Vormittag Unterricht, und zwar im Kinderheim Sonnenhof. Wie die Kinder dort, müssen auch wir, die Kinder der Dritten Klasse, dort Hausschuhe tragen. Bringt Euch also welche von Zuhause mit!« Klaus wihr mit einmal werer orrig wak. Wat wir dat? Werer vörmiddags Schaul. Dat wür öwer ok Tied! Namiddags kün'n hei sick öwer ok gornich holl'n!

In dei Paus gev datt kein anner Thema as dei Ünnerricht in'n Kinnerheim. Tau väl Fragen wier'n apen bläben: Gev dat in dat Kinnerheim överhaupt Schaulbänk un ein Schaultafel? Möten dei Kinner in dei Paus up'n Schaulhoff bie dei Schaul gahn? Wie wür sick dat anfeulen, bien'n Ünnerricht Püschen antauhemm'n? Över dat un noch väl mihr hemm sick dei Kinner lang un breit besnackt.Endlich wier dei Schaul ut un hei künn bi den'n Schaulladen vörbiekieken. »Mudding, Du möst mie niege Püschen köpen!«, kem Klaus ganz upregt na Hus. »Af Mondach hemm'n wie in'n Kinnerheim Sonnenhof Ünnerricht. Dor möten wie all Püschen anhemm'n! Över kein gälen ut Kamelhoor mit soo'n Schnall! Dat is wat för Lüttings! Mudding, wann gahn wie Püschen köpen? Ick hev mi all wek utsöcht.« Hei kün gornich upholln, tau vertellen un sien Mudding tau löchern.

»Hür tau, Klaus!« funkte Mudding dormang. »Ick möt ierst up Vadding teuben. Hei möt mie dorför Geld gäben! Wie hem'm nich mihr so väl.

Kann sien, dat wie bet dorhen teuben möten. Vadding kricht ierst nächste Woch sien Inkamen! Ick gev di solang ein Poor dicke Socken mit!«

Klaus füng an tau quängeln:»Kieck doch noch mal in dei greun Dos na! Hest du dor nich noch Geld för min niege Püschen? Wie süht dat ut: mit dicke Socken!«

Sien Mudding nehm dei greune Dos ut'n Schap. Sei tellte dei upsport Pennings.»Deit mi leed, Kläusing, ok dor is nich mihr nauch binn'n. Ick glöw, dor is woll dien niege Fedderdasch an schuld!« Klaus löt sien'n Kop sacken. Tomindest hett hei sien Mudding noch overräden künnt, sick dei Püschen, dei hei hemm'n wull, eins antokiecken.

Ok an'n Sünndag, so wie dei Dag dorvör, kün'n Klaus an nix mihr anners denken, as an sien niege Püschen un an den'n Ünnerricht in'n Kinnerheim. Mandach, je Mandach wier dat sowiet: Dor kün'n hei werrer vörmiddachs tau Schaul gahn un Nahmiddachs mit dei annern Kinner spälen. Oh, wie wier dat schön! Mit dissen Gedanken güng hei denn ok in dei Ferrern. Midden in dei Nacht wühr Klaus unverwohrens hellwaak.»Dei Upsatz! Ick hev den'n Upsatz gornich schräben!« Em wür heit un kolt tau glieken Tied. Wie kün'n hei dat nur vergäten! Morgen früh wier dat tau lat. Up dei Stell müst hei em schrieben. Up dei Stell! ... Mudding un Vadding slapen. Dat wier gaut.

Mit barsten Bein un Nachthemd slikt hei sick in dei Köck, sett sick an'n Disch un halt sien Heft un sienen Füller ut den'n Tornister. Över von wat sall hei schrieben. Em wull nix infallen. Sien Blick föll up dei Klock an de Wand. Ein Stunn deit hei hier all sitten un hett nix schräben as dei Överschrift. Sien Bein wier'n kolt, dei Kopp heit, dei Finger natt un sien Ogen poggenmeud. Nu müst em öwer wat infallen! ... Denn schref hei in sien Heft:»Ich habe im Sommer meinen Geburtstag gefeiert. Meine Oma un mein Opa waren da. Auch meine andere Oma war da mit Tante Trudchen. Sie haben mir Geschenke mitgebracht. Ich habe mich sehr gefreut.«

Lies slickt hei sick werrer trög in sien Klapp. Den'n annern Morgen föll em dat Upstahn bannig schwer. As hei över in'n niegen Klassenrum komm'n deit, wier all dei Schlaprigkeit weg. Schaulbänk wir'n dor un ok een Schaultafel. För dei Finstern wier'n Gardinen un an dei Deck hüng'n Kronleuchter, bienah so, as bie em tau Hus. In dei Paus güng dat rut up ein'n langen Balkon. Hei fünn, dat wier ganz praktisch. Dat Anstellen wenn das klingelt deit, wier dormit nich mier nörig.

An'n Mittwoch gew dat dei Upsätz trög. Tauierst dei besten un denn dal. Bie dei Dreigen's wier sien Upsatz ok noch nich dorbi. Dat harr nix Gaudes tau bedüden un em wür nu doch'n betten schwummerig. So schlecht fünn hei sien'n Upsatz gor nich. As all dei annern Kinner ehren trögkrägen harr'n, stünn em dei Tranen indei Ogen. Hett hei denn nu ein fiev krägen? Över dei Liehrerin gew em dat Heft werrer, ohn ein Zensur antoseng'n. Sien Hart pocht bannig. Up sien'n Platz deit hei denn sien Heft upslag'n. Dor stün'n mit väl rode Liehrerdint: »Ohne Bewertung! Sieben Zeilen sind kein Aufsatz! Lege bis zum Montag einen neuen Aufsatz vor. Ich weiß, dass Du das besser kannst. Werte Eltern: Bitte achten Sie darauf, dass Klaus seine Hausaufgaben gewissenhaft erledigt.«

Klaus kreeg ein'n roden Kopp, so rod as dei Dint in sien Heft, un hei fróg sick: »Bünn ik nu ein'n schlichten Schauljung?« Hei kreeg dat bannig mit dei Angst tau daun. Nee, dat Heft kün'n hei sien Mudding nich vörlegg'n! Wat sall hei blos moken? Tau Hus versöcht hei heimlich dei Ünnerschrift von sien Mudding nataumocken. Sülfst för sien'n Begriff wür dei Liehrerin nich dorup rinfallen, möst hei faststell'n. Har hei öwer kein Ünnerschrift, wür dei Liehrerin ein'n Breif an sien Öllern schicken un dat wier wiß un wohrhaftig noch schlimmer.

An'n Sünndach nah'n Middach nehm hei denn all sienen Maut tausamen, un leggt denn'n Upsatz sien'n Vadding vör. Vadding, wüst hei, wier nich so barsch as Mudding. As hei allens läst hett, nehm hei sein'n Kläusing bisiet. »Hal dien'n Füller un set die hen. Wi warden nu tausamen dien'n Upsatz schrieben.«

»Ik weit öwer gornich, wat ik schrieben sall!« quengelte Klaus.

»Dei Överschrift kennst du je all! Denn schriew se man all up!«, secht Vadding lies. »Mi will öwer ümmer noch nix infalln!« queste Klaus wierer. Dorophen mök Vadding ein'n Vörslag. Furst schreft Klaus em up. Von nu an güng dat so, bet hei den'n ganzen Upsatz upschräben harr.

Klaus wier froh, nu sienen Upsatz tau hem'n. Dormit künn hei tau Schaul gahn un dei Liehrerin wür nich mit em schimpen. Ein groteLast föll von em aff. Ünnerdes hett Mudding den'n Kaffeedisch deckt. Muddings Streußelkauken wier hüt besonners gaud, fünn Klaus.

An'n Mittwoch in dei groten Paus, hett dei Liehrerin Klaus denn bisiet nohmen un em den'n Upsatz werrergäben. Hei slög glieks sien Heft up. »Eine Eins für Vati und eine Zwei für Dich!« harr dei Liehrerin in sien Heft schräben. Unverwohrens kreg hei rode Uhren.

***

März 2008

Ausweg aus klammer Kasse

Als ich, noch klein und unerfahren, das Märchen vom Rumpelstilzchen zum ersten Mal vorgelesen bekam, vermochte ich noch nicht im Entferntesten zu erahnen, welch tiefe Wahrheit in ihm steckt. Vielmehr war ich damals davon fasziniert, wie der hässliche Zwerg der Müllerstochter half, im Verlies Stroh zu Gold zu spinnen. Stroh, das sich in früheren Zeiten die armen Leute statt Federn in die Betten stopften.

Die Zeitgeschichte ist geradezu vollgestopft mit Versuchen, überall verfügbare Ausgangsstoffe in Kostbarkeiten zu verwandeln.

Mehr noch, das Verlangen, für einen möglichst geringen Preis in den Besitz von Schätzen zu gelangen, liegt offenbar in der widersprüchlichen Denkweise des Menschen. Wenn ich auch berechtigte Zweifel hege, dass Rumpelstilzchen der schönen Müllerstochter tatsächlich helfen konnte, so bin ich andererseits davon überzeugt, dass uns Menschen diese Stoffverwandlung immer besser gelingen wird.

Im Mittelalter versuchten zahlreiche Alchimisten aus schwerem grauen Blei und anderen einfachen Materialien edles, glänzendes Gold zu fabrizieren. Nicht wenige von ihnen wurden für ihre erfolglosen Versuche das Augenlicht genommen, die Hände abgehackt oder im wahrsten Sinne des Wortes einen Kopf kürzer gemacht.

Den Erfolgreichen ging es oft genauso schlecht. Der Alchimist Johann Friedrich Böttger wurde in Meißen aus Gründen der Geheimhaltung eingesperrt, weil es ihm gelang – nach den Chinesen – das Porzellan neu zu erfinden, das zumindest zu Geld, viel Geld, gemacht werden konnte. Damit hatte er noch Glück! -

Man war früher nicht so zimperlich. Heutzutage vergiftet man unliebsame Leute lieber mit Plutonium. Aber lassen wir das!

Die Materialverwandlung baut auf alles, was nahezu im Überfluss vorhanden ist. Sand ist so ein Ausgangsmaterial. Glas wurde anfangs in Gold aufgewogen. Zu seiner Herstellung benötigt man unbedingt Sand, Radios und Computer, im Orbit kreisende Satelliten und Spielzeug, wie Handys und MP3-Player wären heutzutage undenkbar ohne Silizium, das ebenfalls aus Sand gewonnen wird.

Undenkbar ohne Sand sind selbst kleinste Baustellen, die ihn oft gleich tonnenweise benötigen.

Im Land der unbegrenzten Möglichkeiten musste jetzt Rudolph, das Rentier für eine Geschäftsidee herhalten: Ein Unternehmen bemalte Rentierköttel, wälzte sie in Glitter oder wickelte sie in Alufolie. Für fünf Dollar das Stück als Weihnachtsschmuck wird der Rentierkot mit viel Brimborium an die Käufer gebracht. Da bekommt der derbe Volksmund: »Er macht aus Sch… Geld«, plötzlich einen ganz anderen, neuen, viel direkteren Sinn. Werbung vermag scheinbar alles!

Allein der Kauf der letzten Weihnachtsgeschenke hat mein Konto mehr als gedacht strapaziert. Wenn ich an den Valentinstag, 8. März, das Osterfest, den Muttertag, die anstehenden Familienfeste denke, wird mir ganz schwindelig. Das Schlimmste ist, es werden weitere Anlässe aus der Geschichte ausgegraben und über Ländergrenzen und Kontinente hinweg exportiert. Ich würde gern Rumpelstilzchen spielen, um mich finanziell zu sanieren. Ich muss nur darüber nachdenken, was ich unternehmen könnte.

Weihnachten öffnet den Leuten das Herz – und das Portemonnaie, so viel steht fest. Das ist die Erkenntnis des Handels und eine endlose Weihnachtsgeschichte. Ich kenne noch eine andere Weihnachtsgeschichte, die etwa so beginnt: »Und der Engel sprach zu den Hirten: ›Fürchtet euch nicht, denn ich verkündige euch große Freude, die allem Volk widerfahren wird. Denn siehe, euch ist heute der Heiland geboren!‹« Engel, ja Engel ist ein gutes Stichwort und Weihnachten sowieso.

Während ich mir weiter Gedanken um das heilige Fest mache, nimmt mich klammheimlich und unerwartet ein teuflischer Plan gefangen: Ich lasse meine silbergrauen Haare wachsen. Weihnachten ist noch weit. Wenn sie lang genug sind, werde ich sie abschneiden, ondulieren und dann Strähnchen für Strähnchen als Reliquie von der Verkündigung der Geburt des Jesuskindes als Engelshaar an einem Stand vor der Kirche eines bayrischen Bergdorfes oder bei eBay verscheuern.

Wetten, dass ich Abnehmer finde?

Ich muss feststellen, dass mein Plan einfach genial ist! Ja, ich bin geradezu entzückt von ihm! Damit bin ich sozusagen Müllerstochter und Rumpelstilzchen in einer Person. Mit dieser Idee, übrigens registriert unter der Patent-Nummer 08 15 – ... – 47 11, habe ich sogar zweifachen Gewinn: Neben den Einnahmen aus dem Verkauf spare ich das Geld fürs Haareschneiden.

Nachschub?

Pssst! ... Kein Problem! ... Mein Bruder ist Friseur.

***

November 2016

Windmühle im November

Nebelschwaden verschleiern die Sicht
Jede Farbe erscheint als grau
kalter Hauch dringt überall hin
bis zum Halse zugeknöpft seh ich
die Windmühle im Novembernebel.

Mühlenkappenfirst mit Blitzableiter
Flügelgeflatter beim Landen.
Drei Vögel setzen sich nieder,
nah beieinander, sie plustern sich auf.
Drei Vögel im Novembernebel.

Acht Vögel umkreisen die Mühle
Links herum, dann rechts ...
Die sitzenden Vögel drehen die Köpfe
Vogelbegegnung auf dem Mühlendach.
Familientreff im Novembernebel.

Nebelschwaden umwabern die Mühle.
Streit um den besten Platz,
leer noch die Windrose am Rande.
Ein Pärchen entdeckt den Ort.
Windrosenrad reglos im Novembernebel.

Das Pärchen fliegt gemeinsam,
geben aufeinander acht
Krallen erfassen den Rand der Rose.
Taumelnd suchen sie Gleichgewicht.
Vogelpärchen im Novembernebel.

Die Vögel setzen an zum Flug.
Mehr werden es mit jeder Runde
unzähliges Lande-Geflatter – dann Ruhe.
Nah beieinander hocken sie lange Zeit
Vogelschwarm in kaltem Novembernebel.

Aufgeregtes Schlagen der Schwingen,
an der Mühle kehren die Farben zurück.
Hell leuchtende Scheibe über dem Nebel
jählings erhebt sich der Schwarm
entschwindet schnell den Blicken.
Windmühle im November.

Lust auf Unlustiges

Todesangst

Angst um Nadim

Kawane Mboto schleppte sich schon den ganzen Tag durch den allgegenwärtigen Sand der Gassen der Zeltstadt. Aus den Bergen wehte der Wind den Geruch von verbranntem Schwefel herüber. Schon den ganzen Tag lang über hörte man im Süden des Lagers Geräusche, die man als Schüsse deuten konnte. Was sollte es sonst sein?

»Hast Du Nadim gesehen, Nadim Ubuntu?«, fragte er immer wieder.

Und immer wieder sah er nur ein Kopfschütteln oder das Hochziehen der Schultern.

»Hast Du Nadim gesehen, den Bruder meiner Frau?«, sprach er einen Mann, der vor einem Zelt saß und das Zubereiten von Tee zelebrierte, indem er viel Zucker hineingab und den Tee wie ein Barkeeper mehrfach von einem in ein anderes Glas sprudelnd umgoss. Aus dem Zelt hinter ihm waren die Stimmen einer Frau und eines vermutlich kleinen Jungen zu hören.

»Komm, setz Dich, Sahib**«, lud der halb arabisch halb afrikanisch aussehender Mann ihn ein. »Trinke mit mir Tee. Heute wirst du nichts mehr ausrichten können. Unser Vater ist auch seit elf Tagen verschwunden. Einfach so! Er hatte hohes Fieber. Er wollte in den Hospital-Container. Dort sei er jedoch nie angekommen, sagten die Pfleger.«

»Und Du hast nichts weiter erfahren?«

Der Mann schüttelte den Kopf. »Weder die Wachen noch im Ort hatte man ihn gesehen. Niemand hatte ihn gesehen. Hier verschwinden immer wieder Leute. Es wird gemunkelt, dass sie im Morgengrauen verschleppt und wohl ermordet werden. Die Libyer sind nicht gut zu sprechen auf uns Flüchtlinge. Manche, sagen andere, seien inzwischen in Deutschland. Aber wer weiß schon, was daran wahr ist? Ich kenne niemanden.«

**   Gefährte

Er holte ein Smartphone aus der Tasche, wischte über den Bildschirm und drehte den Bildschirm zu Kawane. »Hier, das ist er! Hast Du ihn vielleicht gesehen?«

Kawane betrachtete das Foto eingehend. »Tut mir Leid, Sahib!« Er schüttelte den Kopf. »In den vergangenen Tagen habe ich so viele Menschen gesehen, da fällt es mir schwer, mich zu erinnern. Vor allem suchte ich doch Nadim. Aber möglich wäre es.«

Ein Funken der Hoffnung keimte im fremden Mann auf.

»Erinnere Dich bitte, Sahib, bitte!«

»Ich kann nur sagen, dass es möglich wäre, mehr nicht! Lass mich nachdenken, Sahib. Gib mir Zeit bis morgen.«

»Es ist wie es ist, Sahib! Hast Du auch ein Foto?« Er wartete die Antwort von Kawane nicht ab. »Zeig es mir! Wir müssen uns gegenseitig helfen. Auf die Sicherheitsdienste können wir uns nicht mehr verlassen. Wer passt da eigentlich auf die Aufpasser auf, und wer wiederum auf die, wenn es um den eigenen Verdienst geht?« Er machte eine Pause und bemerkte dann: »Sie sind so korrupt wie alle Machthaber!«

Kawane stimmte zu, zog ein zerknittertes Foto aus seinem Hemd und hielt es dem Mann hin. »Hier, sieh hin, das ist Nadim.«

Der Fremde brauchte nichts mehr zu sagen. Auch er hatte Nadim nicht gesehen.

Schweigend und in Gedanken bei den verschwundenen Familienangehörigen schlürften beide den süßen Tee. Er gab ihnen das Gefühl neuer Kraft.

»Morgen, yaum as-sabt (Samstag), treffen sich die Männer wieder nach Sonnenuntergang auf dem Verpflegungsplatz«, bemerkte der Fremde in die Nacht hinein. »Vielen konnte dort schon geholfen werden, Du erfährst Trost und Du erfährst das Neuste. Allah ist weise!«

Kawane bedankte sich für den Tee und setzte seinen Weg gedankenversunken fort.

Seit er hier in Libyen mit seiner Frau Raja angekommen war, in diesem Flüchtlingslager Nahe der tunesischen Grenze und am Rande der Wüste, hatten sich seine Hoffnung auf ein sichereres Leben bisher nicht erfüllt. Unter hohen Strapazen und über viele Irrwege waren er, seine Frau Raja und ihr Bruder weitgehend zu Fuß aus dem Sudan geflüchtet, um den lebensbedrohlichen Auseinandersetzungen zu entkommen.

Bevor die Kämpfe im Sudan sich ausweiteten, hatten sie ihr Auskommen und ein bescheidenes Haus. Dass sie Christen waren, machte das Leben zwar nicht leichter, aber sie respektierten ihre muslimischen Nachbarn in dem kleinen Ort. Ohnehin kam man im täglichen Leben nicht ohne sie aus und die Moslems nicht ohne die Christen. Das änderte sich schlagartig, als bewaffnete Kämpfer kamen und für Unruhe sorgten. Mit: »Die Christen sind an der Gewalt schuld«, verbreiteten sie mit ihren blutrünstigen Geschichten. »Zuerst nagelten sie ihren Propheten ans Kreuz und dann beten sie ihn an«, war ihr Hauptargument. Wie sollte man dagegen argumentieren?

Zuerst traktierten sie christliche Familien wie die seine und sperrten sie aus nichtigen Gründen ins Gefängnis. Bald hörte man von Verschleppungen und Hinrichtungen, die alle Bewohner betrafen, die sich gegen Gewalt untereinander aussprachen.

Wie froh waren Kawane, seine Familie und und das ganze Dorf gewesen, als eine andere Gruppierung ihre Peiniger vertrieb. Die Freude jedoch sollte nur von kurzer Dauer sein. Vor den Augen seiner Frau und des Schwagers Nadim erschossen sie ihren zehnjährigen Sohn Ahmed, weil er nicht wusste, wo sein Vater war. Wäre Kawane im Ort gewesen, hätten sie ihn genauso wie Rajas Bruder Nadim zwangsrekrutiert.

Eines Tages stand Nadim wieder vor der Tür. Raja brach in Wehgeschrei aus, als sie sah, dass ihm die linke Hand fehlte. Von unglaublicher Gewalt erzählte er, und davon, wie sie ihm bei vollem Bewusstsein die Hand abgehackt hatten, weil er sich weigerte, eine Familie vom Säugling bis zum Großvater auszulöschen. Von nun an setzten sie alles in Bewegung, um ein besseres Land zu finden. Sie wollten doch nur in Frieden leben. Das alles musste im Geheimen geplant werden. Es war schwer, die Vorbereitungen geheim zu halten.

Und nun war Nadim schon wieder verschwunden. Diesmal vier Tage spurlos. Er hätte sich nicht so laut gegen die Zustände im Lager äußern sollen. Hatte er durch Menschlichkeit nicht schon so viel verloren? Hatte er wieder Fragen gestellt, die hier niemand hören wollte?

Wie er es mit seiner körperlichen Einschränkungen geschafft hatte, diese abenteuerliche Flucht zu überstehen, verlangte ihm jetzt noch Hochachtung ein. Wie oft waren die brennende Sonne, die Kälte der Nacht und nicht ausreichendes Wasser harte Prüfungen für sie alle gewesen. Vielleicht lässt Gott ja ein Wunder geschehen.

Es kühlte sich wie immer schnell ab, nachdem die Sonne untergegangen war. Kawane rieb sich die nackten Arme.

»Hast Du etwas von Nadim gehört?«, empfing ihn Raja, als er zu ihr ins Zelt schlüpfte.

»Sei still, Raja! Ich werde dir morgen erzählen, was ich erlebt habe. Lass uns an etwas Schönes denken.« Kawane umarmte seine Frau und streichelte ihren Bauch, der von Woche zu Woche runder wurde.

Im Halbschlaf hörte Kawane ungewöhnliche Geräusche vor dem Zelt, dann Stimmen. Das machte ihn endgültig wach. Ihm war, als hörte er von fern ein Fahrzeug. Jemand sprach leise arabisch. Dann ein Fluch in seiner Muttersprache. Der Morgen graute schon. Leise weckte er Raja. Er musste daran denken, was der Teetrinker ihm gesagt hatte.

»Was ist?«

»Draußen ist jemand!«, murmelte er.

»Wer?«

»Weiß nicht! Ich sehe nach!«

»Sei vorsichtig, Kawane!«

Kawane nahm sich die Stabtaschenlampe als Schlagwaffe, denn Waffen waren im Lager verboten. Trotzdem hatten einige welche, er aber nicht! Man stellte hier besser keine Fragen. Nur Nadim konnte es nicht lassen. Leise wie eine Katze schlich er zum Ausgang. Er hob die Hand mit der Lampe wie zum Schlag ausholend und spähte durch das kleine Loch in der Zeltwand. Das war schon dort, als sie es vor etwas mehr als fünf Monaten bezogen.

Er hörte humpelnde Schritte, die immer näher kamen, sich dann aber doch zu entfernen schienen. Immer wieder eine Pause zwischen den Schritten und Geräusche, die an Jammern erinnerten. Sehen konnte er nicht, was diese Geräusche hervorbringen konnte. Irgendetwas wurde aneinander gerieben.

Die Zeltbahn beulte sich am Eingang ein. Kawanes Herz schlug schneller. Jemand versuchte, den Verschluss von außen zu öffnen. Raja hielt sich die Hand vor den Mund, bevor sie einen unterdrückten Schrei ausstieß!

Urvater Abraham

Hubertus Müller, der blonde Deutsche, sprach fließend arabisch, französisch, englisch und natürlich deutsch. Er war schon viel in der Welt herumgekommen. Nun war er im Hafenviertel von Tripolis sesshaft geworden. Er betrieb eine Import-Export-Firma und nebenbei einige lukrative Schwarzgeschäfte. Überall dort, wo Geld zu verdienen war, war er nach Möglichkeit dabei.

Nie konnte er verbergen, dass er ein Deutscher war. Das mäßige Übergewicht, die mittelblonden, rechtsgescheitelten Haare, die blauen Augen und seine allgegenwärtige Arroganz machten ihn sozusagen zu einem typischen Deutschen rund um das Mittelmeer.

Wie, um genau diesen Eindruck zu bestätigen, wies er den Fischer, in seinem Firmensitz in der Hauptstadt zurecht: »Du hast nicht rechtzeitig geliefert, Hamid. Dein Fisch war nicht mehr zu verkaufen. Trotzdem habe ich ihn Dir zum halben Preis abgekauft. Und nun kommst Du, und willst ein Darlehen von mir! Glaubst Du, ich drucke mein Geld selbst?«

»Yā sidī, ehrenwerter Herr, wir wollen doch nur leben können, mehr nicht. Der Sturm! Einen Tag später hatte ich Dir den Fisch geliefert! Der Fisch war erste Qualität! Gnade, ehrenwerter Herr, sollen wir denn verhungern, wegen einem Tag?«

»Dann musst Du eben sparen! Hamid, Du widerst mich an! Lass Dein Gewinsel!«

»Ehrenwerter Herr Müller, ich will alles tun, damit Du zufrieden bist. Wo soll ich denn noch sparen? Aber sieh, wenn ich nichts zu essen habe, kann ich nicht aufs Meer und Du hast keinen Fisch, den Du verkaufen kannst.«

»Du weißt, dass das nicht stimmt. Ich habe noch andere Lieferanten!«

»Und die haben Dir auch keinen Fisch geliefert!«, konterte Hamid.

»Untersteh Dich! Du bist nicht in der Position, mir Vorwürfe zu machen! Ein Wort noch, und ich lasse Dich hinauswerfen!« Der blonde Müller griff nach seinem Mobiltelefon.

Hamid ließ den Kopf sinken.

»Dann muss ich meinen Kutter verkaufen! Gott wird Dich für Dein hartes Herz bestrafen.«

Der Blonde lachte laut auf. »Von welchem Gott redest Du, Hamid? Von meinem oder Deinem?«

»Es gibt nur einen Gott! Seit Abraham gibt es nur einen wahren Gott, ehrenwerter Herr! Gott ist groß!«

»Ja, das stimmt, Abraham, der Urvater!«, sprach er zu sich selbst. Der Blonde machte eine Pause und nickte. Es war das erste Mal, dass sich Hamid nicht auf Allah berief. Das konnte nur einen Grund haben: Jetzt war er zu allem bereit, das Leben seiner Familie zu retten. Hamid musste alles, was er hatte, auf eine Karte setzten, um zu überleben. Libyen hat zwar ein vergleichbar gutes Sozialwesen, aber nur für den, der auch einzahlte. Das konnte Hamid sich nicht mehr leisten. Es hatte sich also gelohnt, Hamid El-Abi und seine anderen Lieferanten kurz zu halten, den Preis ihrer Ware bis aufs Äußerste herunterzuhandeln, und bei Nichterfüllung des Vertrages saftige Abschläge vorzunehmen. Wollte Hamid und all die anderen leben können, mussten sie diesen Klauseln zustimmen. Hamid brauchte ja nicht zu wissen, dass er gerade seinen Fisch, der wirklich von allererster Güte war, mit sehr gutem Gewinn nach Deutschland verkaufte. Diese dämlichen Araber tun wirklich alles, wenn ihnen das Wasser bis zum Hals steht, dachte er. Solange das so bleibt, kann ich fast alles machen. Der Blonde steckte sein Mobiltelefon demonstrativ wieder ein. Er tat, als würde er sich eine Entscheidung abringen.

»Gut Hamid, eine Chance gebe ich Dir noch! Eine allerletzte, hast Du verstanden?«

Hamid nickte. Es war ihm anzusehen, dass ihm ein Stein vom Herzen fiel.

»Du musst mir einen Gefallen tun, Hamid, dann erlasse ich Dir deine Schulden und gebe Dir noch 300 Libysche Dinar obendrauf! Und für jeden weiteren bekommst Du weitere 500!«

»Yā sidī, ehrenwerter Herr, Du wirst es nicht bereuen. Baraka allāhu fīk! Möge Gott Dich segnen!«

Der Blonde fragte diesmal nicht nach. Inzwischen war ihm eingefallen, dass auch die Muslime Abraham als ihren Urvater ansehen. Dass er Hamid durchschaut hatte, brauchte er nicht zu wissen.

Der Blonde fixierte ihn. »Verspiel' Deine Chance nicht, Hamid! Es ist wirklich Deine allerletzte!«

»Was muss ich tun, Herr?«

Peiniger im Lager

Auch Kawane fuhr der Schrecken nach Rajas Aufschrei in die Glieder. Wer wollte da von draußen ins Zelt? War die Taschenlampe da nicht zu harmlos?

»Raja, Du bist schon wach? Lass mich rein. Hier ist Nadim!«

Es war tatsächlich Nadim. Gott sei Dank. Kawane entspannte sich und ließ langsam die Taschenlampe sinken. Er öffnete das Zelt. Doch Nadim war nicht allein. Ein Sanitäter stützte Nadim. Das durch eine frühere Schusswunde fast steife rechte Bein war vom Fuß bis unter das Knie verbunden. Er war übel zusammengeschlagen worden. Das linke Auge war zugeschwollen. Raja schlug die Hände vor das Gesicht und fing an, ein Klagelied anzustimmen.

»Wer hat Dich so zugerichtet, Nadim?« Sie wartete keine Antwort ab. »Komm, setz Dich.« Sie bot ihm die beste Sitzgelegenheit, die sie hatten, einen alten Camping-Klappsessel an. »Kawane, sei so lieb und hole Wasser, ich will sein Auge kühlen.« Dabei strich sie Nadim die Haare aus dem Gesicht.

Kawane war irritiert: Hatte sie ihm soeben einen Befehl gegeben, ihm dem Oberhaupt der Familie? Und das vor dem Sanitäter, einem Fremden! Er ging trotzdem. Schließlich hatte sie recht, aber er ärgerte sich darüber, dass er nicht selbst darauf gekommen war. In solchen Situationen konnte sie einfach schneller denken.

»Die Wachen haben ihn gestern Morgen in einer Senke gefunden, nachdem sie von dort ein Stöhnen gehört hatten. Dass er nicht erfroren war, war fast ein Wunder. Gegen Morgen wurden an die zehn Männer mit Schusswunden gebracht. Es hatte in den Bergen wohl wieder Kämpfe gegeben. Wir waren die Nächsten. Wir brauchten die Betten und Nadim ging es wesentlich besser als ihnen. Dankt Allah, dass er noch lebt!« Damit stieg der Sanitäter in seinen Jeep und nahm den Weg zum Lazarett.

Raja kühlte Nadim das Auge und wusch ihm den Staub vom Gesicht. Währenddessen begann Nadim mit seinem Bericht. Er musste sehr vorsichtig mit dem sein, was er sagte, ganz davon abgesehen, dass man auch innerhalb der Familie nicht sofort mit seinem eigentlichen Anliegen begann.

»Es kann nur Gottes Wille gewesen sein, dass ich überlebt habe. Gottes Wille und dem der Jungfrau Maria! Und danken will ich den Wachen des Lagers, auch wenn sie als Araber meistens Muslime sind. Sie brachten mich ins Lazarett.«

Gebannt hörten Kawane und Raja zu.

»Wir haben uns Sorgen um Dich gemacht, als Du nachts nicht hier warst. Drei Tage habe ich Dich gesucht.«, gab Kawane seinem Unmut freien Lauf. »Wo warst Du denn? Was ist passiert?«

»Wir haben für Dich gebetet und Gott hat unser Gebet erhört«, bemerkte Raja dankbar.

»Ich danke Euch. Ihr müsst stark sein, bei dem, was ich zu berichten habe.« Nadim holte sein Handy aus der Tasche, klappte es auf und suchte umständlich ein bestimmtes Foto. Er hatte zwar eine gewisse Übung dies alles mit der verbliebenen Hand zu machen, aber diese Dinger waren auf Zweihändigkeit ausgelegt. »Eigentlich wollte ich mein Handy nur aufladen, um dann mit Mutter zu telefonieren, als ich ihn plötzlich sah, den Peiniger und Mörder!«

»Wen hast Du gesehen, Nadim?«, konnte sich Raja nicht bremsen.

»Von welchem Peiniger redest Du?«, fragte Kawane nach.

»Seid auf der Hut! Seid auf das Schlimmste gefasst! Ich konnte ihn fotografieren, ihn, den Mörder Saif El-Abdulmula!« Nadim zeigte das Foto.

»Bei Gott, er ist es, Saif El-Abdulmula, Ahmeds Mörder!« Raja ließ sich in Kawanes Arm fallen und weinte.

»Es ist so, wie ich es sage. Es tut mir so leid, Euch diese Nachricht überbringen zu müssen.«

»Saif El-Abdulmula ist hier im Lager?« Kawane starrte Nadim ungläubig an. »Und Du irrst Dich nicht?«

Nadim schüttelte den Kopf. »Du hast in auf dem Foto gesehen. Ich bin ihm hinterhergeschlichen, um zu sehen, wer zu seinen Schergen gehört. Leider fällt man mit einem steifen Bein auf, und auch im Falle einer Gefahr sich aus dem Stabe zu machen, ist so nicht ganz einfach. Nachdem ich genug gesehen hatte, wollte ich außerhalb des Lagers mit unserer Mutter telefonieren. Wir hatten diese Zeit ausgemacht. Kaum war ich außerhalb, wurde ich überfallen, von seinen Schergen. Sie zwangen mich, in einen Jeep einzusteigen, und fuhren auf die Wüstenseite des Lagers. In einer Senke hielten sie und warfen mich in den heißen Wüstensand und schlugen und traten auf mich ein. Erbarmen hatten sie nicht. Sie hatten wohl gesehen, dass ich sie beobachtete. Ich solle mich von ihren Geschäften fernhalten, war die Nachricht. Es läuft also etwas in dieser Richtung. Auf Saif El-Abdulmula sind sie nicht gekommen, sonst hätte ich sicher nicht überlebt.«

»Und dein Telefon ließen sie Dir?«

Nadim befühlte sein Auge. »Das Kühlen hilft. Einen Spalt kann ich schon wieder sehen!« Nadim lachte auf. »Nein, man ließ mir nichts, aber das Telefon war ihnen wohl nicht fein genug. Sie warfen es in den Sand, ohne es weiter zu beachten. Es sollte wohl wie ein Raubüberfall aussehen. Ihr seht, manchmal hat es auch etwas Gutes, nicht immer das Modernste zu haben. Dies Klapphandy kann ich wenigstens noch mit einer Hand bedienen. Ich verlor das Bewusstsein. Als die Wachen mich fanden, kam ich wieder zu mir. Einer der Wachleute hatte das Handy gefunden.«

Nach dem die Sonne ganz und gar aufgegangen war, belebten sich die Gassen durch die Zeltstadt. Wenn auch das Leben im Flüchtlingslager in erster Linie aus Warten bestand, wurden doch fast täglich kräftige Männer gesucht, die bei dem Entladen von Hilfsgütern, wie Nahrung, Zelten und Notstromaggregaten halfen. Noch war die Temperatur des allgegenwärtigen Sandes erträglich, und so wurden notwendige Besorgungen oft in den Morgenstunden erledigt. Kawane, Raja und Nadim schauten nach dem Frühstück aus dem geöffneten Zelt dem Treiben zu. Zudem genossen sie das Zusammensein der Familie, nachdem Nadim zurückgekehrt war. Immer wieder nahm Raja ein feuchtes Tuch und kühlte die geschundenen Körperstellen Nadims, besonders sein Auge.

Eine Gruppe von an die zehn Frauen ging laut schwatzend vorüber, dann zwei Männer. Plötzlich zuckte Nadim zusammen und riss die Augen auf. Ein einzelner Mann erregte seine Aufmerksamkeit.

»Der war auch dabei!«

»Der?«, fragte Kawane und wollte gerade seine Hand zum Zeigen heben. So als ob Nadim es geahnt hatte, hielt er Kawanes Hand fest.

»Ja! Nicht so laut! Oder willst Du, dass er auf uns aufmerksam wird?«, flüsterte er. »Die anderen nannten ihn Gregoire, Gregoire Alubati. Er scheint die Schergen Saif El-Abdulmulas unter sich zu haben.«

Trotz seiner Dunkelhäutigkeit wich Kawane die Farbe aus dem Gesicht.

»Wir sind hier nicht mehr sicher!«, stellte er fest.

Die Rede

Pierre Frajéan, der Libyer mit südfranzösischer Abstammung, hatte nicht viel Werbung machen müssen. Die Kombination von Angst vor Übergriffen im Lager und dem Angebot, für eine gewisse finanzielle Summe den Anfeindungen im Lager durch die Flucht nach Europa zu entkommen, zahlte sich aus.

Sie hatten sich die Arbeit geteilt. Der Blonde besorgte die Boote und er die zahlenden Passagiere. Es war ein einträgliches Geschäft, vor allem, weil sich beide nicht mit aufs Mittelmeer begaben. Auch die Angstmacher, die für die entsprechende Stimmung in dem Flüchtlingslager sorgten, erhielten einen Bonus, den der Blonde festlegte. Ziel war in den meisten Fällen die Insel Lampedusa, die etwa 280 km vor Tripolis liegt, oder Sizilien, das mehr als doppelt so weit war. Frajéan hatte die weitaus angenehmere Aufgabe, Europa und vor allem Deutschland als eine Art gelobtes Land anzupreisen.

Auch an diesem Abend brauchte er sich nur an einem der bekannten Versammlungspunkte auf eine große Holzkiste zu stellen. Innerhalb von zehn Minuten war er von dreißig/vierzig oder mehr Männern umringt und konnte seine Werbeveranstaltung beginnen. Man kannte ihn. Seine Auftritte waren von den Verantwortlichen des Lagers nicht gern gesehen. Einmal lösten sie sogar die Versammlung auf. Deshalb musste er mit seiner Aktion fertig sein, bevor sie bei der Leitung ruchbar wurde.

»Ich muss Euch über das Leben in diesem Lager nichts sagen. Ihr wisst das am besten«, begann Pierre. »Was würdet ihr sagen, wenn ihr das ganze Jahr über in festen Häusern leben könntet, es zu jeder Zeit und Stunde elektrische Energie gäbe und ihr darüber hinaus noch sehr gut verdienen würdet? Ihr würdet sagen, dass das das Schlaraffenland wäre.« Er machte eine rhetorische Pause. »Doch es gibt dieses Land! Das Land heißt Deutschland, heißt Frankreich und heißt Schweden! Ihr hättet einen

Arbeitslohn – nein ich will Euch nichts vormachen, auch in Europa muss gearbeitet werden – einen Arbeitslohn, der jenseits Eurer Vorstellungen liegt. 1000 bis 4000 Euro im Monat sind keine Seltenheit!«

Auch diesen Satz musste er erst einmal wirken lassen und ehrfürchtiges Staunen ernten. »Nicht einmal in Eurem ganzen Leben ist in manchen Gegenden so ein Verdienst erreichbar, wie in Europa in einem einzigen Monat! Wer es nicht glauben will, sollte Bekannte und Freunde anrufen, die bereits in Europa arbeiten.«

Er holte sein Smartphone heraus, wischte ein paarmal über den Bildschirm und hielt ein Bild mit einem Schwarzafrikaner, der sich mit einem Mercedes und Maßanzug ablichten ließ, hoch. »Schaut her, ich sage Euch die Wahrheit! Das ist Mister Emenogu. Er ist von hier aus nach Deutschland gekommen, hat eine weiße Frau geheiratet und ist nun der gemachte Mann. Mit einer Heirat kann er nicht mehr ausgewiesen werden. So könnt ihr die dortigen Gesetze zu Eurem Vorteil ausnutzen.«

Pierre wusste, besonders Schwarzafrikaner fielen gern auf derartige Angebereien herein. Er erinnerte sich, wie vor einiger Zeit eine Reportage diesen Spleen aufgriff und zeigte, wie aus einfachen Hütten Männer in Markengarderobe hinaus auf die staubigen ungepflasterten Straßen traten. Es war selbst für ihn grotesk, der er Besitzer eines Hauses war. Es wäre wirklich das Allerletzte gewesen, für einen Anzug mit Weste über 5000 Euro auszugeben und dafür auf den Kühlschrank und das Bett zu verzichten.

Ein Raunen ging durch die Menge. Noch immer kamen Zuhörer aus den umliegenden Zelten, die durch die Ersten auf den Stand der Dinge gebracht wurden. Pierre hob die Hand. Das Volksgemurmel verstummte.

»Die Wahrheit ist, dass jeder von Euch die Möglichkeit hat, so einen Verdienst zu erreichen. Ihr werdet Euch einen fabrikneuen Mercedes, BMW oder Audi leisten können, ja und auch Haute Couture. Ja, ich kenne sogar welche, die haben nicht nur einen, sondern sogar mehrere Autos! Um dieses Ziel zu erreichen, sollte Euch kein Einsatz zu hoch sein.«

Er wusste, dass die meisten von den Zuhörern nur noch vom Reichtum träumten, und den letzten Satz gar nicht mehr wahrnahmen, er sich aber auf ihn berufen konnte. »Und noch eins: Niemand muss sich sofort entscheiden. Daran seht ihr, dass ich es ehrlich mit Euch meine. Vom Treffpunkt in der Bucht habt ihr schon gehört. Je eher Ihr Euch entscheidet, desto eher seid ihn in Europa und bei der Erfüllung Eurer geheimsten Träume. Je eher ihr Euch entscheidet, desto eher könnt ihr dieses jämmerliche Leben hinter Euch lassen.«

Pierre sprang von der Kiste und verschwand zwischen den Zelten. Seine Rede machte im Flüchtlingslager die Runde und sorgte für reichlich Gesprächsstoff.

Hamids Auftrag

Irgendetwas schlug mehrmals in kurzer Folge und heftig an den Schiffskörper des Kutters von Hamid El-Abi, als er sich dem Übergabeort auf hoher See näherte. Der Kutter war zwar schon in die Jahre gekommen, aber noch ließ sich das meiste ausflicken. Die Elektronik jedoch stammte aus Zeiten, als er noch nicht vom Blonden abhängig war. Es krachte wieder. Spontan musste er an die nur notdürftig reparierte Verankerung der Hauptmaschine denken.

»Nein, nicht jetzt!«, fluchte er vor sich hin. Niemand konnte sein Stoßgebet hören, außer Allah natürlich, denn er war allein an Bord. Darauf hatte der Blonde bestanden. »Wir brauchen keine unnötigen Augen und Ohren«, bestimmte er, gefolgt von der unverhohlenen Drohung, ihn, Hamid El-Abi und seine Familie verhungern zu lassen.

Der Navigationscomputer war ohnehin am Ruder, und so konnte er es sich erlauben, im Maschinenraum nach dem Rechten zu sehen. Zwar hörte er keine weiteren Unregelmäßigkeiten an der Maschine, aber er wusste, dass scheinbare Normalität und Ruhe oft mit einer bösen Überraschung verbunden waren. Es war wie bei Kindern. Und dieser Kutter war gewissermaßen sein Kind, seine Zukunft.

Hamid öffnete die Schotten zum Maschinenraum und schaltete das Licht ein. Auf den ersten Blick konnte er weder Beschädigungen sehen noch hören. Er blieb eine Weile still stehen und hörte gespannt in die Umgebung. Eine Ursache musste dieses Pochen und Krachen haben. Er suchte den Kutter ab. Auch im Ankerhaus war auch alles in Ordnung. Nichts gab es, dass diese Geräusche hervorbringen konnten. Allmählich war er sich nicht mehr sicher, ob er überhaupt etwas gehört hatte und sich das Ganze nicht nur einbildete. Schließlich war er schon vierzehn Stunden allein an Bord und in internationalen Gewässern. So etwas hatte es bisher nicht gegeben. Mindestens zu dritt waren sie sonst. Hatte ihn etwas genarrt? Vielleicht war es sein schlechtes Gewissen. Er hatte so seine Vermutungen, was sich in den versiegelten Kisten im Laderaum befand. Vor etwas mehr als vier Stunden im Morgengrauen wurde sie ihm von einem Linienfrachter an Bord gehievt. Sein Kutter hing tief im Wasser, obwohl der Laderaum noch nicht einmal zu einem Drittel ausgenutzt war.

Auf dem Weg über Deck ins Ruderhaus krachte es erneut. Er suchte Deckung vor den singend vorbeisausenden Querschlägern. Maschinengewehrfeuer, verdammt!, hämmerte es in seinem Kopf. Kein Wunder, dass sie mich bei dieser Ladung beschießen!

Unter Ausnutzung aller möglichen Deckungen erreichte er das Ruderhaus. Er nahm das Navi vom Ruder, drehte den Kutter mit seinem Buck in Richtung der Schüsse, um seinen Kahn bestmöglich zu schützen. Am Horizont und auf dem Radar konnte er den vermutlichen Empfänger seiner Ladung erkennen. Angestrengt beobachtete er das Meer. Hamid versuchte, klar zu denken. Auf diese Entfernung konnte er unmöglich das Ziel des Angriffs sein. Er Schaute durchs Fernglas.

Auf dem Frachter glaubte er, Mündungsfeuer zu sehen. Etwa eine viertel Minute später hörte er leise die Schüsse dazu. Er war also wirklich nicht gemeint. Wer oder was das Ziel war, konnte er nicht entdecken. Möglicherweise ein Schlauchboot redete er sich ein. Ob sie überlebt hatten?

Es war einige Zeit ruhig geblieben. Ein SOS registrierte die Bordelektronik nicht, aber der Blonde meldete sich wegen der Verzögerung, weil er noch nicht in der Nähe der Übergabekoordinaten war. Mit voller Kraft voraus glaubte Hamid, den Termin noch halten zu können. Langsam, viel zu langsam, nahm sein beladener Kutter fahrt auf. Mehr Power konnte die Maschine nicht abgeben. Dann krachte es. Eine Stoßwelle ging durch den Kutter.

Flüchtlingstransport
Schon wieder musste Kawane und seine Familie auf der Hut sein. Es war möglicherweise gefährlich, Gregoire Alubati den Teetrinker, im Lager über den Weg zu laufen. Er würde sich erinnern, davon ging Kawane aus. Wie konnte er nur mit ihm ahnungslos Tee trinken, als er auf der Suche

nach Nadim war. Andererseits hatte er in der Nachbarschaft über diesen Alubati nichts Schlechtes gehört. Auch Nadims Foto hatte er gesehen. Trotzdem vertraute er seinem Schwager mehr, als den anderen, die Alubati möglicherweise eingeschüchtert hatte.

Kawane Mboto, seine Frau Raja und ihr Bruder Nadim verließen eines Nachts zusammen mit über dreißig weiteren Flüchtlingen auf geheimen Wegen das Lager. Der Marsch bis an die Küste war für alle beschwerlich. Nicht nur, dass sie ihre wenigen Habseligkeiten und Proviant tragen mussten, sondern auch, weil es verboten war, sich in Richtung Küste zu bewegen, um nach Europa zu gelangen. Das Lager wäre aber noch hoffnungsloser überfüllt, wenn sich nicht ein paarmal im Monat ein Treck in Richtung Küste absetzte. Um nicht in einen Hinterhalt zu geraten, wurde nur nachts gewandert. Man sah bei der libyschen Polizei davon ab, auch nachts zu kontrollieren. Am Tage aber musste die Polizisten ihren Anschein wahren. Das wusste auch Pierre Frajéan und er gab entsprechende Tipps.

Gegen Mitternacht des dritten Tages war das Mittelmeer in Sichtweite gekommen. Die Vegetation war immer üppiger geworden, sodass die Kälte der Nacht nicht mehr so extrem war. Bäume und Büsche, Gräser und Kräuter boten mit ihren Früchten eine willkommene Abwechselung der Nahrung, aber sie behinderten allein durch ihr Vorhandensein auch den Marsch. Wege waren selten vorhanden und führten oft nicht in die Bucht, aus der sie die Fahrt übers Mittelmeer antreten sollten.

Als der Morgen graute, kam ihnen eine Fahrzeugkolonne entgegen. Kawane nahm seine Frau und zog sie in eine kleine Baumgruppe. Sollte so kurz vor dem ersten Etappenziel schon wieder alles vorbei sein? Die Fahrzeugkolonne hielt an. Die Motoren verstummten und die Scheinwerfer wurden ausgeschaltet. So sehr sich Kawane auch bemühte: Was bei der Kolonne vor sich ging, konnte er nicht erkennen. Was wäre, wenn sie Nachtsichtgeräte hatten, ging es ihm durch den Kopf. Waren Kawane und die anderen von der Polizei aufgespürt worden? Würde man sie zurück ins Lager bringen? Sein Herz klopfte vor Aufregung und Raja zitterte vor Angst. In der Nähe fing ein Kind an zu weinen. Kawane war ärgerlich. Konnte die Frau ihr Kind nicht im Zaum halten?! Das musste die Männer der Kolonne mitbekommen haben. Das Leid würde von Neuem beginnen!

Wer weiß, ob seine Frau und er getrennt werden würden. Er biss sich vor Erregung auf die Unterlippe, bis sie blutete. Seine Frau und sich versuchte er, so gut wie möglich an den Boden zu drücken. Jedes kleine Geräusch konnte sich als Falle erweisen. Von fern hörte man nur Stimmen. Dann lachte jemand. Pistolenschüsse! Kawane sah weder Mündungsfeuer noch hörte er Geschosse vorbeipfeifen.

Eine Viertelstunde später war alles vorbei. Dreckiges Lachen. Autotüren klappten. Die Fahrzeuge wurden gestartet und fuhren zurück. Trotzdem blieben die Flüchtlinge noch eine gewisse Zeit in Deckung. Als man sich sammelte, um den Weg fortzusetzen, sagte niemand ein Wort. Erst kurz vor der Küste fassten sich viele ein Herz und werteten den Vorfall aus.

Am Strand in der Nähe der tunesischen Grenze warteten weit mehr als hundert weitere Flüchtlinge. Mit so vielen Leuten hatte Kawane nicht gerechnet. Was war, wenn das Schiff voll war? Wie lange mussten sie warten, bis ein nächstes Schiff sie übers Mittelmeer brachte? Was würden sie bis dahin essen können, wo schlafen? Niemand hatte ein Zelt. Wie würden sie sich hier vor der Polizei verstecken können? Im Lager erzählte man sich Grauenvolles über die libysche Polizei, die selbst vor Folter und Mord nicht zurückschrecken würde. Ob das Alles nur Gerüchte waren, konnte niemand sagen. Waren all die Entbehrungen auf der Flucht vor dem Terror umsonst gewesen?

Schon die Morgensonne schien ihnen den Schweiß aus den Poren zu treiben. Am Rande der Wüste war es angenehmer gewesen. Fünf Fischerkutter ankerten in der Bucht. Einige holten die Netze ein. Um genau zu sehen, was an Bord vor sich ging, waren sie zu weit auf dem Meer.

Gegen Mittag kam ein motorisiertes Schlauchboot auf die Bucht zu. Schon von Weitem konnten die Wartenden fünf mit Maschinenpistolen bewaffnete Männer ausmachen. Die Kiesel, mit denen sonst die Wellen spielten, knirschten, als das Boot anlandete. Die Bewaffneten sprangen mit finsteren Mienen zuerst aus dem Boot und zogen es an den Strand. Die Menge wich zurück. Zwei der Männer schlugen Stangen in den Sand und befestigten ein Absperrband. Auf Gewalt hatten die Flüchtlinge keine Lust.

Dann sprang jemand, den sie kannten an Land. Es war Pierre Frajéan. Das Volksgemurmel verstärkte sich. Erst als der kleine schmächtige Franzose die Hand hob, wurde es wieder ruhig.

»Brüder! Der große Tag ist gekommen! In Zukunft werdet ihr keinen Hunger mehr leiden. Ihr werdet das ganze Jahr in festen Häusern wohnen und mehr Geld für Eure Arbeit bekommen, als ihr Euch jemals erhofft habt. Alle Wege werden Euch offenstehen, um reich und wohlhabend zu werden. Leider ist es so, dass einige Eurer Brüder in Europa nicht willkommen sind. Das ist ungerecht! Damit das nicht passiert, biete ich Euch kostenfrei an, Eure Ausweisdokumente bei mir abzugeben. Ihr werdet verstehen, dass wir sie hier nicht einfach am Strand liegenlassen können. Auch das Mittelmeer gibt seine Geheimnisse hin und wieder preis. Dadurch könntet ihr später in Europa von der Polizei Ärger bekommen. Und wer will schon gern mit der Polizei aneinandergeraten. Ihr habt keine guten Erfahrungen mit diesen Staatsschergen, das weiß ich! Sie sind imstande, Euch in die verhassten Regime zurückzuschicken oder ›abzuschieben‹, wie es die Deutschen nennen.« Das Wort ›Abschieben‹ sprach er in Deutsch aus, was einen gewaltigen Eindruck machte. »Das betrifft die Länder Libanon, Senegal, Saudi Arabien und Sudan! Wer also so einen solchen Pass hat, sollte ihn bei mir abgeben und angeben, dass ihr ihn auf der Flucht verloren habt. Damit sind den Deutschen und den anderen europäischen Staaten die Hände gebunden. Und eines kann ich Euch noch verraten: Die Polizei schafft es nicht, Euch alle gleich zu kontrollieren. Trotz ihrer modernen Technik!«

Inzwischen hatten die bewaffneten Männer einen Campingtisch, einen Campingstuhl und ein Sonnendach aufgestellt. Eine Geldkassette stand auf dem Tisch. Pierre Frajéan setzte sich dahinter. Wer bezahlt hatte, durfte in das Schlauchboot steigen.

Mit Sorge betrachtete Kawane Mboto, dass das Boot viel tiefer im Wasser lag und eigentlich niemand mehr dort Platz hatte. Doch Pierre Frajéan schickte noch drei weitere Passagiere hinein, ehe es ablegte und es auf eines der Fischerboote zuhielt. Wie viel Geld mochte er mit dieser einen Fracht wohl eingenommen haben?

Als Kawane Mboto, seine Frau Raja und ihr Bruder Nadim als einer der letzten den Fischkutter erreichten, bemerkte er, dass der Kutter vor kurzem mehrere Salven Maschinengewehrfeuer abbekommen hatte. Das war kein gutes Vorzeichen. Er versuchte, nicht daran zu denken. Ein Zurück gab es nicht mehr.

Unter den Wartenden waren auch, wie Kawane erst später an Bord feststellte, Gregoire Alubati und Saif El-Abdulmula. Sie hatten sich verkleidet. Offenbar gaben sie vor, jemand anders zu sein. Mit ihnen würde er wohl oder übel als das Mittelmeer überqueren müssen. Da sie sich verkleidet hatten, hoffte er, dass sie hier an Bord sich nicht zu erkennen geben würden.

Auf hoher See

Inzwischen war es Abend geworden. An Deck des Kutters gab es keinen Platz mehr, der nicht von den Flüchtlingen belegt war. Hamid El-Abi musste sogar im Ruderhaus über Beine steigen, um seine Arbeit zu erledigen. Zwei Männer und eine Frau. Dem einen fehlte die linke Hand. Offenbar kannten sie sich gut.

Geschickt hatte Hamid die libysche Küstenwache ausmanövriert und war nun mit seinem Kutter in internationalen Gewässern, was ihn einigermaßen beruhigte. Ziel war Sizilien. Lief alles glatt, würde die Überfahrt etwa 30 bis 35 Stunden dauern. Mehr konnte er seiner Maschine nicht zumuten. Der Navigations-Computer hatte das Ruder übernommen und Hamid döste in seinem Sessel vor sich hin. Zu schlafen traute er sich bei seiner Ladung nicht.

Gegen 22-Uhr-25 traf etwas Gewaltiges an der Steuerbordseite den Rumpf. Einige Passagiere fingen an, vor Angst zu schreien. Mit einem Mal war Hamid hellwach. Es krachte wieder. Ein Junge fiel über Bord. Ein Mann sprang ihm nach. Der Rettungsring wurde hinterhergeworfen. Beide tauchten nicht wieder auf. Aus dem Laderaum kamen die Flüchtlinge hochgeeilt, und meldeten Wassereinbruch und vier Verletzte. Es brach Panik aus. Einige Flüchtlinge sprangen ins Wasser. Die Pumpe funktionierte nicht, weil Hamid das Geld fehlte. Steuerbord achtern erkannte er ein Marineschnellboot, möglicherweise der libyschen oder tunesischen Küstenwache. Was hatten die in internationalen Gewässern zu suchen? Die Zeit, darüber nachzudenken hatte er jedoch nicht. Er sah ein gewaltiges Mündungsfeuer auf diesem Boot und wenig später wurde der Kutter abermals von einem schweren Geschoss getroffen. Es gelang ihm noch, einen Notruf abzusetzen. Dann fiel die Stromversorgung auf dem Kutter aus. Die Dunkelheit verstärkte die Panik. Schwimmwesten hatte er nicht, schon gar nicht für so viele. Seine gab er der schwangeren Frau im Ruderhaus. Sein Kutter bekam Schlagseite. Tatenlos musste er zusehen, wie Flüchtlinge ertranken. Andere hielten sich an allem fest, was irgendwie schwimmen konnte. Aber es reicht nicht einmal ansatzweise für alle. Ein Schlag traf seinen Kopf.

In einem Krankenhaus auf Lampedusa wachte Hamid wieder auf. Eine Handschelle arretierte ihn an das Bett. Ein Tropf ließ ein Medikament in seine Armvene sickern. Das Fernsehgerät war eingeschaltet. Es dauerte eine gewisse Zeit, bis er begriff, dass der Fischkutter, der da gerade in der Dunkelheit in die Tiefen des Mittelmeeres sank, seiner war. Das eine und andere Gesicht erkannte er wieder. Der Einhändige konnte gerettet werden, und auch die schwangere Frau, die bei ihm im Ruderhaus war. In einer anderen Einstellung sah er sie ihren ertrunkenen Mann beweinen.

Hatte er, Hamid, an diesen Schicksalen schuld?

***

...zum Nachzählen: September 2013

Tausend echte Wörter

»… Außerdem erhält jeder Teilnehmer eine dreiteilige Badgarnitur.«

Dieser Satz beflügelte Anfang der 90-er Jahre meine Erwartungen. Für mich war klar, dass hier nur eins dieser Plüschgarnituren, bestehend aus Wannen- und Toilettenvorleger sowie einem Toilettensitzbezug gemeint sein konnte. So etwas wurde damals andauernd beworben, war aber nicht ganz billig. Natürlich hatte auch ich seit einiger Zeit ein Auge darauf geworfen. Allein die Vorstellung, nach dem Bad nicht mehr mit nackten Füßen auf den kalten Fliesen stehen zu müssen, lies mein Begehren derart anwachsen, dass ich alle Warnungen in den Wind schlug. Ich ignorierte, dass in dem Veranstaltungspreis von 15 D-Mark auch noch eine Busfahrt bis Hamburg und ein Frühstück enthalten waren. Im Nachhinein betrachtet, hätte mir klar sein müssen, dass nicht einmal der Fahrpreis mit der Teilnehmergebühr gedeckt war. Ich aber war von der Vorstellung geblendet, nun auch bald stolzer Besitzer so einer Badgarnitur zu sein. In

Gedanken streichelte ich bereits den Toilettensitzbezug und stellte mir vor, mir dort die Füße abzutrocknen und nicht mehr wegen der Kälte des Klappdeckels hochzuschrecken.

Wie sich jeder denken kann, sah ich Hamburg nur von Weitem und auch unter einer Badgarnitur verstand der Veranstalter etwas völlig anderes. Der Kaffee war dünn und lauwarm und mit der Zeit sah ich ein, dass aus meinem erhofften Schnäppchen nichts wurde. Dafür war die Veranstaltung sicher ein Schnäppchen für den Veranstalter gewesen.

Ich weiß nicht, wie viele Garnituren überteuerter Bettwäsche an diesem Tag verkauft wurden. Ich musste haushalten und orderte zwei, was den Verkäufer auf dem Podium offensichtlich veranlasste, mich bei jeder sich bietenden Gelegenheit als Geizkragen darzustellen. Aber allein meine Nachbarin kaufte fünf.

Ihre und auch meine Ernüchterung erfolgte einige Wochen später, als ich die als Schnäppchen angepriesene Bettwäsche in einem Supermarkt für einen Bruchteil des Preises sah. Dort war auch nichts mehr von den angepriesenen wunderbaren Eigenschaften zu lesen und zu erfahren. Kreideweiß erzählte ich ihr davon. Der Veranstalter hatte meine Nachbarin, mich und alle anderen Käufer kräftig über den Tisch gezogen. Das ließ die Geizkragen-Bezeichnung des Verkäufers, darf man ihn eigentlich noch so nennen, etwas erträglicher werden. Aus dieser Begebenheit habe ich viel gelernt, vor allem aber, dass nicht alle Leute so ehrlich sind, wie ich selbst. ... Viel musste ich in dieser Gesellschaft dazulernen. Mein Vertrauen in die Ehrlichkeit von Verkäufern im weitesten Sinne des Wortes bekam, nicht nur durch eigene Erfahrung, mit der Zeit immer mehr Risse, dann Furchen und schließlich Gräben. Ich fing an, jede größere Ausgabe auf das Preis-Leistungs-Verhältnis hin zu untersuchen, was sehr zeitraubend sein kann. Wie sieht ein vernünftiges Verhältnis aus? Was kann ich zu welchem Preis erwarten? Ist das, was die Werbung verspricht, wirklich realistisch? Oder bin ich vielleicht schizophren? ... Nun, ich glaube nicht, dass ein schizophrener Mensch sich diese Frage stellen würde, was mich etwas beruhigt. Je besser ich die neue Gesellschaft kennenlernte, desto mehr kann ich mich auf mein Gefühl verlassen, ohne dass ich die genauen Kriterien kenne, die mich zu der einen oder anderen Entscheidung bewegte.

Ich dachte, mich jetzt endlich wieder den schönen Dingen des Lebens widmen zu können, als ich vor einer neuen echten Hürde stand: Der *Echt-Werbung*, wie ich sie inzwischen nenne! Industrie und Handel haben wohl erkannt, dass ihre weit übertreibenden Werbekampagnen einige faulige Früchte trugen. Diese Früchte müssen so faul sein, dass ein großer Teil der Beworbenen allein das Wort Werbung mit schamloser Lüge gleichsetzt, obwohl man das durchaus nicht von jeder Werbung behaupten kann. Es ist durchaus legitim, die Vorzüge eines Produktes anzupreisen. Seit es Materialien gibt, die Naturmaterialien nachahmen, ist es auch richtig, Produkte aus echtem Holz oder echtem Leder mit Echtheitszertifikaten auszuzeichnen. Gerade diese natürlichen Materialien erreichen Gebrauchseigenschaften, die deren von beispielsweise Faserplatten und Kunstleder weit übertreffen. Andererseits gibt es neue Materialien, die bisher verwendeten Naturstoffen weit überlegen sind. Ich denke dabei zum Beispiel an Regenkleidung oder Klebstoffe. Der Siegeszug der Chemie lässt grüßen. Es ist kaum vorstellbar, woran in den Chemielabors der Welt überall geforscht und experimentiert wird. Einen klitzekleinen Einblick davon bekam ich vor einiger Zeit von der Werbung. ... Nein, nicht dass man gesagt hätte, wie hervorragend Wissenschaftler inzwischen die Chemie beherrschen. Das tut die Werbung sowieso schon bei Kosmetikprodukten, wo Hyaluron und Q10 als die Innovationen gefeiert werden. Nein, es war schlicht eine Dosensuppe eines Markenherstellers, der sein Produkt damit bewarb, mit echter Hühnersuppe produziert worden zu sein! ... Bitte, was habe ich dann bisher gegessen?

Dieser Werbetrick mit etwas Echtem zu werben und dadurch den höheren Preis zu rechtfertigen, griff seit der echten Hühnersuppe regelrecht um sich. Eine Haartönung enthält, so will uns die Werbung weismachen, echte Diamantpartikel, Papiertaschentücher echte Baumwollfasern und ein Pudding echte Schokolade. Dass ich auf einem Fernseher *Echtsehen* kann, war mir durchaus nicht neu. Was sollte ich auch mit einem Gerät, auf dem ich nur *falschsehen* kann. Ich kenne auch keine unechten Vanilleschoten, die ich in einer Mühle zerbröseln kann. Sogar mit echten Menschen wird geworben, wenn es um Duftsprays oder Ebook-Readern geht.

Besonders das mit den echten Menschen ruft meine, insbesondere seit den 90-er Jahren geschärfte, Skepsis hervor. Werbung und freie Meinung wollen nach meinem Verständnis nicht so recht zusammenpassen. ... Oder meint die Werbeindustrie mit echten Menschen etwa echte Schauspieler? Schauspieler, die gegen Gage jeden x-beliebigen Satz in die Kamera sprechen? Im Werbespot eine kleine Rolle zu ergattern, soll gut honoriert werden, jedenfalls besser, als eine im Stadttheater, das unter chronischer Geldnot leidet.

Ich bin mir sicher, dass die Werbeindustrie noch weitere echte Produkte kreieren wird. Vielleicht werden wir in Zukunft mit echten Häusern, echten Möbeln und echtem Fleisch umworben. Bestimmt wird das Wort »Echt« bald, sehr bald, einen faden Beigeschmack bekommen, so wie die ausufernde Reklame vor der Echt-Werbung. Dann wird ein neuer Begriff, möglich wäre das Wort »Wahr«, solange strapaziert werden, bis es kaum jemand noch für echt und wahr halten kann, ja sogar seinen Sinn umkehrt. Es wäre nicht das erste Mal. Das Wort »Fragwürdig« hat diese Wandlung bereits vollzogen.

Wie echt war doch die echte Welt, als jeder wusste, dass ein Tisch nur aus Holz sein konnte. Dies sind 1000 echte Wörter. Garantiert!

***

Februar 2009

Wenn du mich liebst

»Männer sind die neuen Frauen ...«, singt eine Popgruppe mit einem Rotschopf in ihrer Mitte aus dem großen Plasma-Tivi heraus in mein Zimmer. Reißende Geräusche und anschließendes unterdrücktes Jammern von Stefanie lenken mich ab. Ritsch! Immer wieder blicke ich zu ihr herüber. Ritsch! Eine Träne läuft ihr die Wange herunter. Sie tut mir leid, aber ich mag ihre Haut viel lieber, wenn sie glatt und sanft ist. Außerdem, finde ich, passen Bikini und Körperbehaarung wirklich nicht zusammen!

Die Werbung brüllt mich plötzlich an und ich muss die Lautstärke zurückstellen. Ein Mann mit Waschbrettbauch trinkt Buttermilch. Ritsch höre ich wieder und blicke kurz zu Stefanie hinüber. So einen tollen Körper wie der Buttermilchmann müsste ich haben, kommt es mir in den Sinn. Stefanie packt ihre Sachen zusammen und geht wortlos aus dem Zimmer. Ich nippe an meinem Whisky und denke einen Augenblick über den Buttermilchmann und Stefanies Enthaarungsprozedur nach. Ob er auch ...?

Schneller als erwartet kommt Stefanie in jenem engen, roten Kleid, in dem ich sie vor mehr als drei Jahren zum ersten Mal sah zurück. Noch immer ist sie die Erfüllung meiner Träume.

»Komm!«, flüstert sie leise. Sie beißt sich verführerisch auf die ihrer Unterlippe und dreht dabei ihren Kopf ein klein wenig zur Seite, ohne mich dabei aus den Augen zu verlieren. Ihr blondes Haar rutscht bei dieser geheimnisvollen Bewegung über ihre fast nackte Schulter. Sie kommt noch einige Schritte auf mich zu und hockt sich dann geschmeidig vor mich hin.

Ich habe nur Augen für sie und frage unsicher: »Wohin - willst du ausgehen?«.

»Komm!«, haucht sie noch einmal und legt dabei ihre gepflegte Hand auf mein Knie. Das Gefühl ihrer Berührung ist immer wieder himmlisch.

»Du bist ein außergewöhnlicher Mann«, stellt sie fest. Ich nicke gerührt. Gegen so viel Charme kann und will ich mich nicht wehren. Der Buttermilchmann, der das Geheimnis schöner Frauen entdeckt haben will, kommt mir ins Gedächtnis zurück und ich lächle über diesen Unsinn. Ich weiß es besser. Mit einem Knopfdruck bewegt sie, getrieben durch einen Motor, die Rückenlehne meines Sessels etwas nach hinten. Ein Gefühl der Entspannung durchströmt mich. Ich schließe zufrieden die Augen. Sie kommt mir mit ihrem Körper so nahe, dass ich ihre Wärme schon spüren kann. Mit zarten Fingern trägt sie eine kühle Peeling-Creme auf. Die anschließende intensive Massage entspannt meinen Hals, meine Wangen und meine Stirn. Dieses wunderbare Gefühl macht mich fast willenlos.

»Jetzt bitte stillhalten, Liebling, ich will deine Braunen in Form bringen!«

Mit geübter Hand zupft sie die aus der Reihe tanzenden Härchen mir einer Pinzette heraus. Mich wundert, dass diese Prozedur weit weniger schmerzhaft ist, als ich bislang angenommen hatte. Immer wieder bringt sie die Braunen mit einer kleinen, weichen Bürste in Form, um danach weitere Härchen zu entfernen.

Ich blinzele. »Augen zulassen!«, höre ich sie mir ihrer sanften Stimme sagen und ich füge mich. Eine weitere wunderbar duftende Hautcreme verteilt sie auf meinem Gesicht. Auch meine Augenlider bekommen nun etwas Pflege ab. Ich bin von ihrer Ausdauer und Gründlichkeit beeindruckt. Bald spüre ich samtweiche Pinsel auf meinen Wangen, bald eine safte Massage meiner Lippen, bald ein vorsichtiges Wischen mit einem Wattepad. Je länger sie sich mit mir beschäftigt, desto mehr vertraue ich ihr und genieße es, liebevoll gepflegt zu werden.

Zarte Finger knöpfen geschickt mein Hemd auf. Die lichten schwarzen Haare auf meiner Brust können nicht verhindern, dass die kühlere Raumluft mehr und mehr meine Haut erreicht. Offenbar hat sie Mitleid mit mir und legt etwas Warmes darauf und streicht es glatt. Völlig unerwartet durchschießt meine Brust ein stechender Schmerz. Ich reiße die Augen auf. Stefanie, die nun statt des roten Kleides eine weiße Kittelschürze trägt, blickte mich bedauernd an.

»Es ist bald vorbei, Liebling! Ich will doch nur einen schönen Mann! Lege dich wieder hin und entspanne dich. Ich werde mir Mühe geben.«

Fragend sieht sie mich an. »Ich will dich doch nur für mich, du auch?«

Ich bemühe mich, wenigstens zu lächeln, denn ich merke, trotz geöffnetem Mund, dass ich keinen Ton hervorbringen kann. Sie drückt mir einen warmen weichen Kuss auf meine Lippen! Das versöhnt.

Immer wieder legt sie die warme Wachsbinde auf eine andere Stelle und zieht sie mit einem Ruck wieder ab und mit ihr meine geliebte Brustbehaarung. Ritsch! Ich schließe vor Schmerz meine Augen ganz fest. Ritsch!

Dieses Opfer bringe ich ihr. Ja, trotz allem, ich liebe meine Stefanie.

Endlich ist sie fertig. Meine Haut schmerzt noch immer. Langsam erhole ich mich.

»Komm, schau dich an!«

Stefanie hält mir einen Spiegel entgegen.

»So gefällst du mir.«

Ich stehe auf, nehme den Spiegel und blicke in ein mir unbekanntes Gesicht: schmale, wohlgeformte Augenbrauen, zarte ebenmäßige Gesichtshaut, Lidschatten, dunkel gefärbte Augenwimpern und Braunen, Rouge auf den Wangen, aber das Gesicht kenne ich nicht. Mir wird schwindelig und lasse den Spiegel fallen. Er zerschellt scheinbar in Zeitlupe auf dem Boden.

Wenig später sitze ich wieder in meinem Sessel und will zu meinem Whisky greifen, doch ich greife immer wieder ins Leere. Stefanie kommt, nur mit einem Badetuch bekleidet, die Haare nass und ungekämmt, in das Zimmer gestürzt.

»Ist dir was passiert?«, fragt sie besorgt.

»Was hast du mit mir gemacht?«, fange ich an, sie zu beschimpfen, und halte dann inne, denn in diesem Moment sehe ich mein Whiskyglas in Scherben auf dem Boden liegen. Mit der rechten Hand befühle ich mein Gesicht. Alles ist wie immer. Mein Hemd ist auch geschlossen, sehe ich und beginne zu begreifen, »Ein Traum! – Es war alles nur ein Traum! – Bitte entschuldige!«

Ich suche nach Worten für die plötzlich gewonnene Erkenntnis.

»Was – was ich dir, liebe Stefanie, jetzt unbedingt sagen muss, ist: Ich liebe Dich so, wie dich die Natur geschaffen hat! Zum Teufel mit den Wachsbinden. Es war mir lange nur nicht klar, was ich damit von dir verlange.«

In Stefanies Gesicht lese ich eine seltene Mischung zwischen Ungläubigkeit und Zweifel. Einen Augenblick zögere ich, dann schalte ich den Plasma-Tivi aus.

»Komm in meinen Arm. Ich muss dir einen Traum von einer Frau im roten Kleid erzählen.«

***

Februar 2021

Gehasstes Sternchen

»Ich werde noch verrückt! Dieses Sternchen ist mir einfach zu sperrig«, fluche ich laut vor mich hin und schmeiße die Computermaus gegen die Wand. Dort steht zwar nicht der Leibhaftige, aber ich stelle mir vor, ein verantwortlicher Politiker. In Gedanken sehe ich ihn dort hämisch grinsend in dem Glauben, ein ganzes Volk hinters Licht geführt zu haben.

Mindestens einen hat er jedoch mit seinen Plattitüden nicht überzeugen können: nämlich mich!

Dabei hatte alles so vielversprechend angefangen, in diesem Prozess, der aus heutiger Sicht einige Generationen dauern würde und müsste, ehe sich die Gleichwertigkeit von Frau und Mann und allen, die sich dazwischen einordnen, gefestigt wäre. Ein Verhalten an ein äußeres Zeichen zu binden, hat noch nie dauerhaft funktioniert. Nicht die Reservierung von Sitzplätzen für Farbige in amerikanischen Bussen haben die sogenannten Rassenprobleme entschärft, sondern deren Freigabe. Auch Sternchen in Texten werten Frauen nicht auf. Im Gegenteil! Wahre Gleichberechtigung braucht kein sperriges Gendersternchen. ... und was ist mit denen, die sich dazwischen einordnen? Doch dieses Umdenken braucht vor allem eines: *Zeit*. Meiner Mutter musste ich beim Abwasch helfen, obwohl ich das von Vater nie sah. Zumindest nie, bis sie einmal ins Krankenhaus musste.

In dieser Zeit habe ich mich heimlich darüber amüsiert, wie unbeholfen Vater in der Küche hantierte. Schließlich grinst kein Schuljunge ungestraft über das erkannte Manko seines strengen Vaters. Wir Jungen mussten in der dritten Klasse im Fach Nadelarbeit genau wie die Mädchen ein Nadelkissen anfertigen. Es stimmte: Die meisten Exemplare der von den Mädchen genähten Kissen waren deutlich besser gearbeitet. Ein ähnliches Ergebnis, nur anders herum, gab es im Werkunterricht. Wir übten die staatlich geforderte Gleichberechtigung von Mann und Frau so gut aus, wie wir sie verstanden. Den täglichen Abwasch habe ich übernommen. Bei den Kindern glich sich das Ergebnis von Nadel- und Werkunterricht an. Doch noch immer bekamen Jungen von ihren Müttern den größeren Apfel und standen mit den Mädchen länger vor dem Spiegel. Väter fanden oft nicht den rechten Ton. Wer gab ihnen ein Beispiel?

Und dann kam die Wende.

Plötzlich gab es wieder Unterschiede, die überwunden schienen. Die Nadelarbeit in den Schulen wurde meist ersatzlos gestrichen und Männer wollten nicht mehr abwaschen! Wir regten uns über die Bezeichnung Bürokauf*frau* auf, der meiner Frau, die Wirtschaftskauf*mann* gelernt hatte, übergestülpt wurde und danach weniger Geld verdiente. Ja, man redete den Frauen ein, dass sie stolz auf diese Benennung sein konnten. Endlich würde dadurch ihre Geschlechter-Zugehörigkeit gewürdigt. Für die Westimporte der Chefs sowie Wendehälse war das aber eher ein Freibrief dafür, Frauen ungestraft zusätzlich für das Kaffeekochen und andere »niedere« Arbeiten abzukommandieren, um sie dann aus Dank bei der nächsten Beförderung zu übergehen. So etwas färbt in Wortwahl und Verhalten sehr schnell ab und wird zurück in die Familien getragen …

Irgendwann muss es Politikern aufgefallen sein, dass sie sich mehr und mehr einer Protestwelle für die volle Gleichberechtigung gegenübersahen. Aber anstatt das Problem zu lösen, wurde an Ablenkungsmanövern gearbeitet. Das Gendersternchen und andere zweifelhafte Konstruktionen wurden erfunden. Es war viel zu leicht, den Frauen weiszumachen, dass das ausschließlich ihrer Wertschätzung diene. Viele Ladys glauben dies sogar! Schließlich wurden sie in vielen Jahrhunderten allein darauf konditioniert, Schön-zu-Sein und sich ansonsten dem Manne zu fügen. Das wirkt lange nach! Einer Frau bei einer beruflichen Begegnung zuerst ein Kompliment über ihre Schönheit zu machen ist Usus. … und bei einem Mann als Adressaten? Will eine Frau nicht ebenso kompetent sein, oder ist ihr ihre Schönheit wichtiger? Ist es nicht wichtiger, allen Menschen dasselbe Recht zuzugestehen, als sie einzeln nach ihrem biologischen Geschlecht zu benennen? Was ist mit Schwulen, Lesben, Asiaten, Afrikaner usw.? Haben die nicht auch das Recht, explizit genannt zu werden? Ich möchte gar nicht an die denken, die sich überall dazwischen einordnen. Was ist mit denen, die sich nicht in eine Schublade stecken lassen wollen? Die Sprache ist historisch gewachsen und kann nicht alle Eventualitäten abdecken! Wenn mit »Arzt« nicht nur männliche, heterosexuelle, weiße Menschen gemeint sind, sondern alle, die die medizinische Ausbildung eines Arztes haben, ist es mir alles andere völlig gleich: Ich möchte nur wieder gesund werden!

Der Plan, mit einem winzigen Sternchen den Protest der Frauen zu brechen, funktioniert nahezu! Leider! Für Führungskräfte scheint das ablenkende Gendern zur beliebten Alibi-Beschaffung geworden zu sein. Das Gendern teilt die Menschen wenigstens in biologisch männliche und weibliche ein. Teilt man etwas, ist es leichter, die Gruppe zu (be-)herrschen! Man muss sie nur noch dazu bringen, gegeneinander zu agieren.

Ich jedoch möchte unbedingt das hässliche und prekäre, vor allem aber klobige, unterdrückende und alibigebende Sternchen loswerden, das mich in meinem Denk-, Rede- und Schreibfluss hemmt, denn wahre Gleichberechtigung braucht kein sperriges Gendersternchen. Im Gegenteil, das Gendersternchen diskriminiert!

Ich atme tief durch, bücke mich und setze die Batterie wieder in die Computermaus ein. Sie hat keinen Schaden genommen.

***

Mann in Schwarz

Seit Tagen regnete es ununterbrochen. Herbert bemühte sich, schnell wieder ins Haus zu kommen.

»Haben wir Post von Harder-Reisen?«, hörte Herbert seine Frau Sabine rufen, als er die Wohnungstür schloss.

»Nein, das nicht, aber von einer Inkassofirma.«

»Wieso Inkassofirma?« Sie ging Herbert entgegen. »Was wollen die denn?«

Herbert überflog das Schreiben. »Offenbar geht es noch einmal um den gekündigten Vertrag. Wir sollen nun wohl doch die dreitausendachtundsechzig Euro zahlen und außerdem deren Aufwendungen. ... Au Backe, das kann teuer werden!«

»Sind die denn doof? Ich denke, die haben alle ihre Ansprüche zurückgezogen!«

Sabine holte sich einen Ordner aus dem Schrank und öffnete ihn. Mit dem Handrücken schlug sie auf das Dokument.

»Hier, hier steht es doch schwarz auf weiß: ›... damit ziehen wir alle Forderungen an Sie zurück‹. Das ist doch eindeutig, oder nicht! Warum pfeifen die ihre Männer nicht zurück, wenn die Sache geklärt ist?«

Einen Augenblick hielt sie inne, hob den rechten Zeigefinger und dann tat so, als würde sie auf jemanden zeigen.

»Darum! ... Nur das kann der Grund sein, Herbert! Darum ist mir gestern dieser Kerl bis zum Friseur nachgelaufen! Du weißt schon, so einer mit schwarzem Mantel und Aktenkoffer. Das machen die manchmal so. Zuerst dachte ich an alles Mögliche und wurde immer schneller. Er aber auch! Eh er mich erreichen konnte, war ich glücklicherweise beim Friseur. ... Nun ist mir auch klar, warum der Kerl so auffällig hinter mir herging. Die wollen Schulden eintreiben. ... Na, die sollen mich kennenlernen!«

»Das mit dem Mann hinter dir kann aber auch Zufall sein«, versuchte Herbert sie zu beschwichtigen. »Mit so einer Inkassofirma ist jedoch nicht zu spaßen, Sabine. Man hört da immer wieder, dass manche oft nicht einmal vor körperlicher Gewalt zurückschrecken.

Wir sollten lieber bezahlen und dann weitersehen!«

»Dann siehst du das Geld nie wieder!«, wetterte Sabine. »Lass uns lieber etwas gegen diese Banditen tun. Du wirst schon sehen, dass ich recht habe!«

Am Nachmittag hatte der Regen etwas nachgelassen und brachen beide zum Einkaufsmarkt auf. Hinter ihnen hörten sie, patsch, patsch, patsch, fremde, dem Gang nach männliche, Schritte. Sabine wurde unruhig. »Wenn wir jetzt über die Straße gehen, schau doch mal unauffällig, wer uns verfolgt. Ich mag mich nicht umdrehen. Vielleicht ist es wieder dieser Kerl von gestern.«

Herbert nahm die Gelegenheit wahr. »Sabine, da ist tatsächlich so einer: schwarzer Mantel, schwarzer Hut, schwarzer Aktenkoffer und Alter etwa Mitte vierzig. Ist er das vielleicht?«

Auch Sabine blickte nun für den Bruchteil einer Sekunde zurück.

»Ja, das ist er! Siehst du, habe ich doch recht gehabt. Komm, lass uns lieber etwas schneller gehen.«

Auch hinter ihnen wurden die Schritte schneller: patsch, patsch, patsch, patsch. Der Wunsch, sich immer wieder umzudrehen, wuchs ständig. Aber sie mussten sich beherrschen. Unter keinen Umständen wollten sie die Aufmerksamkeit der anderen Passanten auf sich lenken. Bei all der Anspannung verpassten sie beinahe den Postkasten und so musste Herbert einige Meter zurückgehen, um den Beschwerdebrief an die Inkassofirma einzuwerfen.

»Der Mann in Schwarz ist noch immer hinter uns«, informierte er seine Frau. »Jetzt glaube ich auch an keinen Zufall mehr.«

Nicht, dass er Sabine nicht glaubte, aber er brauchte schon mehr als eine blasse, weibliche Ahnung, um überzeugt zu werden. Der Mann in Schwarz, der sie seit über zehn Minuten verfolgte, war für ihn so ein sicheres Indiz für die Richtigkeit von Sabines Beobachtungen. Auf dem weiteren Weg blieben die Schritte immer hinter ihnen. Mal lauter, mal leiser, je nach Untergrund. Immer aber derselbe Rhythmus: patsch, patsch, patsch. Beide erwägten schon umzukehren.

Als sie sich am Markt einen Korbwagen nahmen, war der Verfolger plötzlich verschwunden.

»Gestern beim Friseur ist er auch nicht mit hineingekommen«, meinte Sabine. »Vielleicht machen die das so und verstecken sich, wenn ihre Opfer irgendwo hineingehen. Ich bin davon überzeugt, dass er uns trotzdem irgendwie im Blick hat.«

»Das kann ich mir nicht vorstellen. Auf dem Rückweg vom Friseur hast du ihn schließlich auch nicht bemerkt! Oder?«

Sabine schwieg. Die ersten Waren lagen bereits im Wagen, als Sabine Herbert anstieß. »Dreimal darfst du raten, wer uns nun hier verfolgt«, triumphierte Sabine auf. »Der Mann in Schwarz, nur ohne Hut und statt des schwarzen Aktenkoffers schreibt er irgendetwas in ein schwarzes Buch.«

»Du hast recht. Komm, lass den Korb stehen, wir gehen hier raus!«, entschied Herbert. »Ich halte das hier nicht mehr aus. Wir gehen später noch einmal her.«

Sabine entrüstete sich: »Damit uns der Typ dann wieder von zuhause aus verfolgt? Nein, Herbert, wir müssen ihn loswerden, zumindest für eine Weile. Ich habe auch schon einen Plan.«

Um nicht von vornherein irgendein Interesse zu erwecken, gingen sie weiterhin die Regale entlang und begutachteten die Auslagen. Dabei weihte sie Herbert ein.

»Das ist genial!«, lobte er sie. »Wenn du dir das so zutraust: An mir soll es nicht liegen.«

Aus der Belästigung durch den Verfolger wurde nun der Wunsch der Verfolgung durch den Mann in Schwarz. Nur so konnte der Plan funktionieren. Sie gingen in einen langen Gang. Der Mann verfolgte sie, so wie Sabine es geplant hatte. Herbert tat, als wolle er aus dem Nebengang etwas Bestimmtes holen. Sabine unterdessen blieb am Ende des langen

Regals stehen, entnahm dem Regal einen Karton und las den Aufdruck, um ihn dann in ihren Wagen zu legen.

Als Herbert am gegenüberliegenden Ende des Regals auftauchte, sah sie dem Verfolger in die Augen und rollte den Wagen quer so durch den Gang auf ihn zu, dass kaum noch Platz zum Hindurchgehen war. Der Mann in Schwarz versuchte den Rückzug. Doch da war schon Herbert, der ihn am Ärmel festhielt und rief: »Halt, stehen geblieben!

Warum spionierst du uns nach? Wer hat dich angeheuert, uns auszuspionieren?«

Die ersten Gaffer blieben stehen. Genau so hatte Sabine sich das vorgestellt.

»Lassen sie mich bitte los, mein Herr! Ich versichere ihnen, dass ich ihnen weder nachspioniere, noch weiß ich, wer sie sind.«

»Guckt an Leute, ›Man in Black‹ kriegt weiche Knie!«, mischte sich nun lautstark Sabine ein und lachte spöttisch. »Dann ist es wohl auch nicht wahr, dass Sie uns von unserem Haus an verfolgten, bis hier in den Markt hinein? Sagen Sie ihrem Boss, dass ihr Auftraggeber seine Forderungen an uns zurückgezogen hat. Das haben wir seit zwei Wochen schriftlich!«

Inzwischen hatte sich eine dichte Menschentraube gebildet. Die Filialleiterin versuchte sich mit: »Was ist denn hier los! Lassen Sie mich bitte durch.«, einen Weg zu bahnen, was ihr nur mühsam gelang. »Also, was ist hier los?«

»Gut, dass sie kommen! Dieser Herr hier,« Sabine zeigte auf den Verfolger, »dieser Mann in Schwarz verfolgt uns seit gestern. Er war hinter mir, als ich zum Friseur ging, er verfolgte uns auf dem Wege hierher, und jetzt schreibt er sich sogar noch auf, was wir hier kaufen! Bitte rufen Sie die Polizei. Wir lassen uns das nicht bieten!«

»Ich denke, das wird nicht nötig sein. Herr Carstens, oder der Mann in Schwarz, wie Sie ihn nennen, soll die Wege und das Kaufverhalten unserer Kunden ergründen. Er war vorhin bei mir im Büro und hat sich entsprechend ausgewiesen.«

Herbert ließ Carstens los. Carstens versuchte, die Knitterfalten in seinem Mantel zu glätten. Offenbar fühlte er sich durch die Filialleiterin gestärkt. »Ich bitte Sie um Entschuldigung, wenn ich Ihnen in der Ausübung meines Dienstes zu nahegetreten sein sollte. Es war nicht meine Absicht. Sicher hat uns der unberechenbare Zufall einen bösen Streich gespielt. Ich kann nur noch einmal betonen, dass ich Sie keinesfalls ausspionieren wollte!«

»Wer es glaubt, wird selig! Man hörte in letzter Zeit so einiges aus dem Handel!«, meinte ein Kunde. »Also ich fühle mich auch bedrängt, wenn da so ein ›Man in Black‹ dauernd hinter mir herschleicht und sich aufschreibt, was ich mir ansehe, in die Hand nehme oder in den Korb packe!«

»Richtig!«, rief eine korpulente, ältere Kundin. »Wen geht es was an, wie viel Schokolade ich kaufe und wie viele Schnitzel? Ich war lange Zeit selbst Verkäuferin. Wir haben immer gewusst, welche Waren gut gehen und welche nicht. Dafür braucht man keinen schwarzen Mann! Stimmt doch, Olga, du weißt das doch auch!«

Die Filialleiterin nickte.

»Ich sage dir, diese Spione haben ganz andere Instruktionen. Nehmt euch bloß in acht! Am Ende überwachen sie noch Euch und schreiben sich auf, wie lange ihr aufs Klo geht!«

»Dagegen kann ich nichts tun«, antwortete Olga, die Filialleiterin. »Schließlich will ich nicht durch so etwas noch meine Arbeit verlieren!«

»Da habt ihr es! Aber wir Kunden müssen. Diese Männer in Schwarz sollten sich bei uns lieber nicht mehr sehen lassen«, meinte Sabine. Sie wandte sich an den Mann in Schwarz: »Und Sie sollten ihrem Chef von uns und was hier passiert ist genaustens berichten. Wir Kunden mögen solche Spione nämlich nicht. Wenn Sie wissen wollen, was gekauft wird und was nicht, werten Sie doch einfach die Kassenzettel aus.«

Unter Beifall der anderen Kunden fügte sie dann noch hinzu: »Aber wehe ein schlechtes Wort über Olga! Verstanden?!«

Angesichts der Menschenmenge kam nur ein leises, klägliches »Ja, aber ich mache doch hier nur meine Arbeit«, aus Carstens Kehle.

Sabine fühlte sich als Sieger. »Wir haben das nicht verstanden. Wie war ihre zustimmende Antwort?«, hakte sie laut nach.

Carstens räusperte sich. »Ja, so wie sie es wünschen. Bitte entschuldigen sie nochmals das Missverständnis.«

»Na, geht doch!« Sabine und die Kunden applaudierten.

***

Ilse und der Mann mit dem weißen Bart

Schon bevor er aus dem eingeschneiten Gespensterwald herauskam, hörte die kleine Ilse das Zischen, Stampfen und Schnauben. So hatte sie es sich nicht vorgestellt. Der Boden zitterte mit jedem Stampfen und Näherkommen mehr. Ängstlich hielt sie sich an dem langen Winterrock ihrer Mutter fest. Eine Funkenwolke stiemte über die Baumkronen in den schneegrauen Himmel. Sie erinnerte Ilse an jenen Abend in Börgerende, an dem das reetgedeckte Wohnhaus eines Nachbarhofes abbrannte. Verängstigt vergrub sie ihr Gesicht in den Rock ihrer Mutter.

Dann kam er aus dem Wald heraus: schwarz, schniefend wie ein haushoher Drache und unaufhaltsam. Mit jedem Schniefen verhüllte das schwarze Ungetüm die Umgebung in Nebel, der aus unteren Nüstern zischte. Dunkelgrauer Qualm mit rot glühende Funken drangen vom Schornstein seines Kopfes in die Baumkronen.

Es roch nach Schwefel, so wie es in den Gruselgeschichten der Erwachsen im Schein der Petroleumlampe manchmal erzählt wurde, wenn sie abends heimlich an der Tür lauschte. Jedes Mal lief ihr dabei ein kalter Schauer über den Rücken. Obwohl sie dann lange nicht schlafen konnte, konnte sie nicht genug von diesen Geschichten hören. Und doch: Dieses Mal war es anders, ganz anders!

Trotz ihrer Angst musste Ilse in einigen Abständen mit einem Auge nachsehen, wie nah das feuerspeiende Ungetüm schon war. Es kam unaufhaltsam auf sie zu. Sie zitterte und krallte in den Rock.

Ein schriller Pfiff erschreckte sie. Mit nassen Augen sah sie zu ihrer Mutter hoch.

»Reiß Dich endlich zusammen, Ilse!«, schimpfte die Mutter und hob die Hand zur Warnung. »Die Leute gucken schon. Beim nächsten Mal setzt es was!«

Warum war Mutter böse?

Zum Glück wurde das Schnauben und Stampfen langsamer. Fast hatte sich Ilse beruhigt, als es plötzlich ohrenbetäubend quietschte. Ilse musste sich die Ohren zuhalten. Noch tiefer vergrub sie sich in eine Falte von

Mutters Rock. »Komm Ilse, wir müssen einsteigen!«, befahl die Mutter mehr, als sie aufforderte.

Aber Ilse hörte und sah nichts mehr. Ihr Herz schlug immer schneller. Von Mutter wurde sie heftig am Arm gezogen. Mit all ihrer Kraft wehrte sie sich dagegen. In ihrer Vorstellung hatte der schwarze feuerspeiende Drache sie dazu auserkoren, sie als Mahlzeit zu verspeisten. Warum nur wollte Mutter das?

»Nein, nein, in diesen schwarzen Drachen steig' ich nicht ein!«, brüllte sie wie am Spieß.

Ilse schrie, zerrte, zeterte und weinte. Scham und Zorn vermischten sich bei der Mutter.

Ein Mann mit langem weißen Bart, roten Wangen, einer dicken Winterjoppe und Filzstiefeln, den sie vorher nie gesehen hatte, kam auf Ilse zu. Ilse starrte ihn an und riss Mund und Augen weit auf. Er beugte sich hinunter, lächelte und wischte ihr mit seinen dicken Wollhandschuhen die Tränen aus dem Gesicht. Von irgendwoher kannte Ilse dieses Gesicht. War das der Weihnachtsmann?

In sanftem Bass sprach er sie an. »Willst Du auch nach Doberan? Ist doch besser mit dem Molli, als auf dem zugigen Pferdewagen. Findest du nicht auch?« Er zwinkerte ihr mit dem rechten Auge zu.

Das sah Ilse ein und nickte. Bald darauf fing sie an zu lächeln. Das Stampfen und Surren der Lokomotive auf dem Heiligendammer Bahnhof hörte sich nun etwas gemütlicher an.

»Komm, wollen wir zusammen einsteigen? Drinnen ist es warm und du kannst deine Mütze abnehmen. Auf der Fahrt erzähle ich dir, warum diese Kleinbahn der Molli genannt wird.«

Ilse nickte und wischte sich die letzten Tränen aus dem Gesicht und der Mann mit dem weißen Bart hob Ilse zur Mutter in den Waggon.

***

Sachen gibts ...

März 2012

Sieben Dramen und eine Posse

Das erste Drama

Es war einer jener ungeliebten Tage, die mit einem kleinen Missgeschick begannen und in einem Desaster endeten. Alles fing damit an, dass ich den Wecker überhört hatte und ich mir beim Aufstehen in der Eile dermaßen den großen Zeh stieß, dass ich zum Bad humpeln musste. Ich schaltete das Badradio ein. Im Kultursender gab es Klaviermusik! Dem Spiel folgend stellte ich mich in die Duschwanne und dann auf das perlende Wasser aus der Regendusche ein. Das Wasser traf meinen Körper. Ein Aufschrei beendete nicht die Träumerei von Robert Schumann, sondern die von mir, Olaf Sabbert.

Zugegeben, mein Name ist schon ziemlich absonderlich und verballhornungsfreundlich und wirklich nur etwas für starke Typen. Ich hatte früh gelernt, mich nicht unterkriegen zu lassen. Reden konnte ich schon immer gut und war für mich die beste Verteidigung. Einer meiner Schulkameraden führte dann das Wort Sabbern für Hinreden ein. Sich dagegen aufzulehnen, hätte keinen Sinn gehabt. Also benutzte ich es am konsequentesten, sogar im allgemeinen Sinne. Das hat sich bis heute so erhalten.

Doch zurück zum Aufschrei. Im ersten Moment wusste ich nicht einmal, ob das Wasser kochend heiß war oder eiskalt. Mit einem Satz sprang ich aus der Dusche, ohne an meinen Zeh zu denken, der natürlich irgendwo anstieß. Dann fiel mir die Reparaturankündigung wieder ein. – Toll!

Ein Fahrzeug mit Sirene und Blaulicht erregte mein Interesse. Neugierig stürzte ich ans Fenster. Trotz aller Vorsicht knuffte ich mit meinem Knie an den einzigen Hocker im Bad, der dadurch einseitig leicht angehoben, genau auf meinen Zeh zurückfiel. Prompt hatte ich meine Neugier vergessen. Warum nur lädiert man sich die schon geschundenen Körperteile besonders oft und immer wieder?

Ich war zwar spät dran, aber noch nicht zu spät. Nun gut, dass ich mir mit dem ersten Schluck Kaffee gehörig meinen Mund verbrühte und sich auf der Zungenspitze ein taubes, pelziges Gefühl einstellte, klingt konstruiert, hat sich aber tatsächlich so ereignet.

Zumindest ließ es den Schmerz im Zeh für eine Weile vergessen, war aber gemessen an dem, was sich eine Stunde später erleben sollte, nicht der Rede wert.

Ohne weitere Anstößigkeiten gelang es mir, die Schuhe anzuziehen. Trotz der ungewohnten Enge schien es, gewissermaßen durch die Schienung im Schuh, mit dem Gehen besser zu gehen. Durch seitliches Wegdrehen meines Fußes konnte ich das extreme Abrollen über den großen Zeh auf dem Fußweg weitgehend vermeiden.

Meine Gangart sah zwar ziemlich putzig aus und kostete Zeit, die aber hatte ich im Voraus einigermaßen richtig einschätzen können und war entsprechend früher aus dem Haus gegangen. Das Laub hatte sich bunt gefärbt. Ich blinzelte in die Sonne und war trotz der leichten Gehbehinderung guter Dinge. Eigentlich war ich inzwischen, trotz meiner Missgeschicke, mit meiner Stressbewältigung ganz zufrieden. Zumindest bis zu dem Zeitpunkt, als ich an das Absperrband und die Wagenburg der Polizei kam. Viele Schaulustige und eine ganze Kompanie schwarz vermummter Polizisten versperrten mir den Weg aber vor allem die Sicht. Bis ich mitbekommen hatte, dass aus meinem Büro Körbe voller Akten und die ganze Computertechnik herausgeschleppt wurden, mochten so gut und gerne zehn Minuten vergangen sein. Dann kam Bewegung in die schaulustige Menge. Eine Gasse für ein Einsatzfahrzeug wurde freigemacht. Natürlich latschte mir in diesem Moment einer dieser neugierigen Gaffer auf meinen Zeh. Ich hätte ihn umbringen können. Angesichts der präsenten Polizei verschob ich mein Ansinnen aber auf später und beließ es vorerst bei einem »Autsch«.

Der Zufall wollte es so, dass genau neben mir das besagte Fahrzeug aus der Absperrung fuhr und ich unvermittelt in das Gesicht meines Chefs sah. Mit einem Schlage wurde mir klar, dass gestern, ohne es auch nur im entferntesten ahnen zu können, mein letzter Arbeitstag gewesen war. Warum war ich heute Morgen nicht einfach liegen geblieben?

So stand ich nun ohne Arbeit da.

Das zweite Drama

Die geforderten Unterlagen beizubringen stießen erwartungsgemäß auf Schwierigkeiten. Besonders jene Unterlagen, die irgendwie mit meiner letzten Arbeitsstelle zu tun hatten. Der Chef war in der Untersuchungshaft für solche Dinge nicht erreichbar und die Kriminalpolizei beziehungsweise Staatsanwaltschaft verweigerte mir wegen laufender Ermittlungen jede Auskunft. Ganz davon zu schweigen, dass ich in den Augen der Ermittlungsorgane möglicherweise auch verdächtig war. Das konnte ich aus deren Sicht durchaus verstehen. Nur ich wusste, dass ich mit den ganzen Schiebereien, von denen ich erst während der Verhöre durch die Ermittlungsbeamten erfuhr, nichts zu tun hatte.

Die Formel für die Sachbearbeiterin in der Arbeitsagentur war einfach: keine vollständigen Unterlagen – kein Arbeitslosengeld.

Besonders, dass es keine förmliche Kündigung gab und ich meine Arbeitsstelle tatsächlich über Nacht und ohne Gnadenfrist verloren hatte, passte nicht in ihren Schädel und vor allem nicht in die Paragrafen der Arbeitsagentur.

Ich wäre aber nicht Immobilienmakler Olaf Sabbert, wenn ich an dieser Stelle aufgegeben hätte. Ich weiß gar nicht, wie oft ich meinen Kunden dieses oder jenes vorgesabbert hatte, bis sie sich endlich zu ihrem und, in aller Bescheidenheit, mittelbar auch meinem, Vorteil entschieden hatten. Wohnungen kann man eben nicht wie Muttern verkaufen, – äh und Schrauben.

Aber bei diesem Weib auf dem Amt half kein Sabbern von Sabbert. Ich kann diese sturen Paragrafenreiter ja überhaupt nicht verknusen. Die können einem das ganze Geschäft verderben. Ich meine, wenn es zum gegenseitigen Vorteil ist, kann man Paragrafen auch mal Paragrafen sein lassen. Dieses gute Gewissen brachte natürlich keinen Cent auf mein Konto. Da mir die Sachbearbeiterin wegen der fehlenden Dokumente auch nichts geben wollte, habe ich mir bei ihrem Chef kurzfristig einen Termin geholt und ihm meine Geschichte erzählt. Es blieb dabei: keine Dokumente – kein Geld. Wie kann man nur so stur sein?

Blieb mir nur noch der Klageweg. Ganz davon abgesehen, dass so eine Klage schon etwas Zeit brauchte, müsste ich doch den Rechtsanwalt bezahlen, denn mittellos war ich ja noch nicht. Von einer einstweiligen

Verfügung riet mir mein Rechtsanwalt ab, da ich, wie gesagt, noch Geld-vermögen auf der Bank hatte, es also nicht wirklich eilig war.

So stand ich nun ohne Arbeit und ohne Einkommen da.

Das dritte Drama

Nein, abergläubisch bin ich nicht, und ich glaube auch nicht an das Sprichwort: Ein Unglück kommt selten allein; eher daran, dass jeder seines Glückes Schmied ist. Obwohl, hier wäre ich fast von meinem Glau-ben abgefallen. Nie werde ich jemanden eingestehen, dass ich glaubte, dass sich in diesem Moment alle Geister gegen mich verschworen hatten, als ich in meiner Situation nun auch noch Post vom Finanzamt bekam. Ich ahnte Schlimmes, aber es ging um eine Steuerrückerstattung für das ver-gangene Jahr von nicht einmal fünfzig Euro. – Puh! – Ich war erleichtert. Das war zwar nicht die Welt, aber immerhin. Allerdings sollte sich meine böse Vorahnung doch bestätigen. Ich hatte das Schreiben noch nicht zu Ende gelesen. Die Forderung des Finanzamtes belief sich auf einen hohen vierstelligen Betrag, weil mein Chef noch nicht einen müden Euro für mich abgeführt hatte und mich, wie auch immer er das gemacht hatte, als »Freischaffend« gemeldet hatte. Die Steuern waren sofort fällig. Nach zwei Wochen sollte vollzogen werden.

Der Teufel soll den Elenden holen!

Auf der zweiten Seite des Pamphlets eröffnete mir das Institut, dass aufgrund meiner Zahlungsmoral auch die Steuern für das folgende Jahr fällig wären. Natürlich hatte man gleich eine Steigerung des Einkommens in doppelter Höhe des zu erwartenden Preisanstieges eingerechnet, ohne für diese Annahme irgendeine Begründung zu haben. Ja, so selbstlos ist das Amt vom Schäuble!

Am Telefon erhielt ich trotz all meiner Sabberkünste nur einen Termin für ein persönliches Vorsprechen in drei Wochen. So viel Galgenfrist hatte ich aber nicht. Dass das das junge Küken auf der anderen Seite der Tele-fonleitung nicht interessierte, hatte mich, ehrlich gesagt, schockiert. Dienstanweisungen, Paragrafen, kommt doch letzten Endes auf das Glei-che hinaus!

Und so kam es, wie es kommen musste: Mein Konto wurde gesperrt, weil mir keine Bank ohne Arbeit und Einkommen einen Kredit mit bezahlbaren Zinsen geben wollte. Sicher würden die Krankenkasse, die Rentenkasse, die GEZ und wer weiß noch wer auch bald bei mir die Hand aufhalten.

So stand ich nun ohne Arbeit, ohne Einkommen und pleite da.

Das vierte Drama

Mein Weg führte mich in eines dieser Bürohäuser, in der ein Uneingeweihter nicht sagen konnte, wann die eine Firma begann und wo die andere aufhörte. Der Personalmanager, wie er sich vorstellte, der mit mir das Bewerbungsgespräch führen musste, saß in einem bequemen Drehsessel hinter seinem wuchtigen Schreibtisch, der zudem auf einem kleinen Podium stand. Mir zugewiesen wurde ein äußerst weicher Sessel mit hohen Lehnen. Wäre ich nicht hier, um mich für eine Arbeitsstelle zu bewerben, hätte ich darin durchaus wohlig weich wie in Abrahams Schoß schlafen können.

Im Nachhinein betrachtet kam mir diese Sitzposition schon recht merkwürdig vor, zumal ich im Sitzen kaum auf die Schreibtischplatte blicken konnte. Trotzdem brachte ich mein Anliegen konzentriert vor, wobei ich vorgab, in ungekündigter Stellung zu sein, was ja eigentlich auch der Wahrheit entsprach. Ich hatte mir sagen lassen, dass man mehr Erfolg bei der Arbeitsuche hatte, wenn man sich aus einer Beschäftigung heraus bewirbt. Und eine Kündigung konnte ich nun wirklich nicht vorweisen. Sollte doch der Personalmanager daraus machen, was er wollte …

Tunlichst verschwieg ich auch die Ereignisse, seitdem ich mir meinen großen Zeh gestoßen hatte. Die geforderten Nachweise aber konnte ich alle im Original vorweisen, auch wenn ich lange nicht mehr in diesem Beruf gearbeitet hatte. Ich glaubte, so alle Fäden in der Hand zu haben.

Das rief in mir die Erinnerung wach, dass es mit dem Titel des sogenannten Personalmanagers nicht weit her sein konnte, wenn das Unternehmen gerade mal an die dreißig Leute beschäftigte, wie mir Google mitteilte. Damit waren wir nach meiner Meinung auch bei den gegenseitigen kleinen Unwahrheiten quitt. Mein verdammter Chef und ich gaben uns auch immer die größte Mühe, die Firma größer und bedeutsamer aussehen zu lassen, als sie in Wirklichkeit war. Ich denke nicht, dass ich hier zu hoch gepokert hatte.

Womit ich nicht gerechnet hatte, war, dass sich der Personalclown da hinter dem Schreibtisch in seinem Chefsessel über meinen Namen lustig machte, indem er fragte, ob ich denn wirklich so hieße. In dem Moment habe ich bestimmt ein ziemlich dämliches Gesicht gemacht. Ich war es ja gewohnt, dass mein Name immer mal wieder verunziert wurde, aber an dieser Stelle hätte ich so etwas nicht erwartet. Dabei hatte ich meinen Namen immer statt Sabbert mehr wie Sabbat ausgesprochen, was die meisten Menschen nicht so irritierte. Auch französisch ausgesprochen, klang er nicht so sehr nach Hundeschnauze.

Ich glaubte mich schon am Ziel meiner Träume, als mir der Personalfuzzi da hinter seinem Schreibtisch eröffnete, dass er mir den Job als Teamleiter nicht geben konnte, weil ein Teamleiter einer Restaurantkette eben nicht Sabber heißen könne. Das T am Ende sprach er so leise aus, dass man es kaum noch hören konnte. Hätte ich das gleich gewusst, hätte ich mir den Weg zum Vorstellungsgespräch auch sparen können. In diesem Moment bemerkte ich, dass ich inzwischen so tief in diesen verdammten Sessel eingesunken war, dass ich von dem Hochstapler da nur noch Hals und Kopf sehen konnte, so als ob er heimlich die Luft aus dem Sessel abgelassen hätte. Ich denke, dass dieses Möbelstück allein zu dem Zweck angeschafft wurde, die Augenhöhe bei der Führung des Gesprächs zu vermeiden.

Auf dem Heimweg versuchte ich in meiner Wut auf den Personal-Dingsda, einen Ball wegzuschießen, der sich als einzementierte Metallkugel entpuppte. Der noch nicht ganz verheilte große Zeh und dessen erneute Malträtierung veranlassten mich zwangsweise, den Rest des Weges unauffällig in der schon beschriebenen Gehweise zurückzulegen.

So stand ich nun ohne Arbeit, ohne Einkommen, pleite und ohne Aussicht auf einen Job da sowie mit dem schmerzenden Zeh.

Das fünfte Drama

Ich war gerade vom Pfandleihhaus zurückgehumpelt, als wenig später eine schwarz gekleidete Dame mit ernster Miene an der Tür schellte. Im ersten Moment dachte ich mir, dass hier im Aufgang wohl jemand gestorben sei. Das aber hätte ich mitbekommen.

Schon als ich die Tür öffnete, erfassten die Augen der Frau sofort alle beweglichen Gegenstände. Trickdiebe hämmerte es in meinem Gehirn.

Gefühlsmäßig suchte ich nach dem zweiten Mann im Hintergrund. – Es gab keinen.

Die Frau mittleren Alters hielt mir ein Dokument entgegen, der sie als Gerichtsvollzieherin auswies. Da die Tür schon mal offen war, ließ ich sie in der Absicht herein, Tratsch im Treppenhaus zu vermeiden. Mein Hinweis, dass ich keine gerichtliche Verfügung erhalten hatte, bewegte sie keineswegs zum Gehen. Stattdessen musste ich mir eine Belehrung anhören, die die besonderen Rechte der Finanzämter herausstellte, ohne Gerichtsbeschluss zu pfänden.

Aus dem Gedächtnis heraus nannte und zitierte sie Paragrafen, deren Sinn selbst beim konzentrierten Lesen einem Normalbürger nur schwer zugänglich sind. Und so etwas wusste die auswendig! –

Paragrafenreiter also! Von dieser Sorte war mein Bedarf inzwischen mehr als gedeckt. Nach dem Abspulen ihres ohne jegliche Empathie vorgetragenen Wissens sollte ich eine Belehrung unterschreiben. Schon weil mich diese monotone Sprechweise unsicher machte, brachte ich vorsichtshalber meine Waffen ins Spiel. Sie heuchelten Interesse vor und waren dazu bestimmt, den Gesprächspartner von ganz bestimmten Informationen fernzuhalten, sie von ihren eigenen Gedankengängen abzulenken. Wer diese Eigenschaften nicht besitzt, wird als Makler versagen.

Ein dummes Gesicht kann sehr hilfreich sein, weil man dummen Menschen weniger Schlitzohrigkeit zutraut. Den Stift in der Hand, über dem Papier schwebend, das ist reine Psychologie, weil man dadurch argloser erscheint, verwickelte ich sie mit diesem unkundigen Gesichtsausdruck in an sich nebensächliche Fragen, die mich eigentlich gar nicht interessierten. Ich musste alles so lange hinauszögern, bis ihre Zeit knapp wurde. Dann war meine Chance am größten, dass sie vergaß, gründlich zu sein. Unzählige Male hatte das bei Führungen durch Wohnungen bestens funktioniert. Also schilderte ich ihr in den düstersten Farben, wie es mir seit dem Stoß an den großen Zeh ergangen war. Allerdings hatte sie auch nicht mehr als stereotype Antworten auf meine Probleme.

Als die Anzeichen für Zeitmangel sichtbar wurden, unterschrieb ich das Papier. Ich kam ja sowieso nicht darum herum. Ich fühlte mich schon als Sieger, als die Gerichtsvollzieherin aufstand und – dann doch ganz gezielt auf meine wertvollsten Stücke zuging und den berühmt-berüchtigten

Kuckuck aufklebte, die Stücke fotografierte und in eine Liste eintrug. Selbst das antike Kaffeegeschirr meiner Großmutter und das Silberbesteck ortete sie mit einer an schlafwandelnder Sicherheit grenzenden Wahrscheinlichkeit durch Schranktüren hindurch. Lediglich die Frage, was ich im Pfandleihhaus gegen Bares hinterlegt hatte, hatte sie wohl vergessen. Als sie gegangen war, hatte ich nichts mehr, dass es sich gelohnt hätte, dorthin zu tragen.

So stand ich nun ohne Arbeit, ohne Einkommen, pleite, ohne Aussicht auf einen Job und durch das Finanzamt ausgeraubt da.

Das sechste Drama

Wie schnell sich meine Pleite herumgesprochen hatte, hatte ich nicht für möglich gehalten. Dabei hatte ich doch immer darauf geachtet, nicht von einem Tag auf den anderen in Sack und Asche umherzulaufen. Plötzlich standen selbst angeblich gute Freunde auf der Matte und forderten die offengebliebenen Gefälligkeiten ein. Von all den zig Leuten, die mich als guten Freund bezeichneten, gab es einen einzigen, der mir anbot, in dieser schlimmen Zeit wenigstens bei ihm zu essen. Mehr konnte er mir nicht bieten. Ich wusste, dass ihm sein Arbeitgeber trotz Vollzeit so wenig bezahlte, dass er zusätzlich Geld vom Jobcenter bekam. Er hatte viel Pech in seinem Leben gehabt. Courtagelos hatte ich ihm unter der Hand, also ohne dass mein Chef es zu wissen bekam, seine jetzige Wohnung besorgt.

Bei mir jedoch war noch nicht alles verloren und ich hatte große Hoffnung, dass sich alles aufklären würde. Schließlich konnte es nicht sein, dass ich dafür büßen musste, dass mein geldgeiler Chef derart mit dem Gesetz in Konflikt kommen würde, dass ihn die Staatsanwaltschaft hopps nahm.

Mitten in meine Überlegungen am Frühstückstisch läutete die Türglocke. Schnell trank ich noch einen Schluck Kaffee, um die letzten Krümel aus dem Mund zu spülen. Die linke Hand ersetzte im Gehen die Serviette, um mögliche Marmeladenreste wegzuschmieren.

Vor meiner Wohnungstür stand mein Vermieter mit wutentbranntem Gesicht. Natürlich wusste ich, dass mein Konto gesperrt war und er schon zweimal meine gegebene Einzugsermächtigung dadurch nicht vollziehen konnte. Andererseits hatte ich in den letzten Tagen immer wieder vergeblich in dieser Sache versucht, ihn zu erreichen. Aber er hatte sein Telefon einfach ausgeschaltet. Dass er für sechs Wochen bis gestern in Singapur war, bekam ich, während seines Auftrittes an meiner Wohnungstür zu wissen.

Wie es doch manche Leute verstehen, selbst in ihrer Wut mit Dingen zu prahlen, die sie sich leisten können. Vor allem, wenn sie dann vor der Tür stehen, um die Miete einzufordern, die ein Trinkgeld gegen diese Urlaubsausgaben waren. Jedenfalls fühlte ich mich an der ganzen Sache unschuldig und versuchte, ihm meine Situation zu erklären. Aber er wollte einfach nicht zuhören. Stattdessen forderte er mich auf, ihm die übergebene Wohnungskündigung zu quittieren. Nein, zurücknehmen wollte er die Kündigung nicht. Er könne es sich einfach nicht leisten, Mittellosen einen derartig luxuriösen Unterschlupf zu gewähren. Im Grunde machten die Proleten doch immer nur Ärger. Ich beließ es bei seiner Aussage, denn ich wollte zusätzliche Probleme wegen Beleidigung nicht auch noch an der Backe haben.

Erst als ich meine Tür wieder von innen zugemacht hatte, begriff ich die ganze Tragweite der Tragödie. Zum ersten Mal wurde ich wegen des ganzen Schlamassels depressiv. Kaum hatte ich mich wieder an den Tisch gesetzt, flossen die Tränen. Hier und jetzt konnte ich, Olaf Sabbert, auch nichts mehr hinreden und schon gar nicht hinsabbern. Ich sah mich schon in eisiger Kälte unter der Brücke schlafen. Kurze Zeit dachte ich an Selbstmord, stellte dann aber fest, dass ich dafür viel zu feige war.

Da saß ich nun ohne Arbeit, ohne Einkommen, pleite, ohne Aussicht auf einen Job, durch das Finanzamt ausgeraubt und quasi ohne Wohnung da.

Das siebente Drama

Noch nie war ich, bis dieser Sache mit dem großen Missverständnis, jemandem bettelnd zu Füßen gekrochen. Zugegeben, einiges habe ich mir hingeredet, mehr durch mein Reden Vorteile erstritten. Am meisten aber habe ich die Leute einfach nur zugetextet. Jetzt war der Punkt gekommen, wo sabbern und reden nicht mehr zählte. Darüber habe ich mir früher keine Gedanken gemacht. So oder so hatte es damit immer geklappt.

Ich war gezwungen, über meinen eigenen Schatten zu springen und Bittsteller zu werden. Der Weg zum Jobcenter war für mich wie der Gang nach Canossa. Ich hatte von meinem einzigen wirklichen Freund erfahren, dass ich dort vielleicht Hilfe bekommen könnte. Jobs, wie das Wort Jobcenter suggerierte, könne man zwar da in der Regel nicht erhalten, aber Hilfe zum Lebensunterhalt. In meiner Situation war das schon sehr viel. Allerdings müsse man sich im Gegenzug dafür einen sehr tiefen Einblick in die persönlichen Verhältnisse gefallen lassen.

Ich hatte nichts mehr zu verbergen und die Hoffnung, dass sich doch eines Tages alles aufklären würde, schwand zusehends. Wie es aussah, würde ich klagen müssen. Klagen müssen gegen den einsitzenden Chef, gegen das Finanzamt, gegen den Vermieter.

Doch von welchem Geld sollte ich klagen?

Immerhin fand sich, nachdem ich alle Ereignisse seit dem Zehstoß offengelegt hatte, eine schnelle Lösung zum Wohnen und Essen.

Der Preis war eine sogenannte Feststellungsmaßnahme des Jobcenters, in der herausgefunden werden sollte, ob ich überhaupt willens war zu arbeiten. Gebrochen fügte ich mich der Forderung und stolperte damit in ein Drama der ganz anderen Art. Nicht nur, dass mich diese Maßnahme daran hinderte, meine Probleme zu lösen, sie war für mich auch völlig sinnlos. Ich wusste nun wirklich nicht, was Suchbilder, einfache Rechenaufgaben, das Aufzeichnen meines Tagesablaufes, mein Lieblingsplatz in der Stadt und die Angabe dessen, mit wem ich mich unterhalte, mit wem ich mich im Alltag unterhalte und von wem ich größere Summen Geld borgen könnte damit zu tun hatte, meine existenziellen Probleme zu lösen. Ich glaube auch nicht, dass es den potenziellen Personen recht gewesen wäre, sie zu nennen. Reichte es nicht schon, wenn der Sachbearbeiter von meinem ganzen Dilemma zu wissen bekam? Musste ich mich auch noch vor Möchtegern-Psychologen nackig machen, meine Seele von innen nach außen kehren? Einem echten Psychologen, der auch die ärztliche Schweigepflicht ernst nahm, bin ich dort in dieser Feststellungsmaßnahme nie begegnet.

Wenn die rechtlichen Voraussetzungen nicht gegeben sind, warum soll ich dann auf diesen Fragebögen, die in Wirklichkeit Ausfragebögen waren, die Wahrheit ankreuzen? Selbst nach längerem Nachdenken fiel mir kein Grund dafür ein. Begriff denn keiner, dass ich Opfer von mir nicht beeinflussbaren Umständen geworden war? Was war das für ein schlechtes Possenspiel auf meine Kosten? Alles hätte ich zusammenschlagen können oder mich in eine Ecke setzen und heulen. Warum tut man mir das alles an?

Was habe ich denn verbrochen? Warum hat man gerade mich ausgesucht, zum Spielball der Interessen zu werden? Das klang schon ziemlich schizophren. – Hilfe, ich war drauf und dran, verrückt zu werden!

Da stand ich nun da, mit all meinem Elend und ohne wirkliche Hilfe!

Die Posse, aber eigentlich auch ein Drama

Alle Unwetter brachen auf mich herein. Physisch und psychisch wusste ich nicht mehr ein noch aus. Hatte ich geschlafen? Augen, Mund und Nase waren total verklebt. Ich hatte nicht die Kraft aufzustehen. Sollte doch kommen, was wollte. Mein Gehirn weigerte sich, irgendeinen positiven Gedanken zu produzieren. Einem Blick zur Uhr konnte ich nicht das Geringste abgewinnen und ehrlich: Es interessierte mich auch nicht, was heute für ein Tag war. Ich war fest entschlossen, hier in meinem Bett liegen zu bleiben und meinen Tod abzuwarten.

Es wäre wohl auch so weiter gegangen, wenn nicht eines dieser Militärflugzeuge genau in meiner Gegend und in niedriger Höhe beschlossen hätte, in den Überschallbereich zu fliegen. Oder war es nur die Haustür, die durch den Durchzug ins Schloss gefallen war? War es am Ende die Post?

Wer wagte es hier, mich in meiner Melancholie zu stören? Dann schaute ich doch zur Uhr. Mittagszeit war gewesen. Ein unbändiger Trieb trieb mich zu den Briefkästen. Tatsächlich, die Post! Ein weißer Briefumschlag zeigte sich durch die Schaulöcher. Der Schlüssel drehte sich quietschend im Schloss, während das Blech fürchterlich laut klapperte.

›Herr Olaf Sabbert‹ war auf dem Umschlag zu lesen. Sofort packte mich der Ärger. ›*Herrn* Olaf Sabbert‹ hätte es heißen müssen. Dass ich mich über solche Kleinigkeiten ärgern konnte, konnte nur heißen, dass es mir allmählich wieder besser ging, auch wenn es sich bis jetzt nicht besser anfühlte.

Ich könnte nach einer zweiwöchigen Schulung sofort anfangen, war zu lesen; trotz aller widrigen Umstände, die mich seit dem fürchterlichen Stoß am großen Zeh aus der Bahn geworfen hatten.

Meine Frechheit siegte. Das klang positiv. Die eine Woche Einarbeitung mit einem erfahrenen Kollegen hatte mir viel gebracht. Halb so schlimm, dass der Arbeitsvertrag nur befristet war. Alle Vermittler würden nur einen befristeten Vertrag bekommen. Man müsse sich schnell auf veränderte Bedingungen einstellen können, hatte man mir erklärt. Das war sowieso kein Job für die Ewigkeit, aber als Intermezzo besser als nichts und so etwas Ähnliches wie Makler, aber eben mit Arbeitsstellen.

Dann hatte ich wieder Post vom Finanzamt. Wieder wurde mir heiß und kalt. Sollte meine kleine Glückssträhne schon wieder zu Ende sein? Ich wusste nicht, ob ich den Inhalt des Schreibens wissen wollte oder nicht, was nicht so sehr auf eine gespaltene Persönlichkeit hindeutete, sondern auf eine mögliche Enttäuschung über den Inhalt.

Aber nein! Man teilte mir mit, dass es interne Probleme gegeben habe. Auf der Gerichtsverhandlung hatte ich erfahren, dass sich das Finanzamt durch einen Trick meines ehemaligen Chefs täuschen lassen hat. Da war mir klar, warum man so eine schwammige Begründung aus dem Textbausteinkasten holte. Immerhin entschuldigte man sich für die Unannehmlichkeiten, die ich durch die Kontensperrung erlitten hätte, was genau genommen eine bodenlose Frechheit war, denn entschuldigen konnte nur *ich, Olaf Sabbert,* das Amt. Das Amt hätte nur um Entschuldigung bitten können, was ein himmelweiter Unterschied war. Die Kontosperrung wurde zwar aufgehoben und die im voraus bezahlten Steuern abzüglich einer Bearbeitungsgebühr, warum auch nicht, zurück überwiesen, die gezahlten Einkommenssteuern für das laufende Jahr aber einbehalten, weil mein ehemaliger Chef nicht mehr solvent sei und der Staat nicht darunter leiden könne. Für eine Neuberechnung der Steuer sollte ich glaubhaft mein Einkommen des laufenden Jahres nachweisen. Das war zurzeit nicht möglich, aber schenken würde ich ihnen nichts, gar nichts. Das stand fest, wie das Amen in der Kirche.

Ich erwartete meinen ersten Kunden, rief mir die wichtigsten Daten noch einmal ins Gedächtnis und zündete das dritte Licht am Adventskranz an. Es war zwar schon acht Uhr, aber es war für mich von Vorteil, meinen Kunden noch etwas warten zu lassen, um ihm dann, wenn er schon leicht verärgert war, mit aufgesetzter Freundlichkeit entgegenzutreten. Das brachte sein möglicherweise vorhandenes Konzept ins Wanken und er musste umdenken.

Was sollte ich tun? – Ich googelte nach Paragrafen, nach denen ich meinen Vermieter wegen der überstürzten Wohnungskündigung und dem mir daraus entstandenen Schaden verklagen konnte. Warum sollte ich die Gesetze nicht ausnutzen? Wer half mir damals in meiner Not, nachdem ich mir den großen Zeh … na Sie wissen schon! War ich deswegen nun gleich ein Paragrafenreiter?

Ich drückte die Taste am Mikrofon und bat meine Kundin, noch ein Weilchen zu warten. Genüsslich stellte ich mir vor, wie sie genervt mit den Augen rollte.

Bis jetzt hatte das Finanzamt noch nicht wieder den Gerichtsvollzieher vorbeigeschickt, um die unschönen Aufkleber von meinen wertvollen Stücken wieder abzulösen. Es dauerte eine halbe Ewigkeit, bis ich die entsprechende Abteilung an der Strippe hatte. Ich machte meinem Namen die Ehre und sabberte, Pardon redete, solange ins Telefon, bis man mir versprach, sich mit dem Finanzamt noch heute in dieser Sache in Verbindung zu setzen. Ich war wieder der Alte und klopfte mir auf die Brust. Nun konnte meine erste Kundin kommen. Ich holte sie persönlich aus dem Warteraum ab, öffnete ihr galant die Türen und rückte ihr den Stuhl zurecht. Ich wusste es schon längst: Es war die Sachbearbeiterin der Arbeitsagentur, die mir in meiner Not nach der Verhaftung meines jetzt einsitzenden Chefs wegen des fehlenden Kündigungsschreibens die Hilfe verweigerte.

Ob sie es ahnte? Ihren Arbeitsplatz hatte jetzt ich! Ich genoss es, alle meine Macht auszuspielen, so wie sie es mit mir damals getan hatte, auch wenn es vielleicht nicht ganz gerecht war.

***

Die Erfindung des Rades

Nein, ich will hier nicht die Erfindung des Rades in grauer Vorzeit nachvollziehen, sondern die Geschichte erzählen, was sich heutzutage zugetragen hätte, wenn das Rad erst in der heutigen Zeit das Licht der Welt erblickt hätte. Um es nicht noch komplizierter zu machen, als es ohnehin schon ist, gehe ich davon aus, dass die Grundidee des Wissenschaftlers, nennen wir ihn Doktor Rolle, bereits vorhanden ist, die in etwa lauten könnte: »Entwicklung eines universellen Transportmittels«.

Das Erste, was unser Doktor Rolle in Angriff nahm, war, einen Fördermittelantrag beim zuständigen Ministerium zu stellen. Doktor Rolle wartete auf eine Antwort des Ministeriums. Glücklicherweise hatte er bereits nach einigen Wochen eine Antwort, in der er aufgefordert wurde, fehlende Unterlagen nachzureichen.

Doktor Rolle hatte in der vergangenen Zeit bereits über das Problem nachgedacht, denn er ist durch und durch ein Wissenschaftler. Das Problem bestand nun darin, dem Ministerium so viel zu berichten, dass es zufrieden sein würde, aber nicht soviel, dass ein zufälliger oder angesetzter Späher ihm möglicherweise seine Erfindung streitig machen könnte.

Nach mehr als einem halben Jahr hatte Doktor Rolle den Fördermittelbescheid endlich in den Händen und er konnte anfangen zu erfinden.

In der Zwischenzeit hatte sich Doktor Rolle schon verschiedene Versuchsanordnungen in seinem Privatinstitut überlegt, um der Problemlösung näher zu kommen. Vor allem das Experiment mit der Platte, um die er eine Gummimanschette montiert hatte und die *Hop Si*, sein chinesischer Assistent und Techniker, mit einem Anschluss für Druckluft ausgestattet hatte, um die Luft unter die Platte zu pressen, schien ihm hinreichend funktionell. Mitten in den Versuchen bekam er Besuch vom Arbeitsschutzinspektor. In der Euphorie hatte er den angekündigten Termin total vergessen. Er ließ also seine Versuchsanordnung los, ohne die Druckluftversorgung abzuschalten. Augenblicklich folgte sein Experiment der schiefen Ebene und der Schwerkraft gehorchend. Sie brachte soviel Fahrt mit, dass die Druckluftzufuhr abriss und die Druckluftplatte auf einer Reihe von Rohren landete, die er für ein anderes Experiment dort gelagert hatte. Diese Anordnung von Platte und Rohren rollte bis vor die Füße des Arbeitsschutzinspektors.

Der Inspektor war verärgert und holte ein Mängellistenformular hervor, und fing an, es auszufüllen. Doktor Rolle sah jedoch, was mit der Platte passiert war, und umarmte den Inspektor voller Freude.

Der Inspektor löste sich aus der befremdlichen Umklammerung und drückte mit Ermahnungen für mehr Vorsicht und Sicherheit Doktor Rolle das Formular in die Hand. »Solange die Mängel nicht behoben sind, sperre ich das Labor«, sagte er barsch.

»Danke, Herr Inspektor, Danke und nochmals danke!«

So schnell wie er gekommen war, so schnell verschwand der Inspektor wieder. Nie würde er die Betriebssperrung wieder aufheben, denn er wäre beinahe förmlich überrollt worden.

Bei Doktor Rolle aber war helle Freude ausgebrochen. Vor seinem geistigen Auge hatte er genau gesehen, was beim Rollen der Rohre passiert war. Der Mittelpunkt der Rohre blieb immer in einer konstanten Höhe über dem Untergrund. Wenn man also in runde Scheiben mittig ein Loch bohrte und einen runden Stab hindurch steckte, an dem eine Last befestigt war, konnte man diese Last mit wenig Kraft bewegen. Er nannte sie *Rad*, denn schließlich hat ein Erfinder das Recht, seine Erfindung so zu nennen, wie er es für richtig hält.

Doktor Rolle befestigte an seiner Platte zwei Rohre, auf deren Enden er vier dieser sogenannten Räder befestigte. Die Platte war fast ebenso leicht zu verschieben, wie vorher mit der Druckluft.

»Hop Si, hilf mir einmal, diese Platte mit den Rädern auf die schiefe Ebene zu schieben. Ich muss die Hangantriebskraft messen«, rief er.

Hop Si antwortete nicht, war nicht aufzufinden und er sah ihn auch nie wieder.

Doktor Rolle machte Versuchsreihen, schrieb Protokolle und stellte den Antrag auf die Erteilung eines Patents. Irgendwann kam ein Brief vom Patentamt. Die Erteilung eines Patents wurde abgelehnt. Ein gewisser *Hop Si* aus Schanghai hatte es bereits ein Jahr zuvor eingereicht.

***

Das Projekt oder: Mein Turm von Babylon

In Gedanken sah ich mich schon nach dem Konzert vor meinem Publikum verneigen. Das Fernsehen war gekommen, um mich, den genialen Erbauer einer einmaligen elektronischen Orgel mit drei Manualen und als exzellenten Musiker zu interviewen. Was ich in die Kamera sagen würde, wusste ich schon ganz genau. Ich würde mich sehr bescheiden geben, in dem Bewusstsein, dass Bescheidenheit den Ruhm mehr als verdoppelte. Ich würde endlich von jedermann – oder doch fast – geliebt und geachtet werden. Den Erfolg hatte ich allein durch mich selbst erreicht. Und ich würde nie mehr als einsamer Spinner verlacht. Das würde mir wichtig, sehr wichtig sein! Kein Übervater oder Gönner würde es wagen, meinen Erfolg kleinzureden. Die Instrumentenindustrie würde kommen, um meine patentreifen Erfindungen zu nutzen. Hart würde ich verhandeln, sehr hart! Ich würde endlich dort sein, wo ich eigentlich hingehöre, bei den Vordenkern. Man würde mich beachten, beachten müssen! Und ich würde den gierigen Managern das Geschäft vermiesen, diesen Psychopaten, die dich anlächeln, solange du etwas hast, was sie begehrten, und die dich zu dem Abfall stießen, wenn sie es hatten. Das würden sie von nun an nicht mehr wagen, wagen können. Nie, nie mehr! Nie!

Doch leider war es noch nicht ganz so weit! Nein! Das ist nicht ganz richtig. Ich bin Realist. Eigentlich war ich erst am Anfang, jedoch auf einem guten Weg. Aber ich wusste, wohin es geht und was ich noch alles tun müsste. Dafür lohnte es sich schon, alle verfügbaren Mittel einzusetzen, auch wenn meine Frau, die bei jeder kleinen Anschaffung tagelang verbissen rechnete. Ich liebe meine Frau von ganzem Herzen, aber nicht ihre Kleingläubigkeit! Sie wird mir den Einkauf nachsehen, so, wie sie es immer getan hatte. Ich musste ihr nur den Gewinn vorrechnen. Da konnte mir gar nichts passieren! Schließlich hatte ich in den letzten Jahren eine Unzahl von Experimenten angestellt, um die Schaltungstechnik der Tongeneratoren, der Hüllkurvenerzeuger und der Klangfilter zu optimieren. Ich musste lächeln, zufrieden lächeln. Gerade fiel mir ein, dass der Ursprung meines Projektes eine sogenannte elektronische Notentafel war. Dann hatte ich in Bastelzeitschriften und -Büchern von ein- und mehrchörigen Tasteninstrumenten gelesen, und wie man mit einer Taste den Grundton und die Harmonischen je nach angeschlagener Note auf einen Verstärker schalten konnte. Dieses Prinzip entwickelte ich weiter. Es war mechanisch frappierend einfach gelöst. Darauf musste erst jemand kommen! Als Werkzeug brauchte ich nur eine Laubsäge, meinen Lötkolben und meine kleine handkurbelbetriebene Bohrmaschine. Ich musste zwar Tausende feine Löcher bohren, aber das hielt ich mithilfe einer Schablone für machbar. Auf diese Art und Weise hatte ich schon weit mehr gebohrt – schätzte ich. Außerdem: Ich bin zielstrebig und handwerklich begabt, wie man mir oft sagt. Es klingelte an der Tür. Ob es die Post war, die mir meine Bestellung vom Elektronik-Versand bringen würde? ... Juhu! Ich hatte doppeltes Glück! Die Transistoren, Widerstände, Kondensatoren, Schaltkreise und Leiterplatten waren gekommen und meine Frau war beim Friseur! Alles musste sie nun wirklich nicht sehen. Die Rechnung würde eingezogen werden. Vorsorglich hatte ich den Kreditrahmen bei meiner Bank etwas aufgestockt und die schriftliche Bestätigung an der Haustür abgefangen. Zudem: Ich hatte einen ansehnlichen Rabatt für meine Großbestellung bekommen. Ökonomie ist auch für mich kein Fremdwort!

Beim Anblick der Bauteile geriet ich in Euphorie! Wenn ich meine elektronische Orgel aufgebaut hatte, musste ich nur noch etwas Orgelunterricht nehmen. Ich sah mich schon auf der Bühne stehen und nach dem ersten Konzert auf meiner einmaligen, selbstdesigneten E-Orgel vor dem Publikum verneigen ...

Postskriptum: Düstere Bilder erscheinen vor meinem geistigen Auge: Der Obelisk von Assuan, die U-Bahn in Cincinnati und auch der Berliner Flughafen BER wurden nicht fertiggestellt; meine großartige Orgel auch nicht. Ich befürchte, dass sie mein Turm von Babylon sein wird. Vielleicht kann meine Frau sich überwinden und mir eines Tages wenigstens ein wenig vergeben.

***

21.11.2017, T-Online, Brüssel: »Die EU hat schärfere Regeln zur Eindämmung des gesundheitsschädlichen Stoffs Acrylamid in Pommes frites, Chips und Gebäck auf den Weg gebracht. Acrylamid ist als krebserregend und erbgutschädigend eingestuft.«

Heißhunger in Brüssel

Angewidert schleuderte Hercule seinen halb vollen Pappteller mit bleichen Pommes frites in den Abfallbehälter. Es kam ihm wie Verrat am belgischen Volk vor, was die Europäische Union im Heimatland der frittierten Kartoffelstäbchen über jene beschlossen hatte. So leicht war er, genau wie sein Großvater, normalerweise nicht zu provozieren. Im Gegenteil, er benutzte, klug geworden, immer zuerst seine kleinen grauen Zellen und hatte Spaß daran, sich trotz, oder gerade wegen, seiner Schmächtigkeit mit seinem zweiten Vornamen Hercule, also Herkules, anreden zu lassen.

Die Arbeit rief. Die linkssoziale Fraktion hatte angekündigt, dass Professor Wessmann, ein Biochemiker aus Köln, kommen würde. Wenig später war der große und kräftige Professor am Tor. Mit wachen Augen und flinken Schritten machte sich Hercule mit ihm auf den Weg. Wann immer der Professor im Haus war, diskutierten beide angeregt, während Hercule den Professor in die Fraktionsräume begleitete.

»Hier auf den Gängen bekommt man so einiges mit«, begann Hercule auf Deutsch mit seinem prägnanten französischen Akzent. »Wenn das Thema Glyphosat zum x-ten Male auf der Tagesordnung steht, gibt es regelmäßig ein tête-à-tête der Lobbyisten im Maßanzug aus aller Herren Länder.«

»Es ist ja nicht nur das bedenkliche Glyphosat, Hercule. Das in Rede gekommene Acrylamid beispielsweise ist unter anderem ein wirksamer Hilfsstoff bei der Abwasserbehandlung und ein Trennmittel. Um weitere Einsatzgebiete zu erschließen, muss es an anderer Stelle reduziert werden, damit es für uns nicht toxisch wird. Da kam den großen Chemiekonzernen der Fund von Acrylamid in Pommes frites und Backwaren gerade recht, denke ich.«

»Ich verstehe. Es entstand hier ohne ihr Zutun! – Apropos Acrylamid, Herr Professor! Da brennt mir als Belgier etwas auf der Seele: Ich kann mir einfach nicht vorstellen, dass goldgelbe Pommes frites dem Körper so sehr schaden, wie man uns derzeit weismachen will. Die Menschheit ernährt sich schließlich schon sehr, sehr lange von Gebackenem, wie Brot usw.«

»Genießen Sie ruhig Ihre goldgelben Pommes, Hercule, falls Sie sie nicht täglich konsumieren und nicht braun werden lassen. Die Menge macht das Gift, die Menge!«

Hercule öffnete mit seiner Identifikations-Karte die Tür zu den Fraktionsräumen und ließ Professor Wessmann hinein. Er trat den Rückweg an und ließ das Gespräch reflektorisch in sich ausklingen. Das riesige Gebäude in Brüssel kannte er aufs Genaueste. Diesmal führte ihn der Weg bei den Rechten vorbei. Ohnehin war es ratsam, hier einmal öfter nach der Ordnung zu sehen. Hin und wieder wurden hier Personen gesichtet, denen man auf der Straße nicht begegnen möchte.

Schritte mit schweren, eisenbeschlagenen Schuhen wummerten durch den gekrümmten Flur. Hercule interessierte sich jedoch leidenschaftlich für das, was dort vor dem Eingang lag. Erst beim Hinunterbeugen erkannte er es: Ein etwa 10 Zentimeter langes, einige Millimeter dickes, eckiges, goldgelbes, offenbar auch knuspriges Etwas – ein Pommesstäbchen! Wer zum Teufel hatte es verloren und noch wichtiger für Hercule: Wo kam es her?!

»Eh, Froschfresser, verzieh dich! Hier wird nicht spioniert!«, wurde er beschimpft.

»Ich bin Belgier!«, antwortete Hercule beleidigt. »Ihre Mutter hat wohl versäumt, Ihnen ein wenig Anstand beizubringen, sie ungehobelter Klotz!«

Statt einer Antwort fiel die Fraktionstür ins Schloss. Eingestandenermaßen hatte Hercule auch keine besondere Lust, mit dem ungehobelten Klotz ein Gespräch zu führen. Von dem Pommesstäbchen klebte nur noch ein kleiner zerquetschter Rest auf dem Granitboden und eine matschige Spur führte durch die Tür.

Der Weg zu den Räumen des Reinigungsdienstes führte unweigerlich bei den Sozialdemokraten vorbei. Die Genossen wurden mittels einer Glocke zur Fortsetzung der Beratungen gerufen und drängten sich laut diskutierend durch die zweiflügelige Tür. Das Volksgemurmel verebbte.

Die Aschenbecher der Raucherinsel quollen wieder einmal über. Irgendjemand hatte vergessen, das Fenster zum Atrium zu schließen. Hercule holte es nach. In einer Ecke hinter dem Fenstervorhang hat er es dann entdeckt! Unbenutzt und gottverlassen: Eine Schale mit, er konnte es kaum glauben, mit goldgelben, knusprigen Pommes frites samt Majo und Ketschup! Ihm fiel das geflügelte Wort von Wasser, Wein und den Pharisäern ein.

Hercule lief der Speichel im Munde zusammen. Er ertappte sich dabei, von den vergessenen Pommes frites naschen zu wollen. Sie waren kalt, und damit auch die Spur zu ihrem Ursprung.

Hercule vergaß die Schmiererei vor den Räumen der ungehobelten Klötze. Der Geruch des Rinder-Nierenfettes streichelte seine Riechzellen. Er bekam einen unmäßigen Heißhunger auf Pommes frites! Unbedingt und sofort musste er ihren duftenden Ursprung finden. Er machte sich auf die Suche. Wäre Hercule doch nur eine Spur schneller gewesen! Ein Bogen Packpapier flog einem Mann vors Gesicht und legte auf seinem Tablett frei, was es eigentlich verbergen sollte. Die bis über den Rand gefüllten Schälchen mit köstlichen, goldgelben, knusprigen Pommes frites gaben ihr Aroma preis. Er konnte nur kurz den Lobbyistenausweis erkennen, bevor der bei den Christdemokraten einbog. Dieser unwiderstehliche, verführerische Duft des Rinder-Nierenfettes erreichte Hercules Riechorgan. Jetzt hatte er eine heiße, erfolgversprechende Spur gefunden. Bald würde sein Heißhunger gestillt werden. Es galt nur noch, die Spur schnellstmöglich zurückzuverfolgen. Seine feine Nase wies ihm den Weg.

Der Verkäufer gab dem letzten Kunden das Wechselgeld zurück. Hercule konnte das heiße Rinderfett in dem Kessel hinter dem Tresen riechen und an nichts anderes mehr denken. Er verlangte nach eben jenen goldgelben knusprigen Pommes frites. Im Geiste sah er sich schon Stäbchen für Stäbchen in Majo und Ketschup eintunken und genießen. Sogar an das Ablecken der Finger dachte er schon.

Der Verkäufer zuckte entschuldigend mit den Schultern. Es gäbe klare Anweisungen zu Temperatur und Zeit. Da könne er auch bei ihm keine Ausnahme machen, meinte er. Hercule glaubte, dass er sich verhört habe, doch was er bei dem Kunden zu sehen bekam, war nicht das Erhoffte! Es waren genau die gleichen grauen, mit billigem Pflanzenöl vollgesogenen

Kartoffelstäbchen, die er vorhin in den Abfalleimer geschleudert hatte. Enttäuscht atmete er ein und aus.

Hercule rekapitulierte: Zweifellos war er am richtigen Ort. Leider hatte er keinerlei Befugnis zur Kontrolle. Den Lobbyisten mit dem Tablett würde Hercule nicht wiedererkennen. Auf die Mithilfe des Verkäufers konnte er nicht rechnen. Zu groß war das Risiko für ihn, seine Konzession zu verlieren. Hercule hätte ein Testkäufer sein können, um die gegebenen Anweisungen zu überwachen. Traf das mit dem Risiko nicht auch für Hercule selbst zu? War sein Arbeitsplatz und der des Verkäufers noch sicher, wenn er das Erlebte an die große Glocke hängen würde? Er war nicht so unabhängig, wie sein Großvater, der einst mithilfe seiner kleinen grauen Zellen und einigen Alltagsgegenständen den legendären Mord im Orient-Express aufgeklärt hatte. Er musste sich wohl oder übel eine Fritteuse zulegen.

***

Oktober 2014

Das dreizehnte Bier

Ich konnte es kaum fassen. Nach all den Jahren stand er leibhaftig vor mir: Theo, mein Schulfreund. Nein, eigentlich stand er nicht vor mir, sondern er hupte mich mit seinem, voll mit Taschen beladenen, Mercedes Kombi mit heruntergelassner Scheibe an. Im hinteren Teil hing ein Anzug auf einem Bügel. Mit einer Geste, die als freudiges Wiedersehen, aber auch gönnerhaft gedeutet werden konnte, winkte er mich zu seinem Wagen heran.

Na klar, das Wiedersehen mit Theo musste gefeiert werden. Er meinte, dass wir im Fischerkrug ein Bier trinken sollten.

»Tut, mir leid, den Fischerkrug gibt es nicht mehr.«

»Und wie sieht es mit der Sturmklause aus? Gibt es die noch?«

Ja, die gab es noch. Früher hatte hier einmal donnerstags der Lange Hein Akkordeon gespielt, und Urlaubern, in einer dunklen Ecke unter dem Mantel der Verschwiegenheit, in Zeitungspapier eingewickelten geräucherten Aal verkauft. Allerdings packten die Urlauber, zu Hause angekommen, aus dem fischigen Papier statt Aal, Rhabarber aus. Ich habe dies nie persönlich beobachtet, aber Theo hat mir die Geschichte mit dem Argument, Gott ist mein Zeuge, absolut überzeugend erzählt. Und so erzähle ich sie weiter. Überhaupt hat es Theo sehr weit gebracht. Alles, was er anfasste, zahlte sich irgendwann in klingender Münze aus. Der E-Klasse Mercedes bestätigte es. Ich selber fahre nur einen alten Ford Fiesta, bei dem ich jedes Mal um den TÜV bange.

Am Abend gingen wir also in die Sturmklause. Früher hatten wir hier Ideen diskutiert und erbittert politische Fragen erörtert. So sehr wir auch Freunde waren, so sehr unterschieden sich später unsere Ansichten.

Das erste Bier wurde serviert. Die Luftfeuchtigkeit schlug sich außen an dem Glas nieder. Einzelne Tropfen rannen das beschlagene Glas herunter. Ja, genau so kühl sollte Bier sein.

Die ersten So-geht-es-mir-so-geht-es-dir-Geschichten waren ausgetauscht. Theo kam auf ein ganz besonderes Thema zu sprechen. Er schlug mir vor, bei ihm in ein, wie er sagte, todsicheres Geschäft einzusteigen. Das mache er aber nur, weil er mich schon so lange kenne. Ich musste schwören, niemanden davon zu erzählen.

»Stell dir vor«, so begann Theo, »du wachst morgens auf, und hast schon 250 Euro verdient. Jeden Morgen 250 Euronen!«

Theo ließ diese Aussage einen Augenblick wirken und mir fiel währenddessen wieder ein, dass alles, was Theo anfasste, sich in Geld verwandelte. Ich war begeistert.

»250 Euro, wirklich wahr. Gott ist mein Zeuge! Und das ist das Minimum! Könnte ich mir etwa sonst den Benz leisten? Sag es selber!«

Theo sah mich mit aufgerissenen, hypnotisierenden Augen an.

Ja, gegen das Argument war ich machtlos.

Das vierte Bier kam. Theo holte Fotos aus der Tasche, die sein *Anwesen*, er bezeichnete es so, seine Familie und zwei seiner Wagen zeigten. Sein Anwesen, ein riesiges Gelände, seine Familie, Frau und zwei Kinder, schien glücklich und seine Wagen nicht mehr die allerneusten, aber in einem gepflegten Zustand, wie es aussah. Ich kam mir dabei in meinem 6 Meter breiten und 28 Meter tiefen Reihenhausgrundstück klein und unbedeutend vor. Aber wir, meine Frau und ich, die wir hier unsere drei Kinder großgezogen hatten, waren zufrieden und glücklich. Nur, ich hatte keine schönen Fotos dabei, außer einem Passbild von meiner Frau, was solls.

Die Sache, die mir Theo verklickerte, war einleuchtend. Kurz zusammengefasst ging es um Ferienwohnungen, die gemietet werden konnten. Der Clou dabei war, dass sich jeder Urlauber fünf Prozent seiner Mietkosten von jedem Mieter zurückholen konnte, den er selbst geworben hatte, sowie weitere fünf Prozent, die dieser geworbene Mieter wiederum angeworben hatte und so weiter und so fort. Einmal im halben Jahr käme es zur Auszahlung. Je größer also die Pyramide wurde, desto billiger wurde im Nachhinein der eigene Urlaub, bis hin zu der Möglichkeit, dass man am eigenen Urlaub sogar noch verdiente. Und Theo bekräftigte das zwischendurch immer mit einem ›Gott ist mein Zeuge!‹

»Natürlich bleibt auch ein Teil bei mir«, meinte er weiter, »und wenn du einsteigst, auch bei dir. Aber man muss ja auch investieren! Mein Pool an Ferienwohnungen wird logischerweise immer größer, und ich brauche jemanden, der mit mir zusammen alles organisiert. Da habe ich an dich gedacht! ... Was sagst du nun? Ist das ein Angebot oder nicht?«

Mit dem sechsten Bier kam die Einsicht, dass das ein wirklich lukratives Angebot von Theo war. Und es wurde immer lukrativer, je mehr Teilnehmer es wurden. Irgendwann einmal hatte ich herausgefunden, das Theodor *Gottesgeschenk* heißt. Er machte seinem Namen also alle Ehre.

»Und da willst du mich einfach so beteiligen?«

»Na klar! Du kannst zusagen und Geld verdienen, oder du kannst ablehnen und weiterhin deinen beschissenen Job machen. Aber bedenke: Auch du wirst immer älter und eines Tages zu alt für deinen Job sein. Und dann?«

Theo kostete seine Argumentation mit einer bedeutungsvollen Pause aus. »Diesen Job kannst du noch weit bis ins Rentenalter ausüben. Und bis dahin kannst du deine Einkünfte mit ein paar Reparaturen in den Ferienwohnungen und malermäßigen Instandsetzungen aufbessern. Schließlich bist du ja Handwerker! Ich an deiner Stelle würde zusagen.«

Ich war von den Socken. Theos Angebot musste ich auf jeden Fall ernsthaft in Betracht ziehen. Dieser Meinung war ich auch noch beim neunten Bier, als er mir eröffnete, dass er in der letzten Zeit mit ein paar

Mietern streit gehabt hatte, die ihn wegen ein paar wirklich unbedeutenden Kleinigkeiten vors Gericht zerrten. Darüber dürfe er aber jetzt noch nicht sprechen, weil das Verfahren noch nicht abgeschlossen wäre. Er hätte vor Kurzem Handwerkerrechnungen bezahlt, und der Prozess koste mehr Geld, als er dachte, und dass er erst nach dem Prozess seine Auslagen zurückerhalten würde. Damit hatte er nicht gerechnet, vor allem nicht mit dem Prozess selbst!

»Gott ist mein Zeuge«, argumentierte er wieder. »Die Handwerker muss man bezahlen, das weißt du aus eigener Erfahrung. Außerdem zahlt man dann beim nächsten Mal drauf, wenn man nicht pünktlich überweist, und das kann ich mir nun wirklich nicht leisten. Sag mal, wäre es dir möglich, mir bis zum Prozessende 5000 Euro zu borgen? Du kriegst alles garantiert so bald wie möglich wieder. Gott ist mein Zeuge!«

Nichts hatte sich bis zum zwölften Bier in Theos Gesicht verändert, bis auf die Tatsache, dass seine Zunge immer schwerer wurde und dass er sich sichtlich unwohl bei seiner Frage nach dem Geld fühlte. Ich bot ihm eine Unterkunft für die Nacht an, aber Theo lehnte ab.

Das dreizehnte Bier ließen wir halb voll stehen. Ich bezahlte die Zeche, weil Theo nur einen 500-Euro-Schein und ein paar kleine Münzen bei sich hatte, und machte mich torkelnd auf den Heimweg.

Zermürbt stand ich am Morgen auf. Durst quälte mich und ich hatte Kopfschmerzen. Bei einem kräftigen Frühstück mit saurem Hering, der sich glücklicherweise noch anfand, musste ich an den Abend mit Theo denken. Plötzlich kam in mir zu Theos todsicherer Geldanlage das bekannte unheimliche Gefühl von früher auf, wenn er ›Gott ist mein Zeuge‹ sagte. Offenbar hatte sich nichts an seinem Verhalten geändert. Auf jeden Fall musste ich vorsichtig sein. – Gott ist mein Zeuge.

***

Krähenbaum

Neblig trübe graut der Morgen,
November in dem kleinen Park.
Schwarze Krähen ohne Sorgen.
Birken tragen noch Herbstlaub, karg.

Tausend Krähen in den Zweigen
Krallen fest sich, wo Reiser sind.
Äste sich zu Boden neigen,
schlafend wiegt sie leicht der Wind.

Herbstbunt erwacht der Tag im Park.
Krähen vereint die Schwingen heben.
Zartes Birkenreisig ist so stark,
Rabenvögeln Hort zu geben.

Experimente

Januar 2018

Schreibhürden

Wie beschreibt ein Schriftsteller, nennen wir ihn Bert, was für ein Zufall, eine wahre Geschichte, deren einziges überraschendes Element das Zuklappen der Heckklappe eines ansonsten abgeschlossnen Kleinwagens ist? Unser Protagonist Bert hatte, nachdem er an die sechs Stunden an seinem zukünftigen Haus in Kröpelin gearbeitet hatte, aus unerfindlichen Gründen beim Beladen den Zündschlüssel im Kofferraum abgelegt. Die Heckklappe verriegelte sich serienmäßig sofort und unabhängig von den anderen Türen immer von selbst, sobald sie geschlossen wurde. Natürlich ließ sie sich nur mit dem bewussten Schlüssel öffnen. Nachbarn waren entweder nicht da oder konnten nicht helfen. Mal für Mal hatte Bert die Verarbeitung dieses Erlebnisses vor sich hergeschoben.

Hier chronologisch vorzugehen, verbot sich von selbst. Bert hätte, bevor die Handlung überhaupt begann, schon sein Pulver verschossen und ohne den Fakt der zufallenden Heckklappe wäre der übrige Text unverständlich. Wie sollte dort Spannung entstehen können? Bestenfalls gähnte der Leser recht bald, wenn er sie nicht ganz und gar und für immer kategorisch aus der Hand legte.

Eine Möglichkeit wäre, an gewissen Stellen Ereignisse dramaturgisch hinzufügen, um nicht das Wort Lügen zu benutzen. Doch für einen Leser, dem die wahren Tatsachen bekannt sind, würde sich mit Sicherheit das Gefühl der Verbrämung einstellen. Dazu ist die Begebenheit schon zu oft zum Besten gebracht worden. Es fehlte bisher nur noch die richtige Form.

Bert wusste, dass sich Leser die richtige Reihenfolge von Ereignissen mühelos im Bedarfsfall selbst zusammenbauten, sodass ganz am Ende jener langweilige Vorfall entstand, den Bert so mühe- und kunstvoll auseinandergepflückt hatte. Das Schönste dabei war: Der Leser hatte sogar noch Freude daran! Bert überlegte weiter. Plötzlich hatte er den Ansatz einer Lösung für sein Dilemma: Er erzählt die eigentliche Begebenheit in einer anderen

Geschichte. Er hatte auch schon eine Idee, in welcher. Im Prinzip funktionierte das so: Die zusammenfassende Geschichte erzählt beispielsweise, dass alte Seefahrer sich regelmäßig im Fischerkrug zum Bier treffen und von ihren Erlebnissen auf hoher See berichten. Irgendwann kommen sie beispielsweise auf das Thema gefährlicher Meeresbewohner. Einer der Seefahrer beginnt, und erzählt in aller Ausführlichkeit seine Begegnung mit dem weißen Hai. Natürlich lässt er sich die spannendste Stelle für den Schluss ... und vielleicht flunkert er dabei auch ein wenig.

Eine Geschichte in einer Geschichte! Auch für Bert wurde es jetzt interessant. Er hielt es für unbedingt erforderlich, etwas Recherche zu betreiben, ein paar zu Fakten sammeln, auch wenn er sie nicht alle nutzen würde. Aber wissen musste er sie, um später die richtigen Worte finden zu können. Das wusste er aber erst nach den Überarbeitungen, bis er letztendlich zufrieden war. Er erfuhr, dass Kühlungsborn etwa vier bis sechzehn Meter über dem Meeresspiegel liegt und Kröpelin so um die siebzig, die Mühle vielleicht noch zehn Meter mehr. Bert war die Straße durch die Kühlung, die beide Städte miteinander verbindet, früher viele Male mit dem Fahrrad gefahren. Er wusste, dass die lange Steigung vom Ostseebad aus erst kurz vor Ende der Kühlung ihren Höhepunkt erreichte. Eine Höhenkarte eines Kartenanbieters zeigte ihm an dieser Stelle eine Höhe von 116 Metern über Normal-Null an. Sich zum Vergnügen oder für dir Liebe etwas auszupowern, hatte ihm derzeit immer gutgetan. Bert erinnerte sich: Damals stand der große geodätische Dietrichshäger Holzturm noch, den man wenig später auf freiem Feld sehen konnte.

Bert begann, sich in seine Geschichte hineinzufühlen. Ihm kamen jene Gedanken, die er vor mehr als zwanzig Jahren gehabt hatte. Es war Herbst und schon recht kühl. Er erinnerte sich daran, wie er mit dem Ersatz-Autoschlüssel in der Tasche klitschnass vom Schweiß auf dem Rückweg nach Kröpelin die Kühlung hochgekeucht war, um noch vor dem Dunkelwerden anzukommen. Da, der Holzturm! Ab jetzt ging es hauptsächlich bergab. Den umgekehrten Weg war er vor mehr als einer Stunde gefahren. Zum Glück regnete es nicht. Die dicken Wolken raubten einen Gutteil des Tageslichtes. Sich wegen fehlenden Lichtes am Fahrrad verantworten zu müssen, darauf hatte er wirklich keine Lust.

In seinem Bewusstsein fing sich an, die Geschichte zu formen. Nun wurde es aber Zeit, alle Gedanken in einem Denkpapier (nicht zu verwechseln mit einem Denkzettel, den man von anderen bekommt) zu fixieren und die Verbindungen untereinander mit Pfeilen und Linien einzuzeichnen. In die Mitte dieses großen, leeren Denkpapiers, das manche auch Cluster nennen, schrieb er »Eingeschlossener Schlüssel« und umkreiste diesen Begriff mit dem Stift ein paarmal bis ihm der Strich dick genug erschien. Es war der Ursprungspunkt seiner Geschichte. Er notierte seine Rechercheergebnisse sowie die Einsichten und Gedanken, die ihm dabei kamen. Jeder Einfall, jede Idee, wurde eingekreist. Linien und Pfeile machten die Beziehungen der Begriffe untereinander deutlich. Immer wieder kreisten und sprangen seine Blicke zu den notierten Gedanken und wurden zu Bildern seines inneren Auges. Das Bild wurde fortwährend detailreicher und damit die Geschichte in seiner Vorstellung. Plötzlich war in ihm das unfassbare Gefühl gegenwärtig, als die Heckklappe des alten Ford Fiesta einrastete und ihm grausam klar wurde, dass er nun mit dem PKW nicht nach Hause fahren konnte. Mit etwas Mühe konnte er den Zündschlüssel durch die Seitenscheibe sehen. Er war so nah und gleichzeitig so fern. Fern war auch der Ersatzschlüssel. Er lag etwa fünfzehn Kilometer weiter in seiner Kühlungsborner Wohnung. Eine Hoffnung blieb ihm noch: Sein Schwiegervater wohnte auch in Kröpelin. Er hatte eine Schwalbe, ein braun gespritztes Moped. Sicher war er bereit, den Zweitschlüssel aus Kühlungsborn zu holen.

Allerdings war an diesem Tage ein Fußballspiel des Kröpeliner Sport Vereins 47 angesetzt; jedenfalls kündeten die Plakate im Ort davon. Um ihn, den enthusiastischen Fußballfan, vom Sportplatz wegzubekommen, musste schon sehr viel mehr passieren, als bloß ein eingeschlossener Autoschlüssel! Wenn alles normal lief, dauerte das Spiel zu diesem Zeitpunkt noch eine halbe Stunde. Es war Zeit genug, um noch einmal alle Möglichkeiten zu durchdenken, doch noch irgendwie anders an den Zündschlüssel zu kommen und vor allem, sich auf den Weg zum Haus des Schwiegervaters zu machen. Ungeduldig wartete Bert auf der Eingangstreppe.

Als nach fast einer halben Stunde der Vater von Berts Frau noch immer nicht angekommen war, wurde er unruhig. Wo war seine Rettung? In zwei

Stunden würde es dunkel werden. Was war nun zu tun? Bert musste es von der Rückseite des Hauses versuchen. Vielleicht hatte er sich dort eine Beschäftigung gesucht und hörte sein Klingeln nicht. Sein Schwiegervater verbarrikadierte sich gern. Zwei verriegelte Gartentore musste er überwinden. Wenn man jedoch wusste, wo er die Schlüssel, man muss sagen leichtsinnigerweise, deponierte, war diese Aufgabe um ein Vielfaches leichter. Dazu musste sich Bert nur einmal durch eine Zaunlücke quetschen, was die Folge hatte, dass die Hose am Allerwertesten anschließend ein großes Dreiangel zierte. Er hatte insofern Glück, als dass der Nagel sich nicht noch in sein Fleisch bohrte. Zwar war das Haus von hinten verschlossen, doch der Raum, den er für das Abstellen des Mopeds nutzte, war es nicht. Es fehlte! Wohin war sein Schwiegervater in der Stunde der Not gefahren?

Bert sah sich um. Unter einer alten verstaubten Decke konnte er ein Damenfahrrad ausmachen, das schon bessere Tage gesehen hatte. Einen Wust von Netzen hatten Spinnen zwischen Rad und Umgebung gesponnen und gewebt. Dicker Staub hatte sich darauf abgelagert. Der Scheinwerfer hing schlapp herunter, der abgerissene Draht zu ihm war einfach an den Lenker geknotet. Der Hinterreifen platt. Er fand eine Luftpumpe. Zu seinem Erstaunen funktionierte sie ausgezeichnet! Fürs Erste hielt die Luft. Sicherheitshalber nahm er die Pumpe mit.

Bert strampelte eilig in Richtung Kühlungsborn. Schon bald würde es dunkel werden. Bereits auf dem Weg zur Kühlung hoch fingen die Oberschenkel an zu brennen. Er gab dem viel zu niedrig eingestellten Sattel die Schuld. Er war derart festgerostet, dass sich auch mit dem großen Schraubenschlüssel, den er in einer Schublade fand, nichts ändern ließ, jedenfalls nicht auf die Schnelle; doch schnell musste es gehen. Weiter, weiter, pochte es in ihm. Nach dem Holzturm ging es fast nur noch bergab. Zum Glück! Bert notierte alle Gedanken. Das gesamte Denkpapier hatte Bert vollgemalt und vollgeschrieben. Ohne dass er es irgendwie beeinflusst hätte, stellte sich bei ihm das bestimmte Gefühl ein, jetzt an den Computer gehen zu müssen und anzufangen, seine Geschichte aufzuschreiben. Er konnte kaum so schnell tippen, wie ihm die Ideen zuflogen. Wenn der Gedankenfluss doch einmal ins Stocken geriet, warf er einen Blick auf sein Denkpapier. Dann flossen die Gedanken wieder. Die Geschichte fing an zu leben. Eine Pointe hatte er auch schon! Er hörte gleichsam die Figuren sprechen, ja, sogar ihre Mimik zu erkennen. Fast als Deja-vu erlebte er, was ihn in Kühlungsborn erwartete:

Berts Frau saß mit seinem Schwiegervater gemütlich beim Kaffee in der Wohnstube! Kurz erzählte Bert, was vorgefallen war. Das braune Moped vor dem Hauseingang hatte er in der Eile überhaupt nicht wahrgenommen. Peinlich berührte den Schwiegervater jedoch Berts Dreiangel auf dem Allerwertesten. Er bot an, ihn nach Kröpelin zurückzufahren, wenn er das Fahrrad am nächsten Vormittag zurückbringe, denn er würde es just am Nachmittag ganz dringend brauchen.

***

Mai 2011

Digital-Radio-Life

»Digital-Radio-Life mit Anke Fuchs. Immer aktuell informiert. In Ludwigslust, liebe Zuhörer, findet heute die erste ordentliche Beratung des Kreistages nach der Bildung des Großkreises Mittleres Mecklenburg statt. Als wichtigstes Thema steht die Finanzausstattung der Städte und Gemeinden auf der Tagesordnung. Unser Reporter Stefan Hagen ist in Ludwigslust live vor Ort.

Guten Tag, Stefan. Wie wollen denn die Abgeordneten des Großkreises die Finanzprobleme der Städte und Gemeinden in den Griff bekommen? Gibt es da schon irgendwelche Lösungsansätze?«

Ja, guten Tag nach Schwerin, Anke. Ich sitze hier in der Presseloge des Plenarsaals unterhalb der Zuschauertribüne. Ich muss schon sagen, dass sich die Architekten große Mühe gegeben haben, die Arbeitsbedingungen in diesem neuen Haus für alle so optimal wie möglich zu gestalten.

Zu deinen Fragen. In der Tat gibt es hier schon den ersten konkreten Vorschlag. Die Fraktionen der CDU und der FDP haben vor circa zwei Stunden einen gemeinsamen Antrag zur erweiterten Einbeziehung von Hartz 4 Empfängern für dringend erforderliche Aufgaben in den Städten und Gemeinden des neuen Großkreises gestellt, infolgedessen es einen bemerkenswerten Gegenvorschlag gab. Aber lassen Sie mich der Reihe nach berichten.

Der Fraktionsvorsitzende der CDU Werner Hahn begründete den Antrag. Hier ein Auszug aus seiner Rede:

»... Wir dürfen die Augen nicht davor verschließen, meine Damen und Herren, dass der Anteil für Sozialausgaben im Haushaltsplan für unsere arbeitslosen Mitbürger, speziell für die Hartz 4 Empfänger, schon fast die Hälfte des Etats umfasst, während die finanzielle Ausstattung der Städte und Gemeinden immer prekärer wird. Was liegt da näher, als von den Nutznießern des sozialen Transfers eine Gegenleistung einzufordern. Diese Leistungen müssen von allgemeinem Interesse der Bürgerinnen und Bürger sein. Das würde die Haushalte der Städte und Gemeinden spürbar entlasten und Mittel, etwa für den Straßenbau, freimachen. Es ist sicher nicht zu viel verlangt, dass Hartz 4 Empfänger einen Teil ihrer erhaltenen Sozialleistungen in Form von dringend notwendigen innerörtlichen Maßnahmen selbst erarbeiten. Ich denke da an die Schneeberäumung, an die Sauberhaltung der Ortschaften und Grünflächen, an Botendienste und Aufsichtspersonal in den Schulbussen. Ja, ich möchte noch weiter gehen: Warum sollen die Hartz 4 Empfänger nicht verpflichtet werden, einen Teil der Altenbetreuung, beispielsweise den dementen Heimbewohnern das Essen zu reichen oder die Pausenaufsicht auf den Schulhöfen, als soziale, zwischenmenschliche Aufgabe zu übernehmen. Wir wissen doch alle, dass durch den demografischen Wandel die Anzahl unserer älteren Mitbürger in den Pflegeheimen im Steigen begriffen ist. Fachpersonal soll und muss nur dort eingesetzt werden, wo es unumgänglich ist. Das spart immense Kosten. Und, meine Damen und Herren, lassen Sie mich auch noch deutlich sagen, dass die Lebenserwartung gestiegen ist, ist vor allem der sozialen Politik der Christlich Demokratischen Union zu verdanken!

Meine Damen und Herren, es ist eine alte Tradition und Notwendigkeit, dass die Sorge um unsere Bürger auf breite Schultern gelegt wird, ja, immer mehr gelegt werden muss. Deswegen müssen wir neue, vielleicht unpopuläre Wege gehen. Dabei darf es keinerlei Denkverbote geben. Wer Transferleistungen empfängt und nicht als Schmarotzer gelten will, muss auch bereit sein, eine Gegenleistung eventuell unter dem Motto: ›Ich bin da, ich spende meine Zeit‹ zu erbringen. Dies wird, wie dargelegt, in den Städten und Gemeinden erhebliche finanzielle Mittel freimachen …«

So weit ein Auszug aus der Begründung von Werner Hahn, Vorsitzender der CDU-Fraktion.

In der anschließenden Diskussion, liebe Hörerinnen und Hörer, entbrannte parteiübergreifend ein Für und Wider über diesen Vorstoß der Fraktionen von CDU und FDP. So sprachen die Grünen von einem richtigen Denkansatz, was die Notwendigkeit der gemeinschaftlichen Verantwortung der Bürgerinnen und Bürger für das Wohl ihrer Städte und Gemeinden betrifft. Eine ausschließlich verpflichtende Regelung für Hartz 4 Empfänger lehnten die Redner der Fraktion der Grünen aber ab. Hier seien alle Bürger gefragt.

Besonders unterschiedlich waren die Meinungen innerhalb der SPD, sodass ich mich fragen muss, ob die SPD noch eine Partei mit gemeinsamen Idealen ist. Sie reichten von strikter Ablehnung des CDU-Vorschlages bis zu verfahrenstechnischen Möglichkeiten.

Man könne schließlich nicht alle Hartz-4-Empfänger über einen Kamm scheren. So bliebe nach den Anschauungen mehrerer SPD-Redner auch die Frage offen, zu welchen Arbeiten die Empfänger von Transferleistungen überhaupt herangezogen werden dürften.

Nicht vorenthalten möchte ich Ihnen die Argumentation der LINKEN, die den Vorschlag der CDU/FDP komplett und einheitlich ablehnt. Dies ist an sich keine Überraschung, enthält aber eine nachdenkenswerte Antithese. Hier ein kurzer Ausschnitt aus der Begründung des Abgeordneten und Wirtschaftsexperten der Partei Manfred Grünwald:

»… Es ist wahr, die Finanzausstattung der Städte und Gemeinden ist, gelinde gesagt, katastrophal. Wenn es nicht gelingt, in absehbarer Zeit die Städte und Gemeinden finanziell besser auszustatten, wird das ein jeder bald in den Ortschaften augenfällig zu sehen bekommen. Aber warum, meine Damen und Herren Abgeordnete, denken die CDU und die FDP dabei sofort an die Ärmsten, statt sich an die eigene Nase zu fassen? Immer wieder wird den Hartz 4 Empfängern unterstellt, und das zieht sich seit Jahren durch fast alle Medien, dass sie sich auf Kosten der Gemeinschaft einen guten Tag machen würden. Das Wort Schmarotzer überhöre ich mal großzügig, Herr Abgeordneter Hahn. Das war ein treffliches Eigentor. Ist Ihnen eigentlich bewusst, dass von diesen Menschen verlangt wird, sich bei der Antragstellung finanziell und menschlich vollständig zu entblättern? Dass man ihnen Vereinbarungen aufzwingt und Daten erfragt, die ein Unternehmer unter keinen Umständen akzeptieren würde? Nun soll eine weitere Menschenunwürdigkeit nach dem Willen der CDU und FDP hinzukommen: Zwangsarbeit. Was kommt als Nächstes? Arbeitslager? Zwangsumsiedlung?

Ich will diesen Gedanken hier nicht weiter verfolgen.

Wie sagten Sie doch vorhin so schön, Herr Kollege Hahn von der CDU? ›Es darf bei der Lösung der Probleme unserer Städte und Gemeinden keine Denkverbote geben‹? Wie Recht sie haben! Ist Ihnen eigentlich bewusst, dass in denen von Ihnen angeführten steigenden Sozialleistungen auch erhebliche Mittel enthalten sind, die ausschließlich den Unternehmen von Nutzen sind? Bei den sogenannten Ein-Euro-Jobs erhält der Unternehmer bis zu 600 Euro pro Monat und Nase, während der Jobber gerade mal 120 Euro bekommt, von denen er auch noch die Fahrtkosten berappen muss. Lohnkostenzuschüsse von bis zu 50 Prozent machen es für die Unternehmen attraktiv, die Belegschaft teilweise durch Langzeitarbeitslose zu ersetzen. Hinzu kommen die abgabengünstigeren Minijobs. Ohne diese wettbewerbsverzerrenden Subventionen könnte sich, und das ist durchaus keine Anleihe bei der FDP, Arbeit wieder lohnen – für die Arbeitnehmer!

Die FDP fordert immer wieder Steuererleichterungen für die Unternehmen mit der Begründung, dann auch Arbeitsplätze schaffen zu wollen. Beim Wollen ist es seit Jahrzehnten auch geblieben.

Letztendlich werden die Arbeitsplätze und Steuereinnahmen immer weniger und die Finanznot der Städte und Gemeinden immer größer. Die Unternehmenspolitik der Abgabenvermeidung und Subventions-Akkumulierung ist die Ursache für die Finanznot unsere Städte und Gemeinden, meine Damen und Herren. Legen Sie an dieser Stelle einmal ihr selbst auferlegtes Denkverbot der eigenen Bereicherung ab, bevor sie den Ärmsten Zwangsarbeit verordnen wollen ...«

Während die linken Kräfte des Kreistages diesem Beitrag von Manfred Grünwald anhaltenden Beifall spendeten, hörte man aus den Reihen der

CDU und FDP sowie Teilen der SPD Pfiffe, Buhrufe und eine allgemeine Empörung.

Der stellvertretende Fraktionsvorsitzende der CDU hat jetzt noch einmal Mal ums Wort gebeten. An dieser Stelle schalten wir uns live in seine Ausführungen ein.

»… Es ist kein Wunder, meine Damen und Herren, dass die LINKE als Nachfolgepartei der SED-PDS kein Bein vors andere bekommt. Wer die Gesetze der Marktwirtschaft willkürlich außer Kraft setzen will, der hat nichts anderes verdient. Hat nicht das System der Planwirtschaft, im ehemaligen Ostblock kläglich versagt?

Das können auch Sie, verehrter Herr Grünwald nicht bestreiten.

Von Ihnen muss ich mich also wirklich nicht belehren lassen!

Wer die Leistungsträger in unserer Gesellschaft ihrer finanziellen Möglichkeiten berauben will, steuert auf den Untergang unserer sozialen Demokratie und der Sozialen Marktwirtschaft hin. Das Ergebnis kann nur eine Diktatur sein.

Wer zahlt denn die höchsten Beträge in die Staats- und Sozialkassen ein? Die Unternehmer. Die Unternehmen sind es doch, die die sozialen Leistungen für Arbeitslose durch ihre Steuern erst ermöglichen.

In sofern bin ich der festen Überzeugung, dass nun die Leistungsempfänger an der Reihe sind, ihren längst überfälligen Beitrag für die Gemeinschaft zu leisten. Was sich auch …«

Ich glaube, der Live-Ton ist unterbrochen. Was ist geschehen? Ich sehe heftige Gesten im Präsidium. Immer wieder wird offenbar auf die Zuschauertribüne gezeigt. Ein Präsidiumsmitglied telefoniert hektisch. Leider kann ich von meinem Platz aus nichts erkennen.

Über mir höre ich Getrampel. Da, jetzt war für einen kurzen Augenblick eine Stoffecke zu sehen. War das ein Transparent? Die sind hier im Plenarsaal verboten. Ich konnte es leider nicht eindeutig erkennen. Ein Eklat, das ist ein Eklat. War es ein Transparent, das diesen Eklat auslöste? Sobald ich Näheres in Erfahrung gebracht habe, liebe Zuhörerinnen und Zuhörer, werde ich mich noch einmal melden. Und damit erst einmal von Steffan Hagen aus Ludwigslust zurück zu Anke Fuchs nach Schwerin.

***

Der 100-Meter-Lauf

Ich bin aufs Äußerste angespannt. Dehnübungen und Bewegungen machen meine Muskulatur warm. Würde ich diesmal den Sieg davontragen können? Ob ich meine Trainingszeit bestätigen konnte? Bestzeit 10,81 Sekunden. Endlich werde ich zum Wettlauf gerufen. Ich stelle die Starterschiene auf die erprobten Maße für die Füße ein. Ein Startversuch. Alles in Ordnung. Ich drehe die Schrauben ganz fest und machte mich bereit. Hände hinter die Linie, Kopf nach unten.

Der Startrichter hebt die Pistole. Konzentration. Es ertönt das Kommando: »Auf die Plätze! – Fertig! – Los!«

Der Schuss fällt. Die Zeit läuft. Zeitgleich drückt mich meine Beinmuskulatur behänd nach vorn. Kein Fehlstart. Automatisch steuert das Kleinhirn die Bewegung, das Großhirn den Siegeswillen. Die Augen richten sich auf die Bahn und das Ziel. Ökonomisch gerade laufen. Bin noch der Erste. Mein rechter Nebenmann setzt seinen Fuß vor mir auf. Schneller werden! Kraft mobilisieren! Wenige Schritte. Ausgeglichen! Ziel kommt näher. Richtig atmen! Arme in Laufrichtung bewegen! Muskeln brennen. Schmerz ignorieren. Schaffe es, werde schneller. Weinige Schritte bis zum Ziel. Lange Schritte. Oberkörper nach vorn. Bin halbe Fußlänge zurück. Schneller werden. Mobilisiere die letzten Kräfte. Atem keucht. Ziel erreicht!

Die Anspannung weicht. Ich laufe aus. In den Bronchien sticht es. Ich beuge mich vornüber. Mein Herz rast. Ich atme schwer. Schleim in den Luftwegen. Hatte es für mich gereicht? Das Zielfoto musste entscheiden. 10,79 Sekunden. Für den Sieg war ich eine hundertstel Sekunde zu langsam.

***

Numerus personales – nur eine Nummer

»QRG 3626, QSL, y73 Rudi, DL2RV. Over and out.«
Der Schwund der Kurzwelle macht diese Kurzsprache der Profi- und Amateurfunker notwendig. Ich nehme die Kopfhörer ab, reibe mir die Augen und schalte meine Funkstation aus. Es ist Zeit, die Post aus dem Briefkasten zu holen.

»Dieses Schreiben wurde maschinell erstellt und ist auch ohne Unterschrift gültig«, lese ich als letzten Satz auf dem Brief, den ich gerade aufgerissen hatte. Absender: Team 540. Nirgendwo kann ich einen Namen finden. Niemand, bei dem man im Zweifelsfalle nachfragen kann. Ist ein Brief nicht so etwas, wie ein Gespräch auf Distanz? Hat inzwischen niemand mehr die Zeit, einen Brief zu unterschreiben, oder …?

Selbst mein Smartphone und mein Computer erkennen mich und, wenn ich es will, begrüßen sie mich mit meinem Namen und sind sogar in der Lage, etwas Small-Talk mit mir zu führen. ... Aber wer unterhält sich schon gern mit einer Maschine … Andererseits, wenn ich an den Service die Telekom denke oder an die Werbung für ein bestimmtes Smartphone … Aber beiseite damit!

Das Haus, in dem ich wohne, hat eine Nummer, mit meiner Kundennummer werde ich beim Stromanbieter erfasst und schon mit der Geburt bekommt unser Baby eine Steuernummer, mit der Auflage, diese Unterlagen mindestens 16 Jahre lang ungenutzt sorgfältig aufzubewahren.

Bei jeder Institution, die sich in irgendeiner Weise mir befasst, bekomme ich eine weitere Nummer aufgedrückt. Bankkarte, Kundenkarte, Autokennzeichen, Geheimzahl ... Häftlingsnummer: Nummern, Nummern, Nummern.

Gerade wird mir bewusst, wo ich überall eine Nummer, nur eine Nummer bin. Ein Gemisch von Unbehagen und Wut befällt mich. Und nun noch der Brief vom Team 540! Wer bitte ist Team 540? Warum ist man dann nicht konsequent und bezeichnet mich als BG 34557, wenn es doch sowieso Computer erledigen?

So als ob sie mich noch zusätzlich ärgern wollen, machen sich die Stare mit großem Geschrei über die zahlreichen Kirschen im Baum her. Es klingt wie Auslachen. Mein Händeklatschen und Rufen vertreiben sie nicht. Ich fühle mich wie Don Quichotte. Offenbar wissen die Stare um meine Ohnmacht.

Warum zwingt man mich immer öfter, mit einer Maschine zu kommunizieren? Ich lebe! Ich habe ganz persönliche Vorlieben. Ich habe gute und schlechte Gefühle. Ich liebe und hasse. Im Moment hasse ich, vor allem Nummern, mit denen ich gleichgesetzt werde. Ich bin ein Mensch, schreie ich in Gedanken heraus.

Kann eine Maschine Trost spenden oder Nachsicht zeigen? Kann sie lieben?

Ich bin verzweifelt. Spontan beschließe ich, mich zu wehren, endlich dagegen zu wehren! Mit gleicher Münze will ich es ihnen heimzahlen, den verdammten Bürokraten! Gleich morgen! Nur Nummern werden die von mir zu hören bekommen. Ich werde mich mit BG 34557 vorstellen, ein Gespräch mit Team 540 fordern und das Problem - ich gucke auf das Schreiben ... das Problem 2.3 erörtern. Und ein paar Nummern werde ich noch dazuerfinden, nur so aus Frust. Ja, das werde ich. Ich freue mich schon jetzt auf die Gesichter.

Nach der Nacht, in der ich alle möglichen Varianten durchgespielt hatte, habe ich noch mehr Wut im Bauch. Die Reifen quietschen beim Anfahren. Es riecht nach verbranntem Gummi. Dem Fahrer, dem ich die Vorfahrt nehme, zeige ich einen Vogel. Ich fühle mich stark, sehr stark. Denen werde ich es zeigen! Menschen sind keine Nummern! Plötzlich überquert eine alte Frau die Fahrbahn. Ich kann gerade noch bremsen. Puh! Noch beim Durchatmen wird mir schwarz vor Augen.

Blendendes Licht. Meine Augenlider lassen es nur durch einen ganz schmalen Spalt an meinen Augapfel. Wo bin ich? Ganz allmählich gewöhne ich mich an das Licht. Ich habe kaum Kraft, meine Arme zu heben. Vor dem Fenster erkenne ich blühende Obstbäume. Auf der anderen Seite rutschen farbige Kurven über verschiedene Bildschirme. Schläuche und Kabel verbinden mich damit. Hin und wieder ein kurzes »Piep«. Kompressorgeräusche.

Eine Manschette verengt sich an meinem linken Oberarm. Eine weiß gekleidete Frau mit merkwürdig starrem Gesicht macht sich links an meinem Bett zu schaffen. Dann scheint sie, begleitet von seltsamen

Geräuschen, zur anderen Seite zu schweben. Ich schaue genauer und länger hin. Sie blinzelt nicht einmal. Mein Versuch, aufzustehen, scheitert an fehlender Kraft. Warum bin ich nicht zuhause? Gerade eben habe ich doch noch versucht, die Stare aus meinem Kirschbaum zu vertreiben. Wieso blühen …

Sie blickt mich an. »Guten Tag, Sie haben lange geschlafen. Bleiben Sie ruhig liegen. Ich werde den Arzt rufen.«

Ich will etwas fragen. Es gelingt mir nicht. Auf dem Weg zur Tür sehe ich ihr Fahrgestell. Eine Schwester im Rollstuhl? - Ich hörte aus Japan von gewissen Entwicklungen. Also eher ein Roboter, ein Pflegeroboter. Ein Mann kommt ins Zimmer. Ohne Mundbewegung sagt sie: »Doktor Lassig, Patient 35.704.56 ist aus dem Koma erwacht.«

***

April 2021

Von der Sonne und dem Schornstein

So bin ich nun einmal: Wenn mich etwas anfängt zu faszinieren, muss ich wissen, warum die Sache so war, wie sie ist. Da spielte es auch keine Rolle, dass gerade die Weltmeisterschaften im Eiskunstlaufen veranstaltet wurden. Warum also war genau um 12 Uhr meiner Funkuhr vom Stammplatz am Küchenfenster aus, die Sonne manchmal links, zeitweise rechts und mitunter genau über oder hinter dem alten Fabrik-Schornstein zu sehen?

Ich kramte all mein Schulwissen zusammen. Als das nicht reichte, suchte ich in meinem großen Astronomiebuch und in entsprechenden Internetseiten nach erklärenden Antworten.

Am Abend schwirrte mir der Kopf von Wörtern wie Deklination, Meridian, Perihel, Analemma und Ekliptik. Vielleicht hatte ich ja im Buch etwas überlesen und nahm es mit ins Bett. Hier erfuhr ich von Zeitzonen und wahrer Ortszeit und dass sich unsere Welt nach Osten um die eigene Achse drehte. Das konnte ich bald nachvollziehen, nicht aber, warum sich die Erde mal langsamer und mal schneller um die Sonne drehen sollte. Niemand gab ihr einen Schubs oder versuchte, sie festzuhalten. Wer auch?

Die Gedanken drehten sich – und bald auch eine Eiskunstläuferin auf dem Eis. Ich bewunderte die Sprungkraft und die Schnelligkeit ihrer Bewegungen. Gekonnt drehte sie Pirouetten und wurde dabei immer schneller, je schmaler sie sich machte. Da! Sie setzte zu einem weiteren Toeloop an und – stürzte. Ihre Stirn schlug aufs Eis. Ich fühlte körperlich ihren Schmerz und mir wurde schwarz vor den Augen …

Sekunden später wusste ich auch warum: Ich war eingeschlafen und mein schweres Astronomiebuch war mir unversehens auf die Stirn gefallen. Es schirmte das Licht der Lampe ab. Ich hob es an. Es war, als ginge die Sonne auf: Wenn die Eiskunstläuferin ihre Arme an den Körper, also an die Drehachse zog, wurde sie schneller. Zum Anhalten spreizte sie die Arme und Beine und – heureka! Wenn die Erde auf ihrer elliptischen Bahn etwas näher zur Sonne kam, war das – wie das Anpressen der Arme an den Körper der Eiskunstläuferin. Darum also war das mit der Sonne und dem Schornstein so!

***

Oktober 2015

Gefangen – Das Capgras-Syndrom

Hätte ich gewusst, welche Auswirkungen meine Beförderung auf mein zukünftiges Leben mit sich bringen würde, hätte ich sie abgelehnt. Andererseits habe ich jetzt erhebliche Zweifel, dass diese Ablehnung akzeptiert worden wäre. Im Grunde lief alles darauf hinaus, dass der Chef mir so viel Honig ums Maul schmierte, dass ich vollends damit beschäftigt war, ihn abzuschlecken. Für kritische Gedanken war keine Zeit. Schließlich hatte es der Chef geschafft, dass ich Stolz auf das Erreichte empfand. Dabei habe ich doch nur meine Arbeit getan, so wie es sich gehörte.

An dem Abend, an dem ich mit der Ernennungsurkunde von der Übergabefeier nach Hause kam, schlug mir die Haustür an den Kopf. Ich verlor das Bewusstsein. Wenn ich an die Zeit kurz nach dem Aufwachen im Krankenhaus zurückdenke, bin ich mir immer sicherer, dass es nicht meine Frau war, die an diesem Tag an meinem Bett stand, sondern eine fast perfekte Kopie. Nein, sie kann es nicht gewesen sein. Ich kann mich nicht erinnern, dass sie je so kalte Hände hatte, nicht nur körperlich. Ich fühlte wirklich nichts als Kälte. Auch ihre Stimme. Ihre Stimme war nicht ihre Stimme. Es war surrealistisch. Was sie sagte, hörte sich aufgesetzt an, so, als ob sie einen Knopf im Ohr hatte und sie nur das nachplapperte, was ihr irgendjemand vorplapperte.

Sie wollte mir einreden, dass ich zu tief ins Sektglas geguckt und eine Gehirnerschütterung davon getragen hätte. So ein Humbug! Bis auf die kleine Beule am Kopf hatte ich keinerlei Schmerzen. Außerdem wusste beinahe jeder, dass man nach einer Gehirnerschütterung Kopfschmerzen hatte und an Schwindelgefühlen litt. Das hatte ich aber nicht! Meine Frau ist ausgetauscht worden, war meine bittere Erkenntnis. Auf keinen Fall durfte ich mich verraten, dass ich den Austausch bemerkt hatte. Nur wenn die andern glaubten, dass ihr Plan funktioniert, hatte ich überhaupt die Chance, meine geliebte Frau wiederzufinden. Wo war sie? Hatte man ihr etwas angetan?

Ich verspürte eine innere Erleichterung, als die Doppelgängerin endlich gegangen war. Lange noch blieb ich regungslos liegen und überdachte meine Lage. Unvermittelt wurde mir klar, dass ich nicht einmal den Ärzten und Schwestern von meinem Verdacht berichten durfte. Wer weiß, wie weit dieser Personenkreis in das Komplott einbezogen war. Sie in ihrem Glauben zu belassen, war der erste Grundsatz, den ich mir aufstellte. Zweitens musste ich die Doppelgängerin meiner Frau mit den gleichen Gesten und Worten zu bedenken, wie die tatsächliche. Um mein Überleben und das meiner Frau zu sichern, waren Ekel und Ablehnung schlechte Ratgeber. Der Plan musste von langer Hand vorbereitet worden sein, in den auch meine Karambolage mit der Tür eingeplant worden war. Zufällig war sie nicht. Sicher hatte man mich schon lange vorher beobachtet und alles dokumentiert. Über den Zweck des ganzen Theaters konnte ich nicht einmal spekulieren. Möglicherweise hing es aber mit meiner Beförderung zusammen. Deswegen musste ich warten, bis sich mir die Informationsquellen unbeobachtet erschlossen.

Als ich kurz darauf aus dem Krankenhaus entlassen wurde, stellten sich tatsächlich die Kopfschmerzen ein. Schuld daran waren die Pillen, die ich bekommen hatte und die man mir mit nach Hause gegeben hatte. Damit war das Krankenhaus unbestreitbar zum Mittäter geworden. Die Doppelgänge-rin in meinem Haus ermahnte mich daheim penetrant, die verordneten Medikamente einzunehmen. Ich musste eine Lösung finden. Damit ich klar bei Verstand blieb, setzte ich die Medikamente ab. Aber ich tat so, als ob ich sie nehmen würde, und spie sie in einem unbeobachteten Moment ins Klo-sett. Schon nach wenigen Tagen verflüchtigten sich die Kopfschmerzen.

In Gegenwart der Kopie meiner Frau fühlte ich mich äußerst unwohl. Immer wollte sie mich berühren. Berührung schafft Vertrauen. Dieser Frau aber konnte ich nicht vertrauen. Ich ertrug ihre Hand nicht, die mich strei-cheln wollte. Ich wich ihr aus. Immer öfter tat sie so, als würde sie sich Sorgen um mich machen. Um nicht aufzufallen, musste ich wenigstens einige Berührungen ertragen, auch wenn es mir schwerfiel. Damit jedoch stellte sich bei mir ein schlechtes Gewissen gegenüber meiner wirklichen Frau ein. Ich hatte ihr meine Treue geschworen. Das nahm ich aus Erfah-rung heraus sehr ernst. Würde sie mir mein Verhalten je verzeihen können? Würde sie die Argumente verstehen, die ich vorbringen müsste? Vor allem, dieses immer beobachtet zu werden, trieb mich fast in den Wahnsinn. Zudem war ich überzeugt, dass die Augen des Teddys aus den Kindertagen meines Sohnes mich stetig verfolgten. Warum wohnte er nicht mehr hier? Hatte er auch schon etwas bemerkt? Warum hatte er mich nicht gewarnt? War er am Ende selbst ausgetauscht worden? Auf all diese Fragen musste ich eine Antwort finden.

Wo ich auch war, immer sah der Teddy in meine Richtung. Ich führte mir die winzig kleinen Kameras, wie sie in Smartphones und Netbooks eingebaut wurden, vor Augen. Bei genauer Betrachtung schauten auch die Teddyaugen nicht so, wie noch vor kurzer Zeit.

Wie zufällig, ich durfte mich ja nicht verraten, drehte ich den Bären etwas mehr zur Seite, um mir einen toten Winkel zu verschaffen. Es dau-erte nicht lange, da hatte er mich wieder im Visier. Ihn völlig wegzu-nehmen, schien mir zu riskant. Zuerst musste ich herausbekommen, wohin das Signal übertragen wurde. Es musste hier in dieser Wohnung sein, denn ich sah und hörte niemand Anderen in die Wohnung kommen. Trotzdem war sein Kopf bald wieder in meine Richtung gedreht. Es konnte nur diese verdammte Doppelgängerin sein, die man mir untergeschoben hatte. Ich konnte es nur noch nicht bewiesen.

Die erste Möglichkeit einer Kontrolle war der Fernsehapparat. Ich tat gelangweilt und zappte alle Kanäle durch. Nichts, obwohl ... Genaueres ließ sich ohne Aufsehen zu erregen nicht feststellen. Daraufhin kontrollierte ich das Datum der Programmierung, das der Receiver automatisch speicherte. Ich hatte selbst schon einmal versucht, diesen Automatismus auszutricksen. Vergeblich, obwohl ich mich beruflich bedingt gut mit diesen Geräten auskannte. Um eine Kontrolle zu haben, vertauschte ich zwei Kanäle. Bei einer Kontrolle in den nächsten Tagen würde ich Manipulationen an der Programmierung sicher erkennen. Der nächste Verdacht war der Monitor des elektronischen Türspions auf dem Korridor. Auch dort waren auf den ersten Blick keine Veränderungen sichtbar. Ich erkannte aber zwei Kratzspuren. Möglicherweise war das Innenleben ausgetauscht worden. Ich musste also planvoll vorgehen und im Ausschlussverfahren alle Möglichkeiten in Betracht ziehen, wie es wohl Sherlock Holmes an meiner Stelle getan hätte.

In einer der schlaflosen Nächte wurde mir bewusst, dass ich bei der Suche nach dem Wo die Frage nach dem Warum vernachlässigt hatte. Das brachte mich wieder auf meine Beförderung zum Abteilungsleiter. In letzter Zeit hatte ich Gerüchte gehört, dass in der Abteilung irgendwelche Schiebereien mit Posten in Gang wären. Allerdings verstummten die Gespräche immer, sobald ich in die Nähe kam. Das ließ den Schluss zu, dass es um mich ging. Hievte man mich auf diesen Posten, um einen Sündenbock für irgendwelche kriminellen Aktivitäten zu haben?

Da ich hoffte, bald wieder meine Arbeit aufzunehmen, vertagte ich diese Nachforschungen. Dann war ich auch dieser ständig nervenden Kontrolle durch die Doppelgängerin nicht mehr ausgesetzt und ich konnte beginnen, meine Frau zu suchen. Ich musste aber auch in der Firma, wo alles begann, auf der Hut sein. Konnte ich der Polizei bei der Suche nach meiner Frau vertrauen?

Bei der Nachkontrolle im Krankenhaus eröffnete man mir nach langwierigen Untersuchungen und Tests, dass ich an dem Capgras-Syndrom leide. – So ein Blödsinn, ich bin doch nicht verrückt! Allein, dass ich den ganzen Schwindel durchschaute, beweist das Gegenteil.

***

Liebe und so

Juli 2014

Der Fall Eva und Adam

Adams Treffen mit Eva

Schon lange hatten wir, das beinahe biblische Paar, also Eva und Adam – nicht umgekehrt! – im Web miteinander gechattet. Die beiden bisherigen Treffen standen leider durch Umstände, die durch mich nicht zu beeinflussen waren, unter einem schlechten Stern. Trotzdem, oder gerade deswegen, hatte ich so sehr auf unser drittes Treffen gesetzt. Diesmal, ja diesmal sollte alles perfekt werden und ich hatte alles getan, damit es das auch sein würde.

Nur noch zum Gärtner, das bestellten Biedermeiersträußchen abholen und dann ab zum vereinbarten Treffpunkt. Das sollte wirklich zu machen sein. - Und dennoch kam alles anders!

Zuerst wollte mein Haustürschlüssel nicht in das Schloss und anschließend, nachdem ich etwas Gewalt angewandt hatte, nicht wieder heraus. Das kostete Zeit, die ich nicht hatte, und ... einen verbogenen Schlüssel, von ich wusste nicht, ob er mir noch einmal die Tür öffnen würde. Aber das war momentan Nebensache. Wenigstens beim dritten Treffen wollte ich pünktlich sein.

In der Gärtnerei begann ich zu zweifeln. Gerade an diesem Tag war hier Hochbetrieb. Die Kundenschlange wurde immer länger, den auf ihre Eltern wartenden Kindern wurde immer langweiliger und sie fingen an, sich zu necken. Das Necken weitete sich zu einem spontanen Greifspiel aus.

Während die Kundenschlange vor mir nur langsam kürzer wurde, wurde die Schlange nach mir immer länger. Eigentlich kümmerten mich nur die Kunden vor mir, aber auf meinem Rücken spürte ich zwei stramme Druckpunkte. Also drehte ich mich genierlich um. In meiner Nase verstärkte sich das süßliche Damenparfüm, das ich schon vorher bemerkt hatte. Das Gesicht mit dem kussroten Mund und dem auffälligen Glitzerlidschatten, umrahmt von hellblondem langen Haar gehörten zu einer großen Frau mit großer Oberweite.

Ein weiterer Kunde war abgefertigt und die Reihe ging ein kleines Stückchen weiter vor. Ich rückte nach und die zwei Punkte auf meinem Rücken verschwanden – für vielleicht drei Sekunden.

Das Geschrei der Kinder wurde lauter. Ein Mädchen versuchte, sich bei ihrer Mutter vor einem Jungen in Sicherheit zu bringen. Die beiden Punkte auf meinem Rücken pressten mich plötzlich gegen meine Vorderfrau. Ich spürte die Wange der blonden Frau an meinem linken Ohr, bevor sie, ihre Arme um meinen Körper geschlungen, auf die Knie rutschte, wobei sie meine Hose mit sich riss. Schlimmeres konnte ich gerade noch verhindern. Möglichst unauffällig versuchte ich, das Malheur zu korrigieren. Jeder, der sehen konnte, hatte es gesehen, aber alle taten so, als ob nichts passiert wäre ... bis auf die Kinder.

Wie nicht anders zu erwarten konnte die Verkäuferin den bestellten Strauß nicht finden. Zweimal ging sie ihre Listen durch. Das dauerte. Erst der Schlüssel, dann die Blumen. Es war wie verhext. Und jetzt wurde wieder die Zeit knapp. Zum Glück fanden sich die bestellten Blumen bald an.

Auch aus mir wich in diesem Moment die belastende Anspannung. Ich würde höchstens fünf Minuten Verspätung haben, und die konnte man immer einleuchtend erklären.

Am Ende waren es nur zwei und eine Entschuldigung hätte den Verdacht auf Pingeligkeit aufkommen lassen, also ließ ich es. Freudestrahlend übergab ich Eva das in durchsichtige Folie eingehüllte Biedermeiersträußchen. Wie in Zeitlupe kam sie mir mit ihrem Mund, der viel und noch mehr verhieß, näher und näher. Doch bevor wir uns berührten, zog sie sich angewidert zurück und ihr Mund versprach statt der Zuneigung nun Abscheu und gewaltigen Ärger. Entrüstet und angeekelt stieß sie mich zurück.

»Fass mich nicht an, du Dreckstück!«, schrie sie.

Ich begriff gar nichts. Ich fand keinen Grund, warum Eva plötzlich ihre Meinung geändert hatte. Eva schleuderte mir die Blumen ins Gesicht und ging, ohne sich noch einmal umzusehen.

Evas Treffen mit Adam

Lange, eigentlich viel zu lange, wartete Eva darauf, dass Adam ihr beim Chatten ein persönliches Treffen vorschlug. Endlich, nachdem sie ihm jeden nur möglichen Weg geebnet hatte, hatte er es endlich kapiert. Ach ja, genauso schüchtern hatte sie ihn sich vorgestellt, als sie ihn das erste Mal sah. Beim Chatten im Web kann man ja vieles vorgeben und auch das Foto musste nicht zwingend das von Adam gewesen sein. Sein Glück, dass er nicht versucht hatte, Eva in dieser Beziehung hinters Licht zu führen. Ehrlich war er also. Das war Eva wichtig, sonst hätte sie ihm seine kleinen Unzulänglichkeiten und das notorische Zuspätkommen nicht verziehen. So, wie er schüchtern versuchte, ein Gespräch zwischen ihnen in Gang zu halten, fand sie ihn einfach süß. Ja, ein bisschen hatte Eva sich schon in ihn verliebt. Wenn er auch sonst so ehrlich war, wie mit seinem Foto, dann sah es nicht schlecht zwischen ihnen aus. Ja, sie liebte seine Unpünktlichkeit. Es war wie ein Kick. Zumindest glaubte sie das beim Blick durch die rosarote Brille.

Als Adam drei Minuten vor der vereinbarten Zeit noch nicht zu sehen war, wurde sie unruhig. Die Zeit verging nicht. Sie konnte es kaum erwarten, Adam in den Armen zu halten, ihn nicht mehr los zulassen und dem verdatterten Adam den Mund mit ihrem zu verschließen. Ja, das hatte sie sich heute vorgenommen und sie hatte nicht vor, sich durch irgendetwas davon abbringen zu lassen. Ihre Beziehung musste vorankommen, unbedingt. Mehrmals innerhalb einer Minute holte Eva ihr Smartphone heraus, um nach der Uhrzeit zu sehen. Nun war er schon eine Minute und einundfünfzig Sekunden zu spät. Adam war noch immer nicht zu sehen. Wo blieb er denn nur? Sie fing an, seine ewige Unpünktlichkeit zu hassen, aber vor allem, dass er ein unverbesserlicher Handyverweigerer war. Sie würde ihn vom Vorteil eines Handys überzeugen und, wenn es nicht anders ging, ihn auch zwingen!

Sekunden später war dieses Gefühl bereits Geschichte. Adam bog zu Fuß in ihre Straße ein. Sie ging ihm entgegen. Ihr Herz machte Freudensprünge. Am liebsten würde sie ihm schon jetzt um den Hals fallen. Diesmal hatte er sogar an Blumen gedacht. Woher wusste er nur, dass sie gerade die Biedermeiersträußchen so gern mochte. Nein, teure Blumen mussten es nicht jedes Mal sein. Wichtig war nun nur, dass Adam an sie gedacht hatte.

Adam kam näher. Er grüßte und hielt ihr erwartungsvoll das Sträußchen entgegen. Sie nahm es, roch an den Blüten und drückte es an ihr Herz.

Gerade war sie im Begriff, ihn auf die vorgesehene Art zu umarmen, als ihr der Duft eines süßlichen Damenparfüms entgegen strömte. Ihre

Gedanken ratterten, wie der erste Computer. Was hatte das zu bedeuten? Und dann sah sie den roten Lippenstift an seinem Hals und auf seinem weißen T-Shirt.

Wilde Szenarien spielten sich in Sekundenschnelle vor Evas innerem Auge ab. Dann war es ihr klar: Sie, Eva, war nur eine von vielen. Darum auch immer die Verspätungen, die Ausreden und das schüchterne Gehabe, das sie so gar nicht mochte. Sie wusste gleich, dass etwas an ihm nicht echt war. Jetzt war es endlich heraus, was für ein Typ Adam wirklich war!

»Fass mich nicht an«, brüllte sie, stieß ihn blitzschnell von sich und schleuderte ihm das verlogene Symbol der Zuneigung ins Gesicht. Für Eva war der Fall Adam erledigt.

***

Oktober 2017

Der letzte Abend

Damit hatte ich nicht gerechnet. Nicht, als ich Hals über Kopf zu einem Lehrgang geschickt wurde und nicht, als ich am letzten Abend der üblichen Sauferei entkommen wollte. Außerdem hasste ich Lehrgänge, weil man als Nichttrinker und treuer Ehemann ungewollt zum Außenseiter wurde.

Ich hatte mir vorgenommen, den See am Strand barfuß zu umrunden. Die Sonne schickte die letzten Strahlen des Tages auf die Wasseroberfläche. Es war ein Tagesende, wie ihn Schriftsteller nicht besser beschreiben konnten. Ich ließ mich treiben, spürte den Sand des Baggersees unter meinen Füßen.

»Hallo!«, riss mich eine Frauenstimme aus den Gedanken.

Ich sah mich um. Keine Menschenseele war zu sehen.

»Huhu, hier im Wasser!«, jodelte sie erneut. Klar, dorthin hatte ich nicht gesehen! Die Sonne blendete etwas. Bis zur Brust im Badesee stehend, machte die Frau mit ausholenden Armbewegungen auf sich aufmerksam.

Es war eine der Teilnehmerinnen. Das graue Mäuschen aus den Seminaren, auch ein Außenseiter.

»Das Wasser ist wunderbar!«, schwärmte sie »Komm rein, du wirst sehen.«

»Keine Badehose«, wehrte ich ab.

»Ich auch nicht«, rief sie. »Brauchst du tatsächlich eine?« Sie kicherte und fügte hinzu: »Ich verrate es auch nicht Deiner Frau.«

Sie tauchte und hob dabei für den Bruchteil einer Sekunde ihren nackten Po aus dem Wasser. Als sie wieder sichtbar wurde, lachte sie arglos. Durfte ich da noch Bedenken haben? Sie hatte recht und ja, unbekleidet baden ist angenehm.

»Komm, wir schwimmen um die Wette«, schlug sie vor. »Bis zur Boje auf der Sandbank!«

»Einverstanden! ... Los gehts!«, gab ich das Kommando und schwamm los.

Drei Längen vor ihr hatte ich das Ziel erreicht.

»Das ist gemein! Du bist zu früh gestartet!«, rief sie angriffslustig und tauchte. Ich hatte keine Ahnung, was sie vorhatte. Plötzlich umklammerte sie mich von hinten und zog mich kurz unter Wasser. Ich rang nach Luft. Sie presste ihre Lippen auf meine. »Mund-zu-Mund-Beatmung« erklärte sie kurz. »Ich kann dich doch nicht draufgehen lassen.« Sie zwinkerte mir zu.

Mein Puls verdoppelte gefühlt seine Frequenz. Im Wasser spürte ich ihre warme weiche Haut so intensiv, wie ich es sonst nicht kannte. Ich *erlebte* nur noch; rationale Gedanken hatten keine Chance mehr. Ich zog sie an mich heran. Die Hormone explodierten. Mehr, wir wollten immer mehr. Sie legte den Kopf in den Nacken. Unsere Körper bäumten sich auf. Wir bekamen, wonach wir lechzten. Dann ... Entspannung ...

Die Sonne versank wie im Zeitraffer am gegenüber liegenden Ufer.

Der Sand war kühler geworden. Mein männlicher Stolz wich einem schlechten Gewissen. So ein graues Mäuschen war sie wohl doch nicht.

»Sagtest du nicht, du hast von Männern genug?«, versuchte ich, die wahren Gedanken zu vertuschen.

»Du bist anders.« Sie gab mir ein Handtuch. »Wirst du deiner Frau davon erzählen? - Trockne mir mal den Rücken ab.«

Ich begann am Nacken. »Bis heute habe ich meine Frau noch nie betrogen!«

»Noch nie? Das sagen sie alle, ... Männer sind doch alle gleich!«

»Ich liebe meine Frau!«

»Dann hättest du nicht ...«

»Wenn auch! Ist aber so. Habe den Absprung verpasst. Es gab es kein Zurück mehr.«

»Mein Ex hat nichts anbrennen lassen, fand ich heraus.«

»Nein, ich glaube nicht.«

»Doch! Du kannst dir gar nicht vorstellen, welche Geschichten er mir auftischte!«

»Nein! Ich will ihr nicht weh tun.«

»Ach so! ... Erzählst es ihr also nicht?«

Ich schüttelte den Kopf. »Wahrscheinlich. Ich habe es mit dir genossen und es tut mit gleichzeitig leid.«

Im Handtuch hielt ich ihre ausgeprägte Hüfte; für mich der Inbegriff von Weiblichkeit.

»Den See zu umrunden, habe ich aufgegeben«, sagte ich und es hörte sich an, wie bei Rosamunde Pilcher.

***

Scheue Mittsommerliebe

Die Sonne steht im Sternbild Stier,
Solstitium am Mittsommer.
Im Garten singt ein Chansonnier,
von der Liebe in Vorpommern.

Weis nicht, wie ich's dir sagen soll,
red' stattdess' vom Sternenscheine.
Du findest dies tatsächlich toll,
nimmst in Deine Hand die meine.

Die Sonnenwende ist konstant,
im Gregorischen Kalender.
In weißer Nacht mit Dir am Strand,
ich heimlich Wünsche sende.

Die Uhr, die wahren Stunden zeigt,
nur im Jahresschnitt gewogen.
Die echte Ortszeit, sie abweicht,
um der viertel Stunde Bogen.

Das Tempo ist nicht immer gleich,
auf der elliptisch' Erdenbahn,
sah Keppler in dem Sternenreich
Mit seinem Teleskope an.

Zu Mittag liegen wir am Strand,
zeichne Dir das Zeit-Verschieben,
das Analemma, so genannt ...
Ein süßer Kuss schließt meinen Rand.
Genug geschnackt, seit ich Dich fand,
wir malen Herzen in den Sand. ...
Schweben nun auf Wolke sieben.

Weihnachtliches

November 2018

Perfektes Weihnachtsfest

Dieser Heiligabend schickte sich an, alle meine Vorstellungen für ein perfektes Weihnachtsfest zu erfüllen. Den Auftakt gab das Wetter. In der Nacht hatte es nach einigen frostigen Tagen kräftig geschneit. Felix hatte sich in der Hofecke hinter dem Weihnachtsbaum ein geschütztes Plätzchen gesucht. Den Baum bearbeitete ich und klemmte ihn in den Ständer. Der Rückzugsstätte beraubt, reckte er sich bebend mit einem Buckel und stapfte durch den Schnee ins Haus, wobei er mit den Hinterbeinen die bereits getretenen nutzte. Es duftete nach Harz – ich war zufrieden.

Nach und nach holte ich den weihnachtlichen Baumschmuck über die ausklappbare Stiege vom Dachboden. Fast wie von selbst fanden die Lichter, Kugeln, Zapfen und Glöckchen bei Weihnachtsmusik den richtigen Platz. Lametta verlieh der Tanne den festlichen Glanz. Alles fügte sich an diesem Vormittag reibungslos. Ja, nicht einmal ein einziges Würstchen platzte, die es am Heiligen Abend bei uns gemeinhin zu Kartoffelsalat gab.

Roch Felix Würstchen, schlich er um meine Füße! Unausweichlich! Längst hätte ich es bemerken müssen: Felix war nicht da! Auch nicht zur Mahlzeit. Eigentlich unvorstellbar!

Nach Felix zu rufen half nicht und auch nicht die Suche der gesamten Familie. Wo war er nur? Fußspuren führten nicht hinaus. Ob er Unverdauliches gefressen hatte und irgendwo lag? Ein perfektes Weihnachtsfest würde es nicht mehr werden.

Die Sonne näherte sich dem Abendhorizont. Von Nordosten zog der Himmel behände dunkelgrau zu. Dichter Flockenwirbel setzte ein und der Nachbar beendete das Schneeschippen vorzeitig. Die leisen Kratzgeräusche blieben. Dazwischen Stille, bedrückende Stille. Wo war nur Felix?!

Eine Möglichkeit gab es noch. Hastig klappte ich die Stiege zum Boden herunter. Zwei funkelnde Augen. Felix stieg herab, beschwerte sich lauthals und schlug den Weg zum Futternapf ein.

Stille, weihnachtliche Stille. Wärmendes Kerzenlicht. Die Geräusche der Straße erstarben zur ruhigsten Nacht des Jahres. Bescherung. Raschelndes Geschenkpapier. Tannenduft. – Dankbarkeit.
Was hätte ich ohne diesen Zwischenfall erzählen sollen?

***

November 2012

Überraschung am Heiligen Abend

Es hatte sich seit einigen Jahren so eingespielt, dass Klaus am vormittäglichen Heiligabend den Tannenbaum schmückte, während der Vater bis zum Mittag im Friseurgeschäft die Kunden bediente und die Mutter in der Küche schon den Braten für die Festtage zubereitete. Rein äußerlich war alles so, wie in den letzten Jahren. Nur eines hatte sich geändert: Klaus hatte in diesem Jahr seine Lehre begonnen. Aber jedes Jahr ändert sich schließlich irgendetwas.

Den Schmuck für den Weihnachtsbaum hatte Klaus bereits am frühen Morgen aus dem Keller ins Wohnzimmer geholt. Inzwischen hatte alles die Raumtemperatur angenommen, und die oberflächliche Feuchtigkeit, die sich an den kalten Kugeln abgesetzt hatte, war wieder verdunstet. Das Aufstielen des Baumes machte etwas Mühe, aber schließlich hatte Klaus es geschafft. Da stand er nun, der Baum. Er trat einige Schritte zurück. Das, was aus der Nähe noch schön und gerade aussah, entpuppte sich in einiger Entfernung als krumm und ungleichmäßig. Viel mehr konnte man schließlich für Zwei-Mark-fünfzig nicht erwarten, auch wenn man das damals so um 1970 anders sah. Nun galt es, die beste Seite zu finden und durch ein paar gekonnte Schnitte an den Ästen die Fichte in den Rang eines Weihnachtsbaumes zu erheben. Ein bisschen geradegerückt werden musste der Baum auch noch, stellte er fest und richtete es sogleich. Die letzten Ungleichmäßigkeiten wurden mit den Kerzen und dem Schmuck ausgeglichen. Bevor Klaus den Baum an den vorgesehenen Platz stellte, steckte er die silberne Spitze mit den vier Glöckchen auf den Baum.

Dann waren, immer darauf bedacht, dass sich nichts entzünden konnte, die Wachskerzen an der Reihe. Die Kugeln und der weitere Baumschmuck folgten. Dabei sah Klaus immer wieder auf die Uhr. Um zehn Uhr sollte er bei Julia sein, um das Weihnachtsgeschenk für seine Mutter dort abzuholen. Hier in der Wohnung wäre sie mit Sicherheit schon am nächsten Tag ungewollt auf das Geschenk für sie gestoßen, das er neulich auf dem Weihnachtsmarkt mit ihr gekauft hatte. Seitdem musste er oft an sie denken und immer wieder hatte er das Bild vor Augen, wie sie, das Mädchen aus der Nachbarschaft, ihm dort aufgefallen war. Trotz leichten Frostes trug sie einen kurzen karierten Minirock, braune Wildlederstiefel mit Pelzbesatz, einen blassblauen, gesteppten Anorak und einen dicken weißen Schal. Ihr dunkles, schulterlanges Haar war mit kleinen Schneekristallen geschmückt. Und je mehr es wurden, desto schöner wurde Julia, die ihn inzwischen entdeckt hatte. So schien es ganz natürlich, dass sie aufeinander zugingen und gemeinsam von Verkaufsstand zu Verkaufsstand schlenderten und Karussells ausprobierten. Gegenseitig machten sie sich auf die Auslagen der Marktstände aufmerksam. Auf Pfefferkuchenherzen und Schnitzfiguren aus dem Erzgebirge, auf Kerzenständer und Mutzen. Um sich gegenseitig nicht im Gedrängel zu verlieren, nahm Klaus ihre Hand. Ein kurzer Blick Julias genügte, um ihm zu signalisieren, dass es so viel schöner war. Ein klackendes Geräusch mit anschließend kurzem wisperndem Geklimper ließ Klaus aus seinen Träumen erwachen. Oh Schreck! Eine Baumkugel war auf den Boden gefallen. Er sah auf die Uhr. Er musste gehen. Durch die Verteilung der Wohnräume im Haus war es für ihn ein Leichtes, ungesehen aus dem Haus und wieder zurückzugelangen. So konnte seine Überraschung eine Überraschung bleiben.

Die zwei Häuser bis zu Julia lief er trotz Schneefalls ohne Jacke und Schal.

»Hallo Klaus!«, wurde er von ihr schon ungeduldig an der Haustür empfangen. Sie nahm ihn bei der Hand. »Komm, ich will Dir unseren Baum zeigen. Dieses Jahr haben wir das erste Mal elektrische Kerzen.«

Sie zog ihn an der Hand in die Wohnung und dann ins Wohnzimmer.

»Klaus will sein Geschenk für seine Mutter abholen, Mutti! Da habe ich gedacht, ich zeig ihm mal gleich unseren Baum mit den elektrischen Kerzen.«

Julias Mutter stellte einen Stapel Teller auf den Esstisch und begrüßte Klaus. »Das Wetter passt so richtig zu dem heutigen Heiligen Abend. Ich habe Dein Geschenk auf Bitten von Julia schon mal eingepackt. Ich hoffe, es ist Dir recht!«

Dann sah sie Julia und Klaus an, die beide Hand in Hand beieinanderstanden und sich ansahen.

»Ja, natürlich! Vielen Dank! So ist es heute Abend nicht gleich zu sehen, von wem das Geschenk für meine Mutter ist. Beim Einpacken habe ich nicht so viel Geschick.«

Julias Mutter nahm das Geschenk und gab es ihm. »Ich wünsche Dir und Deinen Eltern ein frohes Weihnachtsfest. Ich finde es schön, dass ihr beide euch so gut versteht. Nun muss ich aber weitermachen. Wir erwarten noch Gäste!«

»Vielen Dank, das wünsche ich Ihnen auch.«

»Ich bringe Klaus noch raus, Mutti!«

Beide konnten gar nicht schnell genug auf den Flur kommen.

»Aber nicht so lange, Julia!«, rief die Mutter hinterher, die mit einem Blick sie Situation erkannte. Obwohl Klaus eigentlich keine Zeit hatte, zog sich der Abschied eine Weile hin. Mal musste sie noch etwas erzählen, mal er.

»Julia!«, schallte es plötzlich durch den Hausflur.

»Jetzt muss ich hoch, Klaus! Tschüss und eine Frohe Weihnacht!«

Sie stellte sich auf die Zehenspitzen und hauchte Klaus einen zarten Kuss auf die Wange. Noch bevor Klaus begriff, was geschehen war, war Julia schon hinter der Wohnungstür verschwunden.

Klaus hatte sein Geschenk zu den anderen Geschenken gestellt, die unter einer Decke neben dem Weihnachtsbaum abgestellt waren, kam seine Mutter ins Zimmer und sah den halb fertigen Baum. »Gleich Dreiviertel-Elf! Du brauchst heute aber lange! Hast du etwa nachgeschnüffelt?«

»Nein, nein! Hab ich nicht! Wirklich nicht, Mutti!«

»Na gut, wer schnüffelt, bringt sich selbst um die Freude!« So etwas sagte sie immer, wenn sie Klaus nicht glauben konnte. »Beeil Dich! Um Halb-zwölf muss alles fertig sein!«

Damit ging die Mutter wieder in die Küche.

Das war ja gerade noch einmal geglückt! Sie hat nicht gemerkt, dass ich weg war!, sprach er leise zu sich selbst. Mit dem Gedanken an Julia und ihrem unverhofften Küsschen ging das Schmücken des Baumes schnell von der Hand. Das Lametta überdeckte die letzten Fehler. Er war mit sich und dem Baum zufrieden.

Draußen wurde es dunkel und der Verkehr auf der Straße vor dem Haus versiegte fast vollständig. Aus dem alten Radio ertönte leise Weihnachtsmusik. »Stille Nacht, Heilige Nacht«. Die Kerzen am Baum wurden angezündet. Anheimelndes, feierliches, lebendiges Licht breitete sich im Raum aus. Zeit, Kaffee zu trinken und ein Stück des selbst gebackenen Weihnachtsstollens dazu zu essen. Dann war es so weit. Bescherung. Schleifen wurden aufgeknotet, die zum dritten oder vierten Mal gebügelt und wiederverwendet worden waren, wurden nochmals aufgewickelt. Das Geschenkpapier wurde genau so sorgsam behandelt. Da die Mutter alle Geschenke eingepackt hatte, wunderte sie sich über ein ganz besonderes, dass ihren Namen trug. Sie sah den Vater an, der aber den Kopf schüttelte und ungläubig mit den Schultern zuckte.

Klaus nickte und musste lächeln.

Die Mutter band das rote Geschenkband mit dem goldenen Faden darin ab. Papier raschelte. Zum Vorschein kam ein großer grauer Karton. Sie öffnete ihn.

»Oh, das ist aber ...! So etwas habe ich mir schon lange gewünscht!«, und warf dem Vater einen vorwurfsvollen Blick zu. Dabei zog sie einen großen brauen geflochtenen Einkaufskorb aus dem Karton. Ihr war die Freude anzusehen. »Entweder so einen Korb bekommt man nicht oder hat gerade nicht so viel Geld in der Tasche!«, bemerkte sie dazu.

»Komm her Klaus, lass Dich drücken! Vielen, vielen Dank, mein großer Junge!«

Die Mutter begutachtete ihren neuen Korb aufs Genaueste. Dann griff sie verwundert hinein.

»Was ist das denn, hier ist ja noch ein Geschenk!«, und hob es heraus.

Er war ratlos.

»Für Klaus!«, las die Mutter das Kärtchen vor und gab es ihm. Gespannt wickelte er es aus. Ein Buch kam zum Vorschein und eine Weihnachtskarte. Er nahm sie und las: »Hallo Klaus! Ich habe Dich zum Kauf des Einkaufskorbes auf dem Weihnachtsmarkt überredet und auch zum Karussellfahren. Dadurch konntest Du Dir das Buch nicht mehr kaufen, auf das Du schon so lange gewartet hattest. Du aber warst nicht sauer darüber und hast nur Augen für mich gehabt. Das mag ich an Dir. Ich habe meiner Mutter davon erzählt und mein Vater hat es dann dank seiner Beziehungen besorgen können. Morgen, am ersten Weihnachtsfeiertag um zehn Uhr, bin ich im Park. Julia.«

Sein fing Herz an zu pochen. Natürlich wollte er morgen in den Park gehen und Julia treffen! Diese Freude konnte er nicht verbergen.

»Das muss aber ein ganz besonderes Geschenk sein. Von wem ist es denn? Wie kommt es überhaupt in den Korb?« Alles wollte die Mutter wissen.

»Von Julia!«, begann Klaus. Dann erzählte er die ganze Geschichte. Fast!

***

Januar 2020

Brief vom Weihnachtsmann

Ho-ho-ho-ho, das muss jetzt aber einmal gesagt werden! Bestimmt jeder hat inzwischen schon mal etwas von den Startrek-Filmen gehört haben. Was dort gezeigt wird, hat den wahren Ursprung bei uns im Weihnachtsland. Jeder von Euch weiß, dass es mich, den Weihnachtsmann schon sehr, sehr viel länger gibt, als Käpt'n Kirk in seinem Raumschiff Enterprise, die Klingonen, Borgs und wie sie alle heißen. Nehmen wir doch einmal diesen Spitzohrigen, wie hieß er noch – ach, jetzt fällt es mir wieder ein, diesen Vulkanier Mr. Spock! Findet ihr nicht, dass er mit seinen Ohren einer Elfe zum Verwechseln ähnlich sieht? Auch wenn man meist weibliche Elfen sieht, gibt es hier auch männliche! Was meint ihr wohl, wo sonst die Elfenkinder herkommen? Ach, und der Planet Vulkan: Unter der schwarzen Erde von Island brodelt es ständig. Bestimmt hat man sich hier die nötige Anregung geholt. Elfen sollen auf Island auch öfter gesichtet worden sein …

Oder nehmen wir dieses Beamen, wie es in den Startreck-Filmen immer wieder vorkommt und genannt wird, um schnell von einem zum anderen Ort zu kommen. Das ist eigentlich eine streng geheime Technik des Weihnachtslandes. Wie kommt der Weihnachtsmann oder je nach Region auch Santa Claus, Knecht Ruprecht und Väterchen Frost, so schnell von einem Haus ins andere? Durch Teleportation – wie der gelehrte Name für das Beamen ist! Ich nenne diese Technik gern ›Versetzen‹. Und auch, wenn der Santa Claus angeblich durch den Kamin ins Weihnachtszimmer kommt, wird er in Wirklichkeit vor den Kamin versetzt und rutscht nicht hindurch! Stellt Euch vor, wie Santa Claus schon nach dem ersten Rutsch aussehen würde – von einem Schornsteinfeger nicht zu unterscheiden! Schließlich stehen die Geschenke nicht im Ruß, sondern auf dem sauberen Fußboden oder Tisch. Ganz davon abgesehen passen viele Geschenke ja gar nicht durch den engen Kamin. Das sollte Euch eigentlich zum Nachdenken anregen.

Wir, die Weihnachtsmann-Familie und die Elfen können uns aber nicht nur in die ganze Welt versetzen. Wir schaffen es sogar, im Gegensatz zur Enterprise, uns zu vervielfältigen, uns gleichzeitig unterschiedlich mit Geschenken auszustatten, und uns, wenn es denn sein soll, je nach Land auch unterschiedlich aussehen zu lassen. Trotzdem gibt es nachher kein Durcheinander, beim Zurückversetzen! Wie ihr Euch denken könnt, bedarf es dazu einer ausgeklügelten Organisation, die die Aufgabe der Weihnachtsfrau ist, einfach, weil sie es am besten kann! Deshalb gibt es auch nur einmal in einem Jahr Weihnachten. Es ist in all den vielen Jahren noch nicht einmal vorgekommen, dass ich mich selbst mit Ho-ho-ho begrüßen musste, sondern immer meine Frau und meine Kinder umarmen und küssen konnte. Ja, zugegeben, nicht alle Weihnachtsmänner sind echt. Manche Leute binden sich eine Maske aus Pappe oder Ähnlichem vors Gesicht oder nur einen weißen Bart und imitieren mich, den Weihnachtsmann. Das ist wahr. Solche Leute glauben nicht wirklich an die heilige Weihnacht.

Besonders traurig bin ich aber über manche Kaufleute, die glauben, mit meiner Figur ein besseres Geschäft machen zu können. Kinder können sich manchmal auf so einen Schoß setzen und ihre geheimen Wünsche dem angeblichen Weihnachtsmann verraten. Aber diese werden alle von den Kaufleuten aufgeschrieben und viele davon werden im nächsten Jahr angeboten, so unvernünftig sie auch sein mögen. Ihr könnt mir glauben, diese Kaufleute lieben nur Euer Geld und sich selbst. Das Letzte, was da mit ins Spiel kommt, ist der Sinn von Weihnachten, andern Menschen zuzuhören und etwas Gutes zu tun. Aber mal ehrlich: Wer von mir zu Weihnachten beschenkt wird, der wird darauf schwören, vom echten Weihnachtsmann sein Geschenk bekommen zu haben. Bei mir gibt es nämlich eine Zugabe, die niemand sonst zu bieten hat: den Glauben an die Wunder der Weihnacht. Ja, so ist es! Ho-ho-ho!

Ein wenig näher an der Realität bei den Startreck-Filmen ist der Warp-Antrieb, der diese eigenartigen Lichterscheinungen hervorruft. Ihr werdet es schon vermuten: Auch das ist Weihnachtsland-Technologie, die es schon gab, als an Filme und erst recht an Fernsehen nicht einmal zu denken war.

Es ist doch so, dass die meisten Leute für Sachen, die sie nicht erklären können, etwas Ähnliches benennen. Lange glaubten die Menschen, dass der Gott Donar auf dem Himmelsgewölbe mit einem eisenbeschlagenen Streitwagen fuhr, wenn es nach einem Blitz donnerte. Ich weiß, ihr wisst es jetzt besser.

Nun, wenn ich in meinem Weihnachtmobil schneller als das Licht reisen muss, um kreuz und quer die Menschen die wahre Weihnacht erleben zu lassen, glaubten viele, dass da ein großer Schlitten von einem zum anderen Ort von einem Gespann schneller Rentiere mit Rudolph an der Spitze mit seiner leuchtend roten Nase gezogen würde. Ja, diese leuchtendrote Nase ist das Gleiche, wie die Lichter im Warp-Modus der Enterprise. Wie gesagt, die Menschen hatten dafür keine andere Erklärung und dichten dem armen Rentier die leuchtende Nase an. Ho-ho-ho.

Niemand lebt ewig, auch der Weihnachtsmann nicht! In bestimmten Abständen wird der Fähigste der Weihnachtsmannhelfer zu meinem Nachfolger auserwählt. Der darf sich dann den riesigen weichen weißen Rauschebart wachsen lassen. Und nach dem Fest? Da wartet die gesamte Weihnachtscrew auf meine Rückkehr, von der Dienstreise gewissermaßen, um das nächste Weihnachtsfest vorzubereiten. Ihr wisst ja, das nächste Weihnachten kommt ganz bestimmt.

Auf mich persönlich wartet zu Hause im Weihnachtsland übrigens die Weihnachtsfrau auf mich. Natürlich wächst ihr kein Bart, wäre ja auch zu komisch! Ho-ho-ho!

Nun wisst ihr also um die wirkliche Herkunft der fantastischen Technik in den Startreck-Filmen. Dabei bin ich noch gar nicht auf den Replikator, den wir Geschenketunnel nennen, und viele andere Sachen eingegangen. Weihnachten macht dennoch viel Arbeit, trotz all dieser wunderbaren Technik. Wenn ich dann aber die Freude in den Gesichtern der Menschen erkenne, die einen, seit langer Zeit gehegten innigen Wunsch erfüllt bekommen und sie tatsächlich Weihnachten erfahren, das erwärmt auch mein Herz – dann ist die ganze Arbeit längst vergessen!

Ho-ho-ho, Euer Weihnachtsmann.

***

Weihnachtliche Aufregung

»... Also bis dann!« Helga nahm den Hörer vom Ohr und legte auf. Vom langen Telefonieren war ihr Ohr heiß geworden. Nun konnte sie sich endlich um den weißen Kater Charlie kümmern, der nun schon seit geraumer Zeit um ihre Aufmerksamkeit buhlte. Anfangs ging er nur mit seinem steil erhobenen, hellbraunen Schwanz streichelnd um ihre Beine, bald darauf sprang er auf ihren Schoß und versuchte es mit Schnurren. Charlie spürte ganz genau, dass er nicht ihre ganze Aufmerksamkeit erhielt. Da offenbar auch einschmeichelndes Schnurren nicht half, fing er an, alles das zu tun, was für ihn verboten war. Weder Möbelspringen noch Kratzen an der Wand hatte den gewünschten Erfolg. Zuletzt hatte er aufgegeben und sich eine andere Beschäftigung gesucht. Sie bestand darin, auf dem Hof Schneeflocken zu jagen, wie Helga erst jetzt, als sie in die Küche gegangen war, feststellte. Immer dichter wurde der Flockenwirbel und er bedeckte den kleinen Hof mit einem weichen, weißen Teppich. Charlie war in seinem Element. Nur sein Schwanz und die hellbraune Stelle zwischen seinen rosa Ohren machte ihn zeitweise sichtbar.

Helga lächelte. Bestimmt wollte ihr Kater Charlie mitteilen, dass es angefangen hatte zu schneien, mutmaßte sie. Vielleicht auch, dass sie auf dem Hof die Wege fegen sollte, denn es war für ihn die größte Freude, durch den schwungvoll beiseite gefegten Schnee zu springen noch bevor er wieder auf dem Boden angekommen war.

»Vielleicht bleibt er ja bis über die Weihnachtsfeiertage liegen«, dachte sie laut. »Kalt genug ist es ja in den vergangenen Tagen gewesen«. Helga sah auf die Uhr und gab sich einen Ruck. Jetzt war keine Zeit mehr, den Schneeflocken und Charlie, der sich gerade vergnüglich im Schnee wälzte, weiter zuzusehen. Gleich würde ihr Klaus kommen, der nach der Arbeit im Freien eine heiße Tasse türkisch gebrühten Kaffee nicht verachten würde.

Gesagt, getan. Doch die Zeit verging und ihr Klaus ließ auf sich warten. Bald eine halbe Stunde war er schon überfällig und das aufgesetzte Wasser bald wieder kalt. Warum war er nur noch nicht zu Hause? Sie fing an, sich über seine Unpünktlichkeit zu ärgern.

An der Haustür läutete es.

»Hat er etwa seine Schüssel vergessen?«, war ihr erster Gedanke, als sie zur Haustür ging. Aber es war nicht Klaus. Es war der Postbote, der mit einem Stift auf einem gut handtellergroßen Gerät tippte.

»Guten Tag, ein Paket für Sie!«

Helga erkannte sofort, dass es von ihrer Tochter aus Hannover, mit der sie vorhin telefonierte, kam. Er gab Helga den Stift und hielt ihr das Gerät hin. »Wenn Sie hier bitte unterschreiben wollen ...«, dabei zeigte er auf eine bestimmte Stelle des Displays. Magisch verzögert erschien dort ihre Unterschrift.

Das Postauto fuhr weiter und Helga warf noch einen Blick in die Richtung, aus der Klaus kommen musste. Nichts!

Gerade als sie einen Schritt ins Haus setzte, hörte sie hinter sich den Neuschnee knirschen und dann eine Stimme »Halt!« rufen. Ängstlich drehte sie sich um.

»Klaus?«, fragte sie irritiert.

»Wieso? – Erkennst du meine Stimme nicht mehr?«

»Doch, doch, aber es klingt alles so anders, wenn Schnee liegt. Selbst die Autos sind viel leiser«, entschuldigte sie sich. »Sag mal, wo kommst du denn her?« Weiter konnte sie nicht reden, denn Klaus hatte sie schon in seine Arme genommen und ihren Mund mit dem seinen verschlossen. Von Helga fielen alle Anspannung und der Ärger über seine Verspätung ab. Sanft schob sie seine Arme beiseite: »Womit habe ich denn das verdient? Komm rein, das können wie drinnen genauso gut machen. Ich habe Neuigkeiten! Kati kommt nun doch schon Heiligabend und bleibt über Silvester mit Klein-Susanne bei uns. Ich freu' mich schon so! Gerade eben hat der Postbote das Weihnachtspaket von ihr gebracht. Wir sollen es aber nicht vor dem Vierundzwanzigsten aufmachen«.

Der Adventskranz mit den drei brennenden Kerzen erhellten den Kaffeetisch in der Stube mit einem warmen, beruhigenden Licht. Ein angenehmer, sinnlicher Duft, den es nur um die Weihnachtszeit gab, lag in der Luft.

»Auch ich habe heute eine Überraschung für dich! Der Chef hat für uns drei Ein-Euro-Jobber eine Prämie lockergemacht.«

Klaus war die Freude anzusehen. »Hundert Mäuse! Unterschreiben brauchten wir nicht. Vielleicht wollte er damit sein Gewissen ein bisschen reinwaschen, wer weiß ...«

Helga legte ihre Hand auf seine. »Heute scheint ein Glückstag für uns zu sein, Klausi!«

»Weißt du, Helga, wir sollten uns dieses Jahr wieder einmal einen Baum leisten, so wie früher. Ich habe schon mit dem Förster gesprochen. Frischer bekommst du ihn nirgends. Fünf Euro will er dafür haben, halb so teuer wie auf dem Markt.«

»Meinst du nicht, wir sollten dieses Geld nicht lieber in den Festtagsbraten investieren? Schließlich kommt Kati mit ihrer Susi zu Besuch!«

»Das ist wahr! Kati und die Kleine kommen!«

Klaus senkte leicht seinen Kopf und suchte nach einer Begründung für den Baum. Schließlich hatte der Förster die fünf Euro schon bekommen und sein Kollege würde morgen den Baum mitbringen.

»Aber – aber ich freu mich schon, in die glänzenden Augen von Susanne und Kati zu sehen«. Mehr Argumente fielen Klaus nicht ein, außer dass er sich selbst wieder einen Weihnachtsbaum wünschte.

Helga gab sich geschlagen.

»Gut, überredet!« Auch sie hatte dieses Jahr diesen Wunsch, auch wenn sie es jetzt nicht zugeben wollte. Am nächsten Abend kam Klaus mit dem Baum von hinten durch die Gartentür. Es schneite immer noch. Kater Charlie stapfte durch den Schnee. Hin und wieder schüttelte er mit schnellen Bewegungen Schnee von seinen Pfoten. Er war heute besonders neugierig und beobachtete genaustens das Tun von Klaus und wich nicht mehr von seiner Seite, beschnupperte seine Schuhe genauso wie den Stamm und die Zweige, kroch, als Klaus den Baum an die Wand gestellt hatte, hinter ihn und steckte dann eine Pfote neugierig zwischen die Zweige. Helga kam auf den Hof und Klaus musste den Baum von allen Seiten präsentieren. Das passte Charlie gar nicht. Helga und auch Charlie begutachtete das gute Stück von Weitem. Sie war mit dem Baum zufrieden und Charlie konnte danach die eigene Erkundungstour fortsetzen. Nach kurzer Zeit trugen die grünen Zweige weiße Mützen, die Helga und Klaus in die rechte weihnachtliche Stimmung versetzten.

Am übernächsten Morgen holte Helga den Weihnachtsschmuck vom Dachboden. Klaus befestigte den Baum auf dem Ständer und brachte ihn ins Haus. Bis zum Abend sollte sich alles an das Klima in der Wohnstube gewöhnen.

Zur Probe hatte Klaus die Beleuchtung eingeschaltet und inspizierte die Lichterkette aufs Genaueste. Schließlich verteilte er die Lichter möglichst gleichmäßig am Baum. Endlich stand der Weihnachtsbaum in all seiner Pracht und Schönheit. Geschmückt, mit einem beleuchteten Stern auf seiner Spitze, das Licht der Kerzen vieltausendfach in den Kugeln und im Lametta widerspiegelnd, ging von ihm eine gewisse Erhabenheit aus, dazu angetan, Hoffnung zu geben und die eigenen Nöte für eine gewisse Zeit vergessen zu können.

Klaus setzte sich in seinen Lieblingssessel und träumte sich wach in die Vergangenheit, einer Vergangenheit, in der es für ihn und seine Familie weniger Ängste gab als jetzt.

»Ist Charlie bei dir?«, kam Helga ins Wohnzimmer, wo Klaus noch immer in seinem Sessel saß, oder besser gesagt, lag.

»Charlie? – Charlie wird auf Jagd sein! Du weißt doch, wie er ist. In einem Moment suchst du ihn, und im nächsten streicht er um deine Beine! Der wird schon kommen, schließlich gibt es hier etwas Neues zu sehen! Das lässt er sich doch nicht entgehen!«

»Ja, vielleicht hast du recht! Ich muss noch die bunten Teller fertig-machen. Die habe ich auf dem Boden vergessen. Ich werde sie gleich mal herunterholen.«

Helga zog die Luke auf. Die alten Blechteller mit dem weihnachtlichen Aufdruck hatte Helga im vergangenen Jahr in eine Plastiktüte gesteckt. Nach einigem Suchen fand sie die Tüte. Als sie die Teller in der Küche auspacken wollte, rief sie Klaus.

»Guck dir das an! Wir haben Mäuse! Die Plastiktüte ist rundherum angefressen! Du musst die Fallen aus dem Keller holen und sie gleich auf-stellen! Ich will hier keine Mäuse im Haus haben, nicht zu Weihnachten, und auch sonst nicht!«

Klaus versuchte, seine Frau zu beruhigen. »Willst du über Weihnachten nun noch zum Mäusemörder werden. Lass ihnen doch wenigstens die Feiertage«.

Helga sah ihn an: »Nein!«, und dann viel weicher: »Bitte, Klausi!«

»Und was bekomme ich dafür?«

Für die Blicke, die er sah, würde er alles tun, sogar kurz vor Weihnachten Mausefallen aufstellen. Auf dem Dachboden suchte er nach Mauselöchern, fand aber keine. Auch Mäuse sah er nicht. Am Morgen des 24. Dezembers ließ sich Charlie immer noch nicht sehen. Sein Futter war nicht angerührt und auch seine bevorzugten Schlafplätze waren leer geblieben. Das weihnachtliche Gefühl verschwand von einer Sekunde auf die andere. Kurz entschlossen fingen sie an, den Kater zu suchen. Hoffentlich war ihm nichts passiert. Auch die Nachbarn hatten das geliebte Tier in den vergangenen Tagen nicht gesehen. Nach mehr als zwei Stunden Suche gaben sie enttäuscht auf. Helga bekam feuchte Augen. Betrübt legte sie ihren Kopf auf die Schulter von Klaus. Wie sollte er nur Trost spenden können, wenn er doch selbst Trost brauchte. Trotzdem zog er sie an sich heran. Mehr konnte er jetzt nicht tun.

»Weißt du, die letzten Kinder haben ein Fell«, flüsterte er seiner Frau zu. »Früher habe ich mich über solche Äußerungen von anderen Leuten lustig gemacht. – Aber es stimmt! Alles stimmt! Ohne Kater Charlie ist unsere Familie nicht vollständig.«

Helga stimmte ihm nickend zu.

Am frühen Nachmittag läutete es. Noch mit traurigen Augen öffnete Helga die Tür. Es war Kati mit ihrer kleinen Susanne. Natürlich war die Begrüßung lang und herzlich, aber Kati, bemerkte sofort den Kummer ihrer Eltern und fragte nach. Helga und Klaus mussten ihre Geschichte erzählen.

Plötzlich knallte es ziemlich laut im Haus. Alle zogen unwillkürlich die Köpfe ein und die kleine Susanne fing an zu weinen.

»Was war denn das?«

Kati fing sich zuerst.

»Ich weiß nicht, aber ich glaube, es kam von oben.« Kati nickte.

Kurze Zeit später polterte es erneut.

»Ich glaube, es kommt vom Dachboden!«, folgerte Helga. »Mir ist das unheimlich. Du musst unbedingt nachsehen, Klaus!«

»Ja, du hast recht, vom Dachboden! Haben wir etwa nun zu den Mäusen auch noch einen Marder?«, Klaus war sich nicht sicher.

»Am besten ich sehe gleich mal auf dem Boden nach.«

Er tat so, als ob ihm die Idee gekommen wäre. »Über Weihnachten will ich Ruhe haben und um Charlie trauern.« Er nahm sich die große Taschenlampe.

»Ihr habt Mäuse?«, fragte Kati halb ungläubig halb ängstlich nach, als alle nach oben gingen. Helga nickte. »Die Tüte von den Weihnachtstellern haben die angefressen«. Klaus öffnete die Bodenluke. Eine Vase kam ihm unvorhersehbar entgegengerollt. Kurz darauf zerschellte sie am Boden. Als er sie ganz geöffnet hatte, erschien Kater Charlie unschuldig an der Luke und lief die Stiege hinab. Helga nahm ihren geliebten Kater in den Arm. So, als ob Charlie die Menschensprache verstehen würde und sogar antworten könnte, fragte sie ihn, was er denn auf dem Dachboden gesucht hätte. Doch Kater Charlie antwortete nicht einmal mit einem kätzischen Miau.

Weihnachtliche Weisen erklangen aus dem Radio im Wohnzimmer. Der Abend brach an. Von der Straße her drangen nur noch vereinzelt leise Motorengeräusche in das Zimmer. Die vier Kerzen am Adventskranz und der Weihnachtsbaum, unter dem schon die Geschenke lagen, ließen den Raum in einem ganz besonderen, geheimnisvollen Licht erscheinen. Es duftete nach Kaffee und Weihnachtsstollen und nach Apfelsinen und Bratäpfeln. Wenn man durch die Fenster ins Freie schaute, konnte man im Licht der Straßenlaternen den friedlichen Schneefall beobachten. Helga und Klaus, Kati und Susanne und auch Kater Charlie konnten die kalte, ungerechte Welt für ein paar Tage vergessen. Susanne hockte vor Charlie und brachte sein Fell in Unordnung. Hin und wieder flüsterte sie ihm leise zu. Charlie, seinerseits antwortete ihr kurz und ließ sich von Susanne weiter das Fell kraulen.

Nach einer Weile kam Susanne zu Kati gelaufen. »Mama, Charlie brauchte auf dem Boden nicht hungern, er hat doch Mäuse gehabt.«

»Ja, Susi, Charlie brauchte nicht hungern«. Kati nahm ihre Tochter in den Arm. »Wisst ihr, welches Lied ich früher in der Schule besonders schön fand? *Still senkt sich die Nacht hernieder* ... Heute darf ich das zum ersten Mal wirklich erleben.«

***

Oma Ernas Vorweihnachtszeit

Oma Erna denkt vorm Fest an Klaus,
die Kinder Willi, Ernst und Inge.
Sie sind schon lange aus dem Haus
und erfreu'n sich bester Dinge
Mit neun Enkeln wurde sie beglückt,
sie war bei jedem Fratz entzückt,
von Klaus und Willi, Ernst und Inge.

Oma Erna will zur Weihnachtszeit
mit Liebe die Pakete binden.
Für jeden eine kleine Freud'
und die Freude selber finden.
Das richt'ge solls für jeden sein,
ihr zu schaffen macht ihr Zipperlein,
gesparte Euros dahinschwinden.

Die Geschenke sind nun eingepackt,
in dreizehn Weihnachtspäckchen
der große Tisch, der ist nun nackt
und auch die Schale mit den Plätzchen
Kein Weihnachtsmann mehr auf dem Tisch,
die Schokolade roch verführerisch,
doch wo ist Omas Quäntchen?

Ach, das letzte Mal war sie heut Ios,
vorm großen Weihnachtsfest im Laden.
Sie fand es reichlich dubios:
Für sich kein Schokomann zu haben,
nur Feuerwerk und Knallbonbons!
Der Kaufmann sagte: Oh Pardon!
Das Jahresendgeschäft wird furios! ...
Schenk dir meinen Weihnachtsmann zum Laben.

ISBN 978-3-7347-6703-6
155 mm * 220 mm, 196 Seiten,
7,99 €

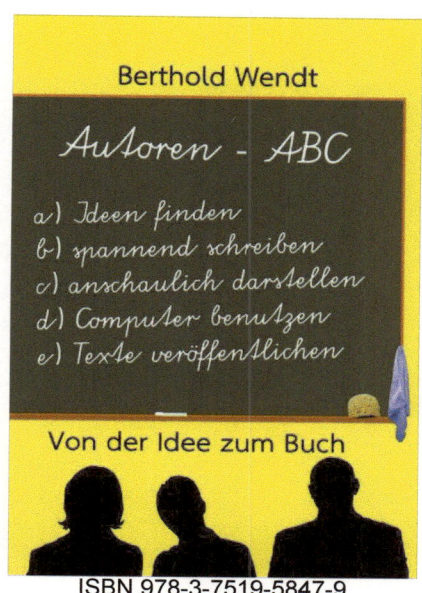

ISBN 978-3-7519-5847-9
155 mm * 220 mm, 108 Seiten,
5,20 €

ISBN 978-3-7583-8307-6
155 mm * 220 mm, 380 Seiten,
17,20 €

https://community.papyrus.de/t/dtp-p
ublizieren-mit-papyrus-autor/13714 ,
kostenlos herunterladbar